W0066131

Franz Kurowski
Der Luftkrieg über Deutschland

Franz Kurowski

DER LUFTKRIEG ÜBER DEUTSCHLAND

VERLEGT BEI

KAISER

Alle Rechte vorbehalten
Berechtigte Ausgabe für den Neuen Kaiser Verlag,
Gesellschaft m.b.H., Klagenfurt, mit Genehmigung der Econ Verlag GmbH,
Düsseldorf und Wien
Copyright © 1977 by Econ Verlag GmbH, Düsseldorf und Wien
Schutzumschlag: Volkmar Reiter
Satz: Context OEG, 9300 St. Veit/Glan, Times 10 pt
Druck und Bindearbeit: Gorenjski Tisk, Kranj – Krainburg

Inhalt

Vorwort

Dies ist eine Dokumentation der Luftschlachten über Europa allgemein und Deutschland speziell während des Zweiten Weltkrieges. Nach über zehnjähriger Vorarbeit versucht der Autor, die politischen Hintergründe und Strategien sowie die einzelnen Einsätze und ihre Auswirkungen zu rekonstruieren und analysieren. Dabei ist er gezwungen gewesen, immer dann, wenn zeitgenössische Berichterstattung und überlieferte Kriegshistorie auseinanderklafften, den adäquaten Mittelweg zu finden.

Einige hundert Soldaten aller Dienstgrade, vom einfachen Flieger bis zum Generalfeldmarschall und zum Großadmiral, haben den Autor bei der Arbeit bereitwillig unterstützt. Sie waren es, die objektives Nachrichtenmaterial durch subjektive Erfahrungen ergänzten.

Daß es bei der relativen Kürze der Darstellung (die immer wieder zu Vereinfachungen und zur Straffung zwang) nicht möglich war, jedes Detail zu berücksichtigen, liegt in der Natur der Sache. Dennoch hofft der Autor, daß seine Bemühungen um Objektivität und Präzision erfolgreich waren, daß er trotz aller sachbedingten Einschränkungen das Wesentliche hat herausarbeiten können. Sein Dank gilt allen Helfern – Engländern, Franzosen, Amerikanern und Deutschen – gleichermaßen. Ohne sie und ihre selbstlose Unterstützung wäre dieses Buch nicht entstanden.

Franz Kurowski, Dortmund 1977

Die Luftwaffen entstehen

Die Ausgangslage

Als der Erste Weltkrieg zu Ende ging, hatte eine neue Waffe ihren Weg angetreten: die Fliegerwaffe. Siebzehn Jahre vorher, am 14. August 1901, hatte der deutsche Motorenschlosser Gustav Weißkopf, der sich in den USA Whitehead nannte, den ersten Motorflug der Geschichte unternommen. Das Luftfahrzeug schwerer als Luft, das Flugzeug, war geboren. Es bedurfte jedoch eines vierjährigen Krieges, um die vorher langsam voranschreitende Entwicklung der »Flugmaschinen« beängstigend zu beschleunigen.

Bereits am 1. 4. 1915 wurden in Großbritannien Luftstreitkräfte im Rahmen der Armee und der Marine aufgebaut. Dies war die Geburtsstunde jener Waffe, die sich später Royal Air Force nannte. Der damalige Generalmajor Trenchard (später Marshal of the Royal Air Force Hugh Trenchard) führte das Royal Flying Corps seit dem 1. 4. 1915 in Frankreich, war kurze Zeit der erste Stabschef der Royal Air Force und erhielt danach, im Mai 1918, den Befehl, »unabhängige Luftstreitkräfte aufzustellen, um Deutschland mit Bomben anzugreifen«. Diese Bombenangriffe sollten als Vergeltung für deutsche Bombenangriffe auf England geflogen werden. England hatte das erste Mal seit über 900 Jahren erlebt, daß seine Insel nicht unangreifbar war.

Am 1. April 1918 wurden die britischen Luftstreitkräfte unter der Bezeichnung Royal Air Force selbständig. Bis dahin hatten sie sich in zwei Gruppen gegliedert: das Royal Flying Corps und den Royal Navy Air Service.

Als erster Stabschef übernahm General Trenchard diesen selbständigen britischen Wehrmachtsteil. Seine Meinung über den Luftkrieg und dessen Hauptziele hatte er in einer Denkschrift niedergelegt:

»Hauptbestandteil einer jeden Luftstrategie ist der unabhängige strategische Einsatz von Kampfflugzeugen. Operationen zur Unterstützung der Armee und der Marine sind von zweitrangiger Bedeutung, falls sie einmal notwendig werden sollten. Sie lenken nur von der Hauptaufgabe ab.«

Diese Theorie Trenchards lehnte sich eng an jene des italienischen Fliegergenerals Giulio Douhet, der bereits während des Ersten Weltkrieges eine umwälzende Theorie über den Luftkrieg vertrat. Mit den 100 Kampfflugzeugen der autonomen britischen Bomberflotte trug General Trenchard ab Mitte Mai des letzten Kriegsjahres den Luftkrieg nach Deutschland hinein.

Als der Erste Weltkrieg zu Ende gegangen war, hatten beide kriegführenden Parteien Luftangriffe nur auf militärische Ziele als erlaubt anerkannt und auch nur dann, wenn diese militärischen Ziele im Kriegsgebiet lagen.

Nunmehr trat wieder General Douhet auf den Plan. Im Jahre 1920 erschien sein erstes Werk mit dem Titel »Luftherrschaft«, das im Jahre 1935 auch in deutscher Sprache vorlag. Kernsätze dieses Werkes waren:

»Der Krieg ist nunmehr unterschiedslos gegen das gesamte Feindgebiet zu führen, ohne Beschränkung der erlaubten Ziele und Mittel, also auch mit Flächen-Gas-Großangriffen.« (Siehe Douhet, Giulio: »Luftherrschaft«, S. 21 ff.)

Douhet führte in diesem Werk weiter aus, wie eine Luftwaffe einzusetzen sei, wenn sie einen schlachtentscheidenden, ja kriegsentscheidenden Effekt erzielen sollte: »Als entscheidender Wehrmachtsteil ist die Luftwaffe einzusetzen, die in selbständigem, zusammengefaßtem und rollendem Einsatz das Kriegspotential des Gegners und den Kampfwillen seiner Bewohner zerschmettert.« Dies war die Hauptthese der Douhetschen »Raumkriegstheorie«.

Der Raumkrieg war »ein totaler Krieg gegen den gesamten Lebensraum des Feindes ohne natürliche Unterscheidung von Front und Heimat oder Streitkräfte und Zivilbevölkerung«. Es war ein Krieg der Luftwaffe, bei dem Heer und Marine lediglich Verteidigungsaufgaben zugewiesen wurden. Um den totalen Raumkrieg durchführen zu können, mußte zuerst die Luftherrschaft errungen werden, denn es gab nur einen wirksamen Schutz gegen feindliche Angriffe aus der Luft: Man mußte die Luftstreitkräfte des Gegners schlagartig vernichten. Dies bedeutete, daß man einen Präventivschlag gegen feindliche Flugbasen und gegen die Flugzeuge des Gegners zu führen hatte. Man mußte also die Luftwaffe des Gegners noch am Boden vernichten.

Damit hatte General Douhet, mit ausdrücklicher Genehmigung der obersten italienischen Führung, als erster die kriegsentscheidende Rolle einer selbständigen, eigenoperierenden Luftwaffe vorausgesehen.

Allerdings bedurfte es nicht auch noch der Vernichtung der Zivilbevölkerung, die er ausdrücklich zuläßt. Zu seiner Verteidigung führte er im Hinblick darauf aus:

»Der Krieg ist stets unmenschlich. Die Mittel, die in ihm Verwendung finden, werden ausschließlich nach ihren Wirkungen unterschieden. Wer auf Tod und Leben kämpft – und anders kann man heutzutage nicht mehr kämpfen –, der hat das heilige Recht, alle vorhandenen Mittel einzusetzen, um nicht selbst zugrunde zu gehen. Sich in den Untergang des eigenen Volkes schicken, um nicht gegen irgendwelche papierene Konventionen zu verstoßen, wäre Wahnsinn.«

Der gleiche Tenor ist auch bei J. M. Spaight zu finden, der die unterschiedslose Bombardierung der Zivilbevölkerung im Zweiten Weltkrieg folgendermaßen verteidigte:

»Die Zivilpersonen schmieden die Waffen zum Hinschlachten unserer Freunde und Verwandten. Sie haben kein Recht auf Unverletzlichkeit und verdienen keine Träne des Mitleids.« (Siehe Spaight, J. M.: »Bombing vindicated«.)

Dies ist eine ebenso barbarische Formel, wie es die des Generals Douhet ist. Wie aber sah es auf dem Gebiet des Kriegsrechts mit der Führung eines Luftkrieges aus? Gab es denn kein Kriegsrecht, in dem völkerrechtsgültige Normen für den Luftkrieg aufgestellt waren? Hatte man nicht spätestens am Ende des Ersten Weltkrieges erkannt, daß mit den Luftwaffen Instrumente entwickelt worden waren, die ganze Länder und Völker »ausradieren« konnten?

Kriegsrecht und Luftkrieg

Im Jahre 1918 wurde von beiden kriegführenden Seiten der Luftangriff auf militärische Ziele überall im Kriegsgebiet als erlaubt anerkannt. Er war inzwischen »Gewohnheitsrecht« geworden. Einzig die Frage, was militärische Ziele seien, war umstritten. Dies allein war das Kriterium dafür, ob ein Bombenangriff erlaubt war oder nicht.

Nach den Befehlen der deutschen Obersten Heeresleitung waren militärische Ziele beispielsweise Lager der Feindstreitkräfte, Munitions- und Waffenlager, Kriegswerkstätten, wichtige Bahnlinien, Ein- und Ausschiffungshäfen von Truppen und Werften.

Eine Ausnahme von diesem Grundsatz der Schonung nichtmilitärischer Anlagen bildeten bereits im Ersten Weltkrieg Luftangriffe, die zum Zwecke der Repressalie geflogen wurden. Eine Repressalie wurde nur dann völkerrechtlich anerkannt, wenn sie mit dem Ziel geführt wurde, den Gegner zur Einstellung einer völkerrechtswidrigen Handlung zu zwingen.

Die Lage, wie sie zu Beginn des Ersten Weltkrieges bestand, änderte sich in den folgenden Jahren nicht. Die Dringlichkeit der Festlegung von Rechtsnormen für den Luftkrieg wurde damals verkannt. Dies, obgleich man erkannt hatte, daß die Luftwaffe ein Kriegsinstrument war, dessen mörderische Effizienz in ihrer gesamten Tiefe noch gar nicht ausgelotet werden konnte.

Aber man hatte ja den Krieg geächtet! Man hatte den Völkerbund ins Leben gerufen! Allein die Beschäftigung mit Kriegsrecht war doch angesichts dieser Tatsachen schon etwas Unmoralisches. Auf der Pariser Luftfahrtkonferenz am 13. 10. 1919 wurde denn auch nur ein ziviles Luftrecht verabschiedet. Die Frage des Luftkriegsrechtes sollte nunmehr vom Völkerbund geklärt werden. Unter der Leitung des amerikanischen Juristen J. B. Moore tagte seit dem 11. 12. 1922 die große Juristenkommission des Völkerbundes, der Juristen aus England, Frankreich, Holland, Italien, Japan und den USA angehörten. Bis zum 6. 2. 1923 dauerte diese Tagung, in deren Verlauf der Entwurf der Haager Luftkriegsregeln ausgearbeitet wurde. Keiner der beteiligten Staaten nahm diesen Entwurf an, der damit nicht geltendes Völkerrecht wurde.

In einem anderen Dokument waren allerdings die vorsätzliche Bombardierung unverteidigter Städte, sinnlose Verwüstung und Zerstörung, systematischer Terror und Quälerei der Zivilbevölkerung als Kriegsverbrechen gebrandmarkt worden. Und zwar in der »Liste der Kriegsverbrechen«, die von der »Commission des Responsabilités« am 29. 3. 1919 dem Obersten Alliierten Rat vorgelegt wurde.

Die vorbereitende Abrüstungskonferenz des Völkerbundes lehnte im April 1929 den deutschen Antrag, »den Kampfmittelabwurf aus Flugzeugen zu verbieten« und die »Vorbereitungen zum Luftkrieg zu untersagen«, eindeutig und schroff ab. (Siehe: Documents de la Commission préparatoire de Désarmement; Völkerbund.)

Die Abrüstungskommission selbst, die von 1932 bis 1934 in Genf tagte, forderte »ein absolutes Verbot jeden Luftangriffs auf die Zivilbevölkerung und eine Verpflichtung aller Staaten zur völligen Abschaffung des Brandmitteleinsatzes«. (Siehe IKRK-Rec. S. 9.) Zu einer rechtsgültigen und rechtsverbindlichen Entscheidung kam es auch diesmal nicht, denn in einigen der Hauptteilnehmerstaaten war die Frage der Bombenangriffe in der Praxis eher umgekehrt entschieden worden. Die in den Kolonien jener Staaten angewandte Praxis zeigte deutlich auf, welchen Weg diese unter Umständen gehen würden.

Das Internationale Rote Kreuz nahm das drängende Problem auf. Nach verschiedenen Vorstößen beauftragte es im Jahre 1929 acht Gelehrte aus der ganzen Welt mit der Erstellung eines Gutachtens über den Luftkrieg. Dies geschah binnen eines Jahres und wurde im Jahre 1930 in Genf unter dem Titel »La protection des populations civiles contre les bombardements« veröffentlicht.

Die acht Autoren dieses Werkes waren: Hammerskjöld/Schweden, MacDonough/England, Royse/USA, Scialoja/Italien, Sibert/Frankreich, Simons/Deutschland, von Eysinga/Holland und Züblin/Schweiz.

In diesem einzigartigen Werk wurde eine entschiedene Schranke gegen die Entfesselung eines Ausrottungskrieges gesetzt. In ihm kam zum Ausdruck, daß Luftangriffe nur und ausschließlich auf militärische Ziele erlaubt seien. Außerhalb der Kampfzonen dürften keine Luftangriffe geflogen werden.

Keiner jener Staaten, aus deren Mitte die Fachwissenschaftler gekommen waren, handelte indes nach dieser Manifestation für Frieden und Humanität.

Die Lehre vom »totalen Krieg«, der von Veale als großangelegte »Angriffe auf Leben und Besitz der Zivilbevölkerung« bezeichnet wurde, konnte aus der Phase der Beratungen in die Phase der ersten Verwirklichung übergehen. Nicht einmal das IKRK war in der Lage, diese Entwicklung zu verhindern, die lange vor Ausbruch des Zweiten Weltkrieges begann.

Welcher Art diese ersten Anzeichen waren, sei im folgenden dargestellt:

Luftkriegseinsätze zwischen den beiden Weltkriegen

In der Zeit zwischen den beiden Weltkriegen kam es mehrfach zum Einsatz der verschiedenen Luftwaffen der Entente-Mächte. Bereits hier zeigte sich klar und eindeutig, daß das Fehlen eines Luftkriegsrechtes ein Mangel war, der sich tödlich auswirken konnte.

Alle jene Staaten, die in dieser Zeit Flugzeuge einsetzten, beachteten nicht einmal die bestehenden minimalen Schutzvorschriften. So wurden die Kabylen im Rif während der Kämpfe in Marokko in den Jahren 1925 bis 1926 durch Bombenwürfe und Bordwaffenbeschuß französischer Flugzeuge zur Kapitulation gezwungen. Als den französischen Streitkräften klar wurde, daß sie die Rif-Kabylen in dem Felsengewirr nicht besiegen konnten, flogen sie Angriffe gegen deren Siedlungen, die völlig unbewaffnet waren, und zerstörten sie. Im Irak und Warziristan operierten die Engländer bei den Aufständen der dort lebenden Völker ebenfalls mit Bordwaffen und Bomben, die die Berghöhlen und Hütten dieser Menschen und alles Leben darin zerstörten. Hier wurden zum ersten Male in der Geschichte des Luftkrieges Bomben mit Langzeitzündern abgeworfen. Dies war um so schlimmer, als sich die Eingeborenen einfach nicht vorstellen konnten, daß nach einem Angriff Stunden, ja Tage später noch jene seltsamen stählernen Gebilde explodieren konnten.

Sie kamen aus ihren Schlupfwinkeln heraus, um diesen Verzögerungsbomben zum Opfer zu fallen.

Von Dörfern über Hütten bis zu einzelnen Höhlen wurde alles aus der Luft angegriffen, was als menschliche Zufluchtstätte erkannt worden war. In seinem Bericht schrieb der für diese Massaker verantwortliche Vizeluftmarschall Sir Ellington am 11. 11. 1925 an den Oberkommandierenden in Indien:

»Im Kolonialkrieg gegen Eingeborene sollten brutalere Methoden erlaubt sein. Eine unmenschliche Kriegführung gegen Eingeborene ist nicht unmenschlich.«

Der Einsatz der italienischen Luftwaffe in Abessinien in den Jahren 1935–1936 erfolgte zwar zuerst mit der Zielsetzung, die Erdtruppen zu unterstützen und den Krieg so rasch wie möglich zu beenden. In Fachkreisen, die den Kolonialkrieg kannten, hatte man die Dauer dieses Feldzuges auf sechs Jahre geschätzt. Durch den Einsatz der italienischen Luftwaffe als Transportmittel und durch taktische Lufteinsätze gegen die abessinischen Streitkräfte wurde dieser Krieg in nicht einmal zweieinhalb Jahren beendet. Aber auch bei diesen Kampfhandlungen haben italienische Bomber und Jäger in mehreren Fällen Einsätze gegen die Zivilbevölkerung geflogen. Sie warfen Spreng- und Brandbomben, und es kam sogar zum Abwurf von Gasbomben. Karawanen wurden von italienischen Jagdflugzeugen mit Bordwaffen beschossen, Brunnen und die dort lagernden Menschen und Tiere mit Bomben angegriffen. Dadurch reihte sich auch Italien in die Gruppe jener Staaten ein, die Flugzeuge zum Zwecke reinen Terrors einsetzten und die Zivilbevölkerung bekämpften.

Im spanischen Bürgerkrieg kam es dann zum ersten Aufeinandertreffen zweier Gegner, die beide über Flugzeuge und Flugabwehrwaffen verfügten. Hier vorab der knappe Ablauf der Geschehnisse in Spanien, die zeitlich der Entwicklung der Lage vorauseilen, aber in diesem Zusammenhang gesehen werden sollten.

Der erste Einsatz der deutschen Luftwaffe im Rahmen der »Legion Condor«

Der Bürgerkrieg in Spanien begann, als am 13. 7. 1936 in Madrid der nationale Politiker Don José Antonio ermordet wurde.

Sehr rasch dehnten sich die Kampfhandlungen aus. Mussolini und Hitler entschlossen sich, dem 43jährigen General Francisco Franco zu helfen, der mit einem Teil der Armee in Spanisch-Marokko stand. Die »Hisma«, die hispano-marokkanische Transportgesellschaft, wurde gegründet, und mit Ju-52-Maschinen schaffte man die Soldaten Francos aus Nordafrika aufs Festland.

Gegen Ende des Jahres 1936 wurde die »Legion Condor« gegründet. Ihr Kommandeur wurde der damalige Generalmajor Sperrle. Der »Sonderstab W«, der in Berlin tätig war, stellte diese Legion auf und diente gleichzeitig als Ergänzungseinheit. In der Legion Condor gab es eine Jagdgruppe mit der Bezeichnung J 88, eine Bombergruppe, die K 88 genannt wurde, und eine Aufklärungsstaffel mit der Bezeichnung A 88. Hinzu kamen Flakeinheiten und Luftnachrichtenverbände der jungen deutschen Luftwaffe.

Außerdem gab es Sonderverbände des Heeres und der Kriegsmarine, die in der Legion vereinigt waren.

Adolf Galland, einer der Flieger der ersten Stunde, der am 8. 5. 1937 in Spanien eintraf, flog hier mit seiner He 51 etwa 300 Einsätze. Er mußte sich mit seiner Staffel gegen die schnelleren sowjetischen Maschinen der Typen Polikarpov I-15 und I-16 – der berüchtigten »Rata« – herumschlagen. Die beiden übrigen Staffeln der J 88 erhielten sehr bald die ersten Me-109-Jäger. Im Kampf gegen »Rata« und »Curtiss« zeigte sich die Me 109 überlegen.

Die He 51 wurde als Schlachtflugzeug eingesetzt. Adolf Galland wurde – aus Spanien zurückgekehrt – mit der Aufstellung von einem der

zwei Schlachtgeschwader und der Ausarbeitung von deren Einsatz-
grundsätzen betraut.

Sein Nachfolger in Spanien wurde Werner Mölders. Was Galland auf
dem Gebiet der Schlachtfliegerei war, das wurde Mölders für die Jagdflieger. So bedeuteten Spanien und der dortige Einsatz einiger Hunder-
ter deutscher Flieger den Aufbruch in neue Techniken und Taktiken
des Luftkampfes.

Doch zurück zu jenen Ereignissen, die aufzeigen, daß auch in Spanien
die Luftkriegsregeln nicht beachtet wurden.

Neben dem Einsatz der Luftwaffe in den Erdkämpfen und im Rahmen
taktischer Bombenangriffe kam es auf beiden Seiten zu Luftangriffen,
die zu Verlusten unter der Zivilbevölkerung führten. Die militärische
Bedeutung der Bombardierung von Alicante, Blanes, Barcelona, Tarra-
gona, Valencia, Granollers, Durango und Guernica war gering oder
gleich Null. Um so größer war der Eindruck dieser Bombardierungen
auf die Weltöffentlichkeit, zumal beispielsweise in Guernica nicht nur
ein Massenmord unter der Zivilbevölkerung angerichtet, sondern darüber hinaus auch noch ein altes baskisches Heiligtum zerstört wurde.
Dieser Angriff wurde von deutschen Flugzeugen geflogen, die sich
damit auch in die lange Liste jener Mächte eintrugen, die solche
Angriffe in aller Welt durchgeführt hatten.

Auch im japanisch-chinesischen Krieg kam es zu Luftangriffen im
Bereich von Siedlungsgebieten. Die Aktivität in der Luft lag hier auf
seiten der Japaner. Strategische Luftangriffe wurden jedoch von den
japanischen Luftstreitkräften nicht geflogen.

Unter dem Eindruck aller dieser Vorkommnisse wandte sich am 15. 6.
1937 der US-Unterstaatssekretär Cordell Hull in einer Rede vor dem
US-Kongreß gegen diese Übergriffe. Er appellierte an alle Industrie-
länder, die Flugzeugbau betrieben, keine Bombenflugzeuge an Nationen zu verkaufen, die diese gegen die Zivilbevölkerung einsetzen würden. Gleichzeitig damit drückte er das Entsetzen seiner Regierung über
diese Angriffe aus und tadelte die Schuldigen. (Siehe: »La Protection«,
1938, S. 91.)

Am 5. 10. 1937 wandte sich Präsident Roosevelt gegen diese »mit-
leidslosen und völlig ungerechtfertigten Luftangriffe gegen die Zivilbevölkerung, einschließlich der Frauen und Kinder«.

Am 28. 2. 1938 richtete der mexikanische Präsident Cardenas in einer
vielbeachteten Rede einen »Appell an das öffentliche Gewissen, spezi-

16

ell an die Arbeiterschaft in aller Welt«, den Bombenangriff zu verhindern. Er forderte das sofortige Verbot eines jeden Bombenangriffs.

In langer Reihe zogen alle anderen Staaten der Welt nach; selbst jene, die Jahre zuvor diese Praktiken selbst angewandt hatten. So sagte Premierminister Chamberlain am 30. 5. und 3. 6. 1938 vor dem britischen Unterhaus, daß seine Regierung dem Verantwortlichen in Burgos – General Franco – geschrieben hätte, um ihm das Entsetzen über die Bombardierung rotspanischer Städte auszudrücken.

In einer amerikanischen Note wurde am 4. 6. 1938 die Bombardierung offener Städte für barbarisch erklärt.

In dieser Note hieß es weiter:

»Die Bombardierung irgendeines wichtigen, aber von zahlreicher Zivilbevölkerung bewohnten Ortes verstößt gegen die Regeln des Rechts und der Menschlichkeit.« (»La Protection«, 1938.)

Zehn Tage später nahm der US-Senat einen Vorschlag von Senator Pittmann an, in dem der Vorsitzende der Kommission für auswärtige Angelegenheiten »die unmenschliche Bombardierung der Zivilbevölkerung entschieden verurteilte und die Möglichkeit von Gegenmaßnahmen in der Praxis« untersuchte.

Auch mit der rotspanischen Regierung führte England einen Notenwechsel, in welchem ihr gegenüber mehrfach zum Ausdruck gebracht wurde, daß England erschüttert und entsetzt sei, daß auch Rotspanien solche Bombenangriffe durchführe.

Zu dieser Zeit, als sich so viele Stimmen gegen den Bombenkrieg im allgemeinen und gegen den Bombenkrieg gegen die Zivilbevölkerung im besonderen erhoben, wurde in den USA jener Bomber fertig, der ausschließlich zu strategischen Luftangriffen und Bombeneinsätzen bis tief ins Hinterland des Gegners und dessen Städte konstruiert worden war. Hier wurden von Großbritannien und den USA eben jene Waffen gebaut, die jetzt noch große Entrüstung hervorriefen.

Was sagte man in England zur Luftrüstung? Welcher Art von Luftrüstung gab man hier den Vorzug?

Luftrüstung in England
Der Kampf um die Verstärkung der RAF

In England war es Stanley Earl Baldwin of Bewdley, Führer der konservativen Partei, Mitglied des Unterhauses und von 1923–1929 Premierminister, der sich in seiner Unterhausrede vom 22. 6. 1932 zur Frage der Luftrüstung äußerte:

»Bomberflotten sollten erlaubt sein. Aber Bombenangriffe auf die Zivilbevölkerung müssen verboten werden.«

Winston Churchill schlug seiner Regierung vor, auf der Abrüstungskonferenz in Genf einen formellen Kodex zum Schutze der Zivilbevölkerung und zur Begrenzung der Bomberangriffe auf das Kampfgebiet zu erwirken. (Siehe dazu F. J. P. Veale: »Der Barbarei entgegen«, S. 151.)

Im Februar 1934 erklärte Winston Churchill vor dem Unterhaus: »Deutschland wird aufrüsten; es ist schon im Begriff, es zu tun, und es hat es schon getan. Einzelheiten sind mir nicht bekannt, aber man weiß, daß dieses hochbegabte Volk mit seiner Wissenschaft und seiner Industrie – und mit dem, was es Luftsport nennt – imstande ist, in kurzer Zeit die mächtigste Luftwaffe für alle Zwecke – offensive wie defensive – aufzubauen.

Ich denke mit Entsetzen an den Tag, an dem die gegenwärtigen Herrscher in Deutschland die Mittel in der Hand haben werden, mit denen sie das Herz des britischen Weltreiches bedrohen können.« Fünf Monate später wußte Churchill es genauer.

Als am 20. Juli 1934 die britische Regierung im Unterhaus ihre Vorschläge für die Verstärkung der RAF um 41 Geschwader einbrachte (was einer Aufstockung der RAF um 820 Maschinen im Zeitraum von fünf Jahren entsprach), lehnte Attlee im Namen der Opposition diesen Vorschlag ab. Er sagte dazu:

»Wir bestreiten die Behauptung, daß eine verstärkte britische Luftwaffe den Frieden der Welt fördern wird.«

Als dann auch noch Sir Herbert Samuel, Führer der Liberalen, sagte, daß ihm nichts bekannt sei, was darauf hinweise, daß die englische Luftwaffe nicht fähig sei, um einem Angriff aus Deutschland begegnen zu können, war es abermals Churchill, der sich zu Wort meldete und ausführte:

»Deutschland hat entgegen dem Friedensvertrag von Versailles eine militärische Luftwaffe geschaffen, deren Stärke jetzt nahezu Zweidrittel unserer gegenwärtigen Luftstreitkräfte beträgt. Das ist eine Feststellung, die ich der Regierung heute unterbreite. Die zweite Feststellung ist, daß Deutschland seine Luftwaffe rasch ausbaut.

Bis Ende 1935 wird die deutsche Luftwaffe zahlenmäßig und an

Kampfkraft der unseren gleichwertig sein, selbst wenn die jetzigen Anträge der Regierung durchgeführt werden.

Drittens stelle ich fest, wenn Deutschland die gegenwärtige Expansion fortsetzt und wenn wir unseren bisherigen Plan beibehalten, wird Deutschland im Laufe des Jahres 1936 unverkennbar und wesentlich stärker in der Luft sein als Großbritannien. Wenn es aber einmal diesen Vorsprung hat, sind wir vielleicht nie mehr imstande, ihn wieder einzuholen. –

Sollte sich die Regierung in den nächsten Jahren jemals damit abfinden müssen, daß die deutschen Luftstreitkräfte stärker sind als unsere eigenen, dann wird man ihr, und das wohl mit Recht, den Vorwurf machen, daß sie ihre allererste Pflicht gegen das Land vernachlässigt hat.« (Siehe Churchill-Memoiren, Bd. 1.)

Diese Worte verfehlten ihren Eindruck auf die Mitglieder des Unterhauses nicht.

Man hatte zwar keine Ahnung, wie es in Wirklichkeit mit der deutschen Luftwaffe aussah, aber Churchills Worte rüttelten jeden aus seiner Selbstzufriedenheit auf.

Wie sah es um diese Zeit in Deutschland aus? Was war seit dem Ende des Ersten Weltkrieges geschehen?

Der Friedensvertrag von Versailles
Gibt es eine deutsche Luftwaffe?

Als am 8. November 1918 der Waffenstillstand an der Westfront verkündet wurde, verfügte die deutsche Fliegertruppe über 306 Fliegereinheiten, in denen 4500 Flugzeugführer, Beobachter und Bordschützen im Einsatz standen. Im Sommer 1918 wurden von den deutschen Flugzeugwerken allmonatlich etwa 2000 Flugzeuge fertiggestellt, eine gigantische Zahl, wenn man bedenkt, daß es 1914 nur 50 waren.

80 km Stundengeschwindigkeit besaßen jene Maschinen, mit denen die ersten 450 deutschen Flieger 1914 ins Feld zogen. 200 Stundenkilometer flogen die Maschinen vier Jahre später. Die Steighöhe betrug nun 7000 m, und statt der mitgeführten Pistole und der von Hand abzuwerfenden 3,5-kg-Bombe hatte man Zwillings-MG, Bordkanonen und Bomben mit bis zu 1000 kg Gewicht an Bord. Mit Inkrafttreten des Waffenstillstandes mußten 2600 einsatzbereite Jagdmaschinen und Bomber den Alliierten ausgeliefert werden. Am 28. 6. 1919, dem Tag

der Unterzeichnung des Versailler Vertrages, wurde bestimmt, daß die bewaffnete Macht Deutschlands keine Land- und Marine-Luftstreitkräfte unterhalten dürfe.

Zu dieser Zeit besaß die Reichswehr immer noch einige Fliegereinheiten, so das Kampfgeschwader Sachsenberg, das man mit 70 Maschinen nach Kurland verlegt hatte, um Riga von der Roten Armee zu befreien; ferner Fliegerabteilungen in Großenhain und an zwei anderen Standorten. Darüber hinaus existierten noch die Fliegerabteilungen »Freikorps Schleswig-Holstein« und »Freiwillige Fliegerabteilung des AOK Süd« in Oberschlesien.

Im Mai 1920 mußten die letzten Fliegerabteilungen aufgelöst werden. Bis Ende 1920 war dies geschehen. Maschinen und Piloten wechselten zu den noch erlaubten Polizei-Fliegerstaffeln über. Doch auch diese wurden verboten.

Innerhalb von drei Monaten mußte Deutschland nunmehr sämtliches Material, d. h. 14.000 Flugzeuge, 27.600 Flugzeugmotoren, 16 Luftschiffe und 37 Luftschiffhallen, ausliefern.

Am 5. Mai 1921 wurden im sogenannten Londoner Ultimatum die Beschränkungen und Verbote weiter ausgedehnt. Von nun an war in Deutschland jeder Motorflug verboten; auch die Zivilfliegerei. Die Herstellung von Motorflugzeugen war ebenfalls nicht mehr erlaubt.

Die deutschen Flugzeugkonstrukteure von Rang gingen ins Ausland. Claude Dornier arbeitete in der Schweiz weiter, Junkers ging nach Schweden, und Heinkel trat in die Svenska Aero A.B. ein. Dennoch war bereits im Winter 1918 das Reichsamt für Luftfahrt geschaffen worden, das sich auch nach Bekanntwerden dieser umfassenden Beschränkungsmaßnahmen nicht auflöste. Chef dieses Amtes wurde August Euler, der erste »Alte Adler«, der am 1. 2. 1910 den deutschen Flugzeugführerschein Nr. 1 erhalten hatte. Mit Bildung der neuen deutschen Reichsregierung unter Friedrich Ebert im Jahre 1919 wurde dieses Reichsamt zur Abteilung Luftverkehr im Reichsverkehrsministerium. Die Abteilung wurde nun von dem Kriegsflieger Hauptmann Brandenburg geführt, der einer der wenigen Pour-le-mérite-Träger der Fliegerei war. Dieser holte viele seiner alten Kameraden zu sich ins Amt und faßte bereits damals den Neuaufbau der zivilen deutschen Luftfahrt ins Auge.

Nachdem auch die Polizei-Fliegerstaffeln aufgelöst worden waren, wurde aus den noch vorhandenen Resten die »Luftpolizei zur Überwachung des zivilen Luftverkehrs« gebildet. Hieraus entwickelte sich die Idee der zivilen Luftfahrt.

Es war Hauptmann a. D. Brandenburg, der Stück für Stück die Hemmnisse des Versailler Vertrages abbaute. Im Zuge verschiedener Vertragsrevisionen erreichte er es, daß die Hindernisse, die dem Aufbau der deutschen Zivilfliegerei entgegenstanden, beseitigt wurden. Damit schuf er gleichzeitig auch eine neue deutsche Luftfahrtindustrie und verschaffte dieser die Möglichkeiten, sich weiter zu entfalten und zu Weltgeltung aufzusteigen.

Darüber hinaus war Brandenburg ständig bestrebt, den Wunsch der Reichswehr nach einer eigenen Fliegertruppe zu fördern.

Die Ausbildung der in der Reichswehr verbliebenen Flieger

Die in der Reichswehr verbliebenen Fliegeroffiziere wurden nach dem Kriege weiter ausgebildet. Allerdings gab es zunächst nur theoretisch-taktische Übungen, die sich nach jenen Unterlagen ausrichteten, die man unter der Hand aus dem Ausland bezog. Wenn Deutschland auch jede Art der Militärfliegerei verboten war, so war doch von seiten der Alliierten erlaubt worden, daß sich Reichswehrangehörige auf eigene Kosten zu Sportfliegern ausbilden ließen – dies jedoch nur in einer Größenordnung von 36 Soldaten in sechs Jahren.

Im Jahre 1923 wurde zwischen der Reichswehr und der Roten Armee – mit Wissen und Billigung der damaligen Reichsregierung – ein Geheimabkommen geschlossen, nach welchem deutsche Piloten in sowjetischen Fliegerschulen zu Flugzeugführern ausgebildet werden konnten. Jeweils 120 Flugschüler wurden in Halbjahreslehrgängen in der Sowjetunion geschult. Hauptstützpunkt dieser Ausbildungsstätten war der sowjetische Flugplatz Lipezk. Hier entstand die erste deutsche »Jagdfliegerschule«.

Die jungen Flieger des Ersten Weltkrieges gingen also ab 1923 in die UdSSR, unter ihnen so bekannte Piloten wie Osterkamp, Schönebeck, Blumensaat und Cramon.

Grundsätzlich arbeitete man mit alten Fokkermaschinen. Ab und zu wurden den angehenden Piloten jedoch auch Prototypen sowjetischer Flugzeuge – wie dies vertraglich vereinbart war – zur Verfügung gestellt.

In diesem Abkommen hatte sich Deutschland verpflichtet, den Sowjets von jedem neuen Flugzeug ein Exemplar kostenlos zur Verfügung zu stellen und den Nachbau ohne Lizenzgebühr zu gestatten. Rußland wollte im Gegenzug den Leitern der Schule jedes neue Jagdflugzeug zum Studium überlassen, sobald es zu den Frontverbänden stieß.

Auf dieser Basis wurden von 1923 bis 1933 das Stammpersonal der kommenden deutschen Luftwaffe und viele junge engagierte Flieger fliegerisch und waffenmäßig in der Sowjetunion ausgebildet. Dies war jedoch nicht die einzige Möglichkeit, zu einem »Volk von Fliegern« zu werden. In Deutschland selbst lockerten sich Zug um Zug die Beschränkungen des Versailler Vertrages. Am 1. 1. 1924 wurde die Firma Focke-Wulf-Flugzeugbau gegründet. Aus ihr entwickelten sich die Arado-Flugzeugwerke, in denen die ersten deutschen Jagdflugzeuge gebaut wurden.

Als sogar 1926 einer kleinen Zahl von Offizieren die Möglichkeit zur flugsportlichen Betätigung erlaubt wurde, war damit ein weiterer Schritt in Richtung jener Luftwaffe getan worden, die Brandenburg anstrebte. Nach seiner Überzeugung sollte diese kleine Luftwaffe lediglich imstande sein, den Aufgaben gerecht zu werden, die das Reich an sie stellte; sie sollte auf keinen Fall als Angriffswaffe dienen.

1926 entstand auch die Messerschmitt-Flugzeugbau AG, die sich wenige Jahre nach ihrer Gründung auch mit der Konstruktion von Jagd- und Kampfflugzeugen befaßte.

Nach Aufhebung der neun Punkte des Versailler Vertrages, welche den Flugzeugbau verboten, konnten ab 1926 die deutschen Konstrukteure ans Werk gehen und die modernsten Flugzeuge bauen, ohne den bisherigen Beschränkungen zu unterliegen. In der Deutschen Verkehrsfliegerschule zu Braunschweig und auf der Verkehrsfliegerschule Schleißheim wurden Piloten ausgebildet.

In diesem entscheidenden Jahr 1926 war auch die Deutsche Lufthansa gegründet worden. Ihr Direktor wurde Erhard Milch, ein Flieger des Ersten Weltkrieges und persönlicher Freund Hermann Görings. Er sollte 1933 Staatssekretär im Reichsluftfahrtministerium werden.

Flieger wurden ausgebildet und gingen in die Industrie oder zur Lufthansa. An das Führen von Kriegsflugzeugen dachte in Deutschland jedoch noch niemand, mit Ausnahme jener 240 jungen Männer, die alljährlich in der Sowjetunion geschult wurden.

Die Machtübernahme durch Hitler
Erster Aufbau der Luftwaffe

Die Ereignisse des 30. Januar 1933 leiteten in der Luftfahrt eine Entwicklung ein, wie sie rasanter nicht hätte sein können. Dieses Tempo übertrug sich auch auf die bereits zu dieser Zeit geplante deutsche Luftwaffe. Die geheime Reichswehrfliegerei wurde weiter ausgebaut. Das Reichsluftfahrtministerium unter Hermann Göring wurde gebildet. Die Besetzung der Ämter und Abteilungen dieses neuen Ministeriums sah folgendermaßen aus (Stand 1. 4. 1934):

Reichsminister der Luftfahrt:	Hermann Göring
Stellvertreter und zugleich Staatssekretär:	Erhard Milch
Chef des Luftkommandoamtes (Organisation, Ausbildung und Führung) LA:	Oberst Wever
Chef des allgemeinen Luftamtes (Luftverkehr und Luftüberwachung) LB:	Ministerialrat Fisch
Chef des technischen Amtes (Industrie, Entwicklung, Nachschub und Erprobung) LC:	Oberst Wimmer
Chef des Luftwaffen-Personalamtes CLP:	Oberst Kesselring
Chef des Luftwaffenverwaltungsamtes (Verwaltung, Bauwesen) LD:	Oberst Stumpf
Inspekteur der Schulen der Luftwaffe:	Oberst Christiansen
Chef der Zentralabteilung:	Kpt. z. S. Wenninger

Im Luftkommandoamt unter Oberst (später Generalleutnant) Wever, dem ersten Chef des Generalstabes der Luftwaffe, wurden die organisatorischen Grundlagen für die Schaffung des neuen dritten Wehrmachtsteiles erarbeitet.
Die Luftwaffe sollte in der Tat ein dritter, selbständiger Wehrmachtsteil werden.
Wer war dieser Oberst Wever? Welche Qualifikation besaß er, daß er für Hermann Göring der richtige Mann an dieser Schaltstelle des Aufbaues der neuen Luftwaffe war?
Walther Wever war im Ersten Weltkrieg junger Generalstabsoffizier

gewesen. Als Anhänger der Lehren Douhets wollte er als Generalstabschef die beste, d. h. die schlagkräftigste Luftwaffe für Deutschland aufbauen. Um sich in die Rolle der Flieger hineindenken zu können, lernte
er noch nach 1933 fliegen.

Nach seiner Ansicht müßte ein Luftangriff in geschlossenem Verband
geführt werden, und zwar im Hochangriff. Nur in Ausnahmefällen
konnte zum Tiefangriff übergegangen werden. Sein Ziel war es, in
einem Luftkrieg den Kampf gegen die wirtschaftlichen Zentren des
Gegners zu führen. Falls dieser selbst über stärkere Luftwaffenverbände verfügte, mußten zuerst seine Luftstreitkräfte ausgeschaltet werden,
bevor man die wirtschaftlichen Ballungsräume des Gegners angreifen
konnte.

Darauf basierend, propagierte Wever den Präventivschlag, bei dem mit
einem überraschenden Luftüberfall möglichst alle feindlichen Flugplätze und die Flugzeuge vernichtet werden sollten. Mit einem solchen
Überraschungsschlag war auch einem überlegenen Gegner beizukommen und die eigene Luftwaffe in der Lage, ihre zweite Aufgabe zu
erfüllen: die feindliche Kriegsindustrie zu zerstören und danach auch
noch die gegnerische Versorgungsindustrie auszuschalten.

Durch solche Überraschungsschläge würde die Verteidigungskraft des
Gegners entscheidend geschwächt und dem deutschen Heer die Chance
geboten, den Gegner beim Vorstoß in dessen Land leichter zu überwinden.

Diese strategische Konzeption war jedoch nur dann gültig, wenn der
Gegner eine benachbarte Landmacht war. Gegenüber Großbritannien
lagen die Dinge anders. Aber bis zum Jahre 1938 kam auch für
Deutschland ein Krieg gegen das Vereinigte Königreich noch nicht in
Frage.

Der Aufbau der Luftwaffe war infolge der Vielzahl der vorhandenen
Flugzeugtypen und wegen des fehlenden Stammes an geschulten Offi-
zieren schleppend. Allein der Generalstab der Luftwaffe benötigte eine
Vielzahl vollausgebildeter Offiziere.

Als Chef dieses Generalstabes hatte Wever jeden Tag seiner Amtszeit
gegen diese Hemmnisse anzukämpfen. In allen Führungsgremien und
Stäben wurden ausgebildete Offiziere verlangt. Alle verantwortlichen
Stellen waren mit Generalstabsoffizieren zu besetzen, so z. B. die Stelle des ersten Gehilfen Wevers, der ja zugleich auch Chef des Führungs-
stabes war. Der Generalquartiermeister, verantwortlich für die wichtig-

24

sten Faktoren, in dessen Händen die Organisation, der Nachschub, die Versorgung und das Transportwesen lagen, benötigte ebenfalls hochqualifizierte Offiziere. Da Wever sich immer wieder mit allen diesen Dingen befassen mußte, war er derart überfordert, daß er auf alte Kameraden zurückgreifen mußte, die sich ihm und der neuen deutschen Luftwaffe zur Verfügung stellten.

Mit Hitlers Machtübernahme fielen die sowjetischen Ausbildungsmöglichkeiten ab Herbst 1933 für die deutschen Flieger weg. An ihre Stelle traten neue – schlechtere – Ausbildungseinrichtungen in Italien. Da dies immer noch nicht ausreichte, wurde der Deutsche Luftsportverband gegründet. Sein Führer war Bruno Loerzer, ein Weltkrieg-I-Flieger und ebenfalls ein Freund von Hermann Göring.

Alle Angehörigen der Reichswehr, die in diesen Luftsportverband eintraten, wurden formell aus der Reichswehr entlassen. Dies geschah übrigens auch bei den im Reichsluftfahrtministerium tätigen Offizieren. So wurde, wenigstens formell, der Friedensvertrag von Versailles nicht verletzt.

Im Luftsportverband wurden die angehenden Piloten geschult, der Nachwuchs angeworben und Technische und Bodendienste ausgebildet. Zuerst waren es Segelfliegergruppen, weil noch keine Militärflugzeuge zur Verfügung standen.

Die Fortsetzung dieser Ausbildung wurde in der »Deutschen Verkehrsfliegerschule« durchgeführt, die Kpt. z. S. Christiansen führte. Beide Organisationen dienten als Tarnkappen für die geheim aufgebaute deutsche Luftwaffe, und zwar bis zum Jahre 1935.

Auch die Piloten der inzwischen zu Weltgeltung gelangten Deutschen Lufthansa mußten für eine militärische Kurzausbildung freigegeben werden. Sie wurden zur ersten Reservetruppe der Luftwaffe, die sich damals »Behelfskampfgeschwader I« nannte, zusammengefaßt.

Während Oberst Kesselring das Bauwesen vorantrieb und Flugplätze, Hallen und Fliegerhorste, Kasernen und Schulungsplätze errichten ließ, kümmerte sich Oberst Stumpf um die personelle Seite. Er schuf binnen drei Jahren aus 50 Offizieren der Anfangszeit ein Offizierskorps der Luftwaffe in Stärke von 10.000 Mann, und dies nicht zuletzt durch die Eröffnung der Kriegsakademie im Jahre 1935. Aus dieser Schule zogen ab 1936 junge Fliegeroffiziere zur »Front«.

Bis zum Jahre 1934 waren die Umgliederungsarbeiten beendet. Bis Jahresende standen folgende Verbände der Luftwaffe:

5 Bomberstaffeln, 3 Jagdstaffeln, 1 Sturzbomberstaffel, 3 Fernaufklä-
rerstaffeln und 2 Nahaufklärerstaffeln.

Ein ereignisreicher Tag

Am Morgen des 2. August 1934 wurde die Nachricht vom Tode des
deutschen Reichspräsidenten Paul von Hindenburg über den Rundfunk
und durch Extrablätter bekanntgegeben. Wenige Stunden darauf wurden die Offiziere der noch getarnten Luftwaffe in das Reichsluftfahrtministerium gerufen. Im Sitzungssaal der ehemaligen Großbank machte Oberst Wever seinem Vorgesetzten Göring Meldung, der die
Uniform eines Generals der Flieger trug. Göring schritt zur Mitte des
Raumes und gedachte hier des verstorbenen Generalfeldmarschalls.
Danach fuhr er mit erhobener Stimme fort:
»Aufgrund der Reichsverfassung geht die Staatsgewalt bis zur Wahl
des Nachfolgers für den Reichspräsidenten auf den Reichskanzler über.
Damit übernimmt Adolf Hitler den Oberbefehl über die Wehrmacht.
Der Führer hat befohlen, daß die Wehrmacht, einschließlich der Luft-
waffe, auf ihn zu vereidigen ist.«
Göring zog sein Schwert, Staatssekretär Milch, der mit einigen Offizie-
ren mit Göring gekommen war, trat vor und legte seine Schwurhand
auf die Klinge. Der Adjutant verlas nunmehr die neue Eidesformel.
Alle Luftwaffenoffiziere schworen, daß sie Adolf Hitler, dem Führer
und Reichskanzler und Obersten Befehlshaber der Wehrmacht, Treue
und unbedingten Gehorsam leisten würden.
Am selben Tag – und am Morgen des 3. August – leistete die gesamte
Wehrmacht, leistete auch die Beamtenschaft Deutschlands diesen Treu-
eid, der nun nicht mehr auf Deutschland, sondern auf Hitler geleistet
wurde. Nicht Deutschland, sondern Hitler mußte von nun an die Treue
gehalten werden.

Die Tarnkappe fällt

Am 26. Februar 1935 fiel die Tarnkappe, unter der sich der Aufbau der
deutschen Luftwaffe bis dahin vollzogen hatte. Das Reichsluftfahrtministerium wurde unter Führung von Hermann Göring als neuem Oberbefehlshaber der Luftwaffe weiter ausgebaut. Sein Generalstabschef
blieb Wever, Görings Stellvertreter wurde Milch, der ehemalige Staatssekretär der Luftfahrt. Milch wurde mit diesem Tag auch Generalin-

spekteur der Luftwaffe. Weitere Dienststellen waren ihm unterstellt, so die des Chefs der Luftwehr mit den Unterabteilungen Allgemeines Luftamt, Luftwaffenverwaltungsamt und Luftwaffenpersonalamt. Danach folgte die Dienststelle des Generalluftzeugmeisters, die dann wenig später mit Ernst Udet einen alten Flieger und Kriegskameraden Görings als Chef bekam. Zu diesem Amt gehörte auch das Technische Amt und die hierzu beigestellten Erprobungsstellen der Luftwaffe und das Nachschubamt. Milch war auch das Amt »Chef des Ausbildungswesens« unterstellt. Zu diesem Amt gehörten die Abteilungen Ausbildung, Vorschriften und Luftbild. Hinzu kamen 14 Luftwaffeninspektionen. Zu dieser gigantischen zentralen Kommandobehörde zählten noch der »Chef des Nachrichtenverbindungswesens«, der »Chef der Zentralabteilung« mit den Dienststellen Attachégruppe, Rechtsabteilung und Ministerialbüro.

Die Luftwaffe wurde in Luftkreiskommandos unterteilt. Es gab am 1. 10. 1935 folgende Kommandos:

Luftkreiskommando I	– Königsberg/Ostpreußen
Luftkreiskommando II	– Berlin
Luftkreiskommando III	– Dresden
Luftkreiskommando IV	– Münster
Luftkreiskommando V	– München
Luftkreiskommando VI (See)	– Kiel

In jedem dieser Luftkreiskommandos gab es sämtliche Gattungen der Fliegertruppe mit Ausnahme der Heeres- und Marinefliegerverbände, der Flak und der Nachrichtentruppe. Jedes dieser Luftkreiskommandos war mithin eine eigene Luftwaffe im kleinen, es erhielt die Aufgaben einer taktischen Befehlsstelle. Es gab nicht die Aufteilung in Jagdflieger und Kampfflieger, wie dies beispielsweise in der Royal Air Force der Fall war.

Die eigentliche Fliegertruppe wurde im Februar 1939 in sieben Fliegerdivisionen eingeteilt, von denen an diesem 26. 2. 1935 nur ein verschwindend geringer Teil stand. Die Luftwaffen-Lehrdivision kam ab 1. 7. 1938 noch hinzu.

In territorialer Hinsicht wurde die gesamte Luftwaffe ab 1. 4. 1936 in vorerst sechs, später, bis zum Herbst 1937, in 12 Luftgaukommandos untergliedert.

Die Flakverbände der Luftwaffe, die bei Einführung der allgemeinen Wehrpflicht bereits in zwei Abteilungen standen, wurden beschleunigt aufgestockt. Auch sie waren den Luftkreiskommandos unterstellt. In einer nicht für möglich gehaltenen Rüstungsanstrengung wurde die Flak, die vorerst nur über 2-cm-Fla-Waffen und 3,7-cm-Kanonen verfügte, ausgebaut. Sie erhielt Kanonen vom Kaliber 8,8 cm und eine Reihe von Scheinwerferabteilungen. Im Jahre 1939 verfügte die Flak über 650 Batterien mit etwa 2600 Kanonen vom Kaliber 8,8 und 10,5 cm. Hinzu kamen 560 leichte Batterien mit 6700 Kanonen vom Kaliber 3,7 und 2 cm. Die Scheinwerferabteilungen verfügten bei Kriegsbeginn über 3000 Scheinwerfer.

Die Luftnachrichtentruppe, die teilweise aus der Heeres-Nachrichtentruppe übernommen wurde – erst in Kompanien, dann in Abteilungen und schließlich in Regimenter gegliedert –, entwickelte sich ebenso schnell und war den an sie gestellten Aufgaben auf allen Gebieten der Nachrichtenübermittlung mit Kriegsausbruch gewachsen.

Ein weiterer Teil der Luftwaffe, die junge deutsche Fallschirmtruppe, die den Einsatz aus der dritten Dimension – also aus der Luft – führen sollte, wurde am 1. 4. 1935 ins Leben gerufen. Wie aber sah es mit den ersten Flugzeugen aus?

Die Flugzeuge der deutschen Luftwaffe

Als im April 1935 das erste Jagdgeschwader der Luftwaffe mit der Bezeichnung Jagdgeschwader 2 »Richthofen« aufgestellt wurde, flog deren 1. Gruppe in Döberitz bei Berlin die Arado 65. Die 2. Gruppe in Jüterbog-Damm erhielt He-51-Maschinen. Die He 51, wendige Doppeldecker, waren für einen erfolgreichen Luftkampf zu langsam.

Um einen Bomber zur Verfügung zu haben, mußte man auf die Transportmaschine Ju 52 zurückgreifen, die behelfsmäßig als Bomber ausgebaut wurde und in der Lage war, etwa 1000 kg Bomben mitzuführen. Die zur Verfügung stehenden Bomben waren 50-kg-SC-Sprengbomben und 250-kg-SC-Sprengbomben. Zur Bekämpfung von beweglichen Zielen war eine 10-kg-Splitterbombe vorhanden. Die Ju 52 war für diesen Zweck ungeeignet. Ihre ungeschützten Tanks gerieten bei Beschuß sofort in Brand. Es mußte also so rasch wie möglich ein schwerer Bomber gebaut werden.

Der Flugzeugkonstrukteur Prof. Dr. Claude Dornier, der mit seinen

Flugbooten Do-X, dem »Superwal« und Do-S aufsehenerregende Erfolge erzielt hatte, erhielt den Auftrag, einen solchen schweren Bomber zu bauen. Er baute die Do 17, deren erster Prototyp mit 2 BMW-VI-Motoren ausgerüstet war. Im Jahre 1935 wurde die Do 17 erstmals am Erntedanktag auf dem Bückeberg als Bomber den Zuschauern vorgestellt. Zwei Jahre später war diese Maschine – als Bomber! –schneller als sämtliche am Internationalen Alpenflug teilnehmenden Jäger und siegte mit einer phantastischen Leistung.

Die Ausführung Do 17 erzielte eine Höchstgeschwindigkeit von 355 km/h und eine Dauergeschwindigkeit von 330 km/h. Ihre Besatzung bestand aus 3 Mann.

Die Maschine erhielt ein doppeltes Leitwerk, damit der Heck-MG-Stand als einzige Abwehrwaffe freies Schußfeld hatte. Sie konnte eine Bombenzuladung von 1940 kg aufnehmen. Ihre Reichweite betrug in Dauerleistung 1590 km.

Die etwa um die gleiche Zeit zur Truppe kommende Ju 86 erwies sich in mehrerer Hinsicht als zu schwach. Sie erzielte nur 290 km/h und eine Spitzenleistung von 310 km/h. Ihr Heckstand mußte im Verteidigungsfall mit dem Bordfunker, der zugleich das MG bediente, nach unten ausgefahren werden und bremste so die Geschwindigkeit der Maschine um weitere 50 km/h ab. Dennoch wurden die ersten Bomberverbände der Luftwaffe nicht nur mit Do 17, sondern auch mit Ju 86 ausgestattet. Doch auch diese Ausstattung verlief sehr schleppend, so daß noch in Spanien, bei der Legion Condor, Bombenangriffe mit Ju 52 geflogen wurden. Bis zum Frühjahr 1937 waren dann die Bombergeschwader der Luftwaffe überwiegend mit Ju 86 und Do 17 ausgerüstet.

Im Verlauf der Jahre 1937 und 1938 kam ein weiteres Bombenflugzeug zur Truppe: die He 111.

Prof. Dr. Ernst Heinrich Heinkel hatte die He 111 zuerst als zweimotoriges Schnellverkehrsflugzeug konstruiert. Gleichzeitig wurde aber auch eine Bomberversion dieses Flugzeuges hergestellt, die 1937 zur Truppe kam. Alle Einheiten, die mit der Ju 86 ausgerüstet waren, wurden in der Folgezeit auf diesen neuen, besseren Bomber umgerüstet (siehe Anhang!).

Bereits im Jahre 1936 war in Berlin-Staaken eine Aufklärungsgruppe unter Oberstleutnant Rowehl aufgestellt worden, die mit He-111-Maschinen Langstrecken-Aufklärungsflüge über England durchführte und sogar bis zum Ural flog. So wurde das Schnellverkehrsflugzeug zum Bomber und Aufklärungsflugzeug, und Prof. Heinkel sagte zu dieser Entwicklung:

»Niemand hat meinem Schnellverkehrsflugzeug an der Wiege gesungen, was nun in der Folgezeit mit ihm geschah.«

Die erste He 111 K hatte ein Fluggewicht von 8000 kg. Ihre Höchstgeschwindigkeit betrug 400 km/h. Die Maschine trug eine Bombenlast von 1000 kg 500 km tief in Feindesland. Bis zum 31. 8. 1939 waren 800 He 111 K für die Luftwaffe ausgeliefert worden. Beide neuen Maschinen, die Do 17 und die He 111, hatten eine Bewaffnung von 2 MG 15. Die Zahl der zur Truppe gelangten Maschinen der Typen Do 17 E, M, F und P betrug bis zum 31. 8. 1939 479 Stück.

Die Ju 87, die nach einer Idee des späteren Generalluftzeugmeisters Ernst Udet entstand, hatte schon eine lange Geschichte. Sie begann damit, daß Ernst Udet am 27. 9. 1933 auf dem Werksflugplatz der US-Firma Curtiss-Wright in Buffalo die Curtiss-Hawk, einen robusten Doppeldecker mit Sturzflugeigenschaften, flog. Er hatte an diesem Tag zwei dieser Maschinen gekauft. Das Geld dazu hatte er vom Reichsluftfahrtministerium bekommen. Auftraggeber des Kaufes war aber nicht etwa das Fliegeras Udet, sondern Hermann Göring.

In Rechlin wurden beide Maschinen auseinandergenommen, technisch durchgesehen und erprobt. Im Dezember 1933 führte Udet sie im Sturzflug vor. Erhard Milch, der anwesend war, erklärte später – als er den »geschafften« Udet sah –: »Diese Maschine ist für den Aufbau der deutschen Luftwaffe ungeeignet.«

Walther Wever, inzwischen Generalmajor geworden, erkannte jedoch die taktischen Vorteile, die sich bei einer solchen Maschine boten. Als Generalstabschef der deutschen Luftwaffe setzte er es im Jahre 1935 durch, daß der Auftrag zur Entwicklung eines Sturzkampfflugzeuges an die Industrie ging. Die Firmen Arado, Blohm und Voss, Heinkel und Junkers beteiligten sich an dem ausgeschriebenen Wettbewerb. Die Firma Junkers konnte am schnellsten den zuverlässigsten »Vogel« zur Verfügung stellen, weil sich dort der Chefingenieur Pohlmann bereits seit 1933 (auf einen Wink Udets hin) mit dem Problem befaßt hatte und die Ju 87, der erste deutsche Sturzkampfbomber, bereits auf dem Reißbrett fertig war.

Wenige Wochen nach der Ausschreibung flog die erste Ju 87 V-1 und zeigte erstaunliche Eigenschaften.

Als im Januar 1936 Ernst Udet als Oberst in die Luftwaffe eintrat und am 10. 6. als Nachfolger von General Wimmer das Technische Amt übernahm, verfügte er, daß die Ju 87, deren Weiterbau aufgrund verschiedener Einsprüche hoher Fliegeroffiziere gestoppt werden sollte, weitergebaut wurde.

Der Stuka wurde gebaut. Er erfüllte die Ansprüche, die an ihn gestellt wurden, und stand zu Kriegsbeginn mit den neuen Mustern Ju 87 B und den stärkeren Jumo-Motoren 211 mit 1150 PS zur Verfügung. Mit einer Bombenzuladung von 500 kg und einer Marschgeschwindigkeit von 310 km/h hatte er eine Eindringtiefe von rund 200 km.

Selbst ein sehr schwerer Unfall, der sich im August 1939 ereignete und der im folgenden kurz dargestellt werden soll, verhinderte den Einsatz der Stukas am 1. 9. 1939 nicht. Hier jenes Ereignis vom 15. August 1939:

Am Morgen dieses Tages startete die I./StG 76 unter ihrem Kommandeur, Hptm. Walter Sigel, vom Fliegerhorst Cottbus zum Truppenübungsplatz Neuhammer, um den dort wartenden hohen Luftwaffenoffizieren den Einsatz einer Stukagruppe vorzuführen. Die Wettererkundungsstaffel hatte über dem Zielgebiet eine Wolkenhöhe von 2000 m und eine Wolkenuntergrenze von 900 m sowie gute Bodensicht gemeldet. Der Angriff konnte also beginnen. Es war kurz vor 06.00 h, als die drei Staffeln der Gruppe den Befehl zum Sturzangriff erhielten. In der Reihenfolge 2., 3. und 1. Staffel, voraus die Führungskette mit Hptm. Sigel, seinem Adjutanten Oblt. Eppen und dem technischen Offz. Oblt. Müller, stürzten 30 Stukas in die Tiefe.

Als Hptm. Sigel endlich Bodensicht erhielt, sah er, daß er höchstens 100 m über dem Erdboden war. Durch die Bord-Sprechverbindung befahl er zu »ziehen«. Es gelang ihm, seine Maschine nur wenige Meter über dem Boden abzufangen und durch eine Waldschneise hindurch wieder Höhe zu gewinnen.

Seine beiden Begleitmaschinen jedoch blieben hängen, und dann jagte die gesamte 2. Staffel, geführt von Oblt. Goldmann, mit neun Ju 87 in den Boden hinein.

Der zuletzt stürzenden 1. Staffel gelang es zwar hochzuziehen. Die 3. Staffel aber verlor ebenfalls einige Maschinen. Insgesamt waren es 13 Ju 87, die hier beim Probeangriff vernichtet wurden. 26 junge Flieger fanden den Tod.

Auf dem »Feldherrnhügel« aber, auf dem die hohen Luftwaffenoffiziere standen, um den Angriff mitzuerleben, stand auch Generalmajor von Richthofen. Er war gegen den Bau von Stukas gewesen. Dennoch sollte er diese Maschinen im Polenfeldzug führen.

Das unter General Sperrle am selben Tag zusammentretende Kriegsgericht fällte keinen Urteilsspruch. Der Bodennebel, der diese Katastrophe hervorgerufen hatte, war nach dem Einsatz der Wettererkundungsstaffel ganz plötzlich aufgetreten.

Die I./StG 76 wurde binnen weniger Tage durch Abgaben aller anderer Stukaverbände neu aufgefüllt.

Doch zurück zur Flugzeugentwicklung in Deutschland.

Die Ju 88, der schwere Horizontal- und Sturzkampfbomber, kam erst im Frühjahr 1938 als Prototyp zur Truppe. Er war konzipiert, um eine entscheidende Wende im Luftkrieg herbeizuführen. Man hatte ausgerechnet, daß diese Maschinen Bomben mit einem Gewicht bis zu 1000 kg mitführen konnten. Die erste Erprobungsstaffel wurde 1938 aufgestellt.

Göring selbst schickte dem Leiter der Junkerswerke, Koppenberg, am 3. 9. 1938 jene Vollmacht, die lautete:

»Geben Sie nunmehr den Start frei und schaffen Sie mir in kürzester Zeit eine gewaltige Bomberflotte Ju 88.«

Anfang 1939 begann die Serienproduktion der Ju 88. Dieses Flugzeug kam also erst nach Kriegsbeginn zur Truppe.

Wie aber sah es mit neuen Jagdflugzeugen aus?

Von der lahmen Ente zur Me 109

Seit einigen Jahren liefen in Deutschland auch Entwicklungen für schnelle Jagdflugzeuge. Zuerst waren die Arado 65, ein Doppeldecker, die Arado 68 und die He 51 entstanden, die in ihren Leistungen in etwa an die Jagdflugzeuge der anderen Luftwaffen heranreichten.

Die He 51 konnte sechs 10-kg-Splitterbomben im Rumpf tragen. Sie war mit zwei MG ausgerüstet, die fast nach jedem Feuerstoß manuell wieder durchgeladen werden mußten. Auch diese Maschine war ein Doppeldecker.

Erst als die Me 109 hinzukam, besaß die deutsche Jagdfliegerei das dem Gegner überlegene Flugzeug.

Diese Me 109, die in der späteren Standardversion – der Me 109 E-7 – mit zwei Bordkanonen 2 cm und zwei MG 7,9 mm ausgerüstet war, flog in 3700 m Höhe 574 km/h und erreichte eine Gipfelhöhe von 11.000 m.

Die technische Entwicklungsgeschichte dieser Maschine begann, als das Reichsluftfahrtministerium im Jahre 1934 einen neuen Jägertyp ausschrieb, der die veralteten Arado 68 und He 51 ablösen sollte.

Die Firmen Messerschmitt und Heinkel beteiligten sich an diesem Wettbewerb. Die Firmen Arado und Focke-Wulf kamen noch hinzu.

Das erste Vergleichsfliegen der vier Prototypen der genannten Werke im Oktober 1935 ließ die Me 109 und die He 112 in die engere Wahl kommen. Für beide Maschinen standen die Junkers-Motoren Jumo 210 mit 650 PS zur Verfügung. Ernst Udet entschloß sich, nachdem er beide Muster geflogen hatte, zum Bau der Me 109. Er selbst sagte zu Prof. Dr. Heinkel:

»Ich finde, daß Ihr Vogel etwas besser steigt und im Aufbau fester ist; da aber Messerschmitt schneller baut, werde ich ihm den Auftrag zur Serienfertigung geben müssen.« Abschließend fügte er noch hinzu: »Wir haben jetzt einen so tollen Vorsprung im Bau der Jagdflugzeuge, daß es nicht darauf ankommt, ob die Maschine ein wenig besser oder schlechter ist. – Die Me 109 reicht für mindestens 5 Jahre. Wenn sie den Motor von Daimler-Benz mit seinen 1000 PS bekommt, macht sie 550 Sachen. – Nein, Jägersorgen haben wir nicht mehr!«

Am 26. 4. 1939 flog eine Me 109 unter Flugkapitän Wendel 755 Stundenkilometer. Aber der »fliegende Sauzahn« hatte bei diesem Flug keinerlei Waffen an Bord. Später, im Einsatz, war sie trotz der stärkeren Motoren um rund 100 km/h langsamer.

Die Piloten der neuen Flugzeuge

Bis zum Februar 1935 war die Luftwaffe zahlenmäßig sehr schwach, denn 90 Prozent aller Flieger befanden sich noch in der Flugausbildung. Es fehlte zu dieser Zeit außerdem noch an Nacht- und Blindflugerfahrung. Die Kenntnisse im genauen Bombenwurf waren ungenügend. Die gesamte Luftwaffenorganisation war ein einziger riesiger Wasserkopf, und dadurch wurde diese Organisation noch schwerfälliger.

Nach Generalleutnant Wevers Tod hatte Generalmajor Kesselring dessen Nachfolge angetreten. Er forderte, ebenso wie später sein Nachfolger Jeschonnek, einen leichten, schwach bewaffneten Schnellbomber, der den angreifenden Jägern dank seiner Schnelligkeit entkommen konnte und der sturzflugfähig sein mußte. Diese Forderungen führten – wie vorher geschildert – zu den beiden Mustern Ju 87 und vor allem Ju 88.

Für diese Konzeption waren nicht nur strategische oder taktische Erwägungen im Oberkommando der Luftwaffe ausschlaggebend, sondern vor allem auch rüstungstechnische. Die Rohstoff-Frage war der wichtigste Aspekt. Deutschland war nicht in der Lage, eine Armada schwerer Bomber zu bauen und damit einen strategischen Luftkrieg zu führen. Es konnte sich aus Gründen der Industriekapazität und der Rohstofflage keine große Bomberflotte leisten. Darüber hinaus war man der Ansicht, daß man in der Führung des Luftkrieges nur Treffer auf militärische Objekte erzielen wollte, ohne übergroße Gefährdung der Umgebung.

In der Fliegertruppe selbst war es General Felmy, Oberbefehlshaber der Luftflotte 2 (die den Krieg gegen England führen würde), der sich gegen jeden Luftangriff auf englische Städte aussprach. Im September 1938 legte Felmy dem Oberbefehlshaber der Luftwaffe auftragsgemäß eine Denkschrift zur Führung des Luftkrieges gegen Großbritannien vor, in der er in nüchterner Beurteilung des Kriegs- und Wirtschaftspotentials Großbritanniens und der dort zu gewärtigenden Abwehrmaßnahmen entschieden gegen eine Bombardierung britischer Städte war.

Der Kernpunkt seiner Denkschrift lautete: »Ich beurteile die Gefährdung Deutschlands durch britische Gegenschläge stärker als unsere eigenen Erfolgsaussichten.«

Die von ihm angeführten Gesichtspunkte wurden beraten und in Erwägung gezogen, aber er selbst und sein Chef des Generalstabes, Oberst i.G. Wühlisch, fielen in Ungnade.

Jeschonnek, der spätere Chef des Generalstabes der Luftwaffe, schickte diese Denkschrift mit der Bemerkung zurück, daß sie für Göring ein Schlag ins Gesicht gewesen sei.

»Der Generalfeldmarschall läßt Ihnen sagen«, erklärte er wenig später in einem Gespräch, »daß sich der Himmel über London verdunkeln wird, wenn er die Luftwaffe gegen England einsetzt!«

Hitler überschätzt die Kampfkraft der Luftwaffe
Organisation und Stärke vor Beginn des Polenfeldzuges

Mit der offiziellen Verkündigung der Aufstellung der deutschen Luftwaffe am 9. März 1935 und der genau eine Woche später erfolgenden Erklärung, daß die Wehrmacht auf der Grundlage der allgemeinen Wehrpflicht aufgebaut werde, hatte Hitler sich offen zur Aufrüstung bekannt. Unter den Paukenschlägen dieser Verkündigung horchte die Welt auf.

Als Hitler schließlich am 15. 10. 1935 die Kriegsakademie, die Vorbereitungsschule für die Offiziere des Generalstabes, feierlich eröffnete und am 7. 11. dieses Jahres der gesamte Jahrgang 1914 zur Ableistung der Wehrpflicht eingezogen wurde, war die Verblüffung vollkommen. In diese Verblüffung mischte sich Schrecken, denn damit hatte sich die Wehrmacht durch einen Federstrich von 104.000 Mann auf 700.000 Mann vergrößert.

Am 7. 3. 1936, um 12.00 Uhr, verkündete Hitler vor dem Deutschen Reichstag seinen festen Entschluß, das entmilitarisierte Rheinland wieder zu besetzen. Während er noch sprach, marschierten 35.000 Soldaten in diese entmilitarisierte Zone ein. Frankreich war entsetzt. Die Proteste aus Paris kommentierte Lord Lothian im britischen Unterhaus jedoch mit den lakonischen Worten:

»Was soll es? Im Grunde gehen die Deutschen doch nur in ihren eigenen Hintergarten zurück.«

Es entspann sich ein heftiger Notenwechsel zwischen Daladier und Chamberlain, in den auch Winston Churchill eingriff, als er am 6. 6. 1938 an den französischen Ministerpräsidenten schrieb:

»Vermutlich wird die deutsche Luftwaffe bis zum 1. April 1939 aus 300 Geschwadern bestehen und am 1. 4. 1940 aus 400 Geschwadern.«

Daß dies völlig utopische Zahlen waren, dürfte auch Churchill klar gewesen sein, denn um diese 400 Geschwader mit jeweils rund 100 Flugzeugen bemannen zu können, um die Boden- und andere Hilfsdienste zu schaffen, hätte die gesamte Wehrmacht nicht ausgereicht.

Hitler selbst war die Überschätzung der Luftwaffe nur recht. Auch er überschätzte sie – infolge der Meldungen, die ihn frisiert erreichten – um ein Vielfaches.

In Wirklichkeit lag die Schlagkraft der deutschen Luftwaffe um ein Erhebliches darunter, und in den höheren Stäben bemühte man sich eifrig, die von General Felmy in seiner Denkschrift aufgedeckten Fehler und Mängel auszumerzen.

Felmys Behauptungen, daß es an Zielunterlagen fehle, stellten sich als berechtigt heraus. Der Chef des Nachrichtendienstes der Luftwaffe, Oberst Schmidt, versuchte, diese Lücken in der vorhandenen Zielkartei zu schließen. Als dies geschehen war, mußte man erkennen, daß die Flugzeuge in keiner Weise ausreichten, auch nur die wichtigsten militärischen Ziele in England wirkungsvoll bekämpfen zu können.

Dennoch war der Angriff auf Polen beschlossene Sache, und Hitler ließ sich auch nicht durch den Abschluß des englisch-polnischen Beistandspaktes von diesem Krieg abhalten.

Am 1. 9. 1939 bestand die deutsche Luftwaffe aus vier Luftflotten:
Luftflotte 1: General der Flieger Kesselring
Luftflotte 2: (nicht besetzt)
Luftflotte 3: General der Flieger Sperrle
Luftflotte 4: General der Flieger Löhr.

Hinzu kamen:
Luftwaffenkommando Ostpreußen:
      Generalleutnant Wimmer
General der Luftwaffe beim OKH:
      Generalmajor Bogatsch
General der Luftwaffe beim OKM:
      Generalmajor Ritter
Kommandeur der 7. Fliegerdivision:
      Generalmajor Student (1. FJD)
Kommandeur der Luftwaffen-Lehrdivision:
      Generalleutnant Foerster

Die sechs Fliegerdivisionen waren:
1. Fliegerdivision: Generalleutnant Grauert
2. Fliegerdivision: Generalmajor Loerzer
3. Fliegerdivision: Generalmajor Putzier
4. Fliegerdivision: General der Flieger Keller
5. Fliegerdivision: Generalmajor Ritter von Greim
6. Fliegerdivision: Generalmajor Dessloch

Die Luftgaukommandos als territoriale Dienststellen waren
(Stand 1. 9. 1939):

Luftgaukommando I	– Königsberg
Luftgaukommando III	– Berlin
Luftgaukommando IV	– Dresden
Luftgaukommando VI	– Münster/Westf.
Luftgaukommando VII	– München
Luftgaukommando VIII	– Breslau
Luftgaukommando XI	– Hannover
Luftgaukommando XII	– Wiesbaden
Luftgaukommando XIII	– Nürnberg
Luftgaukommando XVII	– Wien

Folgende Flugzeuge standen diesen vier Luftflotten zur Verfügung:
257 Fernaufklärer, 356 Nahaufklärer, 366 Sturzkampfflugzeuge, 40
Schlachtflugzeuge, 408 Zerstörer (darunter 40 einmotorige), 771 Jagdflugzeuge, 1176 Bomber und 167 Seeflugzeuge. Davon waren etwa
90 Prozent einsatzbereit.
Die Jagdgeschwader verfügten am 1. 9. 1939 überwiegend über die
schnelle Me 109 E.
Die beiden Luftflotten, die im Polenfeldzug zum Einsatz kommen soll-
ten, waren die Luftflotte I unter General der Flieger Kesselring und die
Luftflotte 4 unter General der Flieger Löhr. Beide Luftflotten besaßen
zusammen eine Ist-Stärke von 1302 Flugzeugen. Hinzu kamen 627
Flugzeuge, die direkt dem Heer unterstellt waren. Von diesen insgesamt 1929 Flugzeugen waren 897 Bomber.
Zwei Drittel der deutschen Luftwaffe waren also zum Einsatz gegen
Polen angetreten. Ein Drittel lag im Westen. Zwar wird in der
Geschichte der Royal Air Force die Zahl der deutschen Kriegsflugzeu-
ge am 1. 9. 1939 mit 4116 angegeben, es waren jedoch nur 3541 Flugzeuge, von denen der Luftwaffe selbst an diesem Tag 2775 zur Verfügung standen.

Die britische Luftrüstung bis zum Ausbruch
des Zweiten Weltkrieges

Seit der Rede Churchills vom 20. Juli 1934 vor dem britischen Unterhaus, die in den Sätzen gipfelte, daß die deutsche Luftwaffe bis Ende

1935 der britischen gleichwertig sei, wurde in England auf den Ausbau der Royal Air Force verstärkt Wert gelegt.

Dieser Ausbau verlief jedoch nicht kontinuierlich, denn trotz der Bevorzugung der Bomberverbände als Mittel des Kampfes aus der dritten Dimension schwankte der Führungsstab der RAF von 1934 bis zum Ausbruch des Zweiten Weltkrieges zwischen einer einfachen Strategie der Abschreckung und Vorstellungen hin und her, die in der Fachsprache des Krieges »Präventivschläge gegen dichtbesiedelte Großstädte« waren.

Obgleich man in Großbritannien beinahe blindlings an die Kraft und die Entscheidungsgewalt starker Bomberverbände glaubte, besaß die RAF im Jahre 1930 nur insgesamt 700 Flugzeuge, von denen die wenigsten Bomber waren.

Lord Trenchard, der Oberbefehlshaber der RAF, hatte bis zum Jahre 1928 seine Theorie über den Luftkrieg der Zukunft vollendet und prägte sie seinen jüngeren Offizieren ein. Diese Offiziere sollten später, im Falle eines Krieges, den Luftkrieg so führen, wie er es sie gelehrt hatte. Einige dieser jungen Offiziere bekleideten später führende Stellungen in der RAF, so die Majore Portal, Harris, Saundby und Tedder. Diesen Persönlichkeiten werden wir im Verlaufe des Zweiten Weltkrieges immer wieder begegnen. Lord Trenchards Hauptthesen für den Luftkrieg lauteten:

»Es ist die Aufgabe der Luftstreitkräfte, die Widerstandskraft des Feindes durch Angriffe auf Ziele zu zerbrechen, durch deren Zerstörung diese Absicht am ehesten erreicht wird. Die Luftwaffe muß, um den Gegner zu zerschlagen, nicht unbedingt erst seine Landtruppen vernichten.«

Trenchard führte weiter aus, daß man zu diesem Zweck die Arbeiterinnen und Arbeiter in den Munitions- und Rüstungswerken in Deutschland so lange terrorisieren müsse, bis sie nicht mehr zur Arbeit gingen.

»Diese Form der Kriegführung«, fuhr er fort, »ist notwendig und unvermeidbar. – Im Krieg verhält sich der moralische Faktor zum strategischen wie 20 zu 1.« (Siehe Herington, J.: »War against Germany and Italy 1939–1943«.)

Diesen Theorien folgend, wurde von Lord Trenchard eine große, aus schweren Kampfflugzeugen, d. h. Bombern, bestehende Luftflotte angestrebt in der Hoffnung, daß eine solche Streitmacht genügen würde, Hitler vor einem Krieg gegen England zurückschrecken zu lassen.

Als geeignetster Typ wurde ein schwerbewaffneter Langstreckenbomber angesehen, »weil er als eine sehr viel wirksamere Waffe gegen Zivilisten als gegen Truppen angesehen werden kann«. (Siehe Harris, Arthur: »Bomber-Offensive«.)

Was dann aber wirklich auf dem Gebiet der Luftrüstung in England geschah, war nicht im Sinne von Lord Trenchard, der 1930 in den Ruhestand gegangen war. Das Bomber Command bestand im Jahre 1934 – als die britische Regierung die Vergrößerung der RAF um 41 Squadrons innerhalb von fünf Jahren bekanntgegeben hatte – aus 488 Flugzeugen.

Diese verteilten sich auf 44 Squadrons. Einige dieser Squadrons bildeten je einen Teil jener drei vorgesehenen Bomber Area Commands. Sie waren die Vorläufer der Bomber Commands.

Zwei dieser Commands, im Westen und im Mittelabschnitt, waren einsatzbereit und lagen in einem weiten Ring hinter den Fliegerhorsten der Jägersquadrons.

Die Flugzeuge, die 1934 zur Verfügung standen, waren die Kampfflugzeuge der Typen »Blenheim«, »Hind«, »Hart« und »Wapiti« (siehe Anhang!).

Sie legten in der Stunde zwischen 225 und 300 km zurück und konnten Bombenlasten von rund 250 kg befördern. Deren Nachfolger waren die ebenfalls schon veralteten Harrow-Bomber, die 320 km/h Spitzenleistung erzielten und 2000 kg Bomben mit sich führen konnten. Hinzu kam noch die einmotorige »Wellesley«, die von der Firma Vickers konstruiert worden war. Sie erzielte 360 km/h Geschwindigkeit und trug eine Bombenlast von 1000 kg. Seit dem Jahre 1934 befanden sich allerdings bereits zwei viermotorige Langstreckenbomber in der Entwicklung. Die »Halifax« kam 1936 in den Truppenversuch und wurde noch im selben Jahr als erste Bomberserie aufgelegt. Ein Jahr später folgte die »Lancaster«, ein viermotoriger Bomber, der, wie die Halifax, der RAF erst ab 1941 in angemessenen Stückzahlen zur Verfügung stand.

Im Juli 1936 wurde das Bomber Command offiziell aufgestellt. In Hillingdon House, Uxbridge, zog am 14. Juli 1936 Air Chief Marshal Sir John Steel als Commander in Chief ein. Wenige Monate vorher, am 1. 5. 1936, war in Abingdon die 1. Bomber Group aufgestellt worden. Hier, im zentralen Luftabwehrraum von Großbritannien, begann die Geschichte der ersten Bombergruppe der RAF auf drei Flugplätzen, mit 10 Squadrons. Befehlshaber der 1. Bomber Group wurde Air Commodore O. T. Boyd.

Auf dem Flugfeld Abingdon, in Bircham Newton und in Upper Heyford standen diese zehn Squadrons, mit dem Typ »Hawker Hind« ausgerüstet, bereit. Bis zum Jahre 1938 war diese Bomber Group auf acht Flugplätze disloziert und verfügte über 17 Squadrons, die mit den Typen »Blenheim« und »Fairey Battle« ausgerüstet waren (siehe Anhang!).

Die 2. Bomber Group wurde bereits am 20. März 1936 aus der Taufe gehoben. Auch ihr Hauptquartier lag in Abingdon. Air Commodore S. J. Goble übernahm sie am 1. 9. 1936.

Die 3. Bomber Group, die am 1. 5. 1936 aufgestellt wurde, hatte ihr Hauptquartier in Andover, übersiedelte aber im Januar 1937 nach Mildenhall.

Air Vice Marshal P. H. L. Playfair führte sie in der Aufbauphase der ersten zwei Jahre an.

Die 4. Bomber Group unter Air Commodore Harris wurde im Juni 1937 aufgestellt; ihr folgte die 5. Bomber Group, die am 17. 8. 1937 unter Air Commodore W. B. Callaway in Mildenhall aufgestellt wurde.

Dies waren die Friedensaufstellungen des Bomber Command, dessen Führung am 12. September 1937 von Air Chief Marshal Sir Edgard Ludlow-Hewitt übernommen wurde.

Die Luftrüstung der RAF wurde mit Schwerpunkt auf den Bombereinsatz weitergeführt, und in einer Denkschrift des Air Staff der RAF vom Januar 1938 heißt es über deren Einsatz:

»Angriffsziele sind:
1. Punktziele, z. B. Elektrizitätswerke.
2. Gruppenziele, z. B. große Räume, in denen zahlreiche Angriffsziele gleicher oder etwa gleicher Bedeutung eng zusammenliegen und nicht mit Bombenzielwürfen angegriffen werden müssen, um die günstigsten Trefferergebnisse zu erzielen. Dies sind beispielsweise Großstadtgebiete, Industriestädte, Verteidigungszentren oder Lagerplätze.«

Sir Charles Webster, der Verfasser dieser Denkschrift, sagte am Schluß seiner Ausführungen: »Diese Strategie wird man später ›Flächenbombardierungen‹ nennen«. (SAO Bd. 1, S. 118.)

Soweit die Entwicklung des Bomber Commands und die Darstellung seiner Angriffsziele. Wie aber verhielt es sich in der Zeit des Aufbaus mit dem Fighter Command?

Im Jahre 1930 gab es in der Luftverteidigung von Großbritannien in der »Fighting Area« 13 Flugplätze mit ebenso vielen Fighter Squadrons. Diese Squadrons waren mit Siskin-, Bulldog- und Gamecock-Jägern ausgerüstet.

Air Chief Marshal Sir John Salmond, der 1930 Trenchard als Chief of the Air Staff abgelöst hatte, verlegte sein Arbeitsfeld, mehr als sein Vorgänger, auf die Aufstellung eines Fighter Command. Aber erst am 14. Juli 1936 wurde Air Marshal Sir Hugh Dowding mit der Aufstellung des selbständigen Fighter Command beauftragt. Er sollte die neue Waffe für die Luftverteidigung Großbritanniens aufbauen. Die 11. Fighter Group wurde ins Leben gerufen. Auf 17 Flugplätzen begann die Ausbildung der 17 Fighter Squadrons, die nunmehr auch mit Demon-, Gauntlet- und Fury-Jägern ausgerüstet waren.

Eine Army-Cooperations-Group mit 5 Squadrons kam hinzu. Sie war sämtlich mit Flugzeugen vom Typ »Audax« ausgestattet.

In Uxbridge, dem Hauptquartier der 11. Fighter Group, wurden die Einsatzgrundlagen jener Luftverteidigung ausgearbeitet und in vielen Trainingsflügen verbessert und vervollkommnet, die während der Luftschlacht über England knapp vier Jahre später den Ausschlag gaben.

Die Flugzeuge des Fighter Command wurden weiter modernisiert. Den Typen »Demon« und »Gauntlet« folgten die »Fury« und »Defiant«. Die »Defiant Mk I« kam im Januar 1939 zur Truppe. Diese Maschine, die 488 km/h erreichte, wurde vor allem auch in den Luftkämpfen über Dünkirchen eingesetzt.

Erst im letzten Friedensjahr wurde auch das Fighter Command der RAF drastisch verstärkt. Neben der 11. Fighter Group wurde die 12. und 13. Fighter Group aufgestellt. Die 10. Group kam hinzu. Damit standen zu Kriegsbeginn dem Fighter Command 54 Squadrons zur Verfügung (eingeschlossen die Squadrons der Signal Group und des Observer Corps).

Der neue Jägertyp Hurricane I, der am 12. 10. 1937 seinen Erstflug unternahm, war am 3. 9. 1939 mit über 500 Maschinen bereits an das Fighter Command ausgeliefert worden.

Die Spitfire, die am 5. 3. 1936 ihren Erstflug unternahm und mit dem Merlin-C-Motor 562 km/h erreichte, wurde am 10. 6. 1938 an die RAF ausgeliefert. Bei Kriegsbeginn waren davon 2160 Maschinen bestellt.

Sie war der beste Jäger der ersten Kriegsjahre, schneller und wendiger als die Me 109, stieg jedoch langsamer und war trotz ihrer 8 MG vom Kaliber 7,7 mm der Feuerkraft der mit zwei Kanonen bewaffneten Me 109 unterlegen.

Dennoch war zu Kriegsbeginn das Fighter Command der Jagdfliegertruppe der deutschen Luftwaffe weit unterlegen. Während die Luftwaffe etwa 1200 Jäger besaß, die allerdings für Luftkämpfe über England zu geringen Aktionsradius hatten, verfügte das Fighter Command über rund 700 Jagdflugzeuge. Allerdings waren weit über 1000 modernster Maschinen in Auftrag gegeben und liefen zum Teil bereits in den Flugzeugwerken vom Band.

Im Kriegsplan Großbritanniens, der im Jahre 1938 erstellt wurde, war niedergelegt, wie ein Luftkrieg gegen Deutschland zu führen sei. In diesem Plan war eine Reihenfolge von Zielen festgelegt worden, deren Schwerpunkt aber bereits im feindlichen (deutschen) Hinterland lag. Es wurde darin zum Ausdruck gebracht, daß man die Gefährdung der deutschen Zivilbevölkerung in Kauf nehmen müsse, wenn auch als Ziele militärische Objekte ausgewählt werden würden.

Die Bomber, das wußten die Experten nur zu genau, waren nicht zielsicher genug. Um eine durchschlagende Wirkung zu erreichen, mußte es zum Massenabwurf von Bomben kommen. Es galt, Flächenangriffe durchzuführen und nicht Punktziele anzupeilen.

»Schützt die Zivilbevölkerung!«

Am Vorabend des Zweiten Weltkrieges erklärte Hitler, daß die deutsche Luftwaffe dazu da sei, die britische und französische Luftwaffe daran zu hindern, die deutschen Truppen und das Reichsgebiet anzugreifen.

Der Einsatz der Luftwaffe gegen England sei darauf begrenzt, die britischen Nachschublinien über See zu unterbinden, Angriffe auf Rüstungsbetriebe zu fliegen und Truppentransporte nach Frankreich zu verhindern.

Unmittelbar vor Beginn des Krieges wurden die fliegenden Besatzungen der Luftwaffe – selbst die der Aufklärungsstaffeln – durch Befehle der höheren Kommandostellen darauf hingewiesen, daß sie keinerlei Waffenwirkung auf zivile Wohnsiedlungen erzielen dürften.

Am 1. 9. 1939 sagte Hitler vor dem Deutschen Reichstag: »Ich will nicht den Kampf gegen Frauen und Kinder führen. Ich habe meiner Luftwaffe den Auftrag gegeben, sich bei den Angriffen auf militärische Objekte zu beschränken.«

(Das Verbot des Angriffes auf Wohnsiedlungen war bereits in der Luftwaffen-Dienstvorschrift 64/2 enthalten und jedem Flieger bekannt.)

Noch am selben Tag ließ sich auch der US-Präsident Roosevelt vernehmen, indem er einen Appell an die Regierungen in Deutschland, England, Frankreich, Italien und Polen richtete. Kernpunkt dieses Appells war, daß alle Staaten sich auf der Grundlage der Gegenseitigkeit dazu verpflichten sollten, »in keinem Fall und unter keinen Umständen Zivilpersonen oder unbefestigte Orte aus der Luft anzugreifen«. (Siehe State Department Bull. 1939/181.)

Für Deutschland sagte Hitler am 2. September:

»Der Gedanke, außerhalb militärischer Operationen Luftangriffe auf nichtmilitärische Objekte zu unterlassen, entspricht ganz meiner Absicht und wurde schon immer von mir unterstützt. Ich stimme dem Vorschlag einer öffentlichen Erklärung der beteiligten Regierungen bedingungslos zu und teile mit, daß ich bereits öffentlich bekanntgegeben habe, daß den deutschen Luftstreitkräften die Beschränkung ihrer Angriffe auf militärische Objekte befohlen wurde. Die Aufrechterhaltung dieses Befehls hängt von der gegenseitigen Beachtung dieser Regeln ab.«

Der deutsche Reichsaußenminister von Ribbentrop ließ der polnischen Botschaft eine entsprechende Mitteilung zugehen. England und Frankreich verpflichteten sich am 2. 9. 1939 in einer gleichlautenden Erklärung, »die Feindseligkeiten mit dem festen Willen zu führen, die Zivilbevölkerung zu schonen und die Denkmäler der menschlichen Zivilisation möglichst zu bewahren«. (Siehe: Révue Internationale de la Croix-Rouge.)

Alle diese Erklärungen wurden am 15. 9. 1939 in einer Ansprache von Papst Pius XI. mit Befriedigung und »in der Hoffnung erwähnt«, daß dementsprechend der Zivilbevölkerung in allen kriegführenden Ländern der Schrecken des Krieges erspart bleiben möge.

Zur gleichen Zeit flogen in den USA bereits zwei verschiedene Versionen von Langstreckenbombern mit Reichweiten von 8000 Kilometern, die einzig zu dem Zweck eines operativen Bombenkrieges entwickelt worden waren: die B 17 »Fortress« und die B 24. Das 1935 eingerichtete US-General Headquarters Air Force hatte vom US-Senat die Wei-

sung erhalten, »Angriffselemente zu schaffen, die strategische Bombenangriffe durchführen« konnten.
Doch darüber später.

Einsätze der Luftstreitkräfte
im ersten Kriegsjahr

Die deutsche Luftwaffe im Polenfeldzug

Am 31. August 1939 besaß die deutsche Luftwaffe 257 Fernaufklärer, 356 Nahaufklärer, 366 Sturzkampfflugzeuge, 40 Schlachtflugzeuge, 408 Zerstörer (darunter 40 Einmot-Maschinen), 771 Jäger, 1176 Bomber und 167 Seeflugzeuge. Davon waren etwa 90 Prozent einsatzbereit. Für den am nächsten Tag beginnenden Polenfeldzug verfügten die beiden im Osten eingesetzten Luftflotten über insgesamt 1302 Maschinen. Hinzu kamen 133 Flugzeuge, die direkt dem Oberbefehlshaber der Luftwaffe unterstellt waren, 288 Nahaufklärer des Heeres und 216 Jagdflugzeuge der Heimatluftverteidigung Ost Das waren insgesamt 1939 Flugzeuge, von denen 1538 einsatzbereit waren.

Die polnische Luftwaffe, gegen die jene genannten Maschinen starten mußten, bestand aus 277 Jägern, 203 Mehrzweckflugzeugen, 66 Bombern und 199 Nahaufklärern, also insgesamt 745 Flugzeugen.

Genau 23 Minuten vor dem offiziellen Beginn des Zweiten Weltkrieges starteten am 1. 9. 1939 um 4.22 Uhr 3 Ju 87 der 3. Staffel des Sturzkampfgeschwaders 1 von Elbing in Richtung Dirschau. Die dortige Bahnlinie vor der Weichselbrücke war ihr Ziel. Führer der 3./StG 1 war Oblt. Dilley. Er sichtete im Tiefflug die große Brücke, sah den Eisenbahndamm und jagte darauf zu. Es war 4.35 Uhr, als dort die ersten Bomben des Zweiten Weltkrieges fielen und den Bahndamm zerstörten.

Genau eine Stunde später – der Angriff der Infanterie- und Panzerverbände hatte gerade die ersten Erfolge gebracht – startete eine Staffel der III. Gruppe des Kampfgeschwaders 3 aus Heiligenbeil. Das Blitzgeschwader warf ebenfalls bei Dirschau seine Bomben.

Diese beiden Angriffe eröffneten für die Luftwaffe den Reigen der Bombardierungen. Von den 897 Bombern, über welche die Luftflotten 1 und 4 verfügten, stiegen bei der Luftflotte 1 (befehlshabender General der Flieger Kesselring) vier Kampfgruppen auf. Das Unternehmen »Wasserkante«, ein zusammengefaßter Angriff aller deutschen Geschwader auf Warschau, fand nicht statt. Die im Südabschnitt liegende Luftflotte 4 unter General der Flieger Löhr hatte besseres Flugwetter. Hier starteten die II. Gruppe des Lehrgeschwaders 2, geführt von Major Spielvogel, mit 36 Schlachtflugzeugen vom Typ HS 123 zum Angriff gegen Polen. Dieser Angriff wurde zur Unterstützung der Heerestruppen geflogen, die direkt nach dem Fallen der Bomben auf das polnische Dorf Przystain vorstürmten und es im Handstreich nahmen. Generalmajor von Richthofen, dem als Fliegerführer diese Verbände unterstellt waren, setzte daneben noch zwei seiner vier Stukagruppen ein. Die beiden anderen wurden für den Angriff auf Krakau und dessen Flugplätze der 2. Fliegerdivision unter GenLt. Bruno Loerzer unterstellt. Diese Unterstellung wurde von dem Ia Richthofens, Oberstleutnant Seidemann, in der Tagesmeldung besonders erwähnt.

Die Kampfverbände und die Stukagruppen der Luftflotte 4 flogen an diesem 1. 9. 1939 die vorgesehenen Angriffe auf feindliche Flugplätze, deren Startbahnen und Hallen sowie auf die abgestellten Flugzeuge. Weitere Angriffe richteten sich gegen das Krakauer Flugzeugwerk.

Über dem Flugplatz von Krakau tauchten als erste deutsche Luftwaffenverbände die Flugzeuge der I. und III./KG 4, »General Wever« auf. Aus Langenau, dem Standort dieser beiden Gruppen, flogen 60 He 111 in dichter Formation Krakau an und bekämpften die erkannten Ziele. Dabei wurden 96 Tonnen Bomben abgeworfen. Die als Begleitschutz mitfliegenden Me 110 der I./ZG 76 fanden kein polnisches Flugzeug in der Luft, das sie hätten angreifen können.

Die I./StG 2 folgte und vernichtete im Sturzflug Hallen und Startbahnen des Flugplatzes. Weitere Angriffe verschiedener Fliegerverbände schlossen sich an diesem 1. 9. 1939 an. Fast alle wurden sie zur direkten Unterstützung der Heeresverbände geflogen.

Hinzu kamen als Hauptaufgaben die Zerstörung der Nachschubeinrichtungen und die Vernichtung der Flugplätze mit den darauf stehenden polnischen Flugzeugen. Beteiligt war eine Reihe von Geschwadern.

Mit der Weisung, »den Kampf gegen die feindliche Luftwaffe fortzusetzen«, startete am 2. 9. das KG 4 abermals. Es wurde von seinem Kommodore Oberst Fiebig geführt. Diesmal waren sämtliche 88 Flugzeuge des mit der neuen He 111 ausgerüsteten Geschwaders am Start. Angriffsziel war Deblin und seine drei Flugplätze, 90 km südlich von Warschau entfernt. Auch diese Plätze wurden zerstört.

Wo aber war die polnische Luftwaffe geblieben, von der man Wunderdinge gehört hatte? Am 2. 9. stießen die Begleitzerstörer Me 110 auf die ersten polnischen Jagdflugzeuge des Typs PLZ 11 C. Lt. Lent und

Oblt. Nagel schossen je einen dieser Jäger ab. Drei eigene Me 110 gingen verloren.

Am 3. 9. versuchten 15 polnische Jäger einen überraschenden Angriff auf die mit Me 109 D ausgerüstete I./ZG 76. Es kam zum wohl dramatischsten Luftkampf dieses Feldzuges, in dem 11 polnische Jagdflieger abgeschossen wurden. Bis zum 8. 9. kam es noch zu einzelnen Einsätzen polnischer Flugzeuge, dann aber war deren Kraft endgültig gebrochen. Die polnische Luftwaffe war ausgeschaltet. In seiner Dokumentation über den Zusammenbruch Polens schreibt Oberst i. G. Litynski darüber:

»Bereits am zweiten Tag versagten Telefon und Fernschreiber. Meldungen und Befehle überschnitten sich. Wenn überhaupt, dann kamen sie in der falschen Reihenfolge in die Hände der Empfänger. Die militärische Führung war dadurch praktisch von vornherein ohnmächtig.«

Die bereits im September einsatzbereite 4./186 (T), die spätere III./StG 1, errang beim Einsatz gegen die polnische Flotte in Hela und Heisternes Erfolge: Sie versenkte den Minenleger »Gryf« und den Zerstörer »Wichern«.

Am Sieg über die polnische Luftwaffe war insbesondere das StG 2 »Immelmann« durch Angriffe auf Krakau und Kattowitz beteiligt. Das Geschwader zerschlug darüber hinaus die Bahnanlagen von Radom.

Das StG 3 flog im Verlauf des Polenfeldzuges allein 1257 Einsätze gegen Truppenziele zur unmittelbaren Unterstützung des Heeres. Ähnliche Leistungen wurden von allen beteiligten Luftwaffenverbänden gefordert.

Die Unterstützung der vordringenden deutschen Heerestruppen wurde weiter verbessert. Brücken, Straßen, Bahnlinien und vor allem die Nachrichtenverbindungen des Gegners wurden systematisch zerstört. Der deutsche Vorstoß wurde zum Durchbruch und steigerte sich zu einem Wettlauf mit dem fluchtartig weichenden Gegner.

Am Nachmittag des 8. 9. hatte die 4. Panzerdivision den Stadtrand von Warschau erreicht.

»Warschau ist im Handstreich zu nehmen!« befahl General von Reichenau, der Oberbefehlshaber der 10. Armee.

Aus der Stadt schlug den Soldaten der 4. PD unter GenMaj. Reinhardt starkes Abwehrfeuer entgegen. Aus der Vorstadt Praga am östlichen Weichselufer feuerten schwere polnische Batterien in jenen Teil der

Stadt hinein, der schon von deutschen Truppen genommen war; ohne Rücksicht auf die noch dort befindlichen Zivilisten.

Am Morgen des 9. 9. flogen 5 Stukagruppen – zu diesem Angriff wurde dem StG 77, Oberst Schwartzkopf, noch die III./StG 51 unterstellt – einen Angriff auf diese polnischen Artilleriestellungen. Andere warfen Flugblätter über Warschau ab.

Danach griffen wieder die Regimenter der 4. PD in Richtung Hauptbahnhof an. Dicht vor dem Bahnhof blieben sie liegen. Mit einer Division war dieser schwer verteidigten Stadt nicht beizukommen. Der Angriff wurde eingestellt. Die 4. PD zog sich in ihre Ausgangsstellung zurück. General Reinhardt meldete an das XVI. AK: »Der Angriff mußte verlustreich eingestellt werden.«

Am Vormittag des 11. 9. landete eine Ju 52, mit Hitler an Bord, auf dem Flugfeld von Konskie beim HQ der 10. Armee. General von Reichenau meldete Hitler, daß seine Truppen am 10. Tag des Polenfeldzuges in die polnische Hauptstadt eingerückt seien. Er verschwieg aber, daß sie sie wieder hatten räumen müssen.

Am 12. 9. begann bereits die Rückverlegung der ersten Luftwaffenverbände in die Heimat. Einen Tag darauf erhielt Generalmajor von Richthofen, der Fliegerführer z. b. V., den telefonischen Befehl, einen Angriff gegen den Nordwestteil von Warschau zu fliegen. Insgesamt wurden 183 Maschinen eingesetzt. In der Stadt brachen Brände aus.

Am 16. 9. wurde der polnische Befehlshaber in Warschau durch Flugblattabwurf zur Kapitulation aufgefordert. Er lehnte es an diesem Tag ab, einen deutschen Parlamentär zu Übergabeverhandlungen zu empfangen.

Göring befahl den Großangriff auf Warschau zum 17. 9. In seinem Befehl hieß es u. a.: »Es sind in erster Linie zu zerstören: Versorgungseinrichtungen (Wasser-, Gas-, Kraftwerke), Kasernen und Munitionslager, das Woywodschaftsgebäude, die Zitadelle, das Kriegsministerium, das Generalinspektorat, die hauptsächlichsten Verkehrszentren und die erkannten Artilleriestellungen. Ziele siehe Bildskizze von Warschau.«

Am Morgen des 17. 9., kurz vor Ablauf der gesetzten Frist, baten die Warschauer Behörden das OKW über Funk, den Angriff nicht durchzuführen und das Eintreffen eines Parlamentärs abzuwarten, der entsandt werden würde.

Der geplante Großangriff wurde gestoppt. Der polnische Parlamentär traf jedoch nicht ein. Es stellte sich heraus, daß diese Handlungsweise

eine Finte der polnischen Führung gewesen war, um Zeit zu gewinnen. In den nächsten Tagen starteten immer wieder bis zu 12 Flugzeugen zu Flugblattaktionen über Warschau. Die polnische Bevölkerung
wurde darauf aufmerksam gemacht, daß Bombenangriffe erfolgen würden, und die polnische Führung darauf hingewiesen, daß sie selbst bei
Fortsetzung des sinnlosen Widerstandes für die daraus entstehenden
Verluste verantwortlich sei. Diese reagierte überhaupt nicht auf diese
Aktionen.

Am Morgen des 25. 9. 1939 starteten 240 Ju 87 B, 100 Do 17 und eine
Gruppe von 30 Ju 52 (letztere hatten Brandbomben geladen) zum
Angriff auf Warschau.

Diese rund 400 Flugzeuge (es waren nicht 800, wie viele Chronisten
behaupten) warfen in zwei bis drei Einsätzen 560 Tonnen Sprengbomben und 72 Tonnen Brandbomben auf diese Stadt. Auf besondere Ziele
der polnischen Hauptstadt wurden die ersten 1000-kg-Bomben geworfen. Es gab schwere Verluste unter der Zivilbevölkerung. Durch die
völlige Zerschlagung der wichtigsten Versorgungsanlagen – die Wasserversorgung wurde beispielsweise völlig lahmgelegt – kapitulierte
Warschau am 26. 9.; einen Tag später wurde die offizielle Kapitulation
der polnischen Führung unterzeichnet. Am letzten Tag des Feldzuges
waren noch deutsche Bomben auf Modlin gefallen.

War Warschau der erste »Terrorangriff«?

Die Bombardierung von Warschau wurde in den ersten Monaten des
Zweiten Weltkrieges immer wieder als »Terrorangriff« bezeichnet.
Unter Hinweis auf diesen Angriff (und den im nächsten Abschnitt
geschilderten Luftangriff auf Rotterdam) wurden britische Luftangriffe
auf zivile Ziele gerechtfertigt.

Nach den Regeln der Haager Landkriegsordnung, die in Ermangelung
einer internationalen Luftkriegsordnung herangezogen werden muß,
um die Frage der Rechtmäßigkeit einer solchen Bombardierung zu
untersuchen und zu klären, war nach Artikel 25 dieser Angriff erlaubt,
weil Warschau eine verteidigte Stadt war und dieser Luftangriff zur
Unterstützung der Belagerungsstreitkräfte und im Zusammenwirken
mit diesen geführt wurde. Die fünfmalige Aufforderung zur Übergabe,
die diesem deutschen Angriff vorausging (am 16., 18., 19., 22. und 24.
9.), stand in direktem Zusammenhang damit und erfüllt die Regeln der

Haager Landkriegsordnung. Die britischen Kriegswissenschaftler Fuller, Liddell Hart und Veale haben eindeutig festgestellt, daß in diesem Fall von Deutschland kein Kriegsrecht verletzt wurde, obwohl bereits der Angriff auf Polen ein Überfall und damit ein Verstoß gegen das Völkerrecht war.

Schlußbilanz des ersten Blitzfeldzuges

Während dieser Phase der ersten Einsätze der Luftwaffe hatte sich Deutschland am 14. 9. 1939 verpflichtet, auf den Einsatz von Gas und Bakterien zu verzichten. Damit folgte Hitler dem bereits von England und Frankreich am 2. 9. betonten Verzicht. Diese deutsche Erklärung wurde noch am Tag ihrer Bekanntmachung im britischen Oberhaus verlesen. Der Blitzfeldzug in Polen wurde dank des Einsatzes der Luftwaffe bei der direkten und indirekten Heeresunterstützung entschieden, und so galt dieser Krieg auch für den folgenden Frankreichfeldzug als Beispiel des Erfolges kombinierter Einsätze von Luftwaffe und Heer. Aber er zeigte auch, daß die deutsche Luftwaffe nicht stark genug war, um an mehr als einer Front – und sei es auch nur zeitlich begrenzt – Erfolge zu erzielen.

Die Verluste der deutschen Luftwaffe im Polenfeldzug beliefen sich auf 285 Flugzeuge, davon waren 109 Bomber und Stukas. 734 Soldaten fanden den Tod, wurden verwundet oder blieben vermißt. Churchill meinte zum Einsatz der deutschen Luftwaffe in Polen: »Über 1500 Flugzeuge wurden von Deutschland gegen Polen eingesetzt. Ihre erste Aufgabe war die Vernichtung der polnischen Luftwaffe. Danach sollte sie die Armee auf dem Schlachtfeld unterstützen, ferner militärische Einrichtungen und alle Straßen und Bahnverbindungen angreifen und lahmlegen. Auch sollte sie weithin Terror verbreiten.«

Diese letzte Deutung des Luftwaffeneinsatzes in Polen entbehrt jeder Grundlage. Daß sie falsch ist, ergibt sich aus den tatsächlich geflogenen deutschen Einsätzen, den bekämpften Zielen und aus den Berichten neutraler und alliierter Augenzeugen.

Der Luftkrieg gegen England

Am Vormittag des 3 . 9. 1939 beendete der britische Premierminister Neville Chamberlain seine Ansprache an das englische Volk mit den historischen Worten: »Dieses Land befindet sich jetzt im Krieg mit Deutschland!«

Wenige Minuten später heulten in London das erste Mal die Alarmsirenen.

»Die deutschen Bomber kommen!« rief man in London, und die Befürchtungen Winston Churchills schienen sich auf das schrecklichste zu bewahrheiten.

Anstelle der deutschen Bomber kam jedoch nur ein einzelnes kleines Sportflugzeug. Es brachte den stellvertretenden Luftwaffenattaché an der französischen Botschaft in London vom Wochenendurlaub in Le Touquet nach London zurück.

»Irgendein fickriger Luftwarner hatte einfach auf den Knopf gedrückt«, erzählte Flight Lieutenant James R. Gould dem Autor nach dem Krieg.

Was war aber mit den deutschen Bombern, wann griffen sie an? Wollten sie nicht den Himmel über England verdunkeln? Das erste Fernschreiben, das der Oberbefehlshaber der Luftwaffe, Hermann Göring, nach Kriegsausbruch aufgeben ließ, enthielt den verhängnisvollen Satz: »Der uneingeschränkte Luftkrieg gegen England ist hiermit eröffnet. Einzelheiten befiehlt das OKL.« (Siehe Rieckhoff, H. J.: »Trumpf oder Bluff?«)

In seinem zweiten Fernschreiben an die Luftflotte 2, die den Auftrag hatte, den Luftkrieg gegen England zu führen, präzisierte der OB der Luftwaffe diesen Befehl folgendermaßen: »Luftflotte 2 eröffnet unverzüglich den Luftkrieg gegen England. Hierzu greift sie mit einer Kette (das sind ganze drei Maschinen) Ju 88 den britischen Flugzeugträger Hermes an.«

Es waren also drei (!) Flugzeuge, die den uneingeschränkten Luftkrieg eröffnen sollten. Der Luftflotte 2 gelang es durch ihren energischen Einspruch, daß dieser unsinnige Befehl zurückgezogen wurde.

Der Luftkrieg gegen England war Aufgabe des neuaufgestellten X. Fliegerkorps unter GenLt. Geisler. Das KG 26, das vom X. Fliegerkorps für den Polenfeldzug abgezogen worden war, kehrte bereits Mitte September aus Polen nach Hannover-Langenhagen, Wunsdorf und Delmenhorst zurück. Unter Führung von Oberst Siburg sollte es Angriffe im Nordseeraum und im Kanal gegen englische Schiffe fliegen.

Die Luftflotte 2 unter General der Flieger Felmy und sein Chef des

Generalstabes, Oberst i. G. Kammhuber, konnten wenige Tage nach Kriegsbeginn den zwei Gruppen des KG 26 die Erprobungsgruppe 88 zuführen, die als erste die neu zur Front gekommene Ju 88 flog. Sie wurde in I./KG 30 umbenannt und dann zur weiteren Ausbildung nach Pommern geschickt. Erst am 16. 3. 1940 kam sie zum entscheidenden Einsatz.

Die ersten Fernaufklärereinsätze über See nach England wurden geflogen. Ein von Norderney gestarteter Fernaufklärer des Typs Do 18 erkundete am 26. 9. das Gebiet der großen Fischerbank und sichtete dort einen großen britischen Kriegsschiffsverband mit 4 Schlachtschiffen, einem Flugzeugträger und mehreren Kreuzern und Zerstörern. Er erstattete Meldung.

Auf dem Kampffliegerhorst in Sylt starteten daraufhin um 12.50 Uhr neun He 111 der l./KG 26, geführt von Hptm. Vetter. Um 13.00 Uhr folgte die Bereitschaftsstaffel des KG 30 unter Lt. Storp mit 4 Ju 88, die als einzige Maschinen dieses Typs auf Sylt zurückgeblieben waren. Die Ju 88 kamen über diesem großen Schiffsverband, dem fast die gesamte Home Fleet angehörte, zum Bombenwurf. Durch die dicken Wolkenfelder stürzten sie sich auf die Ziele. Die Ju 88 des Gefreiten Francke beispielsweise mußte noch einmal hochziehen, denn als die Sicht auf die See klar war, bemerkte er, daß er das anvisierte Schiff nicht treffen würde. Erst beim zweiten Sturzangriff stieß er genau über einem Flugzeugträger aus den Wolken heraus und warf zwei 500-kg-Bomben auf die »Arc Royal«. Nach dem Bombenwurf wurde dicht neben dem Träger eine hohe Wasserfontäne und dann auf dem Schiff selber ein grelles Aufblitzen gesehen (das aber auch von der Schiffsartillerie stammen konnte). Gefreiter Francke meldete:

»Sturzangriff mit zwei Bomben SC 500 auf Flugzeugträger: 1. Nahtreffer neben der Bordwand. 2. möglicher Treffer auf dem Vorschiff. Wirkung nicht beobachtet.«

Die drei übrigen Flugzeuge kamen ebenfalls zum Bombenwurf. Eines davon setzte eine 500-kg-Bombe auf das Deck des Schlachtschiffes »Hood«, von der sie aber abprallte.

Die deutsche Propaganda bemächtigte sich dieses Ereignisses. Man ließ sofort Aufklärer starten, die die »Arc Royal« jedoch nicht mehr fanden. Ein weiterer Aufklärer, der nach Ölflecken suchte, fand diese auch und setzte eine entsprechende Meldung ab. Diese Indizien genügten für den Wehrmachtsbericht am nächsten Tag:

»Außer einem Flugzeugträger, der zerstört worden ist, wurden mehrere Treffer auf einem Schlachtschiff erzielt.«

Richtig war jedoch, daß die »Arc Royal« sich mit einigen anderen Einheiten vom Hauptverband getrennt hatte und in den nächsten Hafen eingelaufen war. Sie wurde erst am 13. 11. 1941 im Mittelmeer vom U-Boot U 81 versenkt.

Weitere Einsätze folgten. Aber nach wie vor wurden von beiden Seiten nicht Landziele angepeilt, bei denen Zivilpersonen hätten zu Schaden kommen können.

In der Nacht zum 17. 10. 1939 wurde von Flugzeugen der I./KG 30 unter Hptm. Pohle die britische Flotte im Firth of Forth angegriffen. Insgesamt flogen vier Ketten zu je 3 Ju 88 an. Im dichten Flakfeuer des Gegners kamen sie nacheinander zum Bombenwurf. Die Kreuzer »Southampton« und »Edinburgh« wurden getroffen und beschädigt.

Beim nächsten Angriff am Abend des 17. 10. gelang es, das in Scapa Flow liegende abgetakelte Schlachtschiff »Iron Duke« schwer zu treffen und zu versenken. Bei diesen beiden Einsätzen gingen 3 der neuen Ju 88 verloren.

Am 7. 11. erfolgte der erste Angriff eines deutschen Torpedoflugzeuges auf einen britischen Zerstörer ostwärts von Lowestoft. Im Flakfeuer des Kriegsschiffsverbandes verfehlten die Torpedos ihr Ziel.

Die deutsche Jagdwaffe im Westen stieß bei Stör- und Aufklärungsflügen ab und zu auf Feindflugzeuge. In den Luftkämpfen erwiesen sich die Me 109 als dem Gegner überlegen. Die ersten Gegner wurden abgeschossen, aber auch die ersten Verluste hingenommen. Der erste wirkliche Luftkampf aber spielte sich am 30. 9. 39 über Saarbrücken ab. Eine Staffel der I./JG 53, die sich gerade auf einem Überwachungsflug befand, stieß auf 5 britische Bomber des Typs Fairey Battle. Alle 5 wurden abgeschossen.

Dann kam jener 18. 12. 1939, der als »Luftschlacht über der Deutschen Bucht« in die Geschichte des Luftkrieges eingegangen ist. Auch heute wird noch heftig darüber diskutiert. Der damalige Kommodore des JG 77, das an der Schlacht maßgeblich beteiligt war, Oberstleutnant Schumacher, hat uns darüber einen detaillierten Bericht gegeben.

Der damalige Major Schumacher, der die Jagdgruppe I./136 in Nordholz bei Cuxhaven führte, wurde mitsamt seiner Gruppe zum JG 77 versetzt und bildete dort die II. Gruppe, mit der er bei Einflügen der RAF auf die Reede von Wilhelmshaven und auf Helgoland die ersten

Abschußerfolge erzielt hatte. Da aber diese Abschußerfolge infolge der zu späten Alarmierung der obersten Führung zu gering erschienen, wurde Schumacher nach Berlin befohlen und von Göring gerügt. Generalmajor a. D. Schumacher erklärt dazu im »Jägerblatt«:

»Durch beharrliche, ruhige Widerrede erreichte ich aber ein gewisses Einsehen und Eingehen auf meine Forderung, daß grundsätzlich anders verfahren werden müsse, wenn der Einsatz der Jäger gegen englische Einflüge funktionieren sollte.«

Major Schumacher meldete dem Generalfeldmarschall, daß er diese Einflüge der RAF nur als erste Versuche ansehe und daß sicherlich bald größere Einflüge folgen würden.

Wenig später erhielt Schumacher, inzwischen Oberstleutnant, Befehl, das JG 1 in Jever aufzustellen. Hier versuchte er, die direkte und schnelle Nachrichtenverbindung in der Deutschen Bucht aufzubauen, um bei einem nächsten Einflug rechtzeitig zum Angriff gegen die anfliegenden Gegner übergehen zu können. Zwei der ersten Freya-Fernmeldegeräte standen ihm zur Verfügung. Das eine, auf Helgoland, wurde von der Marine betrieben; das zweite wurde von Oberstleutnant Schumacher auf der Insel Wangerooge aufgebaut. Lt. Diehl nahm es in Betrieb. Diese erste Nachrichtenverbindung zur Vorwarnung wurde mit Hilfe des XI. Fliegerkorps ständig verbessert.

Dies waren alles Voraussetzungen zur erfolgreichen Schlacht über der Deutschen Bucht.

Inzwischen waren die II./JG 77, Major von Bülow, nach Jever und Wangerooge, die III./JG 77, Hptm. Seliger, nach Nordholz, die Gruppe 101, Major Reichardt, nach Neumünster und die noch in der Aufstellung begriffene erste deutsche Nachtjagdstaffel, die 10./JG 26, Oblt. Steinhoff, nach Jever verlegt worden. Alle wurden sie Oberstleutnant Schumacher zugeführt.

Die Luftschlacht über der Deutschen Bucht

Als am 14. 12. 1939 morgens die beiden deutschen Kreuzer »Nürnberg« und »Leipzig« von einer Feindfahrt gegen britische Seestreitkräfte in der nördlichen Nordsee zurückkehrten, um, durch die Jade einlaufend, Wilhelmshaven zu erreichen und dort jene Schäden ausbessern zu lassen, die sie durch Torpedotreffer des britischen U-Bootes »Salmon« erlitten hatten, erfolgte ein englischer Bombenangriff auf die beiden Kreuzer. Die RAF-Bomberpiloten gingen im Tiefflug bis auf 200 m herunter. Sie wurden durch dichtes Flakfeuer am gezielten Bombenwurf gehindert. Die II. und III./JG 77 wurden alarmiert und nahmen im Alarmstart die Verfolgung des bereits abgedrehten Feindverbandes auf. Hptm. Restemeyer führte die Verfolger an, die sechs Feindmaschinen abschossen. Lt. Braukmeier wurde über See abgeschossen. Infolge Vereisung verlor das Geschwader bei der Landung noch zwei weitere Maschinen, die eine Bruchlandung machten. Dennoch war es ein erfolgreicher Einsatz gewesen.

Nunmehr wurde dem neuen Geschwader noch eine weitere Gruppe zugeführt: die I./ZG 76 unter Hptm. Reinecke. Die Verlegung dieser Gruppe von Bönninghardt nach Jever erfolgte am 16. und 17. 12. Der Geschwaderstab traf erst am 18. 12. in Jever ein. Als der 18. Dezember mit strahlend hellem Wintersonnenwetter heraufzog, hielt es nach den Worten von Oberstleutnant Schumacher »niemand für möglich, daß ein massierter Einflug erfolgen würde. Besseres Wetter konnten wir Jäger uns jedenfalls nicht für das erste massierte Treffen gegen die RAF wünschen.«

Es war an diesem 18. 12. 1939 genau 13.50 Uhr, als die beiden Funkmeßgeräte auf Helgoland und Wangerooge die anfliegenden Feindbomber orteten. Lt. Diehl stellte den Gegner bereits auf einer Distanz von 113 km fest. Das waren 20 Minuten, bevor dieser Bomberpulk die deutsche Küste erreicht haben würde. Er meldete sofort über den direkten Draht nach Jever:

»Viele Gegner im Anflug auf die Küste!«

Aber man glaubte ihm nicht, denn bei einem solchen Wetter waren Einflüge ja einem Todesurteil für die Angreifer gleichzusetzen. Nach der wenig später einlaufenden Meldung der Helgoländer Marinebeobachter näherten sich 44 Bomber Helgoland, umrundeten die Insel und drehten dann zum Festland ab. Die Zahl der Angreifer wurde einwandfrei beobachtet.

Im Flakfeuer der Marinebatterien nahmen sie Kurs auf die Jade und Wilhelmshaven. Als sie die Jade leer fanden, drehten sie nach Westen und flogen nun an der Küste entlang, um schließlich nach Nordwesten einzudrehen und den Rückflugkurs einzuschlagen.

Inzwischen war längst in Jever Alarm gegeben worden, und als erste Einheit war die 10./JG 26 unter Oblt. Steinhoff in der Luft. Sie stieß auf den noch im Anflug begriffenen Gegner. Einige Flugzeuge der

II./JG 77 von Wangerooge befanden sich wenige Minuten später am Feind, dicht gefolgt von einer Staffel der I./ZG 76 unter Hptm. Falck, die sich zufällig auf einem Orientierungs- und Erkundungsflug über der Küste befand. Danach kamen auch noch alle anderen Einheiten, außer der III./JG 77, an den Feind. Diese Gruppe war in Nordholz um genau 8 Minuten zu spät alarmiert worden.

Es war 14.30 Uhr, als Uffz. Heilmayr und Oblt. Steinhoff die ersten Abschüsse erzielten. Aber in den beginnenden Luftkämpfen zeigte es sich, daß diese Bomber sich wehren konnten. Aus den beiden MG ihrer Heckstände peitschte den angreifenden deutschen Jägern dichtes Abwehrfeuer entgegen.

Mit seiner Me 110 erzielte Lt. Helmut Lent nacheinander drei Abschüsse. In seiner Abschußmeldung hieß es beispielsweise über den zweiten Abschuß:

»Beide Motoren des Gegners begannen nach dem ersten Feuerstoß von hinten sofort zu brennen. Das Flugzeug brach beim Aufschlag auf dem Wasser auseinander und versank. Uhrzeit: 14.40.« Oberstleutnant Schumacher wurden beim Angriff auf eine Vickers-Wellington eine Verwindungsklappe und der Tank zerschossen. Nach 30 Minuten Flugzeit erreichte er mit dem letzten Tropfen Benzin den Flugplatz.

Hptm. Falck mußte mit stehenden Propellern und zerschossenen Motoren seine Me 110 auf Wangerooge landen. Oblt. Fuhrmann setzte seine Me 109 ungefähr 300 m vor dem Strand von Spiekeroog auf das Wasser. Seit diesem Augenblick ist Oblt. Fuhrmann vermißt.

Lt. Uellenbeck jagte mit seiner Me 110 hinter zwei Wellington-Bombern her. Während er 50 km nördlich der Insel Ameland den linksfliegenden Bomber abschoß, wurde er von dem Heckschützen des rechtsfliegenden Flugzeuges getroffen. Lt. Uellenbeck wurde am Hals, sein Funker, Uffz. Dombrowski, am Arm verwundet. Sie brachten den Zerstörer jedoch heil zurück.

In dieser ersten wirklichen Luftschlacht des Zweiten Weltkrieges, die etwa 30 Minuten dauerte, wurde neben dem vermißten Oblt. Fuhrmann noch ein Leutnant aus Graz, dessen Name nicht mehr ermittelt werden konnte, über See abgeschossen.

Etwa 20 deutsche Maschinen wiesen so schwere Beschußschäden auf, daß sie teilweise durch neue ersetzt werden mußten.

Hptm. Reinecke meldete nach Sichtung der Abschußmeldungen 15 Abschüsse seines Verbandes. Major von Bülow, der kurz nach dem

Start mit brennendem Motor hatte umkehren müssen, errechnete nach den Meldungen seiner Flugzeugführer für die II./JG 77 14 Abschüsse. Hinzu kamen die Erfolge der NJ-Staffel Oblt. Steinhoffs mit 5 Abschüssen.

Aufgrund dieser Angaben meldete Oberstleutnant Schumacher 32 Abschüsse. Das Luftgaukommando XI in Hamburg errechnete 34 Abschüsse und gab diese Zahl nach Berlin weiter, wo vom RLM nach eingehender Prüfung 7 Abschüsse nicht anerkannt wurden, weil sie nicht durch Zeugenaussagen einwandfrei belegt werden konnten. Dennoch blieben 27 Abschüsse übrig.

Die englischen Meldungen besagten jedoch, daß nur 24 Wellington-Bomber den Befehl zum Angriff erhalten hätten. Von diesen seien zwei nicht bis zum Ziel gekommen, sondern hätten vorher infolge Motorschäden umkehren müssen. Von den zum Ziel gelangten 22 Maschinen seien 12 abgeschossen worden, drei weitere wären bei Notlandungen an der englischen Küste zu Bruch gegangen. In der offiziellen britischen Bekanntmachung zur Luftschlacht über der Deutschen Bucht hieß es am 19. 12. 1939:

»Eine Bomberformation der Royal Air Force flog gestern bewaffnete Aufklärung gegen die Deutsche Bucht, mit dem Ziel, in See angetroffene feindliche Kriegsschiffe anzugreifen. Die Bomber trafen auf starke Jagdstreitkräfte und schossen im Verlauf heftiger Kämpfe 12 Messerschmitts ab, während sieben unserer Bomber bis zur Stunde überfällig sind.«

Diese Version sollte in England den Eindruck erwecken, als sei der Einsatz der englischen Bomber, der von Winston Churchill kategorisch gefordert worden war, ein Sieg über die deutsche Jagdwaffe gewesen. Geben wir abschließend Generalmajor a. D. Karl Schumacher das Wort: »Bei der Betrachtung, weshalb die RAF die Katastrophe des Abschusses von über 30 Bombern bis heute nicht zugibt und diese mit einem Täuschungsmanöver tarnt, ist ein handfester politischer Grund zu berücksichtigen. Wenn die hohen Verluste in London der Öffentlichkeit bekanntgegeben worden wären, dann hätte dies bei der Bevölkerung einen schweren Schock gegeben. Das Ereignis mußte der Öffentlichkeit abgeschwächt übermittelt werden.«

Im Verlaufe des Winters 1939/40 kam es nur noch zu einigen kleineren Einsätzen gegen gegnerische Schiffe. Hitlers strikter Befehl, daß jeder

Bombenabwurf auf englische Landziele zu unterlassen sei, war nach wie vor in Kraft. Nicht einmal die britischen Häfen oder Werften, auf denen ausschließlich Kriegsschiffe gebaut wurden, durften angegriffen werden. Hitler wollte unter allen Umständen vermeiden, daß der Luftkrieg sich weiter ausweitete.

Die Einsätze des X. FlK auf Schiffsziele richteten sich vom 17. bis 19. 12. auf vor der englischen Ostküste stehende Fischdampfer. Mit Beginn des Jahres 1940 starteten die Bomber des X. FlK abermals zu Einsätzen vor der englischen Ostküste. Am 9. 1. gelang ihnen der erste Erfolg, und als sie am 30. 1. 1940 Bilanz zogen, hatten sie 12 Schiffe mit insgesamt 23.944 BRT versenkt.

Erst im März 1940 kam es dann wieder zu erfolgreichen Einsätzen größeren Stils. So griffen am 16. 3. 15 Ju 88 der I./KG 30 erneut britische Kriegsschiffe in Scapa Flow an. Hierbei wurde der schwere Kreuzer »Norfolk« getroffen. Einige Nahtreffer auf drei Schlachtschiffe brachten kein Ergebnis.

Nach diesem Zeitpunkt aber sammelte die Luftwaffe alle Kräfte für den bevorstehenden Norwegenfeldzug.

Die englischen Bomberverbände starteten zu dieser Zeit überwiegend zu Flugblatteinsätzen. Erst im Norwegenfeldzug kam es wieder zu Begegnungen zwischen englischen und deutschen Fliegern.

Erste Mineneinsätze der Seeflieger

Die deutschen Seeluftstreitkräfte bestanden am 31. 8. 1939 aus drei Trägerstaffeln und 16 Seeflugzeugstaffeln. Während je eine Staffel mit He 115 und Ar 196 ausgerüstet waren, flogen 4 Staffeln die He 59 und jeweils 5 Staffeln die He 60 und Do 18. Truppendienstlich unterstanden die Seeluftstreitkräfte dem General der Luftwaffe beim ObdM, GenMaj. Hans Ritter.

Taktisch und einsatzmäßig wurden sie jedoch von der Marinegruppe West unter Admiral Saalwächter geführt.

Der erste scharfe Einsatz erfolgte am 20. 11. 1939. An diesem Tag starteten von Norderney 9 Flugzeuge des Typs He 59 der 3./KFlGr. 906, Hptm. Klümper, zu einer Minenaufgabe. Vier von ihnen erreichten das Ziel und warfen 6 Minen vor der Themse und vor Harwich ab.

Der nächste Einsatz erfolgte am 21. 11. Diesmal waren 8 Flugzeuge der 3./KFlGr. 906 am Start. Auch diesmal mußten 3 davon den Flug infolge von Fehlnavigation abbrechen. Die übrigen warfen insgesamt 10 Minen ab.

Wieder eine Nacht später starteten neben 10 He 59 der 3./KFlGr. 906 noch 8 Flugzeuge der KFlGr. 106. Fünf He 59 mußten den Flug abbrechen. Die übrigen warfen 14 Minen in die Themsemündung, 8 vor Dünkirchen ab und 2 in den Downs, die alle als Ausweichziel angegeben worden waren.

Einen Großeinsatz der Seeflieger gab es in der Nacht zum 6. 12. 1939. Nicht weniger als 29 He 59 starteten gegen die Themse- und Humbermündung. Von diesen stürzten 3 direkt nach dem Start ab. Drei weitere hoben wegen Überladung nicht vom Wasser ab, und 4 kehrten vorzeitig zurück.

Achtzehn Flugzeuge erreichten das Ziel und warfen insgesamt 18 große Minen. Eine He 59 stürzte bei Cromer aus ungeklärter Ursache in die See.

Zum ersten Male war auch die 3. Staffel der KFlGr. 506 am Start gewesen.

Der nächste Einsatz in der darauffolgenden Nacht wurde mit 1000-kg-LBM-Minen geflogen. Als bereits beim Start trotz glatter See 2 Flugzeuge beschädigt wurden, erhielten jene, die noch wasserten, Startverbot. Elf He 59 aber waren bereits in der Luft und nahmen Kurs auf die Themsemündung. Nur eine fand das Ziel nicht und warf ihre Mine in den Downs.

Dann war auch für den Mineneinsatz in den nächsten Monaten kein Flugwetter mehr. Die ungewöhnlich starke Vereisung machte weitere Starts bis April 1940 unmöglich. Doch nun zurück zu den politischen Ereignissen.

Die politische Bühne

Am 28. 9. 1939 fand in Moskau ein Ereignis statt, das in aller Welt Aufsehen erregte. Der deutsche Außenminister von Ribbentrop und der sowjetische Außenminister Molotow unterzeichneten den deutsch-sowjetischen Freundschaftsvertrag. Eine Interessengrenze wurde festgelegt, die zum größten Teil vom Bug gebildet wurde. Sowjetische Truppen, die an der ostpolnischen Grenze Gewehr bei Fuß gestanden hatten, marschierten nun in Polen ein und nahmen dieses Land in Besitz, um es nicht wieder abzugeben.

In seiner Reichstagsrede vom 6. 10. 1939 unterbreitete Hitler den Alliierten ein Friedensangebot, das sowohl von Frankreich als auch von Großbritannien abgelehnt wurde. Drei Tage darauf wurde die »Führerweisung Nr. 6 für die offensive Kriegführung im Westen« erlassen. Am 19. 10. legte das OKH den ersten Offensiv-Aufmarschplan für den Westfeldzug vor, und am 31. 10. war es der damalige GenLt. von Manstein, der seinen Aufmarschplan unterbreitete. Dieser Operationsentwurf wurde schließlich zum endgültigen Aufmarschplan für den Feldzug gegen Frankreich.

In den USA hatte man inzwischen eine rege politische Tätigkeit entfaltet, die sich eindeutig gegen Deutschland richtete. Am 3. 11. 1939 änderte der US-Kongreß das Neutralitätsgesetz durch die Einführung der »Cash-and-carry-Klausel« zugunsten Großbritanniens. In seiner Ansprache vor den Oberbefehlshabern der drei Wehrmachtsteile verkündete Hitler am 23. 11. seinen »unabänderlichen Entschluß, England und Frankreich anzugreifen«. Dabei seien Neutralitätsverletzungen gegenüber den Niederlanden und Belgien bedeutungslos.

Nachdem Belgien und die Niederlande am 13. 1. 1940 den Bereitschaftszustand anordneten, lehnte die belgische Regierung zwei Tage später das Ersuchen der Alliierten ab, im Falle eines ausbrechenden offenen Krieges durch Belgien und die Niederlande marschieren zu dürfen.

Als am 10. und 11. 3. 1940 Reichsaußenminister von Ribbentrop sich in Italien aufhielt, erklärte sich Mussolini bereit, an der Seite Deutschlands in den Krieg einzutreten.

Am 12. 3. 1940 ging auch der sowjetisch-finnische Winterkrieg zu Ende, der am 30. 11. 1939 begonnen hatte. In Moskau wurde der Waffenstillstand unterzeichnet. Die Finnen mußten die Karelische Landenge mit Wiborg an Rußland abtreten.

Der 18. 3. brachte dann das Treffen zwischen Mussolini und Hitler am Brenner, in dessen Verlauf einige Unstimmigkeiten beigelegt wurden und sich Mussolini abermals bereit erklärte, an der Seite Deutschlands in den Krieg einzutreten. (Erst am 10. 6., als das »Rennen gelaufen war«, erfolgte schließlich der Kriegseintritt Italiens, das sich ein gutes Stück von der französischen Beute abschneiden wollte.)

Am 26. 3. 1940 entschied Hitler nach einer Lagebesprechung mit Großadmiral Raeder, daß das Unternehmen »Weserübung« – die überraschende Besetzung von Norwegen – zeitlich noch vor dem Angriff im Westen erfolgen solle.

Zwei Tage später beschloß der Alliierte Kriegsrat in London, daß am 5. 4. die norwegischen Gewässer vermint und daß Stützpunkte in Norwegen besetzt werden sollten.

Am selben Tag versicherten Großbritannien und Frankreich einander noch einmal, daß keines der beiden Länder jemals einen Separatfrieden mit Deutschland schließen werde.

Am 2. 4. hatte Hitler seinen Termin für die »Weserübung« auf den 9. 4. festgelegt. Die Würfel waren gefallen.

Die Luftwaffe im Norwegenfeldzug

Bereits am 2. 9. 1939 hatte die deutsche Reichsregierung Norwegens Unverletzlichkeit garantiert, sofern diese nicht durch eine andere Macht verletzt werden würde.

Durch das deutsche Spionagenetz in Großbritannien wurde jedoch schon im September deutlich, daß man dort sehr wohl beabsichtigte, in Norwegen einzugreifen.

So begann man bereits am 19. 9. 1939 mit den Vorbereitungen zur Unterbindung der deutschen Erzschiffahrt, die von Narvik aus durch die norwegischen Hoheitsgewässer führte.

Am 6. 1. 1940 wurden Schweden und Norwegen von den Alliierten Noten überreicht, in denen unmißverständlich erklärt wurde, daß man beabsichtige, ohne Rücksicht auf die Neutralität dieser Länder vorzugehen. Schweden und Norwegen protestierten durch Noten, die am selben Tag Großbritannien übergeben wurden.

Am 5. 2. 1940 wurde vom Obersten Alliierten Kriegsrat die Entsendung von 4 kampfstarken Divisionen nach Norwegen beschlossen. Diese Divisionen sollten in Narvik landen und von dort aus die Erzgruben von Gällivare besetzen und damit Deutschland von dieser Erzzufuhr abschneiden.

Am 1. März unterzeichnete Hitler die erste operative Weisung für die Besetzung von Dänemark und Norwegen. Das Unternehmen »Weserübung« war beschlossene Sache.

Als am Morgen des 9. 4. 1940 die Besetzung von Dänemark und Norwegen begann, verfügte die deutsche Luftwaffe in diesem Bereich über 878 Flugzeuge; davon waren 95 Jäger und Zerstörer und 240 Kampf- und Sturzkampfflugzeuge.

88 Bomber des X. Fl.-K. eröffneten diesen Feldzug. Westlich von Ber-

gen erfaßten sie britische Seestreitkräfte und beschädigten mehrere Einheiten.

Einen Tag darauf gelang es 15 britischen Trägerflugzeugen in Bergen, den leichten Kreuzer »Königsberg« zu versenken. Ursprünglich war beabsichtigt, die Luftwaffe zurückzuhalten und ihr nur den Auftrag zu erteilen, die ersten deutschen Fallschirmjäger-Einheiten ins Operationsgebiet zu schaffen und die Transportflugzeuge durch Zerstörer und Jäger schützen zu lassen. Es hieß im Operationsbefehl des X. Fl.-K.: »Grundsätzlich wird angestrebt, dem Unternehmen den Charakter einer friedlichen Besetzung zu geben.«

Nachdem aber die norwegischen Stellen überall Widerstand leisteten, erfolgte der Einsatz der kampfbereiten Gruppen. So startete in Kiel-Holtenau die I./StG 1 mit 22 Ju 87 zum Angriff gegen Oskarsborg und Akershus. Einheiten der Kampfgeschwader 4 und 26 sowie die Kampfgruppe 100 griffen norwegische Flakstellungen und Küstenbatterien an, die die deutschen Anlandungen beschossen.

Als Teile der britischen Home Fleet vor Bergen gesichtet wurden, starteten insgesamt 88 Bomber der Kampfgeschwader 26 und 30. In drei Stunden beinahe pausenloser Angriffe wurden die britischen Kriegsschiffe und Transporter in rollendem Einsatz bekämpft. Das Schlachtschiff »Rodney« wurde von einer 500-kg-Bombe getroffen, die jedoch die Panzerung nicht durchschlug. Die Kreuzer »Devonshire«, »Glasgow« und »Southampton« mußten Bombentreffer hinnehmen. Der Zerstörer »Gurkha« wurde westlich von Stavanger versenkt.

Immer wieder starteten die Kampfgeschwader 30 und 26 sowie die übrigen Verbände des X. Fl.-K. zu neuen Angriffen. Im Hotel Esplanade in Hamburg waren es GenLt. Geisler und sein Chef des Generalstabes, Major d. G. Harlinghausen, die diese Einsätze koordinierten. Dabei mußten alle Einsätze auf die See- und Landkriegsoperationen abgestimmt werden.

Bis zum 15. 4. unmittelbar dem ObdL unterstellt, wurde von diesem Tag an das X. Fl.-K. der neugeschaffenen Luftflotte 5 zugeteilt. Als neuer Fliegerführer Drontheim oblag es Major Harlinghausen, die englischen Landungsunternehmungen, die am 15. 4. begannen und bei Andalsnes, Namsos und Narvik stattfanden, zu unterbinden. Er beteiligte sich selbst am Einsatz gegen englische Kriegsschiffsverbände.

Als am 3. 5. 1940 starke Feindkräfte nördlich Narvik angriffen, wurden diese von den Flugzeugen des Fliegerführers Drontheim zerschlagen.

Der Sprung nach Norwegen, der für die deutsche Führung ein großes Wagnis war, konnte als gelungen bezeichnet werden. Die Erzzufuhr nach Deutschland war damit gesichert. Zum ersten Male waren hier auch deutsche Fallschirmjäger am Start gewesen.

Deutsche Fallschirmjäger im ersten Sprungeinsatz

Als sich Hitler entschloß, das Norwegenunternehmen noch vor dem Angriff im Westen durchzuführen, wurde dazu auch ein Bataillon Fallschirmjäger der 7. Fliegerdivision angefordert. Generalmajor Student, der Divisionskommandeur, bestimmte das I./FJR 1 unter Major Walther für diesen Einsatz, der folgende Aufträge beinhaltete:
1. Besetzung und Sicherung des Flugplatzes Oslo-Fornebu für die nachfolgenden Landungen durch ein Halbbataillon unter Führung des Bataillonskommandeurs.
2. Wegnahme des Flugplatzes Stavanger-Sola durch die 3./FJR 1 unter Oblt. Brandis.
3. Besetzung der wichtigsten Brücken und Flugplätze in Dänemark durch die 4./FJR 1 unter Hptm. Gericke.

Am frühen Morgen des 9. 4. 1940 starteten die Transportmaschinen mit dem I./FJR 1 an Bord zum Flug nach Norden. Die 4. Kompanie nahm im Handstreich jene große wichtige Brücke in Besitz, welche die Insel Falster mit Fünen verband. Diese Brücke fiel unversehrt in die Hand der Fallschirmjäger. Der Weg nach Kopenhagen war frei. Über Stavanger-Sola angekommen, sollte die 3./FJR 1 springen. Die Kompanie wurde richtig abgesetzt, und trotz des Feuers der norwegischen Platzsicherung war nach wenigen Minuten dieser wichtige Flugplatz in deutscher Hand.
Wenig später landeten bereits die ersten Ju-52-Transporter mit den Luftlandetruppen. Danach fielen die Zerstörer und Jäger ein und führten von diesem Platz aus ihre Einsätze gegen englische Schiffsziele durch.
Unter Führung von Bat.Kdr. Major Walther flogen die 1. und 2./FJR 1 in Richtung Oslo-Fornebu.
Die Soldaten wurden von der II./KG z.b.V. 1 unter Oberstleutnant Drewes ans Ziel gebracht. Als die Ju 52 den Platz anflogen und auf Absetzhöhe niedergingen, wurden sie von dem dichten Nebel aufgeso-

gen. Sie mußten wieder hochziehen, weil sie keinerlei Bodensicht hatten. Der Verband kehrte um und landete in Aalborg, wo inzwischen die Kampfgruppe Gericke den Platz in Besitz genommen hatte.

Inzwischen war die zweite, ebenfalls für Oslo-Fornebu bestimmte Kampfgruppe, bestehend aus 8 Me-110-Zerstörern der I./ZG 76, geführt von Hptm. Ingenhoven, über Fornebu angekommen. Die Sicht war besser geworden, so daß die Flugzeuge landen konnten. Im Niedergehen erhielten die Zerstörer starkes MG- und Flakfeuer. Hptm. Ingenhoven gab den Befehl, die MG- und Flakstellungen anzugreifen.

Als das Feindfeuer verstummt war, landeten die 8 Zerstörer, und ihre Besatzungen entwaffneten den Gegner.

Erst jetzt stellten sie fest, daß die Fallschirmjäger noch nicht hier waren. Diese starteten in eben diesem Augenblick zum zweitenmal, diesmal von Aalborg aus. Als sie den Platz erreichten, waren dort bereits Flieger-Sicht-Tücher ausgelegt. Es erfolgte kein Sprungeinsatz. Die Ju 52 landeten, und nun hieß es für die Fallschirmjäger warten.

Mit der Landung englischer Truppen am 14. 4. bei Namsos und drei Tage später bei Andalsnes, beiderseits von Drontheim, zeichneten sich für die Gebirgsjäger unter Generalmajor Dietl Schwierigkeiten ab. Die l./FJR 1 unter Oblt. Schmidt erhielt Befehl zum Sprungeinsatz. Ihr Auftrag lautete:

»Sperrung der Straße bei Dombas und Sprengung der Bahnlinie.« In 15 Ju-52-Transportern, die wieder von Oberstleutnant Drewes geführt wurden, starteten die Fallschirmjäger zu ihrem Einsatz 150 km vor der eigenen Front. Da der Start erst um 17.00 Uhr erfolgte, war es schon dunkel, als sie über dem Ziel waren. Hier wurden sie von dichtem Flakfeuer empfangen. Acht Ju 52 wurden von der Flak abgeschossen, dennoch waren 63 Fallschirmjäger gelandet, von denen einige bereits verwundet waren. Oblt. Herbert Schmidt hatte einen Hüftschuß und einen Bauchschuß erhalten, führte aber, auf einer Trage liegend, die Kompanie weiter.

Diese 63 Soldaten hielten die norwegischen Einheiten und die gesamte anrückende 148. britische Infanterie-Brigade auf und verhinderten deren rasches Vorrücken und Eingreifen. Vier Tage und fünf Nächte kämpften die Fallschirmjäger. Sie sprengten die Telegraphenleitung und die Bahnlinie bei Dombas und wurden so zum Zünglein an der Waage im Norwegenfeldzug. Dann mußten sich die letzten überlebenden 34 Soldaten ergeben. Ihr Einsatz war ein voller Erfolg. Oblt.

Schmidt erhielt das Ritterkreuz. (Er wurde am 16. 6. 1944 in der Bretagne getötet.)

Dieser erste Einsatz gab dem inzwischen zum Generalleutnant beförderten Kommandeur der 7. Fliegerdivision, Kurt Student, die wichtigen Hinweise für den nunmehr unmittelbar bevorstehenden Großeinsatz der Fallschirmtruppe im Westfeldzug.

Damit war die erste Phase des Zweiten Weltkrieges zu Ende. Wie gestalteten sich diese acht Monate aus englischer Sicht?

England im Krieg

Der Stand der Royal Air Force am 1. 9. 1939

Am 1. 9. 1939 erfolgte die Mobilmachung des britischen Heeres. Noch am selben Tag wurde auch die allgemeine Verdunklung auf den Britischen Inseln angeordnet. Das Bomber Command hatte zu diesem Zeitpunkt folgende Zahlenstärke:

5 Bomber Groups, bestehend aus insgesamt 10 Staffeln mit Wellington-Maschinen, 10 Staffeln mit Hampden-Flugzeugen, 10 Blenheim-Staffeln, 8 Staffeln mit Whitley-Bombern und 15 Staffeln mit den einmotorigen Fairey-Battle-Flugzeugen waren aufgestellt worden (siehe Anhang!).

Da jede Staffel einen Sollbestand von 16 Flugzeugen hatte, wären dies insgesamt 848 Bomber gewesen, die dem Chef des Bomber Command, Sir Edgar Ludlow-Hewitt, zur Verfügung gestanden hätten. Tatsächlich aber beinhaltete die Stärkemeldung des Bomber Command an diesem 1. 9. 1939 nur 272 einsatzbereite Maschinen. Der große Fehlbestand ergab sich dadurch, daß die kurz vor Kriegsausbruch zur Truppe gelangten neuen Wellington-Bomber sowie die Typen Whitley und Hampden noch Fertigungsmängel aufwiesen, die erst ausgemerzt werden mußten.

Die 10 Staffeln der einmotorigen Fairey-Battle-Tagbomber waren nach Meinung der Fachleute »vorsintflutlich«. Sie wurden Mitte September 1939 als Schlachtflieger nach Frankreich geschafft.

Insgesamt waren 20 Staffeln des Bomber Command nicht einsatzbereit. Nur 17 durften als voll kampfkräftig und einsatzbereit eingestuft werden.

Sir Edgar Ludlow-Hewitt meinte in der Stabsbesprechung am 1. 9. 1939, daß England nicht vor 1941 in der Lage sein werde, schwere taktische Schläge gegen Deutschland auszuteilen, denn dann erst kämen die ersten modernen viermotorigen Bomber zur Truppe. Die Flugzeuge des Bomber Command waren zu diesem Zeitpunkt auf drei Gebiete in England verteilt. Es befanden sich: die 2. und 3. Bomber Group in Ostengland. Ihnen standen zur Verfügung: 4 Staffeln Blenheim Mk IV und 6 Staffeln Wellington Mk I und Mk IA, die 4. Bomber Group auf den Flugplätzen in Yorkshire, mit 5 Staffeln Whitley Mk III und IV, die

5. Bomber Group in Lincolnshire. Sie verfügte über 6 Hampden-Staffeln.

Das Fighter Command verfügte am 1. 9. 1939 über jene 17 voll einsatzbereiten Staffeln, die seit der Aufstellung der 11. Fighter Group im Jahre 1936 bestanden. Auf den 17 Fliegerhorsten Biggin Hill, Duxford, Hawkinge, Henlow, Hornchurch, Kenley, Northolt, North Weald und Tangmere befanden sich diese Staffeln in der Ausbildung. Sie waren mit Demon-Gauntlet-, Bulldog- und Fury-Jägern ausgestattet.

Das Hauptquartier der 11. Fighter Group befand sich in Uxbridge. Das HQ des Fighter Command war in Stanmore eingerichtet worden.

Inzwischen war jedoch auch der Aufbau der 12., 13. und 10. Fighter Group so weit gediehen, daß von ihnen viele Staffeln ebenfalls einsatzbereit waren.

Mit Beginn des deutschen Angriffs im Westen – dies sei vorausgeschickt – bestand das Fighter Command bereits aus 57 Staffeln mit insgesamt 1000 Flugzeugen. Fast sämtliche Staffeln waren zu diesem Zeitpunkt mit den modernen Spitfire- und Hurricane-Jägern ausgerüstet, hatten aber noch keine nennenswerte Feindberührung mit deutschen Flugzeugen gehabt. Erst mit Beginn des Westfeldzuges sollte dies anders werden.

Am 3. 9. 1939 verkündete Neville Chamberlain, der britische Premierminister, in seiner Ansprache an das britische Volk: »Dieses Land befindet sich jetzt im Krieg mit Deutschland.« Zur gleichen Stunde erklärte Frankreich Deutschland den Krieg. Nach dem bereits geschilderten blinden Alarm in London durch ein Sportflugzeug, startete um 12.01 Uhr des 3. 9. 1939 das erste Flugzeug der Royal Air Force zum Feindflug nach Deutschland. Es war eine Blenheim Mk IV der 139. Staffel, die in Wyton, Huntingdonshire, lag. Der Pilot war Flight Officer A. McPhersons. Er hatte den Auftrag erhalten, die deutsche Grenze zu überfliegen und den deutschen Kriegshafen Wilhelmshaven sowie die Schillig-Reede zu photographieren.

Als die Blenheim in 7200 m Höhe über Wilhelmshaven flog, machte ihr Beobachter Bildaufnahmen von schweren deutschen Kriegsschiffen. Diese liefen gerade in Richtung Schillig-Reede aus. Das war die Chance für die britischen Bomber.

McPhersons meldete sofort über Funk, daß die deutschen Schiffe weit genug den Hafen verlassen hätten, um ohne Gefährdung von Zivilisten bekämpft zu werden. Aber er erhielt keine Antwort. In dieser Höhe war sein Funkgerät eingefroren, eine »Krankheit«, an der alle Blenheim-Bomber litten.

Die in England wartenden Bomber konnten somit an jenem 3. 9. nicht mehr ihren geplanten Überraschungsangriff durchführen. Erst am Abend des 3. 9. starteten schließlich 10 Whitley-Bomber der Staffeln 51 und 58 der 4. Bomber Group von Leconfield aus zum ersten Feindflug.

Als sie über dem Ziel waren, warfen sie – Flugblätter ab, um die Bewohner von Wilhelmshaven und Hamburg »mit Toilettenpapier zu versorgen«, wie die englischen Besatzungen spöttisch sagten. Dieser »phoney war«, so wurde der Flugblatteinsatz genannt, dauerte acht Monate.

Am 4. 9. 1939 machten sich die Staffeln 107, 110 und 139 auf den Fliegerhorsten Wyton und Wattisham bereit. Diese Blenheim-Bomber wurden mit jeweils vier 500-kg-Bomben beladen. Flight Lieutenant Doran instruierte seine Besatzungen während der Mittagspause und schärfte ihnen ein, daß sie über dem Ziel bis auf 200 m heruntergehen müßten, wenn sie zum gezielten Bombenwurf kommen wollten. Er schloß diese Instruktion mit den Worten:

»Wir bleiben in Sichtverbindung zueinander. Zusammenbleiben ist alles. Auf diese Weise können wir sie knacken und wieder fort sein, bevor der Gegner überhaupt kapiert hat, was passiert ist.«

Der Start erfolgte gegen 13.00 Uhr, und nach zweistündiger Flugzeit tauchte Wilhelmshaven auf. Über der Stadt standen riesige Gewitterwolken. Die 10 Blenheim gingen in den flachen Sinkflug über und erhielten erst Bodensicht, als sie nur noch 200 m über See waren.

Als sie aus den Wolken auftauchten, erhielten sie sofort Flakfeuer. Flight Lieutenant McPhersons warf seine Bomben auf die »Admiral Scheer«. Doch auch hier sprangen die Bomben vom Panzerdeck ab.

Im Wegdrehen erkannte er auf dem Kreuzer »Emden« einen Explosionsblitz. An einigen Stellen der Bucht leuchteten Brände auf. Er stieg in die Wolken und rief seine Kameraden, um sie zum Abflug zu formieren.

Vier meldeten sich, und damit flog nur noch die Hälfte der gestarteten Bomber mit Höchstgeschwindigkeit nach England zurück.

Fünf Blenheim-Bomber waren von der deutschen Schiffsflak abgeschossen worden. Einer davon war brennend auf die »Emden« gestürzt. Die 20 Tonnen Bomben, die abgeworfen worden waren, hatten nichts erreicht. Was der Führer dieser Unternehmung hatte brennen sehen, waren die fünf Flugzeuge seiner Kameraden gewesen.

Die 139. Staffel, die etwa zur gleichen Zeit gestartet war, hatte das Ziel nicht gefunden und ihre Bomben in der Nordsee abgeladen. Der erste Angriff des Bomber Command auf deutsche Schiffe hatte also 50 Prozent der angreifenden Bomber gekostet.

Am selben Tag, gegen 17.00 Uhr, starteten 6 Hampden-Bomber der Staffel 83 (5. Bomber Group) zum Angriff auf Wilhelmshaven. Infolge einer Fehlnavigation stellte Staffelkapitän Leonard Snaith plötzlich fest, daß er sich über Helgoland befand, ließ abdrehen und die Bomben im Notwurf in die See werfen.

Am späten Abend dieses Tages wurde der dritte Angriff von 14 Wellington-Bombern der Staffeln 9 und 149 der 3. Bomber Group geflogen. Ihr Ziel war Brunsbüttel. Es sollten aus dem Nordostseekanal auslaufende Schiffe bekämpft werden. Auch diesen Piloten war eingeschärft worden, keine Landziele anzupeilen.

Der Verband flog in dichtes Flakfeuer hinein. Er verlor zwei Maschinen. Alle übrigen Bomber wurden ebenfalls beschädigt. Zum Bombenwurf kamen sie nicht.

Diese Verluste brachte das Bomber Command zu der Überzeugung, daß nur noch Angriffe auf Schiffe lohnend seien, bei denen keine so massierte Flakabwehr zu erwarten war.

In den nächsten Tagen wurden daher weitere Flugblatt-Einsätze geflogen.

Am 1. 9. 1939 waren bereits die ersten Flugzeuge des Vorkommandos der zu bildenden British Advanced Air Striking Force (BAASF) vom Typ »Fairey Battle« nach Frankreich hinübergeflogen worden; die Masse der Flugzeuge folgte ihnen am 10. und 11. 9. Die offizielle Aufstellung der BAASF wurde durch das Eintreffen des Befehlshabers dieser Streitkräfte auf seinem Gefechtsstand in Frankreich am 15. 9. 1939 vollzogen. Oberbefehlshaber dieser insgesamt 200 Flugzeuge wurde Air Vice Marshal C. H. B. Blount. Damit waren die Luftstreitkräfte, die Frankreich unterstützen sollten, mit den schlechtesten Flugzeugen der RAF ausgerüstet.

Dieser Verband unterstand dem Oberbefehlshaber der britischen Expeditionsstreitkräfte, General Lord Gort.

Am 20. 9. 1939 schoß Sergeant F. Letchford, Heckschütze in der Battle K 9243 der 88. Staffel der BAASF, eine Me 109 ab. Es war die erste

Maschine, die von britischen Fliegern im Zweiten Weltkrieg abgeschossen wurde.

Am 26. 9. unternahmen 11 Hampden-Bomber vor Helgoland einen
Angriff auf zwei von der britischen Luftaufklärung erkannte deutsche
Zerstörer. Der Anflug erfolgte in zwei Wellen. 5 Bomber wurden beim
Heruntergehen zur Bombenwurfposition von den Zerstörern abge-
schossen. Die Zerstörer wurden nicht getroffen. Britische Jäger schos-
sen von den am 16. 10. über dem Firth of Forth auftauchenden deut-
schen Bombern zwei, die Flak einen deutschen Bomber des Typs
Do 215 ab.

Mitte November wurden abermals drei deutsche Zerstörer, die zur Ver-
minung die englische Küste angelaufen hatten, vor Newcastle gesichtet. Die 83. Staffel der 5. Bomber Group erhielt Befehl, diese Schiffe
anzugreifen und zu bekämpfen. Aber die Piloten fanden das Ziel nicht
wieder.

Als wenige Tage später das Panzerschiff »Deutschland« südlich von
Stavanger mit Kurs auf Stavanger gesichtet wurde, starteten 48 Bomber der 5. Group unter Wing Commander J. Sheen zum Angriff auf
dieses große Schiff.

Die Besatzungen sichteten die »Deutschland« jedoch ebenfalls nicht,
mußten nach fünfstündiger Flugzeit umkehren und erreichten nach 10
bis 11 Stunden Flugzeit mit dem letzten Tropfen Benzin den Platz
Montrose der Royal-Navy-Fliegerstation.

Inzwischen hatte man im Hauptquartier des Bomber Command in
Riching Park, Langley, Buckinghampshire, bereits alle Flugzeuge verloren gesehen. Winston Churchill war schon in den Gefechtsstand
geeilt, um sich von Sir Ludlow-Hewitt Bericht erstatten zu lassen, als
die Meldung von der glücklichen Landung über Funk durchkam.

Der Winter ermöglichte durch tagelang andauernden, dichten Nebel
keine Einsätze. Als am 3. 12. gutes Flugwetter herrschte, wollte Winston Churchill neue Angriffe des Bomber Command sehen. Es starteten 24 »Wellington« I und IA der Staffeln 38, 115 und 149 zum
Angriff auf deutsche Kriegsschiffe, die ein Aufklärer bei Helgoland
gesichtet hatte.

Diese Flugzeuge trugen die ersten 5-Zentner-Bomben, die sich jedoch
alle als Blindgänger erwiesen. Eine von ihnen durchschlug ein Minen-
suchboot, riß ein großes Loch und brachte es zum Sinken .

Am 14. 12. starteten abermals 12 Wellington-Bomber der 99. Staffel

70

zum Angriff gegen die Schillig-Reede, auf der deutsche Kriegsschiffe gesichtet worden waren.

Auf dem Weg zum Ziel verschlechterte sich das Wetter derart, daß die britischen Bomber über dem Zielgebiet 45 Minuten lang suchen mußten. Dadurch erhielten die deutschen Jäger, die zu spät alarmiert worden waren, doch noch eine Chance. Sie schossen über Wilhelmshaven und der Jade 5 der Angreifer ab.

Als eine weitere »Wellington« auf dem Rückflug ihre Bomben im Notwurf in die Nordsee warf, wurde sie von der Aufschlagdetonation zerrissen.

Vier Tage später flogen dann (wie von englischer Seite gemeldet; deutscherseits waren 44 anfliegende Maschinen erkannt worden) 24 Wellington-Bomber der Staffeln 9, 37 und 149 ihren Einsatz. Sie sollten an diesem 18. Dezember 1939 deutsche Schiffe angreifen, die im Jadebusen gesichtet worden waren.

Als die Bomber den Jadebusen erreicht hatten, mußten die Besatzungen feststellen, daß die deutschen Kriegsschiffe inzwischen eingelaufen waren und daher nicht mehr bekämpft werden durften, um die Bewohner von Wilhelmshaven nicht zu gefährden. Die Flugzeuge wurden bereits im Anflug auf Wilhelmshaven und insbesondere beim Abdrehen zum Rückflug von Me 109 und Me 110 angegriffen. 10 »Wellington« gingen im Luftkampf verloren. Zwei gingen auf See nieder, und drei weitere wurden bei Notlandungen zerstört, nachdem sie vorher durch Kanonentreffer der deutschen Jäger schwere Beschädigungen davongetragen hatten.

»Die deutschen Jäger hatten auf die Wellingtons gewartet. Sie waren als erste mit dem Freyagerät ausgestattet, einem Frühwarn-Radargerät, von welchem dem britischen Geheimdienst nichts bekannt war«, schrieben damals die englischen Zeitungen.

Wenige Stunden nach Bekanntwerden dieses Desasters, bei dem auch nach englischer Darstellung von 22 ins Ziel gelangten Bombern 15 verlorengegangen waren, befahl das britische Luftfahrtministerium, daß die Whitley-, Wellington- und Hampden-Bomber keine Tagesangriffe mehr fliegen durften.

Damit schaltete das Bomber Command der RAF von Tages- auf Nachtangriffe um. Die britische Überzeugung, daß schwere Bomber sich selbst schützen könnten, wenn sie nur dichtgestaffelt und in einer genügend großen Zahl angriffen, hatte sich als Trugschluß erwiesen.

Die Wellington IC, ein bewaffneter und gepanzerter Bombertyp, wurde beschleunigt fertiggestellt und den ersten Staffeln zugeführt.

Die Whitley der 4. Bomber Group flogen derweilen Nacht für Nacht ihre Flugblatteinsätze. Daß dies nicht ungefährlich war, zeigten die einzelnen Abschüsse. So wurde auch aus der kleinen Gruppe von 4 Whitley, die in der Nacht zum 2. 10. zum Flugblatteinsatz nach Berlin starteten, ein Bomber abgeschossen.

Dies war übrigens der erste Luftangriff auf Berlin. Er wurde von der 10. Staffel geflogen, die mit Whitley V ausgerüstet war.

Über viele deutsche Städte ergoß sich eine wahre Flut bedruckten Papiers, die kaum Wirkung hinterließ. Darüber waren sich auch alle britischen Piloten einig, deren Unwillen ständig wuchs.

Daß neben diesen »moralischen« Gründen andere Gründe für die Flugblatteinsätze maßgeblich waren, war nur den Kommandeuren bekannt. Es ging dem Bomber Command darum, so vielen Piloten und Besatzungen wie möglich eine optimale Ausbildung in der Flugnavigation zu geben und die neuen Einrichtungen in den Flugzeugen unter Einsatzbedingungen zu prüfen.

Damit wurde das Bomber Command auf jenen Tag vorbereitet, an dem die neuen viermotorigen Bomber zur Truppe kamen, mit denen dann der eigentliche strategische Luftkrieg gegen Deutschland begonnen werden konnte.

Nach der 4. Bomber Group flogen auch die Hampden-Bomber der 5. und die Wellington-Bomber der 3. Bomber Group Flugblatteinsätze und gewannen ebenfalls entscheidende Erfahrungen im Nacht- und Blindflug sowie im Navigieren.

Noch immer war es verboten, Bomben über deutschen Landgebieten abzuwerfen. Am 15. 2. 1940 erklärte Ministerpräsident Chamberlain im britischen Unterhaus:

»Welchen Weg die anderen auch gehen mögen, die britische Regierung wird niemals zu hinterhältigen Angriffen auf Frauen und andere Zivilpersonen zum Zweck reinen Terrors Zuflucht nehmen.« (Siehe Fuller a.a.O., S. 260.)

Der »phoney war« der Engländer ging volle acht Monate weiter, und als er zu Ende war, hatte das Bomber Command 65 Millionen Flugblätter abgeworfen.

Erst als während der Angriffe deutscher Bomber am 16. 3. 1940 auf Scapa Flow einige deutsche Bomben irrtümlich auf die Orkney-Inseln

– bei Bridge of Waith auf der Insel Hoy – fielen und dabei ein Zivilist ums Leben kam und weitere 5 verletzt wurden, wurde dies anders.

Eine sofort einberufene Sitzung des Kriegskabinetts stellte aufgrund dieser Tatsache »eindeutig eine Eskalation des Luftkrieges« fest.

Die sofort an das Bomber Command ausgegebene Weisung besagte, daß es nunmehr die geübte Zurückhaltung aufgeben solle. Drei Nächte später geschah dies auch.

Ziel des ersten größeren Angriffs auf ein deutsches Landziel war die Marinefliegerstation Hörnum auf Sylt. Von den startenden 30 Whitley- und 20 Hampden-Bombern erreichten in der Nacht des 19. 3. 1940 41 das Ziel.

Aus einer Höhe von nur 700 m warfen sie ihre 250-kg-Bomben ab. Die Besatzungen erklärten nach ihrer Landung einhellig:

»Wir haben unsere Bomben gezielt abgeworfen. Wir haben die Objekte genau durch unsere Bombenzielgeräte gesehen, obgleich uns das starke Scheinwerferleuchten unangenehm war.«

Dies war nach den am anderen Morgen in den Zeitungen veröffentlichten Meldungen des RAF-Hauptquartiers ein Standard- und Paradeangriff gewesen.

Als jedoch in den deutschen Morgenmeldungen mit keinem Wort auf die Bombardierung von Hörnum eingegangen, dafür aber in großer Aufmachung berichtet wurde, daß »britische Terrorflieger die dänische Insel Bornholm angegriffen« hätten, wurde diese Meldung als ein schmutziger Trick der obersten deutschen Führung bezeichnet.

Einer der ersten in Dienst gestellten Spitfire-Jäger flog einen Tag später Aufklärung über Hörnum. Als er zurückkehrte, meldete der Pilot, daß alle Gebäude und Hangars ebenso wie die Start- und Landebahnen völlig intakt seien.

Inzwischen hatte auch die dänische Regierung in einer scharfen Note an die Londoner Adresse Schadenersatz gefordert.

»Damit war für uns alle klar«, formulierte Alstair Revie in seinem Werk »Die Geschichte des Bomber Command der RAF von 1939 bis 1945«, »daß sich das Bomber Command auf eine Taktik sogenannter Präzisionsangriffe bei Nacht eingelassen hatte, ohne über die Zielgenauigkeit, das Material oder die Besatzungsdisziplin zu verfügen.«

Sir Edgar Ludlow-Hewitt wurde als Oberbefehlshaber des Bomber Command abgelöst. Neuer Oberbefehlshaber wurde Air Marshal Sir Charles Portal. Eine seiner ersten Maßnahmen war es, die Flugblattflüge einzustellen. Nunmehr wurden von ihm auch die Whitley-Bomber der 4. Bomber Group zu Nachtbombereinsätzen herangezogen.

Die britische Luftwaffe im Norwegenfeldzug

Als erstes Ziel bekämpfte das Bomber Command am 15. 4. mit 11 Blenheim-Bombern den Flugplatz von Stavanger, auf dem deutsche Zerstörer und vor allem Transportmaschinen standen. Fünf Tage später wurde der Flugplatz von Aalborg angegriffen. Bei teilweise orkanartigen Böen verfranzten sich die Maschinen. Mehr als die Hälfte befand sich schließlich über der offenen Stadt Kopenhagen. Der dänische Protest fruchtete nichts.

Fünf Bomber fanden schließlich den Flugplatz Aalborg. In nur 600 m Höhe fliegend, empfing sie starkes Flakfeuer. Aber alle kehrten – wenn auch beschädigt – zu ihrem Einsatzhafen Lossiemouth in Schottland zurück.

Von den in Aalborg stehenden 200 deutschen Flugzeugen wurden drei beschädigt. Damit ging in Großbritannien die Zeit des Abwartens und des »phoney war« zu Ende.

Es waren Flugzeuge der 3. Bomber Group, die am 2. 4. 1940 in Stärke von zwei Squadrons nach Nordschottland versetzt worden waren, um von dort aus in Richtung Norwegen starten zu können. Die Squadron 115 erhielt den Befehl, Stavanger anzugreifen.

Die Luftwaffe im Westfeldzug

Handstreiche deutscher Fallschirmjäger

Am 9. 5. 1940 standen im Westen folgende Fliegerverbände vor dem Einsatz:
1. Luftflotte 2 unter General der Flieger Kesselring im Nordabschnitt.
2. Luftflotte 3 unter General der Flieger Sperrle im Mittelabschnitt.
3. Eine Luftlande- und Fallschirmjäger-Division im Südabschnitt.

Insgesamt waren dies 3834 Flugzeuge, davon 1482 Bomber und Sturzbomber, 42 Schlachtflugzeuge, 1016 Jäger und 248 Zerstörer.
Die britische Luftwaffe verfügte zu diesem Zeitpunkt in Frankreich über 456 Flugzeuge, davon waren 261 Jäger, 135 Bomber und 60 Aufklärer.
Der französischen Luftwaffe standen 764 Jäger, 260 Bomber, 180 Aufklärer und 400 Armeeflugzeuge zur Verfügung. Das waren insgesamt 1604 Flugzeuge. Mit den 132 niederländischen und den 180 belgischen Flugzeugen verfügten die Alliierten also über insgesamt 2372 Flugzeuge, von denen 1151 Jäger waren. Den Auftakt zum Frankreichfeldzug und damit die Initialzündung für dessen gesamten Ablauf gab die Fallschirmtruppe. Deshalb seien ihre Operationen auch als nächstes dargestellt.

Der Kalender zeigte den 27. 10. 1939 an, als Generalmajor Kurt Student in der Reichskanzlei Hitler gegenüberstand. Im Kartenraum waren außerdem noch General Keitel und ein Adjutant anwesend. Hitler entwickelte dem Kommandeur der Fallschirmjäger, die aus Tarnungsgründen noch 7. Fliegerdivision genannt wurden, einen Plan, der Student in Erstaunen versetzte. Hitler erklärte ihm:
»Die Fallschirm- und Luftlandewaffe, das wissen Sie besser als ich, Student, ist ein neues, noch geheimes Kampfmittel. Ihr erster Einsatz muß daher mit aller Kraft und Kühnheit an entscheidender Stelle durchgeführt werden. Aus diesem Grunde habe ich im Polenfeldzug von einer Verwendung der Luftlandewaffe abgesehen. Die Fallschirmtruppe ist mir zu wertvoll; ich werde sie nur dann einsetzen, wenn es sich lohnt. In Polen wurde das Heer allein fertig. Ich wollte das

Geheimnis der neuen Waffe nicht vorzeitig lüften. – Sie werden im Westen bestimmt zum Einsatz kommen. – Und es wird eine ganz große Sache werden.« (Aus den Ausführungen von Generaloberst Student anläßlich des Besuches des Autors bei ihm.)

Anschließend informierte Hitler den Fallschirmjäger-Kommandeur über jene Aufgaben, die die Luftlandetruppe in der Westoffensive zu erfüllen habe:

»1. Die 7. Fliegerdivision und die 22. Infanteriedivision nehmen unter Führung von General Student das belgische Reduit National aus der Luft und halten diese wichtige Befestigungslinie bis zum Eintreffen der Heerestruppen.

2. Eine weitere Fallschirmabteilung soll im Handstreich das Sperrfort Eben Emael bei Lüttich und die nördlich davon gelegenen Brücken über den Albertkanal sowie die Maasbrücken bei Maastricht erobern.«

Generaloberst Student: »Den ersten Teil dieses Auftrages halte ich für durchführbar, den zweiten aber für zu phantastisch.« Hitler meinte lakonisch dazu:

»Dann beschlafen Sie die Dinge erst einmal und kommen am anderen Morgen wieder. « (Wie im Gespräch mit dem Autor rekonstruiert.)

An Schlaf war für den Kommandeur der Fallschirmjäger nicht zu denken. Student durchdachte vielmehr den geplanten Einsatz von allen Seiten und kam schließlich zu der Überzeugung, daß der Handstreich auf Eben Emael bei äußerster Geheimhaltung doch durchführbar sei. Er ließ sich bei Hitler melden und unterrichtete ihn von seinem Entschluß, diesen Angriff durchzuführen.

Gemeinsam mit Oberst Bräuer, dem Kommandeur des FJR 1, suchte Student jene Einheiten aus, die an den neuralgischen Punkten zum Einsatz kommen sollten.

Er beauftragte Hptm. Koch, Chef der 1./FJR 1, mit der Aufstellung einer »Sturmabteilung Koch«.

Seine Kompanie wurde verstärkt durch den Fallschirm-Pionierzug des II./FJR 1 unter Oblt. Witzig und die Lastenseglergruppe unter Oblt. Kiess. Diese Kampfgruppe wurde durch Abstellungen von den Fallschirmschulen auf eine Stärke von 500 Mann gebracht. Der Sturmabteilung Koch oblag die Wegnahme des Sperrforts Eben Emael und der Handstreich auf die drei Brücken über den Albertkanal. Die Luftlandetruppen hingegen erhielten Befehl, mit dem »Fall Gelb« – dem Beginn des Westfeldzuges – die Brücken bei Moerdijk, Dordrecht sowie den

Flugplatz von Rotterdam zu nehmen und für die 18. Armee freizuhalten.

Gleichzeitig sollte damit die Hauptstadt des Landes, Den Haag, in Besitz genommen und die feindliche Führung ausgeschaltet werden.

Als sich Hitler am 3. 3. 1940 entschloß, den Norwegenfeldzug eher zu beginnen als den Westfeldzug, wurde – wie bereits dargestellt – der erste Fallschirmjäger-Verband eingesetzt. Dies beeinträchtigte die Geheimhaltung jedoch dann nicht mehr.

Am 9. 5. 1940, einen Tag vor dem Angriff im Westen, wurde die Sturmabteilung Koch auf die Flugplätze Köln-Ostheim und Köln-Butzweilerhof verlegt. In der Nacht zum 10. 5. wurden die Schleppzüge, bestehend jeweils aus einer Ju 52 und einem Lastensegler des Typs DFS 230, startklar gemacht.

Am 10. 5., gegen 04.30 Uhr, waren 11 Offiziere, 427 Unteroffiziere und Mannschaften einschließlich der 42 Lastensegler-Piloten angetreten. Zehn Minuten später dröhnten 42 Schleppzüge über die beiden Plätze und verschwanden am dunklen Morgenhimmel. Der Flug zum größten, riskantesten und geheimnisvollsten Einsatz der Fallschirmtruppe hatte begonnen.

Die Sturmgruppe »Beton«, geführt von Leutnant Schacht, sprang bei der Albertkanalbrücke Vroenhoven ab. Die Sprengung der Brücke wurde verhindert und damit das Übersetzen der deutschen Panzertruppe an dieser Stelle gesichert.

Die Sturmgruppe »Stahl« unter Oblt. Altmann sprang bei der Brücke Veldwezelt ab. Auch hier wurde die Brückenwache überrascht, die Brücke in Besitz genommen und gesichert. Bei der Brücke Canne gelang es der dort eingesetzten Sturmgruppe »Eisen« nicht, diese zu erhalten. Leutnant Schächter sah noch im Springen, wie diese Brücke in die Luft flog. Der Gegner war durch die beiden bereits 15 Minuten früher erfolgten Einsätze gewarnt worden und hatte rechtzeitig aus Eben Emael heraus die elektrische Zündung veranlaßt.

Die Sturmgruppe »Granit« unter Oblt. Witzig, dem Führer des Pionierzuges, hatte den schwersten Auftrag erhalten. Mit 2 Offizieren und 83 Mann erhielt sie den Befehl, die erst 1935 gebaute belgische Werkgruppe Eben Emael, die mit ihren insgesamt 64 Einzelwerken den Albertkanal völlig beherrschte, aus der Luft in Besitz zu nehmen.

Von den elf gestarteten Schleppzügen waren zwei unterwegs ausgefallen. Die 9 übrigen Lastensegler landeten mit den 9 Trupps auf der

Werkgruppe. Zwei dieser Trupps waren aber völlig isoliert niedergegangen und hatten keine Chance, in die Kämpfe einzugreifen. So mußten die übrigen 7 Trupps mit insgesamt 55 Soldaten den Kampf gegen
die 2000 belgischen Soldaten führen.

Die ersten Werke wurden von den mitgebrachten Hohlladungen aus-
einandergefetzt.

Um 8.30 Uhr landete noch ein einzelner Segler auf der Werkgruppe. Es
war Oblt. Witzig, dessen Segler hatte notlanden müssen. Ihm war es
gelungen, den Segler durch eine rasch herbeidirigierte Ju 52 wieder zu
starten, die Werkgruppe zu erreichen und das Kommando dort zu übernehmen, das bis dahin der »Kuppelknacker« Fw. Teddy Wenzel geführt
hatte.

Die Werkgruppe wurde systematisch niedergekämpft. Als am anderen
Morgen Fw. Portsteffen als erster Heeressoldat die Befestigungen
erreichte, war schon alles zu Ende. 1200 Belgier ergaben sich.

Es war das KG 27 »Boelke«, das im Frankreich-Feldzug an der Unterstützung der Fallschirmjäger beteiligt war. Das KG 30 flog von seinem
Absprunghafen Oldenburg aus alle seine Angriffe zur Unterstützung
der Fallschirm- und Luftlandetruppen in Holland. Es kämpfte über
Eben Emael ebenso wie über Rotterdam und Den Haag.

Für das KG 51 »Edelweiß« war dieser 10. 5. 1940 der Tag der ersten
Einsätze in Frankreich. Auch das Kampfgeschwader 54 beteiligte sich
in Frankreich, Belgien und Holland an den Angriffen auf alliierte Trup-
penbereitstellungen.

Doch zurück zur Fallschirmtruppe, deren Einsatz ja noch nicht zu
Ende, sondern an den anderen Brennpunkten noch in vollem Gange
war.

Der Angriff auf die »Festung Holland«, mit der geplanten Wegnahme
der drei wichtigsten Brückenpaare bei Moerdijk, Dordrecht und Rotterdam und der Inbesitznahme des Fluplatzes Waalhaven, stand den dargestellten Fallschirm- und Luftlandeeinsätzen in nichts nach.

Das I. und II./FJR 1 wurde unter Führung von Oberst Bräuer auf Moerdijk und Dordrecht angesetzt. Das III./FJR 1 erhielt Befehl, den wichtigen Flugplatz Waalhaven für die Nachtlandungen der 22. ID freizukämpfen.

Hptm. Karl-Lothar Schulz eroberte Waalhaven, und so war es möglich,
daß die Truppen des Oberstleutnant von Choltitz hier landen konnten.

Als Generalleutnant Student mit dem Ia der 7. Fliegerdivision, Major i. G. Trettner, landete, konnte ihm Hptm. Schulz den Flugplatz übergeben.

Das II./FJR 1, geführt von Hptm. Prager, sprang bei den Brücken von Moerdijk ab. Bei den Kyllbrücken in Dordrecht war die 3./FJR 1 unter Oblt. von Brandis gelandet. Diese Einheit wurde aufgerieben. Oberst Bräuer, der mit dem I./FJR 1 als Regimentsreserve bei Tweede Tool abgesprungen war, griff sofort ein und konnte die Straßenbrücke in Besitz nehmen. Die Eisenbahnbrücke wurde jedoch von den Holländern gesprengt.

Im Raum Den Haag, wo das I./FJR 2 mit der unterstellten 6./FJR 2 die Flughäfen Valkenburg, Ypenburg und Ockenburg nehmen sollte, blieb der Einsatz erfolglos. Die Verbände der Ju 52, die in Ypenburg landen wollten, wurden von einem Granathagel empfangen und mußten abdrehen.

Als am frühen Nachmittag des 10. 5. 1940 Oberstleutnant de Boer in Ypenburg landen wollte, um als Artillerieführer der 22. ID (Luftlande) tätig zu werden, fand er den Platz noch immer vom Feind besetzt. Die Ju 52 drehten ab und landeten auf Waalhaven. General Kesselring, OB der hier führenden Luftflotte 2, befahl den Abbruch der Operationen der 22. ID.

Am 11. 5. meldete General Student aus Rotterdam an den OB der Luftwaffe: »Man kann jetzt schon sagen, daß die Luftlandeoperationen mit einem Erfolg enden werden.«

Am 12. 5. meldete sich an der Dordrechter Brücke ein Leutnant der deutschen Panzertruppe und erklärte, daß er die Aufklärungsspitze der 18. Armee bilde.

Aber erst am Abend des 13. 5. erschienen die Panzerverbände mit der 9. PD an der Spitze an den Rotterdamer Brücken. Nördlich davon lagen noch starke Feindverbände. Sie schossen mehrere deutsche Panzer ab. Eine Aufforderung zur Übergabe lehnte der Kommandant von Rotterdam ab.

Als Dordrecht am Nachmittag des 13. 5. kapituliert hatte, wollte General Student mit der nunmehr freigewordenen 9. PD unter GenLt. Hubicky an den Rotterdamer Brücken die Initiative ergreifen. Dort hielt sich noch ein starker Brückenkopf des Gegners, der ausgeschaltet werden mußte, damit der 18. Armee der Weg freigemacht war.

Am frühen Morgen des 14. 5. erschien GenLt. Hubicky auf dem

Gefechtsstand Students in Rijsoord. Wenig später traf auch General Schmidt, KommGen. des XXXIX. AK, hier ein.

Die weiteren Operationen wurden nunmehr vom Heer geführt. Unter dem Eindruck der hohen Panzerverluste des Vortages war General Student zu der Überzeugung gekommen, daß der Gegner am Maasbahnhof und in einem kleinen Abschnitt nördlich des Brückenendes mit Bomben aus dem Brückenkopf vertrieben werden müsse.

Entscheidend für diesen Entschluß war, daß der Kommandant von Rotterdam am Morgen des 14. 5. eine Übergabeaufforderung abgelehnt hatte. General Schmidt stellte ihm wenig später, noch am Vormittag, ein letztes Ultimatum.

Als die darin gesetzte Frist abgelaufen war, erschien ein holländischer Parlamentär an der Rotterdamer Straßenbrücke und wies darauf hin, daß das Ultimatum keine Unterschrift trage. General Schmidt, der den Parlamentär persönlich empfangen hatte, gab abermals einen Aufschub. Bis dahin wurde eine Waffenruhe vereinbart.

Gleichzeitig ließ General Schmidt einen Funkspruch absetzen, der die Bomber in ihren Einsatzhäfen festhalten sollte. Dieser Funkspruch kam nicht rechtzeitig durch, und so starteten auf den Flugplätzen Gütersloh und Delmenhorst die I., II. und III./KG 54 mit 100 Bombern zum Angriff auf die befohlenen Ziele in Rotterdam. Es war dies ein genau vermessenes Dreieck nordwestlich der Brücken, in dem sich die Holländer noch verteidigten. Die Piloten hatten Weisung erhalten, trotz der zu erwartenden starken Abwehr, in nur 750 m Höhe fliegend, anzugreifen, um eine bestmögliche Zielgenauigkeit sicherzustellen und zu gewährleisten, daß nur dieses militärische Ziel getroffen wurde.

Als schließlich der Funkspruch von der Verschiebung des Angriffs die 2. Fliegerdivision erreichte, waren die Bomber bereits unterwegs. Oberst Lackner, der Kommodore des KG 54 führte sie persönlich. Kurz vor dem Ziel teilte sich der Verband. Die linke Gruppe wurde von Oberstleutnant Höhne, dem Kommandeur der I./KG 54, geführt, während die rechte weiterhin dem Kommodore unterstand.

Der befohlene Angriffstermin war 15.00 Uhr. Als die Bomber fünf Minuten später die Maas überquerten und das niederländische Flakfeuer einsetzte, wußten die Generale Schmidt und Student, die zu dieser Zeit auf dem runden Platz südlich der Rotterdamer Brücke standen und auf die Entscheidung des niederländischen Kommandanten warteten, daß es zu spät war.

»Das gibt eine Katastrophe!« rief General Schmidt. »Rote Leuchtkugeln her!« befahl General Student. Zwei Leuchtpistolen wurden herübergereicht, und beide Generale schossen »Rot«.

Doch es war zu spät. Die rechte Angriffsgruppe hatte das Ziel bereits erreicht und warf ihre Bomben, die genau das Ziel trafen. Sekunden später erreichte auch die linke Angriffsgruppe unter Oberstleutnant Höhne das Ziel. Kaum hatte er den Wurfbefehl gegeben, da sichtete er zwei rote Leuchtsignale und befahl das Abdrehen.

Doch seine He 111 und die beiden anderen der Führungskette warfen bereits. Alle weiteren konnten den Bombenwurf stoppen. Von den 100 anfliegenden Maschinen des KG 54 hatten 57 ihre Bomben geworfen, 43 konnten aufgrund des Funksprechbefehls von Oberstleutnant Höhne den Bombenwurf verhindern. Dennoch fielen 97 Tonnen Bomben. Es waren ausschließlich Sprengbomben. Daß die Altstadt von Rotterdam dennoch ausbrannte, lag daran, daß einige Bunker für die Öl- und Margarineerzeugung ausliefen, das auslaufende Fett in Brand geriet und die Fachwerkhäuser der Altstadt somit in Brand gesetzt wurden.

Die niederländische Feuerwehr, mit alten zweirädrigen »Schlangenspritzen« ausgestattet, vermochte den Brand nicht einzudämmen. Die Altstadt brannte völlig aus. Es gab 850 Ziviltote. Um 17.00 Uhr erschien der niederländische Stadtkommandant, Oberst Scharroo, an der Wilhelmsbrücke und kam zur Maasinsel herüber. Er bot nun, nachdem das Unheil geschehen war, die Kapitulation der Stadt an.

Nur dreieinhalb Stunden später bot auch der niederländische Oberbefehlshaber, General Winkelmann, die Kapitulation der niederländischen Streitkräfte an.

J. M. Spaight schreibt dazu in »Air Power und War Rights«, Seite 265: »Das Herz von Rotterdam wurde am 14. 5. 1940 durch einen Luftangriff verwüstet. – Ohne den Schatten eines Zweifels trägt Deutschland die Verantwortung für den Luftterror, über den es sich später beklagte.«

Wie sah dies völkerrechtlich aus?

Die deutschen Fallschirmjäger wurden von niederländischen Truppen im Stadtzentrum aufgehalten. Die Holländer leisteten an der Maasbrücke starken Widerstand. Damit entfiel für Rotterdam der Artikel 25 der Haager LKO; sie wurde damit eine verteidigte Stadt. General Student und General Schmidt hatten die Stadt mehrfach zur Übergabe aufgefordert. Generaloberst Kurt Student wurde nach dem Krieg wegen

dieses Angriffes vor ein holländisches Gericht gestellt und – freige-
sprochen, obwohl Flieger, die dabei waren, erklärten, daß dieser Luftangriff noch unterwegs hätte gestoppt werden können.

Damit war die Aufgabe der Fallschirmtruppe, im Westfeldzug die Vor-
hut zu bilden und für das nachfolgende Heer die »Tür nach Frankreich
hinein aufzustoßen«, erfolgreich beendet. Zu diesem Einsatz seiner
Truppe hier noch das abschließende Wort von Generaloberst Student:
»Für die deutschen Stellen bedeuteten die Luftlandeoperationen gegen
die Festung Holland und das Unternehmen Albert-Kanalbrücken-Eben
Emael den endgültigen Durchbruch der Idee der Luftlandung gegen
alle Widerstände. Nicht nur die ganze Welt horchte auf, sondern auch
die deutsche Wehrmacht.«

Doch zurück zu den Operationen der Luftwaffe.

Die Luftflotten 2 und 3 im Einsatz

Seit dem frühen Morgen des 10. 5. 1940 griffen die Luftflotten 2 und 3
in die Kämpfe der deutschen Heerestruppen ein. Am Abend des ersten
Einsatztages waren zwei Drittel der alliierten Luftstreitkräfte vernichtet. Von den 200 Flugzeugen der BAASF fielen am ersten Tag 150 aus.
Dies waren vernichtende Schläge, von denen sich der Gegner nicht
wieder erholte.

Der französische Ministerpräsident Reynaud erließ einen Befehl, nach
welchem deutsche Fallschirmjäger, die in französische Hand gerieten,
sofort erschossen werden sollten. Glücklicherweise gerieten aber keine
Fallschirmjäger in französische Gefangenschaft. Bereits an diesem
ersten Tag zeigte sich, daß die Luftwaffe überwiegend zur Unterstützung der Heerestruppen herangezogen wurde. Ihr strategischer Einsatz
richtete sich gegen britisch-französische Luftbasen und gegen die dortigen Flugzeuge. Hinzu kamen Angriffe strategischer Art auf
Rüstungsbetriebe, Nachschubbasen, Verkehrslinien und Brücken des
Gegners.

Die Luftwaffenteile, die Geleitaufgaben für die abzusetzenden Fall-
schirmjäger- und Luftlandetruppen durchführten, errangen Erfolge.
Eine Gruppe Me 110 des damaligen Lt. Streib erzielte während eines
Geleitschutzes für 8 Ju 52 gegen 6 Blenheim-Bomber, die diese 8 Ju 52
angriffen, fünf Abschüsse.

Von den am 10. 5. insgesamt gestarteten 32 Flugzeugen vom Typ Fairey-Battle kehrten nur 19, und diese schwer beschädigt, zu ihrem Einsatzhafen zurück.

Am 12. 5. erfolgten weitere Angriffe aller eingesetzten deutschen Flugzeuge. Als an diesem Morgen 9 Blenheim-Bomber der 139. Staffel die von den Fallschirmjägern eroberten Brücken zwischen Maastricht und Brüssel zerstören wollten, gelang es Oblt. Adolph binnen 5 Minuten, drei dieser Angreifer abzuschießen. Drei weitere wurden von Oblt. Braune, Lt. Örtel und Fw. Blazytko abgeschossen. Oblt. Homuth und Lt. Borchert holten die 7. und 8. Blenheim herunter, eine entkam schwer getroffen.

Wenig später griffen abermals 50 Feindflugzeuge, überwiegend vom Typ Blenheim und Battle, diese Brücken an. Zwei Drittel von ihnen wurden abgeschossen. 5 Fairey-Battle der 12. Staffel flogen einen direkten Angriff. Alle wurden im Luftkampf abgeschossen. An diesem Tage errang auch Hptm. Galland seine ersten beiden Abschüsse im Zweiten Weltkrieg.

Von der inzwischen auf 474 Flugzeuge angewachsenen RAF in Frankreich, darunter 135 Bomber, verfügten die Engländer am Abend dieses 12. 5. nur noch über 206 Flugzeuge, von denen 72 Bomber waren.

Allein das JG 27 unter Oberstleutnant Ibel errang am 12. 5. 28 Luftsiege bei 4 eigenen Verlusten.

Der 14. Mai aber wurde zum »Tag der Jagdflieger«. Im Raume Sedan hatten die Alliierten sämtliche verfügbaren Luftstreitkräfte eingesetzt, um die Deutschen am Durchbruch zu hindern. Zum ersten Male in der Geschichte des Luftkrieges trafen Hunderte deutscher, englischer und französischer Flugzeuge – Bomber, Zerstörer, Jäger – aufeinander.

Der I./JG 53, dem »Pik-As-Geschwader« unter Major von Cramon-Taubadel, gelangen an diesem Tag 39 Abschüsse. Das JG 2 war ebenfalls am Erfolg dieses Tages beteiligt.

Die deutsche Luftwaffe flog im Großraum Sedan am 14. 5. 1940 814 Einsätze. Im weiten Umkreis dieses Gebietes wurden 90 Feindflugzeuge abgeschossen. Die französische Luftwaffe wurde damit endgültig ausgeschaltet.

Der alliierte Versuch, unter Einsatz sämtlicher verfügbarer Fliegerkräfte den deutschen Durchbruch bei Sedan zu vereiteln, war gescheitert.

An diesem Tag richtete General Gort, der OB der britischen Expeditionsstreitkräfte, einen dringenden Hilferuf an London. Er forderte sofortige Bomberunterstützung an, um die deutschen Offensivoperationen zum Stillstand bringen zu können. Seinen Forderungen schlossen sich die Generale Gamelin und Georges an. Aber diese Unterstützungsrufe hatten einen zu langen Dienstweg zurückzulegen, ehe sie an die richtige Stelle gelangten. Sie gingen zuerst ans Kriegsministerium und wurden von dort ans Luftfahrtministerium weitergeleitet. Einziges Bindeglied zwischen beiden Stellen war das britische Kriegskabinett unter Winston Churchill, der am 10. 5. 1940 britischer Kriegspremier und zugleich Verteidigungsminister geworden war.

Die Bomber vom Typ Fairey-Battle und Blenheim, die an diesem 14. 5. die deutsche Pontonbrücke bei Sedan vernichten wollten und außerdem deutsche Truppenkolonnen angriffen, wurden dezimiert.

In der Morgensitzung des 15. 5. beschloß schließlich das britische Kriegskabinett, das Bomber Command »von der Leine zu lassen«. Ihm wurden Angriffe auch ostwärts des Rheins erlaubt.

Dazu Luftmarschall Portal:

»Verluste unter der Zivilbevölkerung waren unvermeidlich, wenn wir mit Nachtbombenangriffen angemessene Ergebnisse erzielen wollten. Es lag eine neue Rechtfertigung für ein solches Vorgehen in der Tatsache vor, daß die Deutschen Rotterdam systematisch bombardiert hatten.«

Doch zurück zu den deutschen Operationen.

Bei dem Auftrag, den Luftraum über den Flugplätzen von Paris freizukämpfen, erzielte Hptm. Mölders am 18. 5. drei Abschüsse. Nach wie vor kämpfte am 19. 5. auch das JG 27 im Raume Sedan. Es gelang Hptm. Galland, bei Cambrai erfolgreich einzugreifen und eine Potez 63 abzuschießen. Hptm. Bertram schoß im selben Raum 2 Feindflugzeuge ab.

Am 22. 5. war wieder Lt. Wick erfolgreich, als er aus einem Verband von 14 französischen Leo-45-Bombern zwei herausschoß. An diesem 22. 5. räumte die BAASF den letzten französischen Stützpunkt Merville. Nunmehr kämpfte die RAF wieder vom Mutterlande aus, um am Einsatz über Dünkirchen teilnehmen zu können und die Rückführung des britischen Expeditionskorps in Stärke von über 35.000 Mann sicherzustellen.

Am 29. 5. 1940 erhielt Hptm. Werner Mölders als erster deutscher Jagdflieger nach 20 Luftsiegen das Ritterkreuz. Nunmehr zeichnete sich eine Operation ab, die als »Luftschlacht über Dünkirchen« bekannt wurde.

Luftschlacht über Dünkirchen

In dieser Schlacht ging es nicht primär um den Zweikampf deutscher gegen englische Flieger, sondern um die Rückführung der britischen Streitkräfte vom Festland auf der einen und um die Verhinderung dieser Operation auf der anderen Seite.

Die deutschen Flugzeuge erhielten Weisung, die sich einschiffenden britischen Truppen und deren Schiffe zu vernichten.

Deutsche Jäger stiegen auf, um die bombenbeladenen, langsameren Kampfflugzeuge zu sichern. Sie gerieten in Zweikämpfe mit englischen Jägern, die über den Kanal gekommen waren, um den Einschiffungsraum abzuschirmen.

Dieser Einsatz der Luftwaffe gegen die Evakuierungsbewegungen dauerte vom 25. 5. bis zum 2. 6. 1940. Beteiligt waren die Luftflotte 2 unter General der Flieger Kesselring mit dem I. und IV. Fliegerkorps sowie die Luftflotte 3 unter General der Flieger Sperrle mit dem II. und VIII. Fliegerkorps.

Wie war es überhaupt dazu gekommen, daß die auf Dünkirchen vorrollenden deutschen Panzerverbände angehalten und statt dessen die Luftwaffe angesetzt wurde?

Den Vorschlag, der Luftwaffe »den Rest der bei Dünkirchen noch anfallenden Arbeit« zu überlassen, hatte Generalfeldmarschall Göring am 23. 5. gemacht, als er Hitler von seinem rollenden Hauptquartier in Polch aus anrief und ihn bat:

»Mein Führer, überlassen Sie mir und meiner Luftwaffe die Zerschlagung des bei Dünkirchen eingeschlossenen Feindes!« Hitler stimmte sofort zu, denn er beabsichtigte, die deutschen Panzerdivisionen für den zweiten Teil des Frankreichfeldzuges umzugruppieren.

So wurde am 24. 5. 1940 der Haltebefehl an die deutschen Panzerverbände gegeben. General der Flieger Kesselring, der nur zu gut wußte, wie ausgepumpt die fliegenden Verbände waren, gab zu erkennen, daß er zur Zerschlagung der Einschiffungsoperationen der Briten überhaupt nicht mehr in der Lage sei.

Aber Göring wußte es besser:

»Das schafft meine Luftwaffe allein!«

Am 26. 5. 1940 begannen also die Einsätze der Luftwaffe gegen Dünkirchen. Am Tag zuvor hatte das Sturzkampfgeschwader 2 unter Major Dinort, das bereits bei Maastricht und Eben Emael dabeigewesen war, den Befehl zum Angriff auf einen britischen Schiffsverband vor Calais erhalten. Es waren 40 Ju 87 der Gruppen I und III, die diesen Angriff flogen. Das Zielgebiet wurde erreicht. Ein Wachtboot und ein größerer Transporter wurden getroffen. Als die Stukas gerade wieder hochzogen, wurden Feindjäger gemeldet, die von hinten die Ju 87 angreifen wollten. Es waren schnelle Spitfire, die sicherlich große Erfolge errungen hätten, wenn nicht noch in letzter Sekunde die deutschen Me 109 zur Stelle gewesen wären. Während des Luftkampfes Spitfire gegen Me 109 gelang es den Stukas, zu entkommen.

Alle übrigen Verbände des Nahkampf-Fliegerkorps von Richthofen lagen aber noch zur Unterstützung des Kampfes der Heeresverbände fest.

Am ersten Tag der Angriffe auf die gegnerischen Evakuierungsoperationen griffen Stukas und Zerstörer zwischen 11.00 und 14.02 Uhr Dünkirchen an. Begleitschutz flogen die Me 109 der I./JG 1 und das gesamte JG 27.

Teile der Angreifer flogen auch Ziele bei Calais an. Die am Mittag in diese Stadt einrollenden Spitzen der 10. PD konnten durch diese Unterstützung die Stadt rasch in Besitz nehmen.

Am Nachmittag des 26. 5. traf Generaloberst Milch bei der Panzergruppe Kleist ein und teilte dem OB mit, daß die Luftwaffe die Aufgabe erhalten habe, Dünkirchen von nun an konzentrisch anzugreifen.

»Den Engländern wollen wir es zeigen, wie es aussieht, wenn eine Stadt stark bombardiert wird. Dies ist auch als Warnung für die feindlichen Angriffe auf Berlin gedacht«, schloß Milch seine Unterredung.

Am selben Tag bestätigte der Chef des Generalstabes der Luftwaffe, GenMaj. Jeschonnek, bei einem Lagevortrag im Führerhauptquartier noch einmal die Ausführungen Görings vom 23. 5. Auf eine gezielte Frage Hitlers, ob die Luftwaffe das gesteckte Ziel würde erreichen können, erwiderte er:

»Die Luftwaffe ist in der Lage, die von Generalfeldmarschall Göring in Aussicht gestellte Vernichtung des Gegners durchzuführen. Hierzu muß sie allerdings auch die im Raume der Heeresgruppe B eingesetzten Kampfverbände der Luftflotte 2 erhalten.«

Am 27. 5. landete der ObdL mit einem Fieseler Storch in Münstereifel. In einer Aussprache mit Hitler erklärte er, daß das Ziel erreicht werden würde. Göring berichtete hier bereits über die ersten Erfolge der Luftwaffe bei Dünkirchen und schloß mit den Worten:

»Nur Fischkutter können nach England hinüber. Hoffentlich können die Tommies gut schwimmen.«

Nach wie vor war General Kesselring anderer Ansicht. In seinen »Erinnerungen« schrieb er über diese Phase:

»Der ObdL mußte die Auswirkungen der fast dreiwöchigen Feindeinsätze meiner Flieger so gut kennen, um nicht Einsätze zu befehlen, die kaum mit frischen Kräften zu erfüllen waren. Ich brachte dies Göring gegenüber auch sehr deutlich zum Ausdruck und bezeichnete diese Aufgabe, selbst mit Unterstützung durch das VIII. Fliegerkorps, als undurchführbar.«

Die deutschen Fernkampfverbände waren aufgrund des damaligen Standes der Technik und ihrer Ausbildung nicht in der Lage, bei Nacht einwandfrei Punktziele im Hafen von Dünkirchen anzugreifen. Nur am Tag konnten dort die Anlagen und die auf Reede liegenden Schiffe des Gegners treffsicher und damit wirkungsvoll bombardiert werden. Im übrigen mußte bis zum 29. 5. auch noch der Hafen von Ostende angegriffen werden, man glaubte, daß der Gegner auch dort versuchen würde, Truppen einzuschiffen.

Darüber hinaus warf die RAF alle Jäger in die Schlacht, die sie besaß. Von den südenglischen Flugplätzen aufsteigend, kamen sie in dichten Schwärmen herübergeflogen, um die Einschiffungen zu decken.

Am 28., 29. und 30. 5. fiel eine Reihe deutscher Einsätze wegen schlechter Wetterlage aus, und auch am 31. 5. wurden nur Angriffe in halber Stärke geflogen. So gelang es den Engländern, an den beiden letztgenannten Tagen allein 122.000 Mann zu evakuieren. Seit dem 27. 5. griffen Teile der Kampfgeschwader 1 und 4 die Dünkirchener Hafenanlagen an. Tankanlagen wurden in Brand geworfen; auch die Angriffe auf Kaianlagen und Schiffe waren erfolgreich. Zur gleichen Zeit warfen die Flugzeuge der Luftflotte 3 Bomben auf Ostende, und anschließend flogen sie noch Angriffe auf Dünkirchen.

Die Kampfgeschwader 2 und 3 standen mit ihren Do-17-Bombern ebenfalls im Einsatz. Durch angreifende englische Jäger erlitten sie Verluste. Es gelang diesen Flugzeugen der britischen Heimatverteidigung, 6 Do 17 abzuschießen. Das II. Fliegerkorps verlor allein an diesem Tag 23 Flugzeuge.

Am 28. 5. bombardierte die Luftflotte 2 die Hafenanlagen von Ostende. Sie erzielte Treffer auf zwei Transportern und einem Flakkreuzer. Ein weiterer Kreuzer wurde gegen Mittag von einer 500-kg-Bombe am

Heck getroffen, ein dritter ostwärts von Dover durch Nahtreffer beschädigt.

Als am Nachmittag, 15 km nordwestlich von Ostende, ein britischer Zerstörerverband gesichtet wurde, griffen die deutschen Kampfflieger abermals an. Auf zwei Zerstörern wurden Treffer erzielt. Beide fuhren schwarzqualmend weiter. Ein dritter Zerstörer blieb nach diesem Angriff zwischen Nieuport und Dünkirchen liegen. Westlich Nieuport wurde ein Frachtschiff durch eine Reihe von 16 SD-50-Bomben schwer getroffen und war bewegungsunfähig.

Am späten Nachmittag gelang es noch, zwischen Ostende und Zeebrügge ein Handelsschiff von 7000 Tonnen anzugreifen. Zehn Minuten nach den Treffern lag es bis zum Oberdeck im Wasser. Weitere Dampfer wurden angegriffen. Aber vor ihrer endgültigen Vernichtung tauchten Spitfire-Jäger auf und retteten sie, indem sie die deutschen Bomber vertrieben.

Am Vormittag des 29. 5. regnete es in Strömen, es wurde kein Angriff geflogen. Erst am Nachmittag wurden von Bombern der Luftflotte 2 zwei Transporter getroffen. Einer von ihnen, auf etwa 15.000 Tonnen geschätzt, wurde von einer 500-kg-Bombe voll getroffen. Das Heck eines schweren Kreuzers wurde von einer Serie von 50-kg-Bomben zerstört. Zwei weitere Transporter wurden ebenfalls von 50-kg-Serienwürfen schwer getroffen.

Es waren die Verbände des KG 30 und des Lehrgeschwaders 1, die mit ihren neuen Ju-88-Bombern diese Erfolge erzielten. Drei Zerstörer wurden getroffen, fünf große Fährschiffe versenkt. Dennoch gelang es den Engländern auch an diesem 29. 5., wieder 47.000 Menschen aus dem Hexenkessel am Kanal hinüberzubringen.

In der Nacht zum 30. 5. wurden bei Ostende mehrere Kriegsschiffe getroffen. Am Morgen des 30. 5. konnte kein Einsatz geflogen werden, weil der Nebel zu dicht geworden war. Erst ab Mittag griff das VIII. Fl.-K. wieder in den Kampf um Dünkirchen ein und flog Angriffe auf 9 Kriegs- und 15 Transportschiffe. Drei Transporter wurden versenkt, sieben weitere beschädigt.

Am 1. 6. 1940 kam es dann zum Großeinsatz der englischen und deutschen Fliegerverbände. Alles, was verfügbar war, wurde von deutscher Seite eingesetzt. Das JG 51 unter Oberst Osterkamp und das ZG 26 unter Oberstleutnant Huth sicherten die Einsätze der Stukas und Bomber gegen die erbitterten Angriffe englischerJäger, die mit ihren modernen Spitfire und Hurricane den deutschen Bombern entgegenflogen, um sie am Bombenwurf zu hindern und abzuschießen.

Die Einsätze der Stukas wurden durch Jäger und Zerstörer abgeschirmt. Die Bomber stürzten auf die englische Flotte herunter. Als erstes traf es den Flottillenführer der englischen Zerstörer, die hier mit vollem Einsatz Menschen zum Mutterland »karrten«. Der Zerstörer »Keith«, das Flaggschiff von Konteradmiral Wake-Walker, wurde vernichtet. Nach ihm gingen die Zerstörer »Basilisk«, »Havant« und der französische Zerstörer »Foudroyant« unter.

Diese schweren Verluste bewogen Admiral Ramsay, die Flotte nur noch bei Nacht nach Dünkirchen auslaufen zu lassen. Als am Morgen des 2. 6. 1940 wieder deutsche Flugzeuge über Dünkirchen erschienen, waren die englischen Schiffe verschwunden. Die britischen Zerstörer, die aufgrund ihrer Geschwindigkeit die letzten noch auf dem Strand stehenden Truppen zurückbringen sollten, bargen in den zwei folgenden Nächten ungestört den Rest der britischen Expeditionsstreitkräfte.

Die Luftwaffe, die am 2. 6. nur noch mit einem Teil zum neuen Angriff auf Dünkirchen angetreten war, wurde mit ihrem Gros an diesem Morgen zur Eröffnung der zweiten Phase des Frankreichfeldzuges benötigt. Sie flog einen Großangriff auf Ziele im Raum Paris.

Es war in erster Linie der britischen Heimatluftwaffe und den schnellen Zerstörern zu verdanken, daß diese Evakuierung von weit über 350.000 Soldaten durchgeführt werden konnte. Die Spitfire-Staffeln hatten einmal von den südenglischen Horsten nur eine kurze Anflugzeit, zum anderen wurden sie durch ein vorzüglich ausgebautes Jägerleitsystem rasch und direkt an den Feind gebracht.

Die Nachtjäger kommen
Kampf gegen die britische Kanalschiffahrt

Auch am 3. 6. flogen die Verbände der Luftwaffe Einsätze im Großraum Paris. Hptm. Galland schoß nördlich der französischen Hauptstadt einen Moranejäger ab. Damit hatte er seinen 12. Luftsieg errungen. Die nächsten Tage sahen die deutschen Bomber und Jäger in sich ständig steigerndem Einsatz. Hier wurden immer wieder Angriffe zur Unterstützung des Heeres geflogen.

Am 12. 6. folgten erneut Großangriffe der Kampf- und Jagdverbände auf die Flugplätze rings um Paris. Noch einmal versuchten französische Jagdflieger, sich der Übermacht der Gegner zu erwehren. In diesen Luftkämpfen wurden 23 französische Jagdflieger abgeschossen.

Am 14. 6. erhielt Hptm. Balthasar als zweiter Jagdflieger der deutschen Luftwaffe das Ritterkreuz nach 23 Luftsiegen und 13 am Boden zerstörten Flugzeugen. Damit war er der erfolgreichste Jagdflieger des Westfeldzuges. An diesem Nachmittag gelang es Hptm. Galland erneut, zwei französische Jäger abzuschießen. Am Tag des Abschlusses des deutsch-französischen Waffenstillstandes schoß Lt. Ihlefeld über Abbeville einen Blenheim-Bomber ab und nahm anschließend den Kampf gegen eine Hurricane auf. Zwar wurde er von gegnerischen Jägern abgeschossen, konnte aber noch eine Bauchlandung machen und sich aus seiner Me 109 retten. Das JG 26 hatte im Frankreichfeldzug 160 Feindflugzeuge abgeschossen und dabei 21 Jäger verloren. Spitzenreiter in der Erfolgsbilanz aber war das JG 53 mit dem Abschuß von 247 alliierten Flugzeugen.

Am 1. 7. 1940 kam es zur Aufstellung des Nachtjagdgeschwaders 1. Kommodore dieses Geschwaders wurde Major Falck.

Der Tag der eigentlichen Aufstellung war der 26. 6., als der Stab, in Arnheim und Deelen liegend, noch dem Verband der 3. Jagddivision unterstellt war. Als erste Gruppe dieses Geschwaders wurde die I./ZG 1 (ohne ihre erste Staffel) in I./NJG 1 umbenannt. Der erste Standort war Mönchengladbach, die Nachtjagdeinsätze erfolgten von Gütersloh aus. Aber diese Gruppe schulte erst im August auf Nachtjagdeinsätze um. Die am 1. 7. entstandene III./NJG 1, hervorgegangen aus der IV./JG 2, erzielte in der Nacht zum 9. 7. den ersten Abschuß der Luftwaffe in der hellen Nachtjagd. Insgesamt jedoch blieb die Nachtjagd mit Me 109 erfolglos.

Die II./NJG 1 entstand aus der I./ZG 76 und startete vom Einsatzplatz Deelen aus zu ihren ersten Feindflügen.

Unter den erfahrenen Jagdfliegern Hptm. Radusch (I. Gruppe), Hptm. Heise (II. Gruppe) und Hptm. Bothmer (III. Gruppe) starteten die Maschinen zur hellen Nachtjagd. Die III. Gruppe flog von Eindhoven aus ihre Einsätze. Von Gilze-Rijn starteten die Fernnachtjäger unter Hptm. Heise, und Hptm. Radusch führte seine Gruppe von Venlo aus in den Einsatz.

Noch im Juli kamen Lt. Streib, Lt. Ehle, Oblt. Wandam, Fw. Wiese, Fw. Schramm und Lt. Pack zu den ersten Luftsiegen in der Nachtjagd und verhalfen dieser neuen Waffengattung zum Durchbruch.

Nach einer kurzen Pause, die der Auffrischung diente, starteten auch die Kampfflieger wieder zu ihren Einsätzen. Am 10. Juli kam es zu einem weiteren großen Duell zwischen deutschen und englischen Fliegern. Deutsche Aufklärer hatten gegen Mittag einen großen Küstengeleitzug gemeldet, der in der Höhe von Folkestone Kurs auf Dover nahm.

Oberst Johannes Fink, soeben als Kanalkampfführer damit beauftragt, den gesamten Kanalbereich für englische Küstengeleitzüge zu sperren, erhielt diese Aufklärermeldung, die die Männer in seinen Gefechtsstand, einem alten ausgedienten Omnibus, in geschäftige Bewegung versetzte. Von hier aus, am Kap Gris Nez westlich von Calais, dirigierte Fink alles heran, was zur Verfügung stand. Die II./KG 2 unter Major Fuchs startete mit Do-17-Bombern. Zu ihrer Sicherung stieg in St. Omer die III./JG 51 unter Hptm. Trautloft auf und flog den Bombern entgegen. Beide Verbände trafen sich im Raume Arras. Es war genau 14.30 Uhr. Zur gleichen Zeit wurde diese Flugzeugansammlung von den Beobachtern der englischen Radarkette entdeckt und gemeldet.

Während eine Staffel der Me 109 E die 20 Flugzeuge vom Typ Do 17 Z begleitete, stieg Hptm. Trautloft mit den beiden anderen Staffeln noch 2000 m höher, um von dort aus eine günstige Position zum Angriff auf die auftauchenden Feindjäger zu haben.

Als dritte Gruppe griffen noch 30 Me-110-Zerstörer des ZG 26 in diesen Kampf ein.

Als die Do 17 bereits das große Küstengeleit sichteten, tauchten 6 Hurricane-Jäger der 32. Squadron aus Biggin Hill auf, die den Auftrag erhalten hatten, den Geleitzug aus der Luft zu schützen. Aber sie griffen den Verband deutscher Jäger nicht an.

Nunmehr waren die Do 17 in Wurfposition gekommen. Nach dem Bombenwurf drückten sie tief auf die See herunter und drehten auf Heimatkurs ab.

Inzwischen hatte das Fighter Command noch die einsatzbereiten Flugzeuge der 56., 64., 74. und 111. Staffel in den Kampf geworfen. Damit standen insgesamt 32 Hurricane und Spitfire im Einsatz gegen jene 2 Me 109, die die Sicherung der Bomber bildeten. Die Me 110 der Zerstörergruppe formierten sich zum Abwehrkreis. In dem nun beginnenden Luftkampf kam es zu dramatischen Duellen. Oblt. Oesau schoß nacheinander drei englische Jäger ab. Einer der Feindjäger rammte eine Me 110, und beide Maschinen stürzten brennend in die See. Sechs

Feindjäger wurden in diesem »Luftkarussell über dem Kanal« abgeschossen. Zwei deutsche Jäger und ein Zerstörer gingen verloren.

Der Kampf um die Vertreibung englischer Schiffe aus dem Kanal ging weiter. Das JG 51 unter Oberst Osterkamp war der einzige Jägerverband, der zu dieser Zeit am Kanal im Einsatz stand. Am 12. 7. kam die III./JG 3, geführt von Hptm. Kienitz, als Ergänzung hinzu, und erst in der letzten Juliwoche griffen die Jagdgeschwader 26 und 52 in den Kampf am Kanal ein, von dem die Engländer sagen, daß dies bereits die erste Phase der Luftschlacht über England gewesen sei.

Am 19. 7. stieß die III./JG 51 unter Hptm. Trautloft auf 7 Defiant-Zweisitzer der 141. Squadron. In dem folgenden Kampf wurden sämtliche 7 Gegner abgeschossen. An diesem Abend hatte das JG 51 insgesamt 14 Luftsiege errungen und nur eine Maschine verloren.

Da diese Art des Einsatzes gegen die britische Kanalschiffahrt keinen durchschlagenden Erfolg brachte, wurde vom 24. 7. an »Freie Jagd über Südostengland« befohlen. Nun flogen deutsche Jagdverbände und Zerstörergruppen ständig Einsätze. Immer wieder wurde versucht, den Gegner aus seiner Reserve herauszulocken und zu einer großen Luftschlacht zu stellen – vergeblich. Air Marshal Dowding, OB des Fighter Command, hielt seine Waffe zurück, damit sie sich neu formieren konnte. Immer wieder drehten die englischen Jäger ab, wenn deutsche Jäger in größeren Massierungen über Südengland auftauchten. Sie nahmen den Kampf nicht an. Der OB des Fighter Command ging sogar noch darüber hinaus. Als er gebeten wurde, den Jagdschutz für die Küstengeleitzüge zu verstärken, lehnte er dies so lange entschieden ab, bis Churchill ein Machtwort sprach, weil die Küstengeleite zu stark dezimiert wurden. Nun mußten wieder vier bis sechs Jäger den Geleitschutz übernehmen.

Ende Juli ging diese Vorbereitungsphase zu Ende, die darauf hindeutete, daß die deutsche Wehrmacht sich anschickte, den Sprung auf die Britischen Inseln zu wagen. Doch dazu mußte zuerst der Luftraum über Großbritannien beherrscht werden.

Wie verliefen die britischen Luftkriegsoperationen vom Ende des Norwegenfeldzuges bis zu ihrem Einsatz im Rahmen der Abwehr der deutschen Luftstreitkräfte bei Dünkirchen und über England?

Die Royal Air Force im Einsatz

Eskalation des Bombenkrieges

Mit Beginn des Westfeldzuges trat auch die RAF in eine neue Phase des Luftkrieges ein, in der vor allem ihre Jäger mehr und mehr in Erscheinung traten.

Air Marshal Hugh Dowding hatte kurz vor Ausbruch des Zweiten Weltkrieges erklärt, daß er zur Verteidigung der Britischen Inseln mindestens 45 Jägerstaffeln mit modernen Flugzeugen benötigen würde.

Als man in Großbritannien in letzter Stunde die eminente Bedeutung von Jägern für die Heimatluftverteidigung erkannte, begann forciert der Bau neuer Jagdflugzeuge: der »Spitfire« und der »Hurricane«. Diese neuen Typen kamen kurz vor Kriegsbeginn und während der ersten Kriegsmonate in die Jägerstaffeln. Dennoch verfügte das Fighter Command am 10. 5. 1940 erst über 19 Spitfire-Staffeln und 27 Staffeln mit Hurricane-Jägern. Alle übrigen Staffeln waren noch mit den Typen Blenheim und Defiant ausgestattet. In Frankreich befanden sich in den britischen Expeditionsstreitkräften 6 RAF Hurricane-Staffeln. Am 10. 5. 1940 kamen 6 weitere hinzu. Insgesamt waren dort schließlich nach mehreren Nachführungen etwa 200 Hurricane-Jäger im Einsatz, der mit der nahezu völligen Vernichtung aller Flugzeuge endete. Nur wenigen von ihnen gelang die Rückkehr nach England.

Seit dem 23. 5. flogen auch die an der englischen Südküste stationierten Jagdstaffeln mehr und mehr Einsätze gegen Dünkirchen und das französische Festland. Das Fighter Command hatte den Auftrag erhalten, die Einschiffung und Rückführung der britischen Expeditionsstreitkräfte in die Heimat zu decken.

Am 23. 5. erhielt auch Flight Lieutenant Stanford Tuck von der 92. Staffel in Norfolk den Befehl, seine Staffel nach Hornchurch zu verlegen, um von dort aus gegen Dünkirchen zu starten. Nach einem 20 Minuten dauernden Überführungsflug landeten die Maschinen auf dem neuen Horst.

Hier trafen die Piloten auf ihre Kameraden von den Staffeln 54, 65 und 74. Group Captain Bouchier ließ die Piloten zu einer Einsatzbesprechung zusammenrufen und sagte ihnen:

»Es wird Sie freuen zu hören, daß wir heute zum erstenmal in den

Kampf drüben auf dem Festland eingreifen. Es geht nach Dünkirchen. Ihr könnt diesen Platz nicht verfehlen, denn dort brennt Öl. Also hinein und drauf auf die Flugzeuge, die den Unseren die Einschiffung und Rückkehr verwehren wollen. Ihr werdet mit etwa 40 Feindjägern rechnen müssen.« (Siehe Sims, Edward: »The Fighter Pilots«, London 1967.)

Den ersten Angriff am 24. 5. flogen 12 Spitfire-Jäger der Staffeln 92, 65 und 74. Schon von weitem erkannten sie die Brände und die hohen, schwarzen Qualmsäulen. Als sie Dünkirchen erreichten und dort in großer Höhe kreisten, tauchte auch bald ein Pulk Me 109 auf. Der Luftkampf begann, und hier errang Flight Lieutenant Tuck seinen ersten Abschuß, dem viele weitere folgen sollten.

In den nächsten Tagen beteiligten sich alle Staffeln der Süd- und Südostküste am Einsatz über Dünkirchen. Es kam zu verbissen geführten Luftkämpfen. Abschüsse wurden auf beiden Seiten erzielt, Opfer von beiden Seiten gebracht. Aber die Zahl der britischen Jäger war noch zu gering, um den deutschen Bombern und Zerstörern Paroli bieten zu können. Dennoch waren diese wenigen britischen Jäger imstande, die deutsche Luftwaffe daran zu hindern, noch größere Abschußquoten zu erzielen.

Als der Kampf über Dünkirchen zu Ende war, hatten die Staffeln des Fighter Command ihre ersten Erfolge errungen. Doch die Verluste wogen schwerer. Air Marshal Dowding versuchte, die angeschlagenen Staffeln wieder in Hochform zu bringen. Sie mußten – wie bereits geschildert – im Juli immer wieder gegen deutsche Jagd- und Kampffliegerverbände antreten.

Einsätze des Bomber Command

Das Bomber Command bestand im Frühjahr 1940 aus 43 Bomberstaffeln. Sechs weitere standen in Frankreich, und einige gehörten zum Coastal Command. Bei jeweils 10 Flugzeugen je Staffel waren dies 600 Bomber. Andere Quellen nennen jedoch 16 Flugzeuge je Staffel, dann wären es etwa 960 Bomber gewesen.

Als Winston Churchill am 10. 5. 1940 neuer britischer Premierminister und gleichzeitig auch Verteidigungsminister geworden war, wollte er kein Mittel ungenutzt lassen, mit dem der Gegner bekämpft werden konnte. Dies wird durch mehrere englische Historiker bestätigt. So

schreibt Fuller beispielsweise in: »Der Zweite Weltkrieg 1939–1945«
(S. 472):

»Seit Churchill Premierminister war, setzte er die Douhet-Theorie des
strategischen Bombens in Kraft, weil sie zu seiner Vernichtungspolitik
paßte.«

Veale wiederum formuliert es anders, aber mit dem gleichen Ergebnis:
»Als Churchill an die Macht kam, gehörte es zu seinen ersten Entscheidungen, den Bombenkrieg auf das Nichtkampfgebiet auszudehnen.«
(Siehe Veale: »Der Barbarei entgehen«, S. 151.) Unter dem Eindruck
des ersten Tages des Westfeldzuges kam es zu dem bereits erwähnten
Kabinettsbeschluß, in welchem der Bombenkrieg im deutschen Hinterland freigegeben wurde.

Damit ging England als erster Beteiligter zu einem Luftkrieg über, der
nicht in Beziehung zu Erdoperationen stand. »Diese neue Luftkriegführung setzte den Schlußpunkt hinter die Epoche der zivilisierten
Kriegführung.« (Siehe Veale, a.a.O.)

In der Nacht zum 11. 5. 1940 begannen die ersten Einflüge von Einzel-
flugzeugen und schwachen Verbänden mit dem Ziel, militärische
Objekte – auch im Bereich deutscher Großstädte – zu bombardieren.
Da diese Angriffe bei Nacht geflogen wurden – Tagesangriffe des
Bomber Command waren, weil zu verlustreich, eingestellt worden –,
war ein Zielwurf unmöglich. Die Bomben »trafen, wo sie hinfielen«,
lautete der Ausspruch von Sergeant Hugh W. Howell, Bombenschütze
eines Wellington-Kampfflugzeuges.

Der Angriff auf westdeutsche Bahnanlagen am 11. 5. 1940 war damit
auch die erste Verletzung der Grundregeln »zivilisierter« Kriegf-
führung, nach der sich Feindseligkeiten nur und ausschließlich gegen
die kämpfenden Truppen des Gegners richten dürfen. Der Übergang
vom Sicht- zum Blindbombenwurf führte denn auch in letzter Konse-
quenz zum unterschiedslosen Luftkrieg. Das bedeutete, daß nunmehr
nur noch Kampfmittel wie Brandbomben, Phosphorkanister und – die
Atombombe, eingesetzt wurden, die dann mit Vorbedacht zur Vernichtung der Zivilbevölkerung und ihrer Wohnstätten bestimmt waren.

Diese Konzeption des Bomber Command ging bereits auf das Jahr
1936 zurück, als die strategische Luftoffensive im britischen Operati-
onsplan beschlossen wurde. Es mußte aber erst jene Bomber geben, die
diese strategische Luftoffensive durchführen konnten. Dortmund wurde beispielsweise bombardiert. Aber diese Stadt im Ruhrgebiet wurde

eben nicht von deutschen Truppen verteidigt und auch nicht von alliierten Truppen belagert. Warschau und Rotterdam waren völlig anders geartete Fälle; Dortmund war eine unverteidigte Stadt und stand unter dem Schutz der Haager Landkriegsordnung.

Zur Vorbereitung dieses britischen Vorgehens hatte das Foreign Office am 10. 5. 1940 erklären lassen:

»Wir behalten uns das Recht vor zu allen Maßnahmen, die wir im Falle feindlicher Luftangriffe auf die Zivilbevölkerung in England, Frankreich und den unterstützten Ländern für zweckmäßig halten.«

Damit hatte England seine Verpflichtung vom 2. 9. 1939 offiziell aufgekündigt. Von der englischen Presse wurde diese Haltung unterstützt, indem immer wieder auf Warschau und Rotterdam hingewiesen wurde.

Als die RAF ihre militärischen Ziele im Bereich von Städten und Siedlungen zu bombardieren begann, war es den deutschen Fliegern immer noch verboten, Bomben über englischem Gebiet abzuwerfen.

Die deutsche Führung hoffte nämlich immer noch, den Luftkrieg lokalisieren zu können. Deshalb hielt man deutscherseits an diesem Verbot fest.

Welche Einsätze flog nun das Bomber Command?

In der Nacht zum 11. 5. kam es zu Bombenwürfen im Raume Dortmund, Geldern, Goch, Aldekerk, Rees und Wesel.

24 Stunden später wurde der erste größere Bombenangriff auf Straßen, Nachrichtenanlagen und Bahnstrecken bei Mönchengladbach geflogen. 18 Whitley- und ebenso viele Hampden-Bomber, denen sich 4 französische Bomber angeschlossen hatten, waren daran beteiligt. Es gab Tote unter der Zivilbevölkerung. Drei Feindbomber wurden abgeschossen.

Am Abend des 12. 5. flogen 5 »Fairey-Battle« der 12. Staffel und 4 Flugzeuge der französischen Luftstreitkräfte jenen Angriff, der den Brücken von Maastricht über den Albertkanal galt. Bei diesem Einsatz wurden Flight Lieutenant Garland und Sergeant Gray abgeschossen. Sie erhielten posthum das »Victoria Cross«.

Die Angriffe des 14. 5. bei Sedan sahen die Typen Battle und Blenheim im Einsatz. Von 5 eingesetzten Maschinen verlor die 12. Staffel 4. Mit 4 Abschüssen von 8 angreifenden Flugzeugen wurde auch die Staffel 142 schwer getroffen. Die Staffel 105 verlor 6 von elf Bombern, und von der Staffel 150 kehrte keine der 4 eingesetzten Maschinen zu ihrem Horst zurück. Den größten Verlust aber erlitt die Staffel 218, die mit ihrem Gesamtbestand von 11 Flugzeugen angetreten war und 10 davon eingebüßt hatte. Sie war nicht mehr einsatzbereit. Insgesamt gingen 40 von den 71 eingesetzten Flugzeugen dieser Staffeln verloren.

Am 15. 5. beschloß das britische Kriegskabinett, daß das Bomber Command nunmehr verstärkt zu Angriffen ostwärts des Rheins übergehen solle. In der kommenden Nacht begann nunmehr auch offiziell der strategische Bombenkrieg gegen Deutschland.

Am 13. 5. war Lord Beaverbrook zum Minister für die britische Flugzeugproduktion ernannt worden. Dieser geborene Organisator versicherte sich der Mitarbeit von Sir Charles Craven von der Firma Vickers. Er holte Trevor Westbrook und Frank Spriggs von Hawker und konnte auch noch Sir William Rootes für eine Zusammenarbeit gewinnen.

Mit diesen Männern baute er die britische Jägerproduktion auf mit dem Ergebnis, daß im Juni 1940 schon 446, im Juli 496, im August 476, im September 467 und im Oktober 469 Jäger an das Fighter Command ausgeliefert wurden. Damit rettete er wahrscheinlich England vor dem Untergang, denn eben diese Jäger kamen rechtzeitig zu den dramatischen Schlachten über England zum Einsatz und stellten schließlich das Übergewicht der britischen Jägerwaffe sicher. Neben den drastischen Maßnahmen von Air Marshal Dowding, der das »Verheizen seiner Jäger verhindert« hatte, war es Lord Beaverbrook, der den Jägern genügend Flugzeuge zur Verfügung stellte. Beide Maßnahmen waren von entscheidender Bedeutung. Doch zurück zu den Einsätzen.

Der Bombenangriff in der Nacht zum 16. 5. wurde von 99 Wellington-, Whitley- und Hampden-Bombern der 5. Bomber Group geflogen. Ziele waren Raffinerien und Stahlwerke an der Ruhr. Bei diesen Angriffen gab es größere Verluste unter der Zivilbevölkerung.

Als der kurz bevorstehende Kriegseintritt Italiens nachrichtenmäßig durchsickerte, wurde am 3. 6. im britischen Kriegsministerium der Befehl ausgegeben, eine Bomberflotte zu bilden, die gegen Italien operieren konnte. Diese Bomber sollten von Salon und La Vallon bei Marseille aus gegen Italiens Städte starten.

Nachdem am 10. 6. Mussolini England und Frankreich den Krieg erklärt hatte, flogen in der Nacht zum 17. 6. Wellington-Bomber der 99. Staffel von ihrem neuen Stützpunkt Salon aus einen Angriff auf

Genua. Auch hier wurden die ersten Zivilisten getötet. In der Nacht zum 8. 6. 1940 wurde der erste »scharfe« alliierte Luftangriff von einem französischen Bomber des Typs »Farman 223.4« auf Berlin geflogen, der 2 Tonnen Bomben über der Reichshauptstadt abwarf.

Als Winston Churchill am 11. 6. zu einem letzten Besuch nach Frankreich flog, um den französischen Bundesgenossen zum Ausharren zu bewegen, neigte sich der Frankreichfeldzug bereits seinem Ende entgegen.

In der Nacht zum 12. 6. griffen erstmals 36 Whitley-Bomber nach einer Zwischenlandung auf den Kanalinseln die Fiatwerke in Turin an.

Der 13. 6. sah eine gezielte diplomatische Tätigkeit der USA, als Präsident Roosevelt in einer Botschaft an den französischen Ministerpräsidenten Reynaud materielle Hilfe jeder Art in Aussicht stellte, einen Kriegseintritt jedoch ablehnte.

Am 18. 6. erfolgte ein weiterer Nachtangriff des Bomber Command auf Hamburg und Bremen.

Nachdem sich die französische Regierung bereits am 16. 6. für einen Waffenstillstand mit Deutschland entschieden hatte, trat am selben Tag Ministerpräsident Reynaud zurück. Marschall Pétain wurde neuer Regierungschef Frankreichs. Über Nacht ließ er durch den spanischen Botschafter ein Waffenstillstandsangebot an Deutschland richten. Am 20. 6. bat Frankreich auch Italien um Waffenstillstand.

Der Abschluß des deutsch-französischen Waffenstillstandes erfolgte am 22. 6. in Compiègne. Die gesamte Kanal- und Atlantikküste war damit in deutscher Hand. Neue Möglichkeiten des Luftkrieges gegen England boten sich an.

In der Nacht zum 2. 7. unternahm das Bomber Command den ersten Angriff mit einer 2000-Pfund-Bombe. Sie wurde von dem Hampden-Bomber der 83. Staffel Nr. L 470 (Captain Guy Gibson) abgeworfen, und zwar beim letzten der 6 Tieffliegerangriffe gegen Kiel und das dort liegende Schlachtschiff »Scharnhorst«. Diese schwere Bombe fiel mitten in die Stadt. Den Hafen traf sie nicht. 24 Stunden später waren es 16 Whitley-Bomber, welche die Eisenbahnanlagen bei Hamm angriffen.

Am 4. 7. brach die neue französische Regierung die diplomatischen Beziehungen zu Großbritannien ab. Dies kam nicht von ungefähr. Einen Tag vorher war die britische »Force H« mit 2 Schlachtschiffen, einem Schlachtkreuzer, einem Flugzeugträger, 2 Kreuzern und 11 Zerstörern vor dem Hafen von Mers-el-Kebir in der Nähe von Oran aufgetaucht; ihr Befehlshaber hatte die Übergabe der hier liegenden französischen Flotte gefordert. Dieses Ultimatum wurde von Admiral Gensoul zurückgewiesen. Daraufhin hatten alle Einheiten mit der Beschießung der französischen Flotte begonnen. Das Schlachtschiff »Bretagne« war nach schweren Treffern gesunken, die Schlachtschiffe »Dunkerque« und »Provence« sowie der Torpedokreuzer »Mogador« wurden schwer getroffen. Nur dem Schlachtschiff »Strasbourg« gelang mit 5 Torpedokreuzern der Ausbruch. Die französische Flotte verlor durch diesen »heimtückischen, hinterhältigen Angriff des eigenen Verbündeten 1147 Soldaten durch den Tod. Etwa 3500 wurden verwundet.« (Siehe Plougeat, Marcel: »Der Tod von Mers-el-Kebir«.)

In seiner Reichstagsrede vom 19. Juli 1940, in der Hitler auch eine Reihe verdienter Generale zu Feldmarschällen ernannte, richtete Hitler noch einmal einen Appell an Großbritannien, weil er der Ansicht war, daß der Friede nun in greifbare Nähe gerückt sei. Er sagte darin:
»Ich sehe keinen Grund, der zur Fortsetzung des Kampfes zwingen könnte. Ich bedaure die Opfer, die er fordern wird. – Die Fortführung der Kämpfe wird mit der vollständigen Zertrümmerung eines der beiden Kämpfenden enden. Mister Churchill mag glauben, daß dies Deutschland ist. Ich weiß, es wird England sein.« Am 22. 7. war es der Außenminister von Großbritannien, Lord Halifax, der in seiner Erwiderungsrede zum Ausdruck brachte, daß in der Rede Hitlers kein Wort zu finden sei, daß dieser von ihm genannte Friede auf Gerechtigkeit beruhen würde. Lord Halifax schloß mit dem Satz:
»Hitlers einzige Argumente waren Drohungen, aber in Großbritannien herrscht ein Geist unerbittlicher Entschlossenheit. Wir werden nicht aufhören zu kämpfen.«
Hitler war nunmehr klargemacht worden, daß es keinen Frieden mit England gab. Er hatte vorsorglich drei Tage vor seiner Reichstagsrede, am 16. 7. 1940, die Führerweisung Nr. 16 herausgegeben. In dieser Weisung wurde befohlen, daß eine Landungsoperation gegen England vorbereitet und, wenn notwendig, auch durchgeführt werden sollte.
Am Ende dieses ereignisreichen Juli eröffnete Hitler dem OB des Heeres, Generalfeldmarschall von Brauchitsch, und dessen Chef des Generalstabes, General Halder, daß er einen Feldzug gegen Rußland zu führen beabsichtige. Er kommentierte diese Mitteilung mit den Worten:

»Je schneller dies geschieht, um so besser wird es sein. Am liebsten noch in diesem Jahr. Ist Rußland erst zerschlagen, dann ist auch Englands letzte Hoffnung dahin.«

Am 1. August erfolgte die Führerweisung Nr. 17, in welcher der »verschärfte Luft- und Seekrieg gegen England ab 5. 8. 1940« freigegeben wurde.

So waren sowohl in England als auch in Deutschland die Weichen für jene dramatischen Ereignisse gestellt, die in die Geschichte des Luftkrieges als »Luftschlacht über England« eingingen.

Die Luftschlacht über England

Das Unternehmen Seelöwe

In dem Führerbefehl Nr. 16 erklärte Hitler am 16. 7. 1940: »Da England trotz der Hoffnungslosigkeit seiner militärischen Lage bisher keine Anstalten gemacht hat, zu einem Vergleich zu kommen, habe ich mich entschlossen, mit der Vorbereitung einer Invasion auf England zu beginnen und – notfalls die Insel zu erobern.«

Am 19. 7. forderte Hitler die britische Regierung auf, in Friedensverhandlungen mit Deutschland einzutreten, denn auch er hegte einerseits Zweifel daran, ob eine solche Invasion Erfolg haben werde, andererseits aber versuchte er immer noch, Großbritannien auf seine Seite zu ziehen.

Hitlers Zweifel an der Möglichkeit einer Eroberung Englands wurden durch Großadmiral Raeder bestärkt, der am 11. 7. in einer Besprechung mit Hitler seine Meinung äußerte: »Eine Invasion gegen England kann nur als letztes Mittel angesehen werden, um England friedensbereit zu machen. –

Im Gegensatz zu Norwegen kann ich eine Landung in England nicht vorschlagen. Abgesehen von der absoluten Luftherrschaft müßte als weitere Vorbedingung eine minenfreie Zone geschaffen werden, um die Transporte durchzuführen. Die Flanken müssen dann noch durch starke und wirkungsvolle Minensperren geschützt werden. Außerdem wird die Bereitstellung von Transportfahrzeugen und ihr Umbau längere Zeit erfordern.« (Siehe: Raeder, Erich, »Mein Leben«, S. 231.)

Hitler stimmte Großadmiral Raeder zu; jedoch bereits zwei Tage darauf erhielt die Seekriegsleitung eine fernmündliche Mitteilung, daß die Operation »Seelöwe« beschleunigt vorzubereiten sei, damit sie am 15. 8. durchgeführt werden könne.

Wiederum 48 Stunden darauf wurde Großadmiral Raeder durch Generalfeldmarschall von Brauchitsch erklärt, der Generalstab sei nunmehr der Überzeugung, daß die Landung jetzt nicht mehr so schwierig sei.

Großadmiral Raeder war anderer Ansicht und ließ durch die Seekriegsleitung ein Memorandum erstellen, in dem er zum Ausdruck bringen ließ, daß die Marine damit eine Aufgabe erhalten habe, die ihre Kraft übersteige. Großadmiral Raeder bemerkte später dazu: »Bisher war die englische Flotte noch nicht voll eingesetzt worden. Aber eine deutsche Landung in England würde – als eine Frage auf Leben und Tod – den Gegner entschlossen finden, alle seine Seestreitkräfte rücksichtslos und entschieden in die Schlacht zu werfen. Es ist nicht anzunehmen, daß unsere Luftwaffe allein die feindlichen Seestreitkräfte von unseren Transporten fernzuhalten vermag.« (Siehe Raeder a.a.O.)

Hitler gab am 21. 7. vor den versammelten Oberbefehlshabern der Wehrmacht zu, daß die Invasion Englands »ein außerordentlich gewagtes Unternehmen« sein würde.

Trotz dieser Bedenken ging die Marine daran, die benötigten Transportschiffe zu sammeln. Es gelang ihr schließlich, im Laufe der Zeit in den Kanal- und Atlantikhäfen von Antwerpen bis Le Havre 155 große Transportschiffe, 1200 Prähme und Leichter, 500 Schlepper und über 1100 größere Motorboote zu sammeln. Hinzu kamen 30.000 Minen, welche die Flanken des Stoßkeiles nach England sichern sollten.

Befragt, wann denn frühestens die Vorbereitungen beendet seien, erklärte Großadmiral Raeder gegenüber Hitler am 25. 7., daß man nicht vor dem 15. August damit rechnen könne. Raeder betonte, daß von der absoluten Luftüberlegenheit der deutschen Luftwaffe bis zu diesem Tag (dem 25. 7.) nichts zu bemerken sei.

Am 31. 7. hielt der OB der Kriegsmarine Hitler abermals Vortrag. Er erklärte, daß er angesichts der Schwierigkeiten, die eine solche Operation bringe, und angesichts der Tatsache, daß sie – falls man darauf bestünde, sie in diesem Jahr durchzuführen – in den vom Wetter her unsicheren Herbst falle, nicht zuraten könne. Aus diesen Gründen schlage er eine Verschiebung bis zum Mai 1941 vor. Hitler entschied jedoch, daß das Unternehmen »Seelöwe« spätestens am 15. September beginnen müsse. Die endgültige Entscheidung werde er dann fällen, wenn die Luftwaffe eine Woche lang zusammengefaßte Angriffe auf die englische Südküste durchgeführt habe. Falls man eine durchschlagende Wirkung feststellen könne, würde das Unternehmen befohlen, anderenfalls würde er es auf Mai 1941 verschieben.

Dies waren die Vorbereitungsgespräche für das Unternehmen »Seelöwe«, dessen erste Vorbereitung, also die Angriffe auf englische Küstengeleitzüge, bereits in vollem Gange war.

Neben diesen Erwägungen wurden in dem zu Ende gehenden ersten und im beginnenden 2. Kriegsjahr intensive politische Gespräche aller Seiten geführt, bei denen sich die Fronten endgültig klärten.

102

Die Ereignisse auf der politischen Bühne

Als sich Hitler und Mussolini am 16. 6. 1940 getroffen hatten, war ihr Hauptgesprächsthema, welche Waffenstillstandsbedingungen Frankreich zu stellen seien. Nach acht Tagen Teilnahme am Westfeldzug wollte sich Italien ein gutes Stück von dem Kuchen abschneiden. Doch Hitler stimmte den italienischen Forderungen nicht zu.

Das nächste Treffen Hitlers mit einem ausländischen Staatsmann war das Gespräch mit dem ungarischen Ministerpräsidenten Graf Teleki in München. Hierbei ging es um die Gebietsrevisionen Ungarns gegenüber Rumänien in Siebenbürgen. Hitler stimmte der ungarischen Ansicht zu.

Der rumänische Ministerpräsident wurde am 26. 7. von Hitler auf dem Berghof empfangen. Hitler empfahl einen friedlichen Ausgleich zwischen Rumänien und Ungarn in der Siebenbürgenfrage. Einen Tag später war Ministerpräsident Filoff aus Bulgarien zu Gast bei Hitler. Hitler teilte ihm die deutsche Stellungnahme zur Süddobrudschafrage mit.

Es sah ganz so aus, als würde sich Deutschland zum Schiedsrichter in diesem Teil von Südosteuropa aufschwingen. Und am 30. 8. zeigte es sich, daß Hitler schon so etwas wie ein Schiedsrichter geworden war, als es in Wien zum Schiedsspruch durch Deutschland und Italien kam, dem sich alle beteiligten Staaten unterwarfen.

Danach mußte Rumänien Nordsiebenbürgen und den Szeklerzipfel an Ungarn abtreten. Deutschland und Italien garantierten in diesem Spruch die Unverletzlichkeit der rumänischen Grenzen, ohne allerdings Rußland zu konsultieren, das seinerseits noch Gebietsforderungen an Rumänien hatte.

Am 2. 9. 1940 entschloß sich Hitler zur Entsendung einer deutschen Militärmission nach Rumänien, um die er Wochen vorher gebeten worden war. Zwei Tage darauf ernannte König Carol General Antonescu zum Ministerpräsidenten und Staatsführer. Weitere zwei Tage später dankte der rumänische König zugunsten seines Sohnes Michael ab. Am nächsten Tag trat Rumänien im Vertrag von Craiova die Süddobrudscha an Bulgarien ab.

Hitler wollte sich im Südosten Europas Bundesgenossen suchen, um einen neuen Plan, den er am 31. 7. 1940 Generalfeldmarschall von Brauchitsch und General Halder vorlegte, zur Durchführung zu bringen: »Im Frühjahr 1941 einen etwa fünfmonatigen Feldzug gegen die UdSSR zu führen.«

Der Versuch, Spanien auf deutscher Seite in den Krieg hineinzuziehen, scheiterte.

Der spanische Außenminister Serrano Suner, der am 16. und 17. 9. in Berlin weilte, teilte Hitler mit, daß sich Spanien nicht an der Eroberung von Gibraltar beteiligen und auch nicht an der Seite Deutschlands in den Krieg ziehen werde.

Am 27. 9. erfolgte der Abschluß des Dreimächtepaktes Deutschland-Italien-Japan in Berlin. Hauptzweck dieses Paktes sollte es sein, die USA am Eintritt in den Krieg zu hindern, indem man ihnen die Drohung eines Zweiozeankrieges vor Augen hielt. In diesen Pakt wurde die Erklärung eingefügt, daß die Beziehungen dieser drei Staaten zu Rußland dadurch unberührt blieben.

Nunmehr wurde der Versuch unternommen, so viele Staaten wie möglich zum Beitritt in diesen Dreimächtepakt zu gewinnen. Um dies auch Rußland gegenüber zu tun (obgleich ja bereits ein Feldzug gegen die UdSSR vorbereitet wurde), lud Außenminister von Ribbentrop am 13. 10. in einem Brief an Stalin dessen Außenminister Molotow zu einem Besuch nach Berlin ein.

Stalin akzeptierte am 21. 10. diese Einladung und kündigte das Eintreffen seines Außenministers in der Zeit zwischen dem 10. und 12. 11. an.

Ein erneutes Treffen Hitlers, diesmal mit General Franco am 23. 10. in Hendaye an der französisch-spanischen Grenze, ergab noch immer keine spanische Zustimmung zum Eintritt in den Krieg. Allerdings schien Franco, was das Unternehmen »Felix« – die Eroberung von Gibraltar – anging, nachzugeben.

Hitlers Versuch, nun auch Frankreich auf seine Seite zu ziehen, begann mit einem Gespräch am 24. 10. in Montoire. Sein Gesprächspartner war Marschall Pétain. Die Außenminister Laval und von Ribbentrop waren zugegen. Es kam zu keinen konkreten Ergebnissen, doch eine deutsch-französische Annäherung war klar festzustellen. Außenminister Laval ließ deutlich erkennen, daß eine Zusammenarbeit möglich sei.

Am 12. 11. 1940 traf Außenminister Molotow in Berlin ein. Es kam zu Unterredungen zwischen von Ribbentrop und Molotow einerseits und Hitler und Molotow andererseits. Gegenstand der Unterredungen war ein Beitritt Rußlands zum Dreimächtepakt. Die Welt sollte unter den

Mitgliedern dieses Paktes nach dem Sieg über England und der Auflösung des britischen Weltreiches in Interessensphären aufgeteilt werden. Molotow kündigte an, daß die UdSSR in einem solchen Fall auch Gebietsansprüche an Bulgarien stellen werde. Es wurde vereinbart, diesen Gedankenaustausch schriftlich fortzusetzen.

Am 20. 11. trat Ungarn dem Dreimächtepakt bei. Drei Tage später folgte Rumänien, und am 24. 11. vollzog auch die Slowakei diesen Schritt.

Der nächste Tag brachte dann die Entscheidung, denn am 25. 11. wurden in einer sowjetischen Note an die deutsche Reichsregierung die Vorbedingungen für den Beitritt der UdSSR in den Dreimächtepakt genau umrissen. Hätte nun Deutschland diesen Vorbedingungen zugestimmt, wäre wahrscheinlich auch bald die UdSSR diesem Dreimächtepakt beigetreten. Wenn dies geschehen wäre, hätte sich automatisch das Schwergewicht der Kräfte zu diesem Dreimächtepakt hin verlagert. Diese Vorbedingungen wurden also das Zünglein an der Waage der Kräfteverteilung der beiden gegeneinanderstehenden Blöcke. Hitler hatte aber zu diesem Zeitpunkt bereits fest beschlossen, Rußland niederzuwerfen. Aus diesem Grunde verbot er die Beantwortung dieser russischen Note.

Damit rissen die Verhandlungen zwischen Berlin und Moskau ab. Es gibt keinen Zweifel darüber, was geschehen wäre, wenn es zum sowjetischen Beitritt zum Dreimächtepakt gekommen wäre.

Hitler setzte nun die Bemühungen um die Gewinnung anderer Bundesgenossen intensiv fort. Am 4. 12. 1940 fuhr Admiral Canaris, der Chef der deutschen Abwehr, in Hitlers Auftrag nach Madrid, um die Verhandlungen mit der spanischen Regierung über den geplanten Angriff auf Gibraltar und über den Kriegseintritt Spaniens fortzuführen und zu einem positiven Abschluß zu bringen. Admiral Canaris traf am 7. 12. den spanischen Staatschef Franco. Dieser lehnte abermals ein spanisches Engagement ab und führte als Grund an, daß Spanien nach den langen Jahren des Bürgerkrieges nicht für einen neuen Kampf gerüstet sei. Als Hitler diese Antwort erhielt, verzichtete er auch auf das Unternehmen »Felix«. Nunmehr blieb noch Frankreich übrig. Aber die sich anbahnende Chance, Frankreich auf die Seite Deutschlands zu ziehen, schwand, als Hitler zu wenig Entgegenkommen zeigte. Marschall Pétain entließ Laval und ernannte Flandin zum neuen Außenminister. Admiral Darlan wurde zur einflußreichsten Persönlichkeit in Vichy.

Die Kollaboration war gescheitert, an ihre Stelle trat nunmehr »l'atten-tisme«, das Abwarten.

Daran änderte auch Hitlers Geste nichts, als er die Gebeine des Her-zogs von Reichstadt – des Sohns Napoleons I. – in Paris den französi-schen Behörden übergab.

Am 25. 12. 1940 kam es noch einmal zu einem Zusammentreffen zwi-schen Hitler und Admiral Darlan, dem neuen Außenminister der Vichyregierung, in Beauvais. Darlan übergab Hitler ein Handschreiben von Marschall Pétain. Aber Hitler lehnte abermals jegliches Entgegen-kommen gegenüber Vichy ab. Das war die letzte Möglichkeit, einen neuen Bundesgenossen zu bekommen. Damit ging deutscherseits ein Jahr gesteigerter politischer Aktivität zu Ende.

Bereits am 18. 12. unterzeichnete Hitler die Führerweisung Nr. 21 – das war der Fall »Barbarossa« –, in welcher es heißt: »Die deutsche Wehrmacht muß darauf vorbereitet sein, auch vor Beendigung des Krieges gegen England, die UdSSR in einem schnellen Feldzug nieder-zuwerfen. Die Vorbereitungen dazu sind bis zum 15. 5. 1941 abzu-schließen.«

Politische Aktivitäten der Alliierten

Am 19. 7. 1940 unterzeichnete Präsident Roosevelt die »Two Ocean Expansion Act« und schloß am 2. 9. einen Tauschvertrag mit Großbri-tannien ab, in welchem die USA England 50 alte Zerstörer lieferten. Dafür räumte England den USA das Recht ein, Stützpunkte auf den Bahamas, Jamaica, Antigua, Santa Lucia, Trinidad, Britisch Guayana, Argentia und auf den Bermudas zu errichten.

Am 17. 9. gab Premierminister Churchill im britischen Unterhaus bekannt, daß die britische Zivilbevölkerung in der ersten September-hälfte durch deutsche Luftangriffe 2000 Tote und 8000 Verletzte zu beklagen hatte.

Als dann am 5. 11. 1940 Franklin D. Roosevelt zum dritten Male US-Präsident wurde, war der amerikanische Kurs klar. Dies äußerte sich auch wenig später unmißverständlich, als am 8. 12. Winston Churchill dem US-Präsidenten einen Brief schrieb, in dem er mitteilte, daß Eng-land bald nicht mehr in der Lage sein werde, die US-Kriegslieferungen zu bezahlen. Roosevelt versuchte in seiner als »Gartenschlauchrede« bekanntgewordenen Ansprache, das amerikanische Volk dazu zu bringen, auch ohne Bezahlung die Hilfeleistungen für England fortzusetzen.

Am 29. 1. 1941 begannen schließlich die britisch-amerikanischen Geheimbesprechungen in Washington, an denen die Generalstäbe beider Armeen beteiligt waren. Es wurde ein einziger Fall bis ins letzte Detail beraten:

»Die gemeinsame Kriegführung im Falle des Kriegseintritts Amerikas.«

Den Beitritt Rumäniens zum Dreimächtepakt beantwortete England mit dem Abbruch der diplomatischen Beziehungen zu diesem Land.

Die USA gingen in der nächsten Zeit schrittweise weiter vor. Am 6. 6. 1941 erhielt die US-Regierung durch ein neues Gesetz die Ermächtigung zur Requirierung der in amerikanischen Häfen liegenden Schiffe fremder Staaten. Einen Tag später erließ Präsident Roosevelt eine Verordnung über das Einfrieren deutscher Guthaben in den USA, und am 16. 6. forderten die USA die Schließung der deutschen Konsulate im Land und die Abreise des deutschen Personals bis zum 10. 7. 1941. Damit hatte sich der endgültige Bruch zwischen Deutschland und den USA vollzogen.

Die einzige Frage, die offenblieb, war, wann die USA auch offen an der Seite von Großbritannien in den Zweiten Weltkrieg eintreten würden.

Luftschlacht über England

»Als es hieß, Englands Luftwaffe in der Luft und aus der Luft am Boden zu besiegen, lagen die Dinge anders, als in allen vorausgegangenen Aufgaben, die der Luftwaffe gestellt worden waren. Die Stärke der britischen Abwehr in der Luft (der Jäger) wurde vor Beginn der Schlacht mangels zuverlässiger Daten lediglich geschätzt. So war uns Einheitsführern der Luftflotten 2 und 3 bei einem Kriegsspiel, an welchem die Befehlshaber, der Jagdfliegerführer und die Verbandsführer (bis zu den Geschwaderkommodore) teilnahmen, eine Zahl von etwa 500 britischen Jägern genannt worden, mit denen wir zu rechnen hätten.

Dabei wurde auch die Kampfweise besprochen, mit welcher die feindliche Jagdabwehr in zwei bis drei Tagen ›erledigt sein werde‹.

Es kam aber anders. Die feindliche Jagdwaffe war stärker, kampftüchtiger und intakt geblieben. Sie trug entscheidend dazu bei, daß wir in der Luftschlacht über England das Ziel des Kampfes nicht erreichten und verhängnisvolle Verluste an Kämpfern und Flugzeugen erleiden mußten. Die hier verlorene Kraft konnte die deutsche Luftwaffe nie mehr ersetzen.« (General der Flieger Fröhlich gegenüber dem Autor.)

Nach Hitlers Aufforderung vom 19. 7. 1940 an die britische Regierung, in Friedensverhandlungen mit Deutschland einzutreten, erklärte Außenminister Lord Halifax am 22. 7. im britischen Rundfunk: »In Großbritannien herrscht ein Geist unerbittlicher Entschlossenheit. Wir werden nicht aufhören zu kämpfen.«

Am 2. 8. erließ Reichsmarschall Göring die detaillierten Befehle für den »Adlertag«. In diesen Befehlen wurden den Luftflotten 2 und 3 die Aufgaben gestellt, die britische Jägerwaffe in der Luft zu vernichten, ihre Flugplätze und Radaranlagen zu zerstören und die gesamte britische Bodenorganisation in Südengland dem Erdboden gleichzumachen.

Anschließend sollten die Angriffe auf die Flugplätze im Londoner Raum ausgedehnt und am dritten Tag mit allen verfügbaren Maschinen fortgesetzt werden. Ziel war, die absolute Luftherrschaft über dem Kanal und über England zu erringen – eine der Voraussetzungen zum »Sprung über den Kanal«.

Die vorangegangene Schlacht über dem Kanal und die Bekämpfung der englischen Geleitzüge hatten der britischen Führung gezeigt, daß die Lage bitterernst war. Mit jedem Geleitzug mußte erst der Durchbruch durch den Kanal erzwungen werden.

Am Morgen des 8. 8. starteten Stukas und Jäger des VIII. Fliegerkorps unter General von Richthofen zum Angriff auf einen Geleitzug, der in der Nacht zuvor von deutschen Schnellbooten ausgemacht und auseinandergetrieben worden war. Die Me 109 des JG 27 begleiteten die Stukas zum Ziel, das in dreimaligen Anflügen angegriffen und stark dezimiert wurde. Eine große Zahl von Schiffen wurde schwer getroffen; viele wurden als versenkt gemeldet. Die Briten gaben die Versenkung von 4 Schiffen zu, erklärten aber nach dem Krieg, daß fast alle Schiffe so schwer beschädigt worden seien, daß sie nicht mehr auslauffähig waren. Im Luftkampf gegen die deutschen Jäger errang hier Flight Commander R. G. Dutton mit seiner 145. Staffel beträchtliche Erfolge. Nach Angaben des vom Her Majesty's Stationery Office herausgegebenen Werks »The Defence of the United Kingdom« wurden 28

Abschüsse erzielt. Die eigenen Verluste wurden mit 20 Jägern beziffert. Die deutsche Luftwaffe hingegen gab bekannt, daß sie 43 Feindflugzeuge abgeschossen und 14 eigene verloren habe. So klafften bei allen folgenden Einsätzen die Meldungen beider Seiten weit auseinander.

Die Luftflotten 2 und 3 verfügten an der Kanal- und Atlantikküste über 860 Bomber, 250 Stukas, 650 einmot. und 200 zweimot. Jäger und 80 Aufklärer.

Das Fighter Command verfügte entgegen den geschätzten deutschen Zahlen von 500 Maschinen über 650 bis 700 Jäger, davon 400 »Hurricane« und 200 »Spitfire«. Der Rest bestand aus Defiant- und Blenheim-Jägern.

Diese englische Streitwaffe wurde in den folgenden Wochen mehr und mehr verstärkt.

Die vier verfügbaren Fighter Groups waren wie folgt disloziert: In Südengland befanden sich die Startplätze der 11. Fighter Group unter Air Vice Marshal Keith Park. An der rechten Flanke des großen Abschirmbereiches lagen die Squadrons der 10. Fighter Group unter Air Vice Marshal Sir Quentin Brand. Auf der linken Flanke waren die Staffeln der 12. Fighter Group unter Air Vice Marshal T. L. Leigh-Mallory eingesetzt. Die Nordküste wurde von der 13. Fighter Group unter Air Vice Marshal R. E. Saul verteidigt. Von diesen Gruppen war die 10. erst kurze Zeit vorher aufgestellt worden und noch nicht vollzählig. Dennoch war das Fighter Command gewappnet und verfügte mit seinen 200 Spitfire über Jäger, die imstande waren, den Kampf gegen die ebenfalls schnellen Me 109 aufzunehmen.

Der größere Vorteil in dieser entbrennenden Schlacht über England lag bei den Verteidigern. Einmal waren die britischen Jagdflieger, die mit dem Fallschirm über ihrem Land abspringen mußten, nicht verloren, wie es die deutschen Flieger waren. Zum anderen aber hatten die deutschen Jäger erst den Anflug und nach einem etwa 30 Minuten dauernden Einsatz auch noch den Rückflug über den Kanal anzutreten. Stets flog bei ihnen die Sorge mit, ob der Sprit ausreichen, die beschädigte Maschine den Kanal schaffen und nicht in den »Bach« fallen würde.

Darüber hinaus verfügte die RAF über einen ganz ausgezeichneten Radar-Warndienst, der die deutschen Verbände schon lange vor dem Ziel erfaßte und die startenden britischen Jäger durch Bodenleitstellen rasch an den Feind brachte.

An diesem »Radarzaun« wurde seit 1934 gebaut. Es war A. P. Rowe gewesen, der in einem Memorandum an den Direktor der wissenschaftlichen Forschungsabteilung des Luftfahrtministeriums diesen Frühwarndienst vorgeschlagen hatte. Ein Komitee unter der Leitung des Physikers H. L. Tizard hatte diese Anregung aufgegriffen, und auch Robert Watson-Watt von der Forschungsstation des National Physical Laboratory, der bereits vorher entsprechende Forschungen angestellt hatte, trat in das Komitee ein. Aufgrund seiner Unterlagen entstand der »Radarzaun«, denn in ihnen war beschrieben, wie man Funkwellen zur Entdeckung und Ortung des Feindes benutzt.

Die erste Ortungsstation war im Mai 1937 in Betrieb genommen worden. Zu Beginn des Zweiten Weltkrieges befanden sich 20 solcher Stationen im Einsatz.

Doch zurück zu den Kämpfen dieser entscheidenden Augusttage.

Am 11. 8. 1940 wurde die Jagdbomber-Erprobungsgruppe 210 unter Hptm. Rubensdorffer erneut gegen einen südostwärts Harwich stehenden Küstengeleitzug eingesetzt. Zwei englische Schiffe wurden schwer getroffen.

Der 13. 8. sollte »Adlertag« sein, aber wegen des schlechten Wetters ließ Reichsmarschall Göring alle Einsätze stoppen. Dieser Befehl traf allerdings um ein weniges zu spät an der Kanalküste ein, denn inzwischen war bereits das KG 2 mit seinen Do-17-Bombern unter Führung von Oberst Fink zum Feindflug gestartet. Ziel der Besatzungen, die sich bei Überfliegen des Treffpunktes vergeblich nach dem Geleitschutz umsahen, war der Flugplatz Eastchurch an der südlichen Themsemündung.

Wegen des schlechten Wetters ließ Oberst Fink seinen aus 55 Maschinen bestehenden Verband in nur 500 m Höhe an der Wolkenuntergrenze fliegen. Die britische Radarstellung Hornchurch erkannte den ganzen Verband nicht, sondern meldete nur den »Einflug von etwa 20 Feindflugzeugen«. Aus diesem Grunde wurde auch nur die 74. Staffel alarmiert. Die Spitfire stiegen auf, aber bevor sie die Angreifer erreichten, befanden sich die beiden Gruppen des KG 2 über dem Ziel. Der Platz wurde angegriffen, Hallen gingen in Flammen auf, Startbahnen wurden durch Bombenkrater für Tage unbenutzbar gemacht.

Dann aber waren die Spitfire herangekommen. Sie schossen aus dem ohne Jäger schutzlosen Verband vier Do 17 heraus.

Als Oberst Fink nach seiner Rückkehr bei der Fliegerdivision Aufklärung forderte, wurde ihm bedeutet, daß Reichsmarschall Göring persönlich alle Operationen wegen des schlechten Wetters untersagt habe.

Als sich am Nachmittag dieses 13. 8. das Wetter besserte, starteten um 14.00 Uhr die Me 110 der V. (Z)/LG 1 unter Hptm. Liensberger von Caen aus. Über der britischen Küste stießen sie auf englische Jagdabwehr; 40 Spitfire und Hurricane griffen die 23 Zerstörer an, die sich zum Abwehrkreis formierten. Noch bevor es gelang, diesen Kreis zu schließen, wurden zwei Me 110 abgeschossen. In dem folgenden Luftkampf, in dem die schnellen Feindjäger immer aufs neue angriffen, stürzten zunächst drei von ihnen ab, ehe es gelang, zwei weitere Me 110 abzuschießen. Eine fünfte Me 110 war so schwer beschädigt worden, daß sie unterwegs abstürzte.

Am Nachmittag, gegen 17.30 Uhr, startete schließlich das StG 77 unter Major Graf Schönborn. Es wurde von Teilen des JG 27, geführt von Oberstleutnant Ibel, begleitet. Das Angriffsziel, der Flugplatz von Portland, wurde nicht gefunden. Die Maschinen drehten ab, um mit den Bomben zurückzufliegen.

70 britische Jäger stürzten sich nun auf die Stukas. Während es den Jägern des JG 27 gelang, den Großteil der Feindflugzeuge auf sich zu ziehen und abzudrängen, gingen die Spitfire der Staffel 609 zum Angriff über. Fünf Stukas wurden abgeschossen.

Nach den Stukas startete als zweite Welle das LG 1 unter Oberst Bülowius mit Ju-88-Bombern.

Die dichte Wolkendecke als Tarnung benutzend, erreichte die I. Gruppe unter Hptm. Kern das Ausweichziel Southampton. Sechs weitere Ju 88 erreichten den Jägerhorst Middle Wallop, 12 andere den 10 km entfernt gelegenen Flugplatz Andover. Beide Flugplätze lagen unter schwerem Beschuß.

Zur gleichen Zeit waren die Me 109 des JG 26 unter Major Handrick über der Grafschaft Kent in Luftkämpfe verwickelt. Dabei gelang Lt. Borris im Raume ostwärts von Maidstone der Abschuß von 2 Feindjägern. Unter solchem Schutz erreichten die Stukas des VIII. Fliegerkorps den Flugplatz Detling und erzielten schwere Treffer. 20 Feindmaschinen wurden am Boden zerstört.

Als der 13. August zu Ende ging, hatten insgesamt 485 Bomber und Stukas sowie 1000 Jäger und Zerstörer in den Kampf über England eingegriffen. 34 deutsche Flugzeuge waren bei diesen Angriffen verlorengegangen.

Am 14. 8. waren kleinere Einheiten im Einsatz. Das Wetter hatte sich noch weiter verschlechtert und ließ keinen größeren Angriff zu. Lediglich die 16 Me 110 der Erprobungsgruppe 210 griffen den Flugplatz Manston an und belegten ihn mit Bomben. Vier Hallen wurden getroffen und brannten aus.

Bei einem Einsatz der Stukas gegen Hafenanlagen von Dover flog die III./JG 26 Begleitschutz. Major Galland führte diese Gruppe an

Als sich dann am frühen Morgen des 15. 8. das Wetter besserte, kam es zum ersten Großkampftag über England. Den Auftakt machten um 12.30 Uhr die Stukagruppen des VIII. FlK, die unter starkem Jagdschutz die Flugplätze Lympne und Hawkinge angriffen.

Um 14.00 Uhr erfolgte auch der Einsatz der in Norwegen stationierten Luftflotte 5 unter Generaloberst Stumpf. Aus Stavanger startete das KG 26, während das KG 30 von Aalborg aus zum Angriff gegen Ziele in Mittelengland aufstieg. Begleitet wurde das KG 26 von der I./ZG 76. Hauptziele dieses Geschwaders waren die Flugplätze Dishfort und Linton. Beide Plätze wurden nicht gefunden. Statt dessen kam es über der englischen Küste zu einem erbitterten Luftkampf. Aus großer Überhöhung stießen Spitfire auf die He 111 des KG 26 herunter. Hptm. Restemeyer führte seine I./ZG 76 zum Angriff gegen diese schnellen Gegner. Er wurde als einer der ersten abgeschossen. Fünf weitere Zerstörer, die die He 111 des KG 26 schützten, wurden ein Opfer der Spitfire. Die Zerstörerpiloten schossen je eine Spitfire ab.

Während das KG 26 vergeblich seine Ziele suchte und von den Feindjägern intensiv angegriffen wurde, gelang es dem KG 30 mit drei Gruppen Ju 88, den Flugplatz Driffield der 4. Bomber Group zu erreichen. Hallen und Gebäude wurden mit Bomben belegt. 12 Bomber vom Typ Whitley gingen in Flammen auf. Allerdings wurden auch 6 Stukas abgeschossen.

Dies war der einzige größere Flankenstoß aus Norwegen. Er wurde in dieser Größenordnung nicht wiederholt.

An der Hauptfront der Luftschlacht aber kam es zu immer neuen schweren Auseinandersetzungen zwischen deutschen und englischen Jägern.

Das KG 3 unter Oberst von Chamier-Glisczinski griff mit seinen Do-17-Bombern die Flugplätze von Eastchurch und Rochester an. Es gelang ihnen, die großen Flugzeugwerke am Rande des Flugplatzes von Rochester schwer zu treffen. Hier, in den Short-Werken, wurde der viermotorige Bomber »Stirling« gebaut. Durch die schweren Schäden, die das Werk bei diesem Angriff davontrug, verzögerte sich die Endproduktion um mehrere Monate.

Die II./KG 3 unter Hptm. Pilger hatte an diesem Erfolg entscheidenden Anteil. Es war für diese Gruppe eine Beruhigung zu wissen, daß die III./JG 26 unter Major Galland für sie Geleitschutz flog. Galland und seine Gruppe stießen auf die aufgestiegenen 11 britischen Jagdstaffeln. Im Luftkampf schossen diese Jägerpiloten 18 Feindflugzeuge ab, davon Major Galland allein drei.

Neben den Jägern dieses Geschwaders waren noch Teile des JG 51 unter Major Mölders, des JG 52 unter Major Trübenbach und des JG 54 unter Major Mettig dabei. Sie waren beinahe gleichzeitig von ihren Horsten am Pas de Calais gestartet.

Die Luftkämpfe, die nun entbrannten, waren von Verlusten auf beiden Seiten gekennzeichnet.

Mitten in dieses Durcheinander flogen die 24 Jagdbomber der Zerstörergruppe 210. Sie erreichten den Flugplatz Martles und zerstörten einige Hallen sowie das Rollfeld.

Die III./KG 3 unter Hptm. Rathmanns erreichte den Flugplatz Eastchurch und belegte ihn mit Bomben.

Damit war den Angriffen der Luftflotte 2 ein durchschlagender Erfolg beschieden. Wäre nun direkt im Anschluß daran – wie dies auch geplant war – der Angriff der Luftflotte 3 erfolgt, hätte dieser Tag mit einem großen Desaster für die britische Verteidigung enden können. Aber infolge mangelnder Koordination begannen die Angriffe der Luftflotte 3 erst zwei Stunden später. 120 bis 200 km weiter westlich startend, kamen sie zu spät über den Zielgebieten an. Damit war dem Gegner eine Erholungspause gegeben worden. Seine Gegenmaßnahmen konnten, ungestört von deutschen Luftangriffen, anlaufen.

Um 17.00 Uhr starteten in Lannion die I./StG 1 unter Hptm. Hozzel und die II./StG 2 unter Hptm. Enneccerus, während das Luftgeschwader bereits um 16.45 Uhr in Orléans aufgestiegen war. Als diese Verbände die Küste erreichten und Kurs auf die Zielgebiete nahmen, schlossen sich ihnen die Maschinen des ZG 2 unter Oberstleutnant Vollbracht an. Wenig später stießen auch die Jäger des JG 27 unter Oberstleutnant Ibel und jene des JG 53 unter Major von Cramon-Taubadel hinzu. Nun flogen über 200 Flugzeuge der englischen Südküste entgegen. Sie wurden um 18.00 Uhr durch die britische Radarortung erfaßt und gemeldet.

Nicht weniger als 14 Staffeln mit über 170 Jagdflugzeugen wurden im Alarmstart »in den Himmel geworfen«. Sie hatten alle den gleichen Befehl erhalten:

»Der Feind ist unter allen Umständen und mit letztem Einsatz aufzuhalten und zum Absturz zu bringen.«

Es kam zu einem erbitterten Luftkampf. Die 4./LG 1 unter Hptm. Helbig verlor 5 ihrer 7 Flugzeuge im Kampf gegen die schnellen Spitfire. Von den insgesamt gestarteten 15 Maschinen der I./LG 1 erreichten nur 3 das Angriffsziel, den Marineluftstützpunkt Worthy Down.

Der Jägerhorst und die Sektoren-Leitstelle Middle Wallop wurden von dem Rest der I./LG 1 dennoch erreicht und schwer getroffen. Einen zweiten Angriff flogen an diesem Tag die Me 110 der Erprobungsgruppe 210. Ihr Ziel war der Flugplatz Kenley. Aber diese Jagdbomber erreichten das Ziel nicht. Statt dessen warfen sie ihre Bomben auf den Londoner Flugplatz Croydon, den sie infolge eines Navigationsfehlers für den von Kenley hielten. Diese Gruppe wurde von den mit Hurricane ausgerüsteten Staffeln 32 und 111 und der mit Spitfire ausgestatteten Staffel 66 ausgemacht und zum Luftkampf gestellt. Sie formierten sich sofort zum Abwehrkreis. Sechs Me 110 und eine Me 109 wurden abgeschossen, darunter auch die Me 110 des Gruppenkommandeurs Hptm. Rubensdörfer. Insgesamt waren an diesem Tag zwischen Mittag und Mitternacht 800 Bomber- und Stukaeinsätze sowie 1200 Jäger- und Zerstörereinsätze geflogen worden. 55 deutsche Maschinen kehrten nicht zum Einsatzhafen zurück, die meisten von ihnen waren Kampfflugzeuge und Zerstörer. Von deutscher Seite wurden insgesamt 111 englische Jäger als abgeschossen gemeldet.

Von britischer Seite wurden für diesen Tag 34 Jäger als verlorengegangen angegeben. Dieselben britischen Stellen meldeten 182 deutsche Jäger als eindeutig, 53 Jäger als wahrscheinlich abgeschossen. Das waren mehr, als insgesamt an Jägern und Zerstörern am Einsatz teilgenommen hatten. Da die Engländer jedes Flugzeug als nicht abgeschossen zählten, das mit einer Bruchlandung niederging – selbst wenn diese Bruchlandung mit dem Totalverlust endete –, ist eine viel höhere als englischerseits angegebene Abschußzahl wahrscheinlich.

Die Luftschlacht über England befand sich nun auf ihrem Höhepunkt, und am 16. August stand das KG 76 wieder einmal im Brennpunkt des Geschehens. Die III. Gruppe dieses Geschwaders erreichte mit ihren Do-17-Bombern den Flugplatz von Malling und griff ihn intensiv an. Für vier volle Tage wurde dieser Platz außer Gefecht gesetzt.

In kombinierten Hoch- und Tiefangriffen setzte Generalmajor Fröhlich seine Flugzeuge ein. Kenley und Biggin Hill waren die anderen Ziele. Auch hier kam es zu Erfolgen und – schweren eigenen Verlusten, verursacht durch die britischen Jäger, die mit letztem Einsatz gegen die Angreifer kämpften.

Sechzehn von ihnen wurden abgeschossen, eine größere Zahl von Flugzeugen auf dem Jägerleitflugplatz von Tangmere am Boden zerstört und einige Anlagen für längere Zeit außer Betrieb gesetzt. Unter dem Eindruck dieser Verluste schrieb Winston Churchill am 17. 8. an den Chef seines Luftwaffenführungsstabes:

»Während unsere Blicke auf die Ergebnisse der Luftkämpfe über unserem Land gerichtet sind, dürfen wir nicht übersehen, daß wir ernste Verluste gehabt haben. Sieben schwere Bomber gingen in der vergangenen Nacht verloren, und nun wurden noch 21 Flugzeuge am Boden zerstört; die meisten in Tangmere – insgesamt also 28 Flugzeuge. Diese 28 zuzüglich verlorengegangenen Jäger ergeben für den 16. August einen Verlust von 50 Flugzeugen. Das läßt die deutschen Verluste in Höhe von 75 Flugzeugen an diesem Tag in einem wesentlich anderen Licht erscheinen.«

Das bedeutete, daß alle englischen Piloten zusammen den Abschuß von 75 deutschen Flugzeugen gemeldet hatten, obgleich »nur« 38 Maschinen wirklich abgeschossen worden waren.

Deutscherseits hatte man übrigens für diesen Tag 111 Abschüsse als sicher und 14 als wahrscheinlich gemeldet.

Am Sonntag, dem 18. 8., flogen die Do 17 und Ju 88 des KG 76 Hoch- und Tiefangriffe gegen die Sektorengefechtsstände Kenley und Biggin Hill. In Kenley fiel durch Treffer der Operationsraum aus. Damit war das Jägerleitsystem der Briten gestört. Vier Stukagruppen des VIII. Fl.-K. wurden von General von Richthofen an diesem Tag eingesetzt. Die Flugplätze Gosport, Thorney Island und Ford sowie die Radarstation Poling waren die Ziele. Die I./StG 77, die mit 28 Sturzkampfbombern gestartet war, geriet in das Abwehrfeuer der 152. und 43. Staffel des Fighter Command und verlor – da chancenlos – 12 Ju 87. Sechs weitere Ju 87 der Gruppe konnten mit letzter Kraft französischen Boden erreichen. Auch die übrigen Stukagruppen verloren Flugzeuge. Insgesamt beliefen sich die Verluste auf 30 Ju 87. Hptm. Meisel, Gruppenkommandeur der I./StG 6 77, kehrte von diesem Feindflug nicht zurück. Die Stukas mußten aus der Schlacht gezogen werden, weil sie gegen englische Jäger keine Chance hatten. Sie waren viel zu langsam, zu schwach bewaffnet und zu anfällig.

Am 19. August standen die Kommandierenden Generale der eingesetzten Fliegerkorps und die Kommodore der über England eingesetzten Geschwader in Karinhall vor Göring. Der Reichsmarschall hielt eine Rede. Er tadelte die »Lahmen« und beschwor alle anderen, ihre Einsätze besser vorzubereiten, um die Kampfkraft der Geschwader zu erhalten.

Die Kampfflieger verlangten besseren Jagdschutz. Aber so viele Jäger standen nicht zur Verfügung, um einerseits den Jagdschutz für die Bomber zu übernehmen und andererseits noch zu freier Jagd gegen die britischen Jagdflieger antreten zu können. Außerdem war die Reichweite der Me 109 zu gering für diese Einsätze. Die Engländer hatten einfach eine zu große Jagdwaffe, und die Neuproduktion an Jagdflugzeugen überstieg die deutsche Produktion um das Doppelte. Während die englische Jägerproduktion beispielsweise im Juni 446 Maschinen betrug, stießen die deutschen Flugzeugwerke 164 Jagdflugzeuge aus. Den Höchststand der Produktion erreichte Deutschland im Juli mit 220 Jägern. Die britische Vergleichszahl betrug 496 Jäger. Die vorher ausgerechnete zahlenmäßige Überlegenheit der deutschen Luftwaffe gab es nicht.

Göring befahl einen Führungswechsel in den Jagdgeschwadern. Er ließ die alten, bewährten Kommodore durch jüngere ablösen, von denen er annahm, daß sie als »Vorkämpfer« bessere Vorbilder für ihre Geschwader seien. Folgende Umbesetzungen wurden vorgenommen:

JG 2 von Oberstleutnant von Bülow an Major Schellmann.
JG 3 von Oberstleutnant Vick an Hptm. Lützow.
JG 26 von Oberstleutnant Handrick an Major Galland.
JG 51 von GenMaj. Osterkamp an Major Mölders.
JG 52 von Oberstleutnant von Merhart an Major Trübenbach.
JG 53 von Major von Cramon-Taubadel an Major von Maltzahn.
JG 54 von Major Mettig an Hptm. Trautloft.

Am 19. 8. wurden die Luftangriffe gegen das Fighter Command fortgesetzt.

Der Flugplatz Manston wurde am 24. 8. intensiv angegriffen. 20 Bomber, von Jägern geschützt, gelangten ungehindert über den Platz. Manston wurde für längere Zeit ausgeschaltet.

In der Nacht zum 25. 8. fiel eine Reihe Bomben auf Grund eines Zielirrtums auf London. Sie hatten dem Flugzeugwerk in Rochester und den Öltanks in Thameshaven gegolten.

Die Engländer reagierten auf diesen Angriff gegen ihre Hauptstadt mit einem Gegenangriff in der folgenden Nacht auf Berlin.

Die Umgruppierung der Jagdgeschwader der Luftflotte 3 fand am 27. 8. statt. Von diesem Zeitpunkt an sollten auch diese Jagdverbände nur noch Einsätze mit Schwerpunkt Südengland und London fliegen.

Am 30. August griffen acht auf Tiefangriffe spezialisierte Do 17 des KG 76 im Tiefflug den Flugplatz von Biggin Hill an, unterflogen den Radarschirm und beschädigten den Platz schwer.

Nach diesen Geplänkeln kam es zum entscheidenen Tag in der Luftschlacht um England. Am 31. 8. 1940 griffen mehrere deutsche Jagdstaffeln aller Geschwader die Ballonsperre von Dover an . Nicht weniger als 50 Fesselballone wurden abgeschossen. Und nun wurde eine neue Einsatztaktik eingeführt: Kleine Verbände von 15 bis 20 Bombern flogen – von einer dreifachen Zahl von Jägern geschützt – ihre Angriffe auf Punktziele in England. Diese Ziele waren zunächst die Radar-Sektorenstation Debden sowie die Flugplätze Eastchurch und Detling. Die Plätze Hornchurch und Biggin Hill folgten am Nachmittag. Hier war das KG 2 erfolgreich. Die Operationszentrale in Biggin Hill wurde vernichtet. Kenley, Redhill, West Malling, Gravesend, Rochford, North Weald und Debden wurden ebenfalls angegriffen.

Debden, der nördlichste Flugplatz der 11. Fighter Group, wurde zuerst angegriffen, denn von hier aus starteten die britischen Jäger, die die Hauptstadt schützen sollten.

In Hornchurch, wo vier Spitfirestaffeln lagen, war eine Staffel, die 54., noch am Boden, als die 20 Bomber des KG 2 über dem Platz auftauchten. Mitten in die startenden Maschinen hinein fielen die Bomben. Mehrere Flugzeuge wurden am Boden und drei im Alarmstart zerstört. Über Biggin Hill tauchten acht Do 17 der III./KG 76 auf und warfen 500-kg-Bomben. Der Platz wurde völlig zerstört, als eine weitere Gruppe ihn wenig später erneut angriff.

Von seinem Gefechtsstand in Wissant an der französischen Kanalküste führte GenMaj. Osterkamp, der neuernannte Jagdfliegerführer 1 und 2, die deutsche Jagdwaffe. Nicht weniger als 1300 Einsätze wurden an diesem Tag von den Jägern geflogen, von denen mehrere bis zu dreimal starteten. Sie schossen dabei 39 britische Jäger ab und verloren 33 Flugzeuge. Dieser Verlust der RAF war der höchste, der je von ihrer Führung gemeldet wurde. Nach offiziellen Angaben verlor Großbritannien allein im August 390 Jäger der Typen Spitfire und Hurricane; 197 weitere wurden so schwer beschädigt, daß sie nicht repariert werden konnten. Soweit die offiziellen Zahlen. Nach den deutschen Abschußmeldungen waren es mindestens 1000 britische Flugzeuge. Die deutsche Luftwaffe verlor im selben Zeitraum 254 Jäger und 215 Kampfflugzeuge.

Luftmarschall Dowding schrieb über diesen Verlust:

»Anfang September wurden unsere Ausfälle so groß, daß die frischen Staffeln rascher abgekämpft waren, als eine Ruhestaffel bereit gewesen wäre, ihren Platz einzunehmen. Es gab nicht genügend Jagdflieger, um die Ausfälle in den kämpfenden Einheiten zu ersetzen.«

Nicht etwa der Verlust an Jagdflugzeugen, sondern der an Piloten war es, der dem OB des Fighter Command Kopfschmerzen bereitete. Auch Churchill hatte die gleichen Bedenken, als er niederschrieb: »Fast ein Viertel der insgesamt etwa 1000 ausgebildeten Piloten ging in den 14 Tagen vom 24. 8. bis zum 6. 9. verloren.« Es sah so aus, als sollte die britische Jägerwaffe erlahmen. Damit hätte die deutsche Luftwaffe ihr wichtigstes Ziel erreicht. Doch in dieser Situation geschah etwas, was alle Vorausberechnungen über den Haufen warf.

Doch davon später.

Am 1. September griffen 18 He 111 des KG 1 die Tilbury-Docks an der Themse an. Um den Angriff so wirkungsvoll wie möglich zu machen, wurden diese wenigen Bomber von allen einsatzbereiten Maschinen der JG 52, 53 und 54 gedeckt.

Der Angriff gelang, die Dockanlagen wurden schwer beschädigt. Am 2. 9. flog das ZG 76, nunmehr von Major Grabmann geführt, Geleitschutz für das KG 53 nach Eastchurch. Auch an diesem Tag war nur noch eine geringe Jagdabwehr des Gegners in der Luft, und es sah so aus, als sollten die Kräfte des Fighter Command nachlassen. Dann erfolgte jene Maßnahme, die bei den beteiligten Geschwadern Kopfschütteln erregte. Am 3. 9. 1940 wurde ein Zielwechsel befohlen. Hit-

ler, der im August noch jeden Angriff auf London verboten hatte, stimmte diesem Zielwechsel zu, auch wenn das neue Ziel London hieß. Er war dafür, »den Engländern zu zeigen«, was es hieß, Berlin anzugreifen – was diese seit dem Fehlwurf deutscher Bomber in der Nacht zum 25. 8. mehrfach getan hatten. Unter dem Eindruck dieser Angriffe auf die Reichshauptstadt erklärte Hitler am 4. 9. 1940:
»Wenn sie unsere Städte angreifen, dann werden wir ihre Städte ausradieren.«

Am Abend des 5. 9. um 21.00 Uhr starteten eigens für diesen Angriff ausgesuchte Staffeln der Kampfgeschwader 2, 3, 26 und 53 zum Flug nach London: Docks und Hafenanlagen waren das Ziel. Wenn auch London schwer genug getroffen wurde, so war dies doch erst der Auftakt. Erst am 7. 9. erreichte diese neue Angriffstaktik ihren Höhepunkt; an diesem Tag begann eigentlich die zweite große Phase des Luftkrieges um England.

Diesem Zielwechsel war am 3. 9. ein Treffen von Reichsmarschall Göring mit den Feldmarschällen Kesselring und Sperrle in Den Haag vorausgegangen. Bei diesem Treffen hatte GFM Kesselring ausgeführt, daß keine Chancen bestünden, die britische Jägerwaffe am Boden zu zerstören, sondern daß man sie in der Luft zum Kampf stellen müsse. Die britische Führung werde – wenn es um London gehe – sämtliche Jäger aufbieten, und dann könne man diese packen.

Nachmittags, abends und bis in die Nacht hinein starteten am 7. 9. insgesamt 625 Kampfflugzeuge der Luftwaffe von ihren Absprungplätzen an der Kanalküste mit dem Ziel London. Sie wurden während des Tageslichtes von insgesamt 648 Jägern und Zerstörern geleitet, die darauf brannten, die englischen Jäger zum Kampf zu stellen. Ziel aller Flugzeuge waren die Hafenanlagen und Docks von London.

Während dieses Großangriffs wurden das erstemal über 100 Bomben von jeweils 1800 kg Gewicht abgeworfen. Sie fielen auf die Londoner Docks. Die große Schlacht um London hatte begonnen. Mit diesen Angriffen verließ Hitler den bis dahin eingeschlagenen Weg, nur militärische Ziele anzugreifen, unter Schonung der Zivilbevölkerung. Jetzt nahm auch er Verluste unter der Zivilbevölkerung in Kauf.

An diesem Tag hatte Reichsmarschall Göring offiziell die Führung des Luftkrieges gegen England übernommen.

London brannte, und von dieser ersten dramatischen Nacht an sollte es 65 Tage und Nächte lang so weitergehen. Vom 7. bis zum 30.9. 1940 –

dies sei vorausgeschickt – wurden über London und Umgebung von 4405 deutschen Flugzeugen 5361 Tonnen Sprengbomben und 7499 Brandschüttkästen abgeworfen.

In den nächsten Tagen kam es zu kleineren Einsätzen, doch es war für die Briten abzusehen, daß bald wieder ein Großkampftag folgen würde. Es war Sonntag, der 15. September 1940. An diesem Tag wollte die englische Führung, allen voran Winston Churchill, den großen Abwehrtag erleben.

Im Gefechtsstand des Fighter Command in Uxbridge Park saß Winston Churchill neben Air Vice Marshal Park, um die zwangsläufig entbrennende Luftschlacht an der Schaltstelle der Jägerführung mitzuerleben. Nicht weniger als 24 Jagdstaffeln standen einsatzbereit auf den Plätzen.

Als um 13.30 Uhr die erste deutsche Angriffswelle mit 148 Bombern und Kampfflugzeugen, geleitet von mehreren Jägerstaffeln, das Ziel erreichte, waren die vorgewarnten 24 Jagdstaffeln der Engländer bereits in der Luft. Es kam zu der dramatischsten Luftschlacht über englischem Boden. Von allen Seiten stürzten sich britische Spitfire und Hurricane auf die langsamen Kampfflugzeuge, während andere Staffeln im Zweikampf mit den deutschen Begleitjägern standen, die allerdings nur etwa 20 Minuten im Luftkampf bleiben konnten und dann den Rückflug antreten mußten.

Von dieser ersten Welle deutscher Bomber und Jäger wurden insgesamt 56 Flugzeuge abgeschossen: 24 Do 17, 10 He 111 und 22 Jäger. Eine ganze Reihe weiterer Bomber und Jäger erreichten zerschossen die Horste jenseits des Kanals.

Die britische Luftabwehr hatte rechtzeitig funktioniert und massiert zugeschlagen. Ihre Führung meldete den Abschuß von 184 Flugzeugen. Aber selbst wenn es »nur« 56 waren, so war dieses Desaster doch untragbar. In der Geschichte des Zweiten Weltkrieges ging dieser Tag als »Battle of Britain-Day« ein. Er wird in England noch heute gefeiert.

Die zweite Welle, die erst zwei Stunden später folgte, wurde ebenfalls von dichten Jägerpulks abgefangen und erzielte keine nennenswerten Erfolge.

Abermals wurden alle Verantwortlichen vor den Reichsmarschall zitiert. Er sprach das aus, was er glaubte:

»Die deutschen Jäger haben versagt!«

120

Es zeigte sich, daß Göring den Sinn für die Realitäten des Luftkrieges verloren hatte. Theo Osterkamp, sein alter Waffengefährte und nunmehr Jagdfliegerführer, stellte sich vor seine Jäger. Doch Göring wollte keine Gründe hören, er wollte Siege gemeldet bekommen. Im Verlaufe dieser Besprechung wurde abermals deutlich, daß die deutsche Jagdwaffe neben anderen Faktoren wie z. B. Reichweite und gegnerisches Radar einfach zu schwach war, um alle Bomberverbände gleichzeitig so zu schützen, daß sie über England sicher waren.

Als Ergebnis dieser Besprechung wurde der Übergang vom Tag- zum Nachtangriff befohlen. Die letzte Phase der Luftschlacht über England konnte beginnen. Sie sollte sich bis in den Mai 1941 hinein fortsetzen. Wiederum bedeutete dies eine grundlegende Änderung in der Taktik. Von nun an waren Nacht für Nacht 100 bis 300 Bomber in der Luft; die Mehrzahl davon flog gegen London. Um noch wirkungsvoller angreifen und blitzartig über London operieren zu können, wurden die Jäger der II./LG 2 unter Hptm. Weiß als Jagdbomber ausgerüstet. An Lattengerüsten unter den Rümpfen konnten sie Bomben bis zu 500 kg Gewicht mitführen.

Aber sie waren damit auch bedeutend langsamer geworden. Dennoch gelang der II./LG 2 am späten Abend des 20. 9. ein erster Erfolg, als sie mit 22 Flugzeugen plötzlich über London auftauchten und unbehelligt ihre Bomben abwarfen. Zwar hatte man diese Jäger gesehen, sie aber – was die Gefährdung Londons selbst anging – für ungefährlich gehalten.

In den zwei aufeinanderfolgenden Nächten des 17. und 18. 9. warfen insgesamt 568 deutsche Flugzeuge 684 Tonnen Sprengbomben und 1019 Brandschüttkästen über London ab. In der Nacht zum 26. 9. waren es 256 Tonnen, und als der Monat September zu Ende ging, hatte die deutsche Luftwaffe allein in diesem Monat 7260 Einsätze gegen England geflogen, deren Bilanz lautete: »Insgesamt 741 deutsche Luftangriffe gegen England, davon 268 auf London, auf das 6224 Tonnen Sprengbomben und 8546 Brandschüttkästen geworfen wurden. Eingesetzt wurden 7260 Flugzeuge.

Demgegenüber warf die Royal Air Force bisher erst 390 Tonnen Sprengbomben auf das Reichsgebiet.« (Siehe: Hillgruber-Hümmelchen: »Chronik des Zweiten Weltkrieges.«)

Am 30. 9. standen der deutschen Luftwaffe 899 Kampfflugzeuge, 375 Sturzkampfflugzeuge, 730 Jäger und 174 Zerstörer zur Verfügung. Am

13. 8. 1940, dem »Adlertag«, waren es: 946 Kampfflugzeuge, 734 Jäger und 268 Zerstörer gewesen.

In den Monaten August und September erzielten auch die Fernnachtjäger der 4. und 5./NJG 1 über England Erfolge. Oblt. Streib von der 2./NJG 1 schoß am 30. und 31. 8. eine Wellington und eine Whitley ab und war am 30. 9. beim Einflug englischer Bomber im Raume Bersenbrück-Badbergen-Menslage erfolgreich, als er in 32 Minuten drei Feindbomber abschoß.

In diesem Einsatz hielten sich für die Nachtjäger Erfolg und Niederlage die Waage, denn sie verloren ihre Kameraden Oblt. Griese und Fw. Kollak. Dennoch verhalfen diese Erfolge der deutschen Nachtjagd zum Durchbruch.

Major Falck war Kommodore des NJG 1. Hptm. Streib übernahm als Gruppenkommandeur die I./NJG 1, die als Keimzelle der deutschen Nachtjagd gilt.

Um die Nachtjagd noch erfolgreicher zu machen, wurde am 16. 10. Oberst Kammhuber zum Generalmajor befördert und gleichzeitig damit zum General der Nachtjagd ernannt. Er ging nun daran, die nahe Nachtjagd aufzubauen.

Doch vorerst war es die Fernnachtjagd, die von Oktober bis Dezember 1940 immer neue Erfolge errang. Von den 21 Nachtjagdabschüssen, die von Oktober bis Dezember erzielt wurden, entfielen 13 auf die Fernnachtjäger.

Doch zurück zur Luftschlacht um England und zu den Angriffen der Kampfgeschwader auf London.

Am späten Abend des 15. Oktober starteten 410 deutsche Kampfflugzeuge zu einem Großangriff auf London. Nach Abwurf von 538 Tonnen Sprengbomben und 177 Brandschüttkästen hatte die englische Hauptstadt über 400 Tote und 900 Schwerverletzte zu beklagen.

Am 20. 10. wurden dann infolge der schlechten Wetterverhältnisse die Tagesangriffe auf London eingestellt, bei denen die Bomber ein Drittel und die begleitenden Jäger ein Viertel ihres Bestandes verloren. Da die Verluste bei den bis dahin geflogenen Nachtangriffen gering waren, sollten von nun an nur noch Nachteinsätze geflogen werden.

Die Jagdbomber flogen nach wie vor ihre Einsätze. Dadurch wurde die Zahl der im Oktober geflogenen Gesamteinsätze auf 9911 gesteigert, von ihnen wurden 5173 allein auf London geflogen und die englische Hauptstadt mit insgesamt 7160 Tonnen Sprengbomben und 4735

Brandschüttkästen angegriffen. Das war für London gleichbedeutend mit schweren Verwüstungen und dem Verlust von Tausenden von Menschenleben.

Inzwischen hatte Hitler am 12. Oktober das Unternehmen »Seelöwe« auf das Frühjahr 1941 verschoben. Die Vorbereitungen sollten »bis dahin nur noch als politisches und militärisches Druckmittel« aufrechterhalten werden.

Die Ende Oktober aufgemachte Zwischenbilanz zeigte, daß in der Luftschlacht um England bisher 1733 deutsche Flugzeuge abgeschossen worden waren. Dieser Zahl standen 915 abgeschossene britische Flugzeuge gegenüber. Bei den 783 Luftangriffen auf England wurde London 333mal angegriffen. In dieser Zeit erfolgten 601 britische Angriffe auf das deutsche Reichsgebiet und die besetzten Gebiete.

Unter der Zivilbevölkerung – und hier größtenteils im Großraum London – waren bisher seit Beginn der Luftschlacht und der deutschen Bombardierungen 15.000 Tote und 21.000 Verletzte zu beklagen.

Niemand anderer als der spätere General der Jagdflieger und Generalleutnant Adolf Galland, der am 31. 10. 1940 seinen 50. Abschuß erzielte, hat dargelegt, warum England nicht aus der Luft besiegt werden konnte:

»Die Schlacht, die uns die britischen Jäger geliefert haben, verdient höchste Bewunderung! Sie waren es, die zahlenmäßig oft unterlegen, unermüdlich und tapfer kämpfend, in diesem höchst kritischen Abschnitt des Krieges zweifellos zum Retter ihres Vaterlandes wurden.« (Aus einem Brief von GenLt. Galland an den Autor.)

Beginnend mit dem 1. 11. 1940 nahm die Luftwaffe ihren letzten Zielwechsel vor. Von nun an sollten sämtliche größeren und wichtigeren Industrie- und Hafenstädte bis zur Eindringtiefe der Bomber zum Schwerpunkt der Nachtangriffe werden. Das bedeutete für die Kampfflugzeuge, oftmals zwei, manchmal auch drei Einsätze in einer Nacht zu fliegen. An die fliegenden Besatzungen und das Bodenpersonal wurden die bisher höchsten Anforderungen gestellt. Am 1. und 7. 11. griffen die Stukas der III./StG 1 Geleitzüge in der Themsemündung an. Bei diesen Angriffen wurden sie von starken Jagdfliegerverbänden geschützt. Ein dritter Angriff auf ein Großgeleit am 11. 11. wurde von derselben Gruppe geflogen. Diesmal flogen zwei Jagdgeschwader den Geleitschutz und sicherten die Stukas.

Durch diese Erfolge und die geringen Verluste unvorsichtig geworden, flog die III./StG 1 auch am 14. 11. einen Einsatz. Da in der Vollmond-periode das Wetter klar war, gelang es aufsteigenden Spitfire-Jägern, den Verband zu sprengen und – da diesmal der eigene Jagdschutz fehlte – einige Stukas abzuschießen.

Am Abend dieses Tages starteten in Vannes zwei Staffeln der Kampf-gruppe 100, die mit Geräten für neue Funkführungsverfahren ausgerü-stet waren. Ihr Ziel war die Stadt Coventry mit ihren wichtigen Rüstungs- und Flugzeugwerken, in denen hauptsächlich Flugzeugmo-toren hergestellt wurden. Die He-111-H-3-Maschinen flogen direkt das Ziel an, und als sie sich über Coventry befanden, wurden automatisch die Bomben ausgeklinkt. Die aufflackernden Brände markierten nun-mehr das Ziel für die nachfolgenden 449 Bomber der Luftflotten 2 und 3, die 500 Tonnen Sprengbomben und 30 Tonnen Brandbomben über der Stadt abwarfen.

Coventry ging in Flammen auf. Die Stadt hatte 554 Tote und 865 Schwerverletzte zu beklagen.

Dieser deutsche Angriff auf Coventry gilt in den Annalen des Luft-kriegsrechts als jener Zeitpunkt, wo »die Luftwaffe zum erstenmal die gebotene Rücksichtnahme außer acht ließ«, was allerdings die RAF mit ihren nächtlichen Bombenwürfen auf Deutschland bereits seit einem halben Jahr tat.

Mit dem ausdrücklichen Verweis darauf, daß die deutschen Angriffe als Repressalie gedacht seien, brachte Deutschland gleichzeitig auch zum Ausdruck, daß es die Feindangriffe auf deutsches Reichsgebiet als kriegsrechtswidrig verurteilte und die eigenen Gegenangriffe »nur als Repressalie« sah und sie auch nur als solche für zulässig hielt.

In England wurde dies selbstverständlich bestritten. Man führte aus, daß erst die deutschen Angriffe auf London seit dem 7. 9. 1940 Eng-land zur Aufgabe der bisher geübten Rücksichtnahme gezwungen hät-ten. Wie auch immer: Coventry wurde und wird in den Augen der Weltöffentlichkeit als der Terrorangriff angesehen, dessen Furchtbar-keit alles andere übertraf.

Am 16. 11. erfolgte der nächste Nachtangriff von 358 deutschen Kampfflugzeugen auf London. Birmingham wurde am 20. 11. mit 357 Flugzeugen angegriffen, Southampton folgte am 24. 11., und am 28. 11. griffen über 300 Bomber Liverpool-Birkenhead an. In den Luft-kämpfen dieser Nacht, bei denen deutsche Jäger sich den Nachtjägern der Engländer entgegenwarfen, wurde über der Insel Wight Major

Wick, Kommodore des Geleitschutz fliegenden JG 2, abgeschossen. Mit 56 Abschüssen war er neben Mölders und Galland der bis dahin erfolgreichste deutsche Jagdflieger.

Am letzten Tag des November griffen 335 Kampfflugzeuge London an. Noch einmal wurde die englische Hauptstadt schwer getroffen. Und schließlich wurde in der Nacht zum 1. 12. Southampton von 251 deutschen Flugzeugen angegriffen und mit 299 Tonnen Sprengbomben und 1184 Brandschüttkästen belegt.

Trotz der sich ständig verschlechternden Wetterlage wurden auch noch in diesem Monat über 5500 Einsätze gegen England geflogen. Am 5. 12. 1940 flogen die Jäger der I./JG 26 für die II./LG 2 Begleitschutz; es war ihr letzter Einsatz in diesem Jahr. Die II./JG 26 wiederum versuchte sich noch einmal in der freien Jagd zwischen Dungeness und Ramsgate. Von Spitfire aus Überhöhe angegriffen, verlor die Gruppe 2 Flugzeuge.

Da die dauernden Regenfälle nunmehr die Startplätze an der Kanalküste in Moraste verwandelten, mußten die Jagdgeschwader nacheinander weiter landeinwärts verlegt werden.

Das Jagdgeschwader 27 war bereits im Herbst abgezogen worden. Der Geschwaderstab sowie die II. und III. Gruppe wurden nach kurzer Auffrischung nach Rumänien verlegt. Gegen Ende 1940 kam auch das JG 51 »Mölders«, das die ganze Zeit in schweren, verlustreichen Einsätzen gestanden hatte, zur Auffrischung nach Deutschland, kehrte jedoch im Februar auf seine alten Plätze am Kanal zurück. Auch das JG 52 war teilweise vom Kanal abgezogen worden (siehe Anhang!).

Das Pik-As-Geschwader (JG 53) wurde ebenfalls Ende Dezember nach Deutschland verlegt.

Die weiteren Einsätze waren: der schwere Nachtangriff von 413 Bombern am 8. 12. auf London und der Nachtangriff von 278 Bombern auf Birmingham am 12. 12. Am 13. 12. griffen 336 Bomber Sheffield an.

Es würde den Rahmen dieses Berichtes über die großen Luftschlachten über Deutschland und England sprengen, wollte man jeden einzelnen Angriff – der für die Beteiligten stets wichtig und entscheidend war – darstellen. Erwähnt werden sollen jedoch noch die Nachtangriffe auf Liverpool am 21. 12. mit 504 Bombern – eine Zahl, wie sie bisher noch nicht gegen eine einzelne Stadt aufgebracht worden war –, der Nachtangriff des 22. 12. auf Manchester, an dem 331 Bomber teilnahmen, und der zwei Nächte später, am 24. 12. erfolgende zweite Angriff auf Manchester mit 171 Bombern. Am 28. 12. griffen noch einmal 244 deutsche Bomber die englische Hauptstadt an.

Den letzten Einsatz des Jahres 1940 flogen 251 deutsche Flugzeuge am späten Abend des 30. 12. gegen Southampton. Sie warfen 299 Tonnen Sprengbomben und 1184 Brandschüttkästen ab.

Trotz dieser großen Zahl und imponierenden Massierungen wurden im Dezember dennoch nur 3850 Einsätze geflogen. Wenn man die Wetterlage in Betracht zieht, war dies ein achtbares Ergebnis. Das Jahr 1940 ging zu Ende. Der größte Teil der Jagdgeschwader war inzwischen in die Heimat verlegt worden. Andere kamen in den Südostraum, und wieder andere zogen schon in Gruppen nach Ostdeutschland.

Zu Beginn des Jahres 1941 begann das Bombardement englischer Städte mit dem Angriff auf Cardiff am 2. 1. Diese Stadt wurde von 115 Tonnen Bomben und 392 Brandschüttkästen getroffen. In der Nacht zum 4. 1. folgte Bristol und in der folgenden Nacht Avenmouth. Manchester und London waren die Ziele jener 143 deutschen Bomber, die in der Nacht zum 10. 1. 1941 aufstiegen, und wiederum eine Nacht später flogen 153 deutsche Flugzeuge in Richtung Portsmouth. London folgte in der kommenden Nacht. An diesem Angriff waren 278 Kampfflugzeuge beteiligt.

In der Nacht zum 17. 1. wurde Avenmouth das zweitemal getroffen, und als der Monat Januar zu Ende ging, waren etwa 2400 Einsätze geflogen worden. Die Verluste unter der Zivilbevölkerung betrugen 1550 Tote und 2021 Verletzte.

Der Winter hatte fast allen weiteren Flügen ein Ende bereitet. Es kam nur zu Feindflügen kleinerer Gruppen, und gemessen an den Einsätzen des Januar mit 2400 gezählten Angriffen, sank die Zahl im Februar auf 1402 Einsätze ab. Auch diese Angriffe forderten 793 Tote und 1068 Verletzte unter der Zivilbevölkerung.

Das wichtigste Ereignis dieses Monats für die Luftwaffe war die Führerweisung Nr. 23: »Richtlinien für die Kriegführung gegen die englische Wehrwirtschaft.«

In den Nächten zum 20. und 21. 2. griffen 125 Kampfflugzeuge Swansea an; aber damit waren auch schon die Aktivitäten der Luftwaffe in diesem Monat beendet.

Erst im März erfolgten die Angriffe gemäß der Führerweisung Nr. 23. London am 9. 3., Portsmouth am 11. 3. und Birmingham am 12. 3. waren die Ziele der Bomber. Liverpool-Birkenhead war in der Nacht zum 13. 3. das Ziel von erstmals wieder mehr als 300 Flugzeuge umfassenden Kampffliegergruppen. Glasgow-Clydeside wurde in zwei nacheinander folgenden Angriffen mit insgesamt 439 Maschinen angegriffen. London, Bristol-Avenmouth, Hull, abermals London, Plymouth-Devonport waren die nächsten Ziele. Durch diese wiederum massierten Angriffe erlitten 4298 Menschen in England den Tod; 4794 wurden schwer verletzt.

Die Bilanz des Bombenkrieges wuchs sich zu schreckerregenden Größenordnungen aus, denn so wie die Luftwaffe englisches Gebiet angriff, bombardierten die Maschinen des Royal Bomber Command deutsches Gebiet.

Die Eskalation des Schreckens war da!

In welchen Größenordnungen sie erfolgte, zeigt die Tatsache, daß die Verluste Englands an Zivilpersonen im Monat April 1941 6131 Tote und 6900 Verletzte betrugen. Hitler tat nun alles, um den Wunsch nach Rache in England anzuheizen.

Im April begann der Balkanfeldzug, der mit dem deutschen Vorstoß am Morgen des 6. 4. seinen Anfang nahm. Die Luftwaffe war mit der Luftflotte 4 unter General der Flieger Löhr daran beteiligt. 210 Jäger, 400 Kampfflugzeuge und Stukas und 170 Aufklärer mußten aus dem Westen abgezogen und auf den Balkan geschafft werden. Darüber hinaus wurden bereits die ersten Gruppen und Geschwader nach Osten verlegt, wo der Aufmarsch für das Unternehmen »Barbarossa«, den Krieg gegen Rußland, begann.

Die Luftschlacht um England wurde, so gut es ging, forciert. Nicht etwa um das Unternehmen »Seelöwe« vorzubereiten, sondern um den anlaufenden Aufmarsch im Osten abzuschirmen und zu decken. Im April erfolgte einer der schwersten Angriffe gegen London; in der Nacht zum 17. 4. warfen 685 deutsche Bomber 890 Tonnen Sprengbomben und 151 Tonnen Brandbomben ab. Vorausgegangen waren kleinere Angriffe auf Coventry, Newcastle, Birmingham, Bristol-Avenmouth und Belfast.

Portsmouth wurde in der Nacht zum 18. 4. und London erneut in der Nacht zum 20. 4. angegriffen. »Zum Führergeburtstag warfen wir mit 712 Bombern erstmalig über 1000 Tonnen Bomben und dazu noch 153 Tonnen Brandbomben auf eine Stadt und versuchten, die Menschen dort umzubringen, wie sie dies gegen unsere Landsleute in der Heimat, in Berlin, Hamburg, Kiel, Bremerhaven und Wilhelmshaven getan hatten.« (Aussage von Ofw. Kurt-Georg Karbe, Flugzeugführer im KG 54, das bis Mitte Juni 1941 Nachteinsätze über England flog.)

Plymouth-Devonport war noch zweimal im April Ziel der Kampfflieger.

In den ersten zehn Tagen des Monats Mai gab es noch einmal Angriffe auf Liverpool-Birkenhead, Glasgow-Clydeside, Nottingham, Sheffield und London.

Der Angriff in der Nacht zum 11. 5. 1941 auf London wurde von 507 deutschen Bombern geflogen, die 711 Tonnen Sprengbomben und 2393 Brandschüttkästen abwarfen und über 2000 Brände verursachten. 1212 Menschen kamen in den Trümmern ums Leben, 1769 Schwerverletzte wurden gezählt. Dies war der letzte Großangriff auf London für die Dauer von drei Jahren.

Die Luftschlacht um England war zu Ende. Sie hatte auf beiden Seiten hohe Opfer gekostet. Am 21. 5. übernahm GFM Sperrle das Kommando im Westen. Von jenen 44 Kampfgruppen, die auf dem Höhepunkt der Schlacht um England im Einsatz waren, blieben ganze 4 am Kanal zurück. Die übrigen wurden größtenteils nach Osten verlegt, um hier an jenem Feldzug teilzunehmen, den Hitler auf 5 Monate Dauer geschätzt hatte und der 4 Jahre dauern sollte. Die deutsche Jägerwaffe, die zu Beginn der Luftschlacht um England über rund 700 einsatzbereite Maschinen verfügt hatte, konnte ihren Auftrag, den »Schutz der Bomber«, nicht erfüllen. Die Zahl der britischen Jagdflugzeuge, die ebenfalls annähernd 700 betrug, sank nicht etwa im Verlauf dieser verlustreichen Kämpfe, sondern erhöhte sich dank der Ausstoßziffern der englischen Flugzeugindustrie mehr und mehr.

Die deutsche Jägerwaffe aber sollte sich infolge der hohen Verluste an Flugzeugführern nie wieder von diesem Aderlaß erholen.

Die RAF in der Luftschlacht um England

Berlin im Fadenkreuz

Noch am 4. Juni 1940 hatte das Fighter Command über einen Bestand von lediglich 446 einsatzbereiten Maschinen verfügt. Davon waren nur 331 Spitfire und Hurricane, während der Rest der Flugzeuge veraltet war. Mit diesen unterlegenen Jagdkräften nahm Air Marshal Dowding den Kampf gegen die Luftwaffe auf, zunächst in Form der Abwehr deutscher Stukas und Jäger, die ihrerseits die Kanalgeleitzüge angriffen.

Als Gegenzug zu den deutschen Angriffen auf Geleitzüge eröffnete die RAF am 15. 7. ihren Angriff gegen Schiffe in der Nordsee und in den Kanalhäfen. Von diesem Tag an bis zum Oktober wurden solche Angriffe beinahe allnächtlich durchgeführt.

Britische Bomber wiederum griffen in der Nacht zum 8. 8. 1940 die Hydrierwerke Scholven an, in denen 500.000 Liter Flugbenzin verbrannten. In der Nacht zum 13. 8. wurde der Dortmund-EmsKanal von schweren Bomben getroffen und für 10 Tage unbrauchbar gemacht.

Als dann in der Nacht zum 25. 8. einige deutsche Bomben im Stadtgebiet von London niedergingen, entschloß sich Air Marshal Charles Portal auf Drängen Churchills zu einem »Vergeltungsangriff auf Berlin«.

An den Start gingen 81 Bomber der Typen Wellington, Whitley und Hampden der 3., 4. und 5. Bomber Group. Von diesen 81 Flugzeugen erreichten 29 Berlin und warfen ihre Bomben ab, 27 weitere erreichten zwar den Zielraum, fanden aber keine Ziele und kehrten um, während 21 dieser Bomber ihre Bomben wieder zu den Einsatzhäfen zurückbrachten und 6 ihre Kampfmittel in die See warfen. Weitere 18 Bomber meldeten, daß sie Ersatzziele in Deutschland angegriffen hätten, sieben weitere flogen Fehlangriffe. Die über Berlin zum Bombenwurf gelangenden Maschinen warfen 21 Tonnen Sprengbomben ab. Es kam zu einigen Verletzungen durch Splitterbomben. Einige Häuser wurden beschädigt, andere mußten wegen Blindgängergefahr vorübergehend geräumt werden. Nach diesem Angriff kam es zwei Nächte später zum zweiten Luftangriff auf Berlin. Dieser Angriff forderte 12 Todesopfer und 26 Verletzte. Im Wehrmachtsbericht des 29. 8. heißt es darüber:

»Britische Flugzeuge griffen in der Nacht planmäßig Wohnviertel der Reichshauptstadt an. Durch Brand- und Sprengbomben wurden zahlreiche Zivilpersonen getötet und verletzt und an Wohnhäusern Dachstuhlbrände und Schäden verursacht. Eine Maschine konnte noch vor Erreichen der Stadt abgeschossen werden.«

Danach nahmen Bomber der 4. Group noch an sieben weiteren Angriffen auf Berlin allein im August und September teil. Aber es wurden nie mehr als 10 bis 12 Flugzeuge dieser Group eingesetzt. Die übrigen Bomber kamen von den anderen Gruppen des Bomber Command.

Der nächste Luftangriff auf Berlin, der in der Nacht zum 7. 9. stattfand, traf die Christuskirche in Berlin-Neukölln. Auch das unmittelbar neben der Kirche gelegene Bethesda-Krankenhaus wurde von Brandbomben getroffen, die jedoch von den Schwestern gelöscht werden konnten.

In der Nacht zum 10. 9. wurden u. a. das Brandenburger Tor, das Reichstagsgebäude, die Akademie der Künste, das Hedwigs-Krankenhaus, ein Altersheim und ein Wohnviertel getroffen.

Von nun an ging es Schlag auf Schlag. Die Krankenanstalten der Stadt waren ebensowenig sicher wie Altersheime und Schulen oder Kirchen. Dies geht auf eine Direktive des Bomber Command vom 21. 9. 1940 zurück, in der es heißt:

»Zielangriffe sollen jedoch stets in einem dichtbebauten Wohngebiet mit dem Schwerpunkt möglichst großer Materialzerstörung durchgeführt werden, die dem Gegner die Wucht und die Macht unserer Bomberstreitkräfte vor Augen führt.«

Was die »Ziele« betrifft, so ist bereits damals englischen Bomberpiloten etwas aufgefallen. So auch Hugh. W. Willies, der dem Autor schrieb:

»Wir haben unsere ›Ziele‹ angeflogen, und wenn wir ungefähr darüber waren, wurde ausgeklinkt. Dieses System steigerte sich später bei unseren 1000-Bomber-Angriffen derart, daß wir nur ein Stadtgebiet anflogen und dann weit auseinandergezogen im Flächenwurf abluden; ganz gleich, wohin die Bomben fielen.«

Auch Berlin wurde nach dieser Direktive angegriffen. Als das Bomber Command in der Nacht zum 24. 9. 119 Bomber der Typen Wellington, Whitley und Hampden gegen Berlin einsetzte, gelang es 48 dieser Bomber, trotz des schlechten Wetters die Reichshauptstadt zu erreichen. Sie wurden von heftigem Flakfeuer empfangen. Bei diesem Angriff, der den Gasbehältern und E-Werken galt, wurden neben einem

Gasbehälter viele Wohnhäuser in Moabit, das Charlottenburger Schloß und andere Gebäude getroffen. Es gab 22 Tote unter der Zivilbevölkerung.

In der folgenden Nacht wurde der Angriff auf Berlin wiederholt, zehn Tote wurden gezählt.

In diesem Monat erzielten die Bomber des Bomber Command aber auch gegen die in den Kanalhäfen liegenden deutschen Kleinschiffe Erfolge. So in der Nacht zum 15. 9., als es einigen Squadrons gelang, zwischen Boulogne und Antwerpen einige Häfen anzugreifen und eine Reihe Leichter und Kähne zu versenken. In Antwerpen kam es zu schweren Zerstörungen in den dichtbelegten Hafenbecken. Am 18. und 21. 9. wurden diese Angriffe gegen die deutsche »Invasionsflotte« wiederholt. Insgesamt wurden in diesen drei größeren Angriffen 51 Prähme, 9 Dampfer und 1 Schlepper vernichtet. Dies war gegenüber der Gesamtzahl der zusammengezogenen Kleineinheiten ein geringer Teil, denn nicht weniger als 155 Transporter, 1277 Prähme und Leichter, 471 Schlepper und 1161 Motorboote standen zur Verfügung.

Neben Berlin wurden im September 1940 auch Hamburg, Bremen und Bielefeld angegriffen. In der Nacht zum 11. 9. fielen Bomben auf Wohnviertel in Hamburg und Bremen, in der Nacht zum 18. 9. wurden die Krankenanstalten von Bethel und Bielefeld angegriffen; die Arbeitersiedlung Pfaffengrund bei Heidelberg war in der Nacht zum 19. 9. das Ziel. Westdeutsche Städte erlebten ihre ersten größeren Bombenangriffe in der Nacht zum 20. 9. 1940.

Alle diese Angriffe veranlaßten deutsche Gegenangriffe. So verlautbarte das OKW am 23. 9., daß die englische Stadt Cambridge als Vergeltung für die britischen Bombenwürfe auf Heidelberg angegriffen worden sei. (Siehe Schultheß: »Europäischer Geschichtskalender 1940«, S. 202.)

Am 15. 11. hieß es beispielsweise im OKW-Bericht, daß als Vergeltung für den Bombenangriff auf München der Angriff auf Coventry geflogen worden sei. Am 20. 11. wurde bekanntgegeben, daß Birmingham die Vergeltung für Hamburg, Bremen und Kiel darstellte.

In Coventry waren allerdings auch 21 größere Betriebe der Flugzeugmotorenindustrie getroffen worden.

Verlustreicher Abwehrkampf des Fighter Command

In diesen kritischen Tagen war es das Fighter Command, das ununterbrochen im Einsatz stand. Auch auf englischer Seite exponierten sich
die Erfolgreichen. Da war z. B. Sergeant Pilot James H. Lacey von der
501. Staffel in Filton bei Bristol, der mit dieser Staffel nach Frankreich
gekommen und schließlich nach Gravesend verlegt worden war. Bis
zum 14. September, dem Tag, an dem er im Luftkampf abgeschossen
wurde, hatte er 11 deutsche Flugzeuge über England abgeschossen.
Am 15. 9. startete er wieder, wenn auch wegen Verbrennungen flugunfähig geschrieben, und schoß im Luftkampf abermals eine Me 109 ab.
Wie Lacey, so kämpften alle Jägerpiloten, wie etwa auch Robert Stanford Tuck und der beinamputierte Douglas Robert Stuart Bader.
Bereits am 20. August hatte Winston Churchill vor dem britischen
Unterhaus erklärt, daß nunmehr eine Wende kommen müsse. Doch diese Wende ließ noch auf sich warten. Bis zum 7. 9. 1940 verlor das
Fighter Command 277 Jäger und meldete seinerseits den Abschuß von
378 deutschen Flugzeugen. Vom 7. bis 21. 9. gingen bei der Verteidigung des Luftraumes über London weitere 144 Maschinen verloren,
der Abschuß von 262 deutschen Flugzeugen wurde gemeldet.
Diese kritische Periode der Schlacht um England, die vom 24. 8. bis
zum 6. 9. dauerte, wurde von der britischen Führung mit letzter Ener-
gie gemeistert. Es war der Luftwaffe gelungen, die Flugplätze und Stationen der 11. Fighter Group in Südostengland schwer zu zerstören.
Die Bodenorganisation war teilweise zerschlagen. In dieser entscheidenden Stunde hätte es des weiteren Einsatzes aller deutscher Luftstreitkräfte bedurft, um die Jägerpiloten-Reserve der Royal Air Force
völlig auszuschalten. Aber am 7. 9. nahm die Luftwaffe den vorher
geschilderten Zielwechsel auf London vor. Von diesem Tag an konnte
sich das Fighter Command wieder erholen, und bis zum 14. 9. kamen
neue Spitfire und Hurricane und auch neue Piloten an die Front. (Siehe
Denis Richards: »Royal Air Force 1939–1945.«)
Seit dem 10. September verfügte Air Marshal Dowding wieder über
125 Reserveflugzeuge, und auch die ersten Piloten kamen aus den
Ausbildungseinheiten zur Truppe, so daß die spärliche Zahl von 16
Flugzeugführern je Staffel, deren Vollbesetzung erst mit 26 Piloten
erreicht war, langsam wieder anstieg.
»Daß die Deutschen begannen, nunmehr London bei Tag zu bombar-

dieren, ist eines ihrer Führungsgeheimnisse. Daß sie dann schließlich vom Tag- auf das Nachtbombardement umschwenkten, das war der Triumph des Fighter Command.« (Siehe Denis Richards a.a.O.)

Die Schlacht um England wurde nicht allein vom Fighter Command gewonnen, wie nachträglich behauptet wurde. Sie wurde gewonnen von den Arbeitern in den Flugzeugwerken, die rund um die Uhr arbeiteten, von den Handwerkern in den Reparaturlagern, von den Technikern in den Radarstationen, in den Operationsräumen und vor allem auf den Flugzeugführerschulen.

Die Zahl der einsatzbereiten Jagdstaffeln nahm nicht etwa während der Luftschlacht um England ab, sondern stieg bis Anfang November 1940 auf 66 Staffeln an. Im April 1941, am Ende der Luftschlacht um England, verfügte das Fighter Command über 81 Jagdstaffeln, von denen 16 für die Nachtjagd ausgerüstet und geschult waren.

Anfang Dezember, als die deutschen Einflüge nach England nachließen, ging das Fighter Command von der Defensive zur Offensive über. Jägerketten flogen zu jeder Stunde über den Kanal und suchten – gleich den deutschen Fernnachtjägern – nach deutschen Bombern, um sie schon beim Start (oder kurze Zeit nachher) abzuschießen.

Damit hatte das Fighter Command entscheidenden Anteil an der Rückgewinnung der Operationsfreiheit.

Das Bomber Command

Beim Bomber Command fand am 4. 10. 1940 ein Führungswechsel statt. Air Marshal Sir Charles Portal nahm seinen Abschied, nachdem er den Verband genau ein halbes Jahr geführt hatte. An seine Stelle trat Air Marshal Sir Richard Peirse. Seine Zeit sollte noch kürzer bemessen sein. Allerdings fielen in jene drei Monate, in denen er das Bomber Command führte, einige Angriffe britischer Bomber gegen Deutschland. Er hatte als stellvertretender Stabschef der RAF die besten Verbindungen zum obersten Führungsstab, und da Sir Charles Portal nunmehr Stabschef der RAF wurde, war klar, daß das Bomber Command die beste und weitreichendste Unterstützung erhalten würde. Während in Deutschland die Frage nach Fernbombern noch immer stiefmütterlich behandelt wurde, fieberte man in England dem Tag entgegen, da die ersten Viermotorigen fertig und an die Truppe übergeben werden konnten.

Zwar waren im August bereits die ersten Stirling-Bomber zur Truppe gekommen, doch auch dieser Typ war nicht jener Fernbomber, den die britische Air Force haben wollte, um zum geplanten Flächenbombardement übergehen zu können.

In der Nacht zum 17. 10. 1940 griffen wieder kleine Gruppen britischer Bomber Bremen, Cuxhaven, Hamburg und Kiel an. Es war für das Bomber Command erschreckend, daß es über nicht mehr als etwa 200 bis 250 Bomber verfügte, von denen nur etwa 50 für Langstreckenflüge ausgerüstet waren.

Neun Nächte vorher war wieder einmal Berlin Zielgebiet für jene 30 Wellington-Bomber der 3. Bomber Group und die 12 Whitley der 4. Bomber Group gewesen, die insgesamt 50 Tonnen Sprengbomben abwarfen. Es gab 25 Tote und 52 Verletzte unter der Zivilbevölkerung. Neben einer Reihe von Wohngebäuden erhielten auch die weltberühmte Charité und das Robert-Koch-Krankenhaus mehrere Treffer. Zwei Stunden dauerte dieser Angriff, der in mehreren Wellen geflogen wurde. Über Berlin wurde eine Wellington abgeschossen, einige andere Bomber erhielten schwere Treffer, konnten aber die Heimathorste erreichen.

Am 15. 10. fielen Bomben auf das Virchow-Krankenhaus in Berlin, und der Doppelangriff des 21. 10., der auf Schöneberg, Wilmersdorf und Steglitz abzielte, forderte ebenso wie der Angriff des 24. 10. auf Wilmersdorf Tote und Verletzte. Der letzte Oktoberangriff auf Berlin in der Nacht zum 25. 10. dauerte viereinhalb Stunden. Abermals flogen die Bomber in mehreren Gruppen an. Zwei Maschinen wurden ein Opfer der Flakabwehr.

Währenddessen hatte in London zwischen den Politikern und der RAF eine Debatte über den zweckmäßigsten Einsatz der Bomberwaffe eingesetzt. Die Politiker forderten, daß bei Angriffen eine große Fläche mit Bomben belegt werde, während das Bomber Command noch immer an die Zielsicherheit seiner Besatzungen glaubte. Diese Illusion machte sich der Stab des Bomber Command allerdings nur noch im Jahre 1940. Man behauptete zwar noch, daß ganz bestimmte Ziele angegriffen worden seien, aber in Wirklichkeit wurde »plump gelogen, obgleich die Besatzungen selbst mit bewundernswerter Offenheit zugaben, daß sie oftmals ihre Zielgebiete nicht finden konnten, geschweige denn die angegebenen Angriffsziele getroffen hatten«. (Siehe Verrier, Antony: »Bomberoffensive gegen Deutschland 1939–1945.«)

Dies trifft insbesondere auch auf die Angriffe des Bomber Command vom 7. 10. gegen Berlin und vom 7. 11. 1940 gegen Essen zu. Die Meldungen, die der Stab des Bomber Command nach diesen Angriffen erstattete, gaben dem Führungsstab der RAF und dem Luftfahrtministerium sowie dem Ministerium für wirtschaftliche Kriegführung einen völlig falschen Eindruck von der Wirksamkeit. Man war dort der Annahme, daß man genaue Angriffe gegen die deutsche Rohölversorgung oder gegen Transporteinrichtungen führen könne, während in Wirklichkeit die genaueste Zielbezeichnung, die das Bomberkommando ihren Piloten mitgeben konnte, der lapidare Satz war:
»Das Ziel ist das Stadtzentrum.«

Die Ernüchterung setzte erst ein, als der »Butt-Report« erschien, in dem zum Ausdruck gebracht wurde: »Die meisten Besatzungen sind froh, wenn ihre Bomben im Umkreis von 5 Meilen zum Angriffsziel fallen.« (Siehe Antony Verrier, a.a.O.)

Doch zurück zu den Einsätzen des Bomber Command.

In der Nacht zum 16. 10. unternahmen Battle-Bomber einen Angriff auf Boulogne und Calais. Die eingesetzte 301. Staffel erzielte mittelmäßige Erfolge.

Alle genannten Angriffe des Bomber Command in dieser Zeit wurden mit weitaus weniger als 100 Flugzeugen geflogen. Erst als am 6. 11. die ersten Manchester-Bomber zur 207. Staffel nach Bascombe Down kamen und am 13. 11. die ersten Halifax-Bomber zur 35. Staffel nach Bascombe Down geflogen wurden, standen wieder genügend Flugzeuge zur Verfügung, um größere Angriffe zu planen und die vorgeschlagenen Flächenbombardements durchzuführen.

In der Nacht zum 17. 11. griff die bis dahin größte Streitmacht des Bomber Command in Stärke von 127 Maschinen Hamburg an und zerstörte eine große Anzahl Wohnhäuser.

Am 25. 11. 1940 wurde Vice Air Marshall Harris, bis dahin Chef der 5. Bomber Group, zum stellvertretenden Oberbefehlshaber des Bomber Command ernannt.

Dann erfolgte der erste wirkliche Flächenangriff des Zweiten Weltkrieges, dem am späten Abend des 15. 12. ein Probeangriff von 45 Bombern auf Berlin vorausging. In der Nacht zum 17. 12. starteten 47 Wellington, 33 Whitley, 18 Hampden und 4 Blenheim des Bomber Command zum Flächenangriff auf Mannheim und zur Operation »Abigail«, wie dieser Angriff in den Annalen des Bomber Command heißt.

Es wurde nachträglich erklärt, daß dies die Vergeltung für Coventry und Southampton sei.

89 Tonnen Sprengbomben und 14.000 Brandbomben wurden geworfen, es gab 23 Tote und 80 Verletzte. 10 Bomber wurden abgeschossen. Zum erstenmal wird hier öffentlich von einem Angriff gesprochen, der ganz allgemein einem »Industrieziel« galt. Die Besatzungen der beteiligten Squadrons erhielten vorher Anweisung, »auf das Stadtgebiet zu zielen«. (Siehe Verrier a.a.O.)

In der Nacht zum 21. 12. 1940 wurde Berlin erneut von 23 Bombern angegriffen. Dann kehrte eine verhältnismäßige Ruhe ein.

Immerhin hatte die Royal Air Force allein in der Schlacht um England nach der offiziellen britischen Statistik vom 10. 7. bis zum 31. 10. 1940 1671 Flugzeuge durch Abschuß verloren; 995 weitere wurden als »schwerbeschädigt« bezeichnet.

Im genannten Zeitraum verlor die deutsche Luftwaffe rund 1700 Flugzeuge, und zwar waren 1385 durch Kampfeinwirkungen verlorengegangen und 404 durch andere Ursachen abgestürzt und vermißt. Der Gesamtverlust an Jägern bezifferte sich auf 600, während die britische Jägerwaffe die doppelte Anzahl verlor.

Die letzte Phase der Luftschlacht um England

Nach der Reorganisation und Auffrischung der Kräfte des Bomber Command, und nachdem auch am 9. 1. 1941 der erste Flug des Prototyps des viermot. Bombers Lancaster Mk I stattgefunden hatte, hoffte man im Bomber Command, nun bald wieder in das Geschehen eingreifen und das Zünglein an der Waage im Luftkrieg bilden zu können. Die Halifax, mit den modernen Merlin-Motoren ausgerüstet, war bereits im Inventar der Truppe und beteiligte sich bald am Einsatz gegen deutsche Städte.

Der Angriff von 189 Bombern auf Hannover in der Nacht zum 11. 2. 1941 zeigte, daß England zurückschlagen und dies mit aller Kraft tun wollte. Die Short-Stirling-Bomber wurden in derselben Nacht bei einem Angriff auf Rotterdam zum ersten Male eingesetzt. In der Nacht zum 13. 2. griffen 54 Wellington- und 32 Blenheim-Bomber die Focke-Wulf-Werke in Bremen an. Ein Luftangriff auf Wilhelmshaven folgte am 21./ 22. 2. 1941.

Im März war es die Stadt Köln, die in den Nächten zum 2. und 4. 3.

Angriffen von jeweils über 100 Bombern ausgesetzt war. In der dazwischenliegenden Nacht zum 3. 3. flogen diese Bomber nach Brest, Calais und Rotterdam, um Hafenanlagen zu bombardieren. Sechs Halifax-Bomber flogen in der Nacht zum 11. März im Verband der 35. Staffel mit, als ein Angriff auf Le Havre geflogen wurde; 48 Stunden später flogen diese ersten viermot. Bomber ihren ersten Angriff auf das deutsche Reichsgebiet. Hamburg war ihr Ziel.

Berlin wurde in der Nacht zum 24. 3. von Bombern angegriffen, die in Stärke von 130 Flugzeugen anflogen und ihre Bomben über der Stadt abwarfen.

In der Nacht zum 31. 3. begann das Bomber Command einen Sondereinsatz, der 10 Monate dauern sollte. Und zwar wurde mit immer stärkeren Massierungen versucht, die in Brest liegenden deutschen Schlachtschiffe »Scharnhorst« und »Gneisenau« sowie den Kreuzer »Prinz Eugen« auszuschalten.

Die erste 4000-Pfund-Bombe wurde in der Nacht zum 1. 4. 1941 auf Emden abgeworfen. Träger dieser überschweren Bomben waren modifizierte Wellington-II-Muster der Staffeln 9 und 149 der 3. Bomber Group, die vor allem 1941 mehrere Ziele in Deutschland angriff.

Der erste Tagesangriff von Stirling-Bombern erfolgte am 27. 4.; das Ziel war Emden. Die 7. Staffel führte diesen Angriff durch. Weitere Angriffe auf die »Scharnhorst« und »Gneisenau« wurden im März und April von der 5. Bomber Group geflogen. Es zeigte sich, daß diese großen Kriegsschiffe die mit am härtesten verteidigten Ziele waren. Wenn die Flak der Schiffe und die des Hafens von Brest intensiv eingriff, dann blieben immer wieder Angreifer auf der Strecke und explodierten oder stürzten brennend in die See. Ein stärkerer Angriff auf Kiel forderte am 9. 4. 84 Todesopfer. Am 7. 5. wurde die Bomber Squadron 90 in der 2. Bomber Group aufgestellt. Es war die erste Staffel des Bomber Command, die mit dem neuen, aus US-Lieferungen stammenden viermotorigen Bomber Boeing 17 C, der »Fortress I«, ausgerüstet war.

In der Nacht zum 9. 5. erfolgte dann der bis dahin schwerste englische Luftangriff des Krieges. Zielgebiete waren Hamburg und Bremen. Von den anfliegenden 359 Bombern und drei Minenleger-Maschinen griffen 317 die beiden genannten Städte an.

Am Abend des nächsten Tages wurde in Schottland ein deutscher Flieger aufgegriffen, der behauptete, der »Stellvertreter des Führers« zu sein. Es war tatsächlich Rudolf Heß, der mit einer Me 110 vom Flugplatz der Messerschmittwerke in Augsburg gestartet war, um in England Friedensverhandlungen auf eigene Faust zu führen. Die von ihm erbetenen Gespräche kamen nicht zustande.

Am 13. 5. erfolgte ein britischer Tagesangriff auf Helgoland, am 13. 6. waren erneut schwere Bomber im Einsatz gegen die deutschen Großkampfschiffe in Brest und gegen das Ruhrgebiet. Am 30. 6. unternahmen Halifax-Bomber den ersten Tagesangriff auf Kiel.

Wieder war es die 35. Staffel, deren 6 Bomber dieses Typs am Einsatz teilnahmen.

Im Juli und August war Englands Bomberflotte in steigendem Maße im Kampf. Der britische Kriegspremier Winston Churchill versuchte, dem »russischen Bundesgenossen«, den er am 22. 6. 1941 als solchen im Rundfunk begrüßt hatte, zu zeigen, daß England seinen Teil an der Zerschlagung von »Nazideutschland« beitragen wollte. »Jeder Mann, oder jeder Staat, der gegen Nazis kämpft, hat die Unterstützung Englands!« so lautete der Kernsatz seiner Rede. Um diesen verschärften Bombereinsatz auch durchführen zu können, wurde an den Chef des Bomber Command eine neue Direktive ausgegeben. Darin kam zum Ausdruck, daß man nach bestmöglichen Wegen suchen müsse, den Feind zu vernichten. Sie war von dem stellvertretenden Chef des Luftwaffenführungsstabes, Air Vice Marshal N. H. Bottomley, unterzeichnet und lautete im Kern:

»Sir, ich wurde angewiesen, Sie davon zu informieren, daß eine umfassende Untersuchung der gegenwärtigen politischen, wirtschaftlichen und militärischen Lage des Feindes ergeben hat, daß die schwächsten und verwundbarsten Punkte in der Moral der Zivilbevölkerung einerseits und in seinem Inland-Transportsystem andererseits liegen. Es liegen viele Anzeichen dafür vor, daß unsere neuen Angriffe einen großen Effekt auf die Moral der Zivilbevölkerung haben.«

Nunmehr war ausgesprochen, daß es nicht darum ging, Öltanks oder ähnliche Ziele zu bombardieren, sondern daß alles darauf ausgerichtet werden mußte, den Feind selbst, einschließlich seiner Zivilbevölkerung, zu treffen. Dieser Direktive des Luftfahrtministeriums folgte jene noch eindeutigere der Stabschefs, die vom Kriegskabinett genehmigt wurde. In dieser Direktive, die direkt an das Bomber Command gerichtet war, hieß es:

»Die deutsche Rüstungsindustrie muß an ihrer Wurzel ausgerottet werden. Die Wirtschaft, die sie stützt, die Moral, die sie aufrechterhält, der Nachschub, der sie nährt, und die Hoffnung auf den Endsieg, die sie inspiriert, müssen mit aller Kraft angegriffen werden.«

Damit waren die bereits begonnenen Flächenbombardierungen auch von oberster britischer Stelle abgesegnet worden.

Wenn man auch beim Bomber Command im Juni 1941 nur über etwa 400 Bomber verfügte und diese 400 Bomber im Juni lediglich 4000 Tonnen Bomben abwerfen konnten, so war doch der Tag abzusehen, an dem es mehr und mehr schwere viermotorige Bomber geben würde.

Am Angriff auf Bremen am 4. 7. 1941, der am Tag geflogen wurde, waren 15 Maschinen der Blenheim-Staffeln 105 und 107 beteiligt. Drei von ihnen mußten vorzeitig wegen Schäden umkehren, vier weitere wurden abgeschossen, der Rest aber erreichte das Ziel. Die Boeing B 17 C »Fortress«-Staffel, Nr. 90, unternahm am 8. 7. den ersten Bomberangriff auf Wilhelmshaven, und am 24. 7. erfolgte ein größerer Tagesangriff auf Brest und La Pallice. Es war der 63. Angriff auf die deutschen Großkampfschiffe. Diesmal waren 149 Flugzeuge im Einsatz, und zwar Hampden-, Wellington- und Fortress-Bomber. Die »Scharnhorst« erhielt fünf Treffer. Zwei der 500-Pfund-Panzerbrecher durchschlugen zwar das Deck dieses Schlachtschiffes, blieben aber im Schiff als Blindgänger stecken. Die drei übrigen richteten nur geringen Schaden an.

Da die Piloten der nunmehr veralteten Blenheim-Flugzeuge unzufrieden wurden und am liebsten auch auf die neuen viermotorigen Bomber umgestiegen wären, besuchte Winston Churchill Ende Juli 1941 alle Fliegerhorste der 2. Bomber Group, die Blenheim-Bomber flogen. Was er sagte, war noch immer bestimmt von der Idee, den Russen helfen zu müssen, die seit dem 22. 6. 1941 mit Deutschland im Krieg standen:

»Ich verlasse mich auf Sie, daß Sie Rußland auf diese Weise helfen, indem Sie durch Ihren Einsatz am Tage die deutschen Jäger von der Ostfront wieder zur Westfront locken und so die russische Front entlasten. «

In der Nacht zum 3. 8. konnten die Blenheim-Piloten ihren Einsatzwillen bezeugen, denn es ging um einen Nachtangriff auf Hamburg, Kiel und Bremen. Die 105. und 107. Staffel startete unter Führung von Wing Commander Edwards. Edwards führte die 15 Bomber an, die den Angriff auf Bremen ausführen sollten. In niedriger Höhe flogen sie über die Nordsee. Als sie ostwärts von Bremerhaven in die deutsche

Ballonsperre gerieten, gelang den Kabelschneidern das Durchsägen der Haltekabel. Dann waren die Bremer Hafenanlagen erreicht. Flakfeuer schlug ihnen entgegen, als sie in knapp 50 bis 100 m Höhe die Ziele anflogen. Zwei Blenheim erhielten direkt über dem Ziel Flak-Volltreffer und explodierten. Zwei weitere wurden abgedrängt und ebenfalls abgeschossen. Die Bomber, die den Heimflug schafften, waren schwer beschädigt. Dennoch war der Einsatz ein Erfolg. Wing Commander Edwards erhielt das Victoria Cross.

Am 9. 8. 1941 trafen sich Winston Churchill und Präsident Roosevelt auf dem US-Kreuzer »Augusta« und auf dem britischen Schlachtschiff »Prince of Wales« in der Argentia-Bucht von Neufundland. Nach dreitägiger Verhandlung wurde am 12. 8. die Atlantikcharta verkündet, in der die Nachkriegspolitik unter Ausklammerung Deutschlands festgelegt wurde.

In diesen Unterredungen wurde auch vereinbart, daß die US-Atlantik-Flotte die Sicherung der Dänemarkstraße und der schnellen Geleite im Nordatlantik übernehmen würde.

Damit befanden sich die USA bereits inoffiziell im Krieg gegen Deutschland.

Ebenfalls am 12. 8. wurde der erste Truppenversuch mit Gee-Radar zur Navigation und Identifizierung der Ziele durchgeführt. Es waren zwei Wellington-Bomber der Staffel 115, die das neue Gerät während eines Feindfluges nach Mönchengladbach ausprobierten. Blenheim-Bomber der 2. Bomber Group griffen ebenfalls am 12. 8. unter starkem Jagdschutz die niederländische Küste an und unternahmen einen Tieffliegerangriff auf zwei Kraftstationen in Köln-Goldenberg (Knapsack) und auf die Fortuna-Anlage in Quadrath. An diesem Tag mußten 1500 Jägereinsätze des Fighter Command die verschiedenen Angriffe des Bomber Command schützen.

Auf Berlin wurde eine Nacht später der bisher schwerste Luftangriff geflogen; 82 Tonnen Sprengbomben wurden geworfen. Drei Nächte später griffen über 300 Bomber Hannover, Braunschweig und Magdeburg an. Den letzten Angriff dieses letzten Monats des zweiten Kriegsjahres flogen in der Nacht zum 30. 8. 1941 143 Bomber, und zwar auf Frankfurt am Main; 101 erreichten das Ziel und warfen 91 Tonnen Bomben ab. Nur zwei Bomber wurden abgeschossen.

Im September 1941 wurde vom Chef des Stabes des Bomber Command die Meldung an das Kriegskabinett weitergeleitet, daß das Bomber Command in den vergangenen 24 Monaten seines Kriegseinsatzes insgesamt 35.000 Tonnen Bomben abgeworfen habe. Bei diesen Einsätzen seien 1300 Flugzeuge verlorengegangen. Das Bomber Command hatte einen hohen Blutzoll entrichtet. Es war für längere Zeit nicht voll einsatzbereit.

Wie aber sahen die letzten Monate des zweiten Kriegsjahres für die deutsche Luftwaffe aus? Was hatte sie nach Ende der Luftschlacht um England erreicht? Wo und mit welcher Zielsetzung wurde sie nun eingesetzt?

Die deutsche Luftwaffe im letzten Vierteljahr des zweiten Kriegsjahres

Nach Beendigung der Luftschlacht um England und Verlegung fast sämtlicher deutscher Fliegerverbände vom Kanal und von der französichen Atlantikküste in den Südost- und Ostraum blieb für die am Kanal zurückgebliebenen Geschwader die schwere Aufgabe, den Gegner trotz der zahlenmäßigen Unterlegenheit in Schach zu halten.

Die JG 26 und JG 2 waren in schwere Kämpfe verwickelt. Jeder einsatzbereite Flugzeugführer mußte bis zu fünfmal am Tag starten, um zu verhindern, daß die Royal Air Force die absolute Luftherrschaft über dem Kanal errang. Die Überlegenheit der Gegner stieg vom Fünffachen auf das Zehnfache an.

Am 21. 6. war es Oberstleutnant Galland, der anläßlich der englischen »Non-Stop-Offensive« gegen St. Omer mit starken Blenheim-Bomberverbänden und 50 Spitfire und Hurricane seinen 68. und 69. Abschuß erzielte und dann selbst getroffen wurde, aber glimpflich davonkam. An diesem Tag schoß das JG 26 14 Feindflugzeuge ab. Am Abend dieses Tages erhielt Oberstleutnant Galland, inzwischen Kommodore des Geschwaders geworden, als erster Soldat der deutschen Wehrmacht die Schwerter zum Ritterkreuz mit Eichenlaub.

Adolf Galland wußte, daß am nächsten Tag der Feldzug gegen Rußland beginnen würde, und an diesem Abend dachte er an die Worte, die ihm Reichsmarschall Göring Ende April in Paris gesagt hatte, als er die am Atlantik eingesetzten Kommodore der Geschwader besucht hatte: »Für die ersten sechs Wochen des Rußlandfeldzuges geht Mölders mit seinem Geschwader an die Ostfront. Im Westen bleiben die Geschwader 2 und 26 zurück. Danach lösen Sie Mölders im Osten ab und machen dort den Rest.« Am Pas de Calais, in seinem Stabsquartier in Audembert, dachte Galland in den nächsten Wochen an diese Worte.

Am nächsten Tag begann der Ostfeldzug. Auch Galland, der ja nur in Umrissen orientiert war, vernahm mit fassungslosem Staunen die einander jagenden Sondermeldungen.

Für diesen Ostfeldzug hatte der Großteil der deutschen Luftwaffe nach dem Osten in Marsch gesetzt werden müssen, denn es wurden auf seiten der Sowjetunion etwa 6000 Flugzeuge an der Westgrenze vermutet. Die deutsche Luftwaffe war im Ostfeldzug mit folgenden Großverbänden vertreten:

Luftflotte 1: Generaloberst Keller bei der HGr. Nord
Luftflotte 2: Generalfeldmarschall Kesselring
                 bei der HGr. Mitte.
Luftflotte 4: Generaloberst Löhr bei der HGr. Süd.

In diesen drei Luftflotten standen 1945 Flugzeuge, von denen 1280 einsatzbereit waren, und zwar: 510 Bomber, 290 Stukas, 440 Jäger, 40 Zerstörer und 120 Fernauflklärer.

Alle diese Flugzeuge waren vorher im Westen im Einsatz gewesen. Und wenn man bedenkt, daß auch in Nordafrika deutsche Jäger, Zerstörer, Bomber und Fernaufklärer kämpften, dann wird die Verzettelung deutlich, die hier geschah.

Die Luftflotte 5 befand sich nach wie vor im norwegischen Raum und beteiligte sich im hohen Norden am Krieg gegen die Sowjetunion.

Am frühen Morgen des 22. 6. 1941, um 03.15 Uhr, starteten 30 blindflugerfahrene Besatzungen der KG 2, 3 und 53 zum Angriff gegen die erkannten sowjetischen Jägerplätze. Selbst die deutschen Jagdverbände beteiligten sich – aus Mangel an fliegenden Gegnern – an der Bombardierung und Beschießung. Stukas und Schlachtflieger unterstützten das Vorgehen der Infanterie und beteiligten sich am Niederkämpfen befestigter Punkte. Dennoch warfen sich den deutschen Fliegerverbänden Hunderte sowjetischer Jäger entgegen. Es waren solche des Typs I-153, Curtiss P-4C und I-16 und andere. Als russische Bomber gegen Mittag versuchten, deutsche Feldflughäfen zu bombardieren, gerieten sie in die startenden deutschen Jägerverbände hinein und erlitten schwerste Verluste. Binnen 24 Stunden konnte die deutsche Luftwaffe den größten Erfolg ihrer Geschichte verbuchen: Über 1800 russische Flugzeuge wurden vernichtet, davon 322 von Jägern und Flak und rund

1500 am Boden; 35 eigene Maschinen wurden abgeschossen. Dies war zwar ein grandioser Sieg; um aber die sowjetischen Luftstreitkräfte auszuschalten, reichte es nicht aus, denn in Wahrheit waren die sowjetischen Luftstreitkräfte um ein bedeutendes stärker als die geschätzten 8000 Flugzeuge.

Dennoch war am 23. 6. die Luftherrschaft über dem gesamten Kampfgebiet an der 1600 km langen Front errungen. Die deutsche Luftwaffe ging dazu über, Ziele im Hinterland zu bombardieren. Daß dieser Einsatz zu Beginn des Feldzuges dennoch kein Spaziergang war, zeigen die Verluste, die in den ersten 14 Tagen entstanden. 124 Jagdflugzeuge, 196 Bomber und 171 Aufklärer wurden von russischen Verbänden abgeschossen, weitere 110 Jäger, 119 Bomber und 87 sonstige Maschinen wurden schwer beschädigt. – Diese kleine »Abschweifung« auf einen anderen Kriegsschauplatz soll verdeutlichen, daß der größte Teil der Luftwaffe vom Westen nach Osten verlegt worden war und daß sie dort in schweren Kämpfen stand.

Während im Osten sozusagen aus dem vollen geschöpft wurde, begann am Kanal der »Krieg der armen Leute« gegen einen mehr und mehr erstarkenden Gegner. Am 3. 7. stürzte Oblt. Balthasar, Träger des Eichenlaubes, Gruppenkommandeur im JG 2, tödlich ab. Hptm. Bieber wurde am Kanal abgeschossen. Im Juli traf es Lt. Uellenberg nach 17 eigenen Luftsiegen. Er wurde von einem Pulk Spitfire gestellt und abgeschossen.

Vom 2. bis 11. 7. schoß Oblt. »Pips« Priller 11 Gegner über dem Kanal ab und bezwang am 14. 7. südlich Dünkirchen seinen 40. Gegner im Luftkampf. Es war eine Spitfire, die ihm ein erbittertes Gefecht lieferte.

Am 18. 7. stieß Fw. Jäckel nach fünfmaligem Angriff auf einen kleinen Verband von 5 Bombern des neuen Typs »Short Stirling« auf einen der Bomber herunter und schoß ihn ab. Dies war die erste Stirling, die überhaupt abgeschossen wurde.

Einen Tag, nachdem am 22. 7. 127 Bomber aus den verschiedensten deutschen Geschwadern Moskau angegriffen hatten, schoß Oblt. Pflanz über dem Kanal an einem Tag 6 Feindflugzeuge ab. Am 1. 8. 1941 erhielt er das Ritterkreuz.

Aber auch über dem Reichsgebiet waren die Jäger erfolgreich. Über Berlin schoß Fw. Kalinowski in der Nacht zum 3. 6. eine weitere viermotorige Stirling ab, und am 28. 6. gelang Oblt. Eckhardt im Scheinwerferlicht über Hamburg der Abschuß von 4 britischen Bombern hintereinander.

Die Erfolgsserie der wenigen Jäger im Westen setzte sich fort. Immer wieder kam es zu herausragenden Ergebnissen, wenn diese auch nicht mit den Rekordzahlen in Rußland Schritt halten konnten. Oblt. Schmid vom Stabsschwarm des JG 26 schoß am 7. 8. über dem Kanal 4 britische Maschinen ab. Am 9. 8. wiederholte er diesen Erfolg mit dem Abschuß von 3 weiteren Feindmaschinen. Aus dem Verband des Wing Commanders Bader schoß Oberstleutnant Galland 2 Spitfire ab. An diesem Tag wurde auch Bader im Luftkampf über dem Pas de Calais abgeschossen. Er konnte sich mit dem Fallschirm retten und geriet in deutsche Gefangenschaft.

Oberstleutnant Galland sorgte dafür, daß für den beinamputierten Gegner die Beinprothesen aus England herübergeflogen und abgeworfen wurden.

Bis Ende August 1941 war die gesamte II./JG 26 auf Fw 190 umgerüstet.

Die beiden Jagdgeschwader hatten als »Kanalarbeiter« gezeigt, daß sie in schwierigsten Lagen den Gegner halten und Schlimmes verhüten konnten. Die deutschen Bomberverbände aber standen in der Sowjetunion im Einsatz. Die Kampfgeschwader 1, 2 und 3 kämpften im Osten und Südosten.

Das Löwengeschwader nahm an der Eroberung von Kreta teil und wurde dann ebenfalls an der Ostfront eingesetzt. Nicht anders erging es dem KG 27, das im gesamten Jahr 1940 am Kanal und über England eingesetzt war und die Angriffe auf englische Flughäfen, auf London, Liverpool, Coventry und Manchester geflogen hatte und nun von seinen Absprunghäfen in Rumänien am Kampf im Südabschnitt der Ostfront beteiligt war.

Das Kampfgeschwader 30, dessen erster wirklicher Einsatz am 16. 3. 1940 gegen die britische »Home Fleet« stattgefunden hatte und dessen weitere Feindflüge im Norwegen- wie im Westfeldzug, aber vor allem während der Luftschlacht um England, oftmals den letzten Einsatz in Bardufoss und Banka im Einsatz gegen Archangelsk und die Murmansk-Bahn und erzielte bedeutende Erfolge im Kampf gegen die Geleitzüge der PQ- und QP-Gruppe.

Die Kampfgeschwader 51, 53 und 54, die ebenfalls an der Luftschlacht um England teilgenommen hatten, standen nunmehr auch im Osten im

Einsatz. Im baltischen Raum flogen die Maschinen des KG 76 und die Dünaburg-Dno die Gruppen des KG 77.
Ebenso waren alle Schlacht- und Sturzkampffliegerverbände nach dem Osten verlegt worden.

Das dritte Kriegsjahr—
Die politischen Hintergründe

Deutsche Aktivitäten

Auch nach Beginn des Rußlandfeldzuges, dessen Beginn Hitler erst wenige Stunden vorher seinem Waffengefährten Mussolini mitgeteilt hatte, entfaltete die deutsche Führung eine gesteigerte politisch-diplomatische Tätigkeit, um die Fronten endgültig zu klären. Hinzu kam, daß noch einige Satelliten Deutschlands sich entscheiden mußten. So brach Ungarn bereits am 23. 6. 1941 die diplomatischen Beziehungen zur UdSSR ab, während die Slowakei Rußland an diesem Tag den Krieg erklärte und ihre zwei Infanterie-Divisionen der 17. deutschen Armee unterstellte.

Die Kriegserklärung Finnlands an die UdSSR erfolgte am 26. 6. Sie wurde damit begründet, daß durch sowjetische Luftangriffe auf finnische Städte de facto bereits der Kriegszustand eingetreten sei. Nicht als Bundesgenosse, sondern als Waffengefährte wollte Finnland – welch einen Unterschied dies auch immer ausmachte – auf deutscher Seite kämpfen.

Die schwache finnische Luftwaffe wurde durch die im hohen Norden stationierte Luftflotte 5 unter GenOberst Stumpf unterstützt.

Nach den russischen Luftangriffen auf Kaschau und Muncacs erklärte auch Ungarn der UdSSR den Krieg, und an diesem 27. 6. brach Dänemark die diplomatischen Beziehungen zur Sowjetunion ab. Am 30. 6. folgte die Vichy-Regierung Frankreichs dem Beispiel dieser neutralen Staaten.

Hitler und Mussolini erklärten am 9. 7., daß nunmehr Jugoslawien staatsrechtlich kein Staat mehr sei.

Als der japanische Botschafter Oshima von Hitler am 15. 7. empfangen wurde, schlug der »Führer« dem Japaner vor, daß beide Staaten ein Bündnis schließen sollten, um die USA zu vernichten. Damit wählte Hitler einen günstigen Zeitpunkt, denn die japanisch-amerikanischen Verhandlungen, die seit geraumer Zeit geführt wurden, waren durch eine US-Verbalnote, die US-Staatssekretär Hull in Tokio überreichte, auf einem Tiefpunkt angelangt. Japan hatte den Inhalt dieser Note als eine Einmischung in seine eigenen Angelegenheiten schroff abgewiesen. Aber auch in Berlin war Japan noch zurückhaltend.

Als die Japaner schließlich ihr Kabinett umstellten, die neue Regierung unter Fürst Kanoye den prodeutschen Außenminister Matsuoka ablösen ließ und die Verhandlungen mit den USA neu aufnahm, sah es nicht so aus, als ob Deutschland sich mit Japan einigen könnte.

Trotz dieser gegenteiligen Strömungen in Japan beschloß der japanische Kronrat, in Südostasien einen Krieg gegen die USA und ihre dortigen Verbündeten zu führen, wenn die noch laufenden Verhandlungen mit den USA nicht bis zum 10. 10. 1941 zu einem befriedigenden Abschluß gekommen waren.

Am 3. 10. erklärte Hitler anläßlich der Eröffnung des Winterhilfswerkes in Berlin, daß »dieser Gegner (die UdSSR) bereits gebrochen ist und sich nie mehr erheben wird«.

Am selben Tag wurde die ungeheuerliche Verordnung über die Zwangsarbeit der jüdischen Bevölkerung Deutschlands in Kraft gesetzt.

Am 5. Jahrestag des Antikominternpaktes (25. 11. 1941) traten in Berlin die Staaten Bulgarien, Dänemark, Finnland, Kroatien, Rumänien, die Slowakei und Nationalchina diesem Pakt bei.

Wie aber hatte sich nun die Lage zwischen Japan und den USA entwickelt?

Japans Verhandlungen führten zum Krieg gegen die USA

Am 20. 11. 1941 übergaben die japanischen Unterhändler Nomura und Kurusu in Washington den letzten Verhandlungsvorschlag ihres Landes an die US-Regierung. Der Ernst der Lage war Präsident Roosevelt seit geraumer Zeit bekannt, denn den Experten des Geheimdienstes war der japanische Geheimcode bekannt, und so konnten alle wichtigen Funksprüche Japans entziffert werden. Drei Tage darauf wurde der äußerste Termin für den Abschluß der japanisch-amerikanischen Verhandlungen vom 25. auf den 29. 11. hinausgeschoben. Der US-Präsident entschloß sich am 25. 11. zum Abbruch der Verhandlungen mit Japan und ließ dem japanischen Botschafter am 26. 11. durch Staatssekretär Hull eine 10-Punkte-Note überreichen, deren Inhalt für Japan unannehmbar war. Damit war der Bruch zwischen beiden Staaten vollzogen.

Am 26. 11. lief denn auch das Pearl-Harbor-Geschwader der Japaner aus der Hitokappubucht aus und nahm Kurs auf Pearl Harbor. Die Kampfgruppe, bestehend aus 6 Flugzeugträgern, zwei Schlachtschiffen, zwei schweren Kreuzern, einem leichten Kreuzer, 9 großen Zerstörern und 3 U-Booten zog 11 Tage lang bei völliger Funkstille dem Ziele entgegen.

Daß die US-Abwehr darüber informiert sein mußte, zeigt die Tatsache, daß bereits am 27. 11. vom US-Präsidenten die Kriegswarnung an die Außenbefehlshaber der US-Streitkräfte herausging. Aber noch war es nicht soweit.

Am 1. 12. aber entschied sich der japanische Kronrat endgültig für den Krieg gegen die USA, Großbritannien und die Niederlande, nachdem sich am Tag zuvor die Oberbefehlshaber der drei japanischen Wehrmachtsteile dafür ausgesprochen hatten.

Hitler sagte Japan bereits am 5. 12. Hilfe zu, falls das Land gegen die »US-Imperialisten« kämpfen werde. Er billigte auch den von japanischer Seite vorgeschlagenen militärischen Beistandspakt unter Ausschluß jedes Separatfriedens.

Am 7. 12. erfolgte der – für die unmittelbar daran beteiligten US-Stellen in Pearl Harbor – überraschende japanische Angriff auf diesen US-Kriegshafen im Pazifik und auf die dort vor Anker liegende amerikanische Pazifik-Flotte. Am selben Tag marschierten japanische Truppen von Indochina aus in Thailand ein und landeten am Isthmus von Kra. Am nächsten Tag besetzten sie Bangkok, und gleichzeitig begann der Angriff auf die Philippinen.

Der Krieg der beiden Staaten im Pazifik hatte mit einem Donnerschlag begonnen, obgleich es noch knapp einen Monat vorher so ausgesehen hatte, als sollten sich beide Seiten einigen.

Am 8. 12. erklärte die Sowjetunion, daß sich ihr Verhältnis zu Japan, das auf der Basis des russisch-japanischen Neutralitätsvertrages gegründet sei, durch den Pazifik-Krieg nicht ändern werde.

Am 11. 12. 1941 erklärten Deutschland und Italien als Teilnehmerstaaten am Dreimächtepakt den USA den Krieg. Am selben Tag wurde von den drei Hauptunterzeichnern dieses Paktes ein Abkommen über die gemeinsame Kriegführung getroffen. Dieses schloß die Verpflichtung ein, daß keiner der drei Unterzeichner »ohne volles gegenseitiges Einverständnis« mit den USA oder mit Großbritannien einen Waffenstillstand oder gar Frieden schließen werde.

Am 12. 12. erklärten auch Ungarn, Rumänien und Bulgarien den Vereinigten Staaten von Amerika den Krieg. Bulgarien tat dies sogar auch gegenüber Großbritannien.

Das deutsch-italienisch-japanische Militärabkommen, in welchem die Operationsziele und -zonen abgegrenzt wurden, fand am 18. 1. 1942 in Berlin seinen Abschluß. Die östliche Hemisphäre wurde zwischen Deutschland und Japan auf dem 70. Grad östlicher Länge geteilt.

Die deutsche politische Aktivität erlahmte nunmehr. Die in Rußland bereits schwer kämpfenden Heeresgruppen Mitte und Süd waren in einen Kampf um Leben und Tod verstrickt, so daß alles andere davor zurückstehen mußte.

Lediglich Heydrich, der Chef des Reichssicherheits-Hauptamtes, hatte am 20. 1. 1942 die Staatssekretäre der wichtigsten Ministerien zur »Wannsee-Konferenz« zusammengerufen. Hier wurde die »Endlösung der Judenfrage« in ganz Europa durch Evakuierung in den Osten »und durch andere Maßnahmen« angekündigt. Wie diese »anderen Maßnahmen« aussahen, das erfuhr der größte Teil des deutschen Volkes erst nach dem Krieg.

In Norwegen wurde durch Reichskommissar Terboven eine norwegische Regierung unter Ministerpräsident Quisling eingesetzt. Nach einer langen Pause des Schweigens erklärte Hitler am 15. 3. 1942, dem »Heldengedenktag«, daß die Rote Armee im Sommer 1942 vernichtet sein werde.

Die USA und Großbritannien im politischen Spiel

Am 9. 9. 1941 wurde mit Persien ein Abkommen getroffen, in dem das Land in Besatzungszonen aufgeteilt wurde. Der Norden wurde sowjetische, der Süden britische Besatzungszone, während die Mitte des Landes neutral blieb. Der Schah von Persien, Reza Pahlewi, dankte am 16. 9. zugunsten seines Sohnes, Mohammed Reza, ab und ging nach Südafrika ins Exil, wo er 1944 starb. Am 17. 9. besetzten britisch-russische Truppen Teheran, räumten diese Stadt aber am folgenden Tag wieder, weil sie zur neutralen Zone gehörte.

Bereits am 11. 9. 1941 hatte Präsident Roosevelt den Schießbefehl – die »shoot-on-sight-order« – gegen alle Schiffe der Achsenmächte in allen für die Sicherheit der USA wichtigen Seegebieten freigegeben.

Am 24. 9. erklärten sich 15 Regierungen alliierter Länder, darunter auch die UdSSR, für die Ziele der Atlantikcharta. Der frühere sowjetische Außenkommissar Litwinow wurde am 6. 11. Botschafter in Washington.

Das amerikanische Neutralitätsgesetz wurde am 13. 11. 1941 geändert. Nunmehr wurde den amerikanischen Handelsschiffen das Befahren der Kriegszonen gestattet. Darüber hinaus wurde ihre Bewaffnung befohlen. Dieses Gesetz trat am 18. 11. 1941 in Kraft. Daß auch das Vereinigte Königreich nicht daran dachte, auf politische Einflußnahme zu verzichten, zeigte seine Note an die finnische Regierung, in der Finnland aufgefordert wurde, den Kampf gegen die Sowjetunion sofort einzustellen. Am 6. 12. erklärte Großbritannien Finnland den Krieg und schloß in diese Kriegserklärung gleich auch noch Ungarn und Rumänien ein. Bei einem Besuch des britischen Außenministers Eden in Moskau forderte Stalin, die Curzon-Linie als Grundlage für eine sowjetisch-polnische Grenzregelung anzuerkennen. Diese 1919 von Außenminister Curzon, dem Lordpräsidenten des Geheimen Rates von Großbritannien, als Ostgrenze Polens vorgeschlagene Linie, wurde von Großbritannien bei diesem Besuch Edens in Moskau anerkannt. Damit war die Abtretung von ganz Ostpolen an die UdSSR beschlossene Sache. Im Gefolge dieser Abtretungen wurde Polen später zugestanden, sich an der deutschen Ostgrenze schadlos zu halten, um Polen im Westen für seine Verluste im Osten zu entschädigen.

Die am 22. 12. 1941 beginnende Arcadia-Konferenz zwischen Präsident Roosevelt und Premierminister Churchill in Washington dauerte bis zum 14. 1. 1942. Hierbei kam es zur Bildung des gemeinsamen »Combined Chiefs of Staff Committee« mit Sitz in Washington. Die seit 1940 verfolgte strategische Konzeption »Europa zuerst« wurde auch nach Pearl Harbor konsequent eingehalten. Die Stabschefs beider Länder waren an den Gesprächen mit einem Heer von Helfern und Mitarbeitern beteiligt.

Sie hatten einige strategische Grundentscheidungen getroffen; so sollten z. B. alle alliierten Anstrengungen auf dem Kriegsschauplatz in Europa gegen Deutschland gerichtet bleiben. Im Pazifik sollte vorerst in der Defensive gekämpft werden. Darüber hinaus war zur Entlastung der russischen Front eine Operation in Französisch-Westafrika geplant worden.

Am 6. 1. 1942 verkündete Präsident Roosevelt in einer Ansprache an das amerikanische Volk das Kriegsziel der USA:

»Die Zerschlagung des deutschen Militarismus.«

Als am 26. 1. 1942 die ersten US-Truppen in Nordirland eintrafen, erhob der irische Ministerpräsident de Valera energisch Einspruch. Doch dies fruchtete nichts.

Die britische Kabinettsumbildung vom 19. 2. 1942 führte zu einigen Veränderungen. So wurde der bisherige Botschafter in Moskau, Sir Stafford Cripps, zum Lordsiegelbewahrer und Führer des Unterhauses ernannt.

Die Errichtung einer zweiten Front in Europa, die von Stalin immer wieder gefordert worden war, führte in der Zeit vom 8. bis 17. 4. 1942 zu einer langen Besprechungsserie zwischen Premierminister Churchill und Harry Hopkins, dem Vertrauten des US-Präsidenten. Um Stalin zu beruhigen und seinen Durchhaltewillen zu stärken, schickte Präsident Roosevelt dem sowjetischen Staatsführer am 11. 4. ein Telegramm mit dem Inhalt, daß er dabei sei, »einen sehr wichtigen militärischen Plan zur Entlastung der UdSSR« zu verwirklichen.

Der Abschluß des britisch-sowjetischen Bündnisses für die Dauer von 20 Jahren wurde am 26. 5. 1942 anläßlich eines Besuches von Außenminister Molotow in London unterschrieben. Darin wurden keine Klauseln über territoriale Gebiete aufgenommen und die Ablehnung eines jeden Separatfriedens vereinbart.

Vom 18. bis zum 26. 6. dauerte sodann die Konferenz zwischen Roosevelt und Churchill in Washington, die sich abermals mit dem Problem der Errichtung einer zweiten Front in Europa befaßte. Ihnen folgten die Besprechungen vom 18. bis zum 25. 7. 1942 zwischen Churchill und Hopkins. Bei diesen Londoner Gesprächen waren die Chefs der Generalstäbe hinzugezogen worden, um die alliierten Operationspläne für 1942 festzulegen und zu koordinieren. Am 24. 7. einigten sich die britischen und amerikanischen Stabschefs darüber, daß 1942 noch nicht in Europa angetreten werden könne. Statt dessen wurde beschlossen, eine Landung in Nordwestafrika durchzuführen, die den Codenamen »Torch« – Fackel – tragen sollte.

Die Besprechungen vom 12. bis 15. 8. zwischen Stalin, Churchill und Harriman in Moskau galten der Unterrichtung der sowjetischen Führung über diese nordwestafrikanische Operation, die den deutschen Widerstand in Afrika beenden sollte.

Am 28. 8. 1942 erklärte Brasilien Deutschland den Krieg. Diese Kriegserklärung hatte jedoch keine praktischen Auswirkungen, sondern trug nur symbolischen Charakter. Damit waren die politischen

Aktivitäten des dritten Kriegsjahres beendet. Die Weichen für weitere kriegerische Handlungen und Feldzüge waren gestellt.

Das dritte Kriegsjahr—
Jahr der Entscheidung im Luftkrieg

Die Nachtjagdverbände gegen Bomber

Nach dem Ende der Luftschlacht um England und dem Abzug des größten Teiles der Jagd-, Kampf- und Zerstörerverbände der deutschen Luftwaffe auf andere Kriegsschauplätze im Südosten und Osten, standen im Westen einige wenige deutsche Kampf- und Jagdverbände im Einsatz. Die deutsche Luftwaffe kämpfte mit großen Erfolgen im Osten. Dort aber verlor sie auch einen großen Teil ihrer Substanz. Vom 22. 6. 1941 bis zum 6. 12. 1941 gingen im Osten 758 Bomber, 568 Jäger und 767 sonstige Flugzeuge aller Art verloren. Unter den letzteren befanden sich 170 Stukas, 130 Fern- und 200 Nahaufklärer. Darüber hinaus wurden 473 Bomber, 413 Jäger und 475 sonstige Flugzeuge beschädigt. Daß bei diesem »Verbrauch« nichts für den Westen übrigblieb und daß sich daher Großbritannien bald zum Großangriff aus der Luft auf Deutschland anschicken konnte, war eine logische Folgerung. Nunmehr rächte es sich, daß die Entwicklung der Nachtjagd – der einzigen Waffe, die dann den englischen Bombern hätte Paroli bieten können – bald zum Erliegen gekommen war.

Was war eigentlich mit dieser Nachtjagd? Wie hatte sie sich nach den ersten geschilderten Ereignissen entwickelt? Welche Ziele wurden mit ihr verfolgt – und konnten sie diese Ziele erreichen?

Am 17. 7. 1940 hatte Reichsmarschall Göring den 43jährigen Oberst Josef Kammhuber mit dem Aufbau eines Nachtabwehrsystems gegen einfliegende Feindbomberverbände beauftragt. Oberst Kammhuber stand mit General Wolfgang Martini, dem Chef des Nachrichtenverbindungswesens der Luftwaffe, ein Experte zur Seite, der die nachrichtentechnischen Dinge dieses nunmehr in Angriff genommenen Abwehrsystems meistern sollte. Im Oktober 1940 meldete Oberst Kammhuber, daß das erste Abwehrsystem bereitstehe. Er hatte zwei völlig verschiedene Einsatzarten für die Nachtjagd entwickelt, die defensive Nahnachtjagd in bestimmten Räumen an der deutschen Westgrenze und die offensive Fernnachtjagd gegen die Einsatzhäfen der britischen Bomber in England.

Teil der nahen Nachtjagd war der Einsatz vieler Scheinwerfer-Batterien in jenen Zonen, die als Einflugschneisen des Gegners bekannt waren. Diese Nachtjagd-Zonen wurden den Flakzonen vorgelagert, damit die deutschen Jäger nicht in den Feuerbereich der eigenen Flak gerieten.

Das Scheinwerfer-Regiment 1 unter Oberstleutnant Fichter wurde auf Zusammenarbeit mit den ersten Nachtjäger-Verbänden angewiesen. Westlich von Münster gingen diese Scheinwerfer mit ihren Horchgruppen in einem zunächst noch schmalen Riegel in Stellung. Als der Gegner versuchte, diesen Riegel zu umfliegen, weitete Kammhuber, inzwischen zum Generalmajor befördert, ihn weiter nach Norden und Süden aus. Er wuchs zu einer Breite von 35 km an und war dem Ruhrgebiet vorgelagert, das es vorerst besonders zu schützen galt.

Die Nachtjäger selbst waren auf bestimmte Suchräume in dieser »hellen« Zone verteilt. Wenn von den Horchgeräten der Scheinwerfer-Batterien feindliche Bomber erfaßt wurden, versuchten die Scheinwerfer, diese anfliegenden Gegner in ihren Lichtkegel zu bekommen. Die nach den Horchmeldungen aufgestiegenen Jäger konnten dann die in den Scheinwerfern »eingefangenen« Feindbomber sichten, angreifen und abschießen. Nach anfänglichen Schwächen wurde diese helle Nachtjagd immer erfolgreicher. Doch sie reichte allein nicht aus, denn immer wieder gelang es einzelnen Bombern und kleinen Pulks, dem Scheinwerferriegel auszuweichen, selbst dann noch, als dieser von der Nordsee bis nach Metz reichte.

Die Fernnachtjagd wiederum arbeitete auf einer völlig anderen Basis. Die I./NJG 2 unter Hptm. Hülshoff, die diese Einsätze flog, hatte sich nach kurzer Zeit ganz auf diese eine Aufgabe konzentriert. Hptm. Hülshoff hatte in Gilze Rijn, Holland, den Aufbau durchgeführt und das Angriffsgebiet in drei Nachtjagdräume aufgeteilt: East Anglia, Lincolnshire und Yorkshire. Dort befanden sich die meisten Flugplätze des Bomber Command, und dorthin flogen die Nachtjäger in Einzeleinsätzen oder in kleinen Pulks. General Kammhuber hatte diese Art der Jagd einmal folgendermaßen erklärt:

»Wenn ich ein Wespennest ausräuchern will, dann greife ich nicht die einzelnen umherschwirrenden Insekten an, sondern die Schlupflöcher, während alle noch im Nest sind.«

Nach diesem Motto griffen die Nachtjäger nach den Meldungen der Funkhorchabteilung West in Brest alle jene Flugplätze an, von denen Vorbereitungen zum Feindflug gemeldet wurden. Die einzelnen Squadrons des Bomber Command stimmten die Sender ihrer Maschinen immer vor dem Start auf die Empfänger der Bodenstellen ab. Dadurch konnte ermittelt werden, welche Staffel startete und wie viele Flugzeuge es waren.

Reichsmarschall Göring hatte bereits am 10. 12. 1940 zugesagt, daß die bisher bestehende einzige Fernnachtjagd-Gruppe zu drei Geschwadern Nachtjägern ausgebaut werden würde. Doch dazu kam es nicht. Die Kräfte, die für die Fernnachtjagd zur Verfügung standen, waren nach wie vor jene 20 bis 30 Maschinen der I./NJG 2. Diese hatten bis zum 20. 8. 1941 nicht weniger als 137 Feindflugzeuge abgeschossen, und am 1. 9. 1941 war es Fw. Köster, der über Hatfield eine Halifax und über dem Flugplatz von Upper Heyford eine Wellington abschoß.

Als am 12. 10. 1941 Lt. Hahn von einem Flug über England nicht zurückkehrte, mußte am selben Tag Generalmajor Kammhuber dem Kommandeur der I./NJG 2 mitteilen, daß die Fernnachtjagd auf ausdrücklichen Befehl von Hitler einzustellen sei, da die Kräfte jetzt im Mittelmeerraum benötigt würden und dort wichtiger seien als im englischen Raum. Hitler hatte sich auf keine Vorstellungen von General Kammhuber eingelassen, der ihm klarzumachen versuchte, daß gerade die Fernnachtjagd die erfolgversprechendste Art der Nachtjagd sei.

Da Göring Hitler nicht zu widersprechen wagte, blieb es bei dieser Entscheidung, die die schwerwiegendsten Folgen hatte.

Damit waren Kammhuber, seit August 1941 General der Nachtjagd, die schärfsten Waffen im Kampf gegen feindliche Bomber aus der Hand geschlagen. Die Nachtjäger der Fernnachtjagd waren nach Meinung der Experten eine entscheidende Waffe, eine Waffe, von der es in einer Studie der Luftwaffe hieß, daß sie – bei weiterem Ausbau – »außergewöhnliche Möglichkeiten« gehabt hätte. Im Schlußsatz dieser Studie hieß es: »Daß die deutsche Luftwaffe diese Möglichkeit nicht nutzte, muß als einer der folgenschwersten Fehler gewertet werden.«

Im amtlichen Luftkriegswerk Großbritanniens heißt es zu dieser Frage: »Die Tatsache, daß die RAF von Ende 1941 bis zum Kriegsschluß von unbekämpften Stützpunkten aus operieren konnte, trug entscheidend zur endgültigen Niederringung Deutschlands bei.« (Siehe Luftfahrtministerium: »The Rise and Fall of the German Air Force.«)

Welche weiteren Möglichkeiten waren dem General der Nachtjagd gegeben? Wie stand es mit dem Einsatz der deutschen Funkmeßgeräte bei der Abwehr britischer Bomberangriffe? Gab es überhaupt genügend große Nachtjagdverbände, außer den bereits vorher genannten Nachtjagd-Gruppen?

Die Nachtjagdwaffe, die mit der Aufstellung des NJG 1 am 26. 6. 1940 ihren Anfang genommen hatte, verfügte bis November 1941 nur über das NJG 1 und die I./NJG 2, von der bereits berichtet wurde.

Am 1. 11. 1941 erst wurde in Gilze Rijn das NJG 2 aufgestellt. Stehender und einsatzbereiter Kern war also die I./NJG 2; sie war am 11. 9. 1941 aus der 1./ZG 1 und Teilen des Z/KG 30 hervorgegangen.

Bereits Ende 1940 war auch die 4./NJG 2 aufgestellt worden. Ihr Personal kam von der 1./ZG 2. Am 1. 11. 1941 erfolgte dann die Aufstellung der II./NJG 2 aus dem Kommando Wittmundhafen und Teilen der 4. und 6./NJG 1. Von Leeuwarden aus flog diese Gruppe Nachtjagd nach dem »Himmelbett-Verfahren«. Sie gehörte bald zu den erfolgreichsten Einsatzgruppen. Am 1. 10. 1942 – dies sei vorausgeschickt – schied sie aus dem Geschwaderverband aus und wurde in IV./NJG 1 umbenannt.

Im März 1942 erfolgte in Gilze Rijn die Aufstellung der III./NJG 2, die nach Ausscheiden der II./NJG 2 aus dem Geschwaderverband in II./NJG 2 umbenannt wurde. Auf die vielseitige und bewegte Geschwadergeschichte des NJG 2 wird in den folgenden Abschnitten noch eingegangen werden müssen.

Die Pläne zur Aufstellung des NJG 3 wiederum reichen bis zum 29. 3. 1941 zurück, die Aufstellung selbst erfolgte jedoch erst im Herbst 1941. Seit dem 1. 10. 1940 bestand zwar schon eine Gruppe, die I./NJG 3, die aus der V./(Z)LG 1, einer der ältesten Zerstörergruppen, hervorgegangen war. Sie wurde jedoch bereits im Februar 1941 in den Mittelmeerraum verlegt.

Am 1. 9. 1941 wurde die II./NJG 3 gebildet. Auch sie war aus einem Zerstörerverband – der II./ZG 2 – und der Zerstörerergänzungsgruppe hervorgegangen. Ihre Einsatzplätze wurden Schleswig und Westerland. Am 1. 11. 1941 stieß die III. Gruppe zum Geschwaderverband. Es war dies die ehemalige II./ZG 76, eine der erfolgreichsten Zerstörergruppen der ersten beiden Kriegsjahre. Ihre 7. Staffel kam im Januar 1942 zum NJG 1 und wurde dort die 4. Staffel. Dafür wurde die ursprüngliche 4./NJG 1 als 7. Staffel in das NJG 3 übernommen.

Diese Vielfalt der Umstellungen, Versetzungen und Schachtelungen brachte erst spät einen Geschwaderverband hervor. Aber auch bei dieser dringenden Forderung nach Nachtjägern wurde der »Arme-Leute-

Krieg« geführt. Es standen zwar im 3. Kriegsjahr 3 Nachtjagdgeschwader auf dem Papier, doch diese waren noch weit davon entfernt, wirklich voll ausgerüstete Geschwader zu sein.

Daß die einzelnen Nachtjagdgruppen im Frühjahr 1941 endlich feste Standorte erhielten, war schon viel. So rückte die I./NJG 1 im März 1941 in Venlo ein. Die II. Gruppe wurde im Mai nach Schleswig und kurze Zeit später nach Stade verlegt. Die III./NJG 1 hatte in Rheine ihren Standort.

Das vierte deutsche Nachtjagdgeschwader wurde zwar offiziell am 1. 5. 1942 in Rheine aufgestellt, kam aber im dritten Kriegsjahr noch nicht zum Einsatz. Der Geschwaderstab war bereits im Januar 1941 in Metz aufgestellt worden, aber erst als Teile der I. und II./ZG 26 aus dem Rußlandeinsatz zurückgezogen und auf Nachtjagd umgeschult wurden, war es wirklich soweit. Die III. /NJG 4 wurde als erster fliegender Verband des Geschwaders im Mai 1942 aufgestellt.

Die Nachtjagdgeschwader 5, 6, 7, die Nachtjagdgruppe 10 und das NJG 11 wurden erst geraume Zeit später aufgestellt.

Was die deutschen Nachtjagd-Führungsmittel angeht, so wurden von der Luftwaffe in dieser entscheidenden Zeitspanne zwischen 1939 und 1942 drei Funkmeßgeräte eingesetzt; das Freya-Gerät, von dem bei Kriegsbeginn zwei Exemplare zur Verfügung standen und das erste Früherkennung von einfliegenden Verbänden zuließ. Das Würzburg-Gerät wurde zum magischen Auge für die Scheinwerfer-Batterien. Mit Hilfe dieses Gerätes wurden die Scheinwerfer gerichtet, so daß der Flak der Abschuß von Feindbombern gelang, die hinter dichten Wolkenvorhängen sicher zu sein schienen, und schließlich erhielten die gestarteten Nachtjäger durch dieses Gerät über Sprechfunk die Zielanweisungen zum Erreichen der feindlichen Bomber. Dies geschah von Bodenstellen, den sogenannten Jägerleitstellen, aus. Jedes dieser Würzburg-Geräte und die damit verbundenen Bodenleitstellen konnten jedoch nur einen einzigen Nachtjäger an das Ziel, den Bomber, heranbringen. Doch in der Zeit, da die Einflüge des Bomber Command nach Deutschland ohnehin in kleinen und kleinsten Gruppen erfolgten, genügte dieses System durchaus.

Das Würzburg-Gerät arbeitete auf der 53-cm-Welle; dadurch konnten die Sende-Impulse scharf gebündelt werden. Dies wiederum führte zu verblüffend genauen Meßergebnissen. Das Gerät gab nicht nur die Richtung des angepeilten Zieles an, sondern darüber hinaus auch noch die Seite und Höhe; und dies so genau, daß es der Flak möglich wurde, nach den Angaben dieses Gerätes auf nicht sichtbare Feindflugzeuge das Feuer zu eröffnen und sie abzuschießen.

Damit war die sonst so begehrte Wolkendecke als Sichtschutz und Tarnkappe hinfällig geworden. Es sah so aus, als habe man das Ortungs- und Zielgerät gefunden, als habe man die einfliegenden Maschinen des Gegners nunmehr in den Griff bekommen. Gegenüber dem Freya-Gerät, das auf der 2,4-m-Welle arbeitete, war das Würzburg-Gerät eine gewaltige Verbesserung, auch wenn seine Reichweite auf 35 km begrenzt war.

Der General der Nachtjagd richtete nun die neuen Würzburg-Geräte nach einem bestimmten »Schachtelsystem« ein, so daß diese Sektoren ineinander verliefen und der Raum dazwischen abgedeckt war. Die Distanz von Jägerleitstelle zu Jägerleitstelle richtete sich nach der Reichweite des neuen Radargerätes von 35 km. Das hieß, daß im Abstand von 70 km jeweils eine Leitstelle mit einem Würzburg-Gerät installiert werden mußte.

Von Kiel im Norden ausgehend, wurde entlang der niederländischen, belgischen und französischen Küste der erste Riegel aufgebaut.

Zwanzig solcher Jägerleitstellen mit Würzburg-Geräten entstanden in der »ersten Linie«. Dahinter befand sich der Scheinwerferriegel, und dahinter wiederum ballten sich im Ruhrgebiet die Flakstellungen und ein zweiter »Himmelbett«-Riegel. Ostwärts von Rostock bis hinunter in den Raum südwestlich von Magdeburg befand sich ein weiterer Scheinwerferriegel, und dann folgte in einem weiten Kreis um Berlin wieder ein System von 9 »Himmelbett«-Stellungen.

Die Nachtjäger-Zonen befanden sich im Raume Bremen, bei Stade, im Ruhrgebiet und im Großraum Berlin.

Als Generalmajor Kammhuber im August 1941 zum General der Nachtjagd ernannt worden war, hatte er bereits dieses System in einem weiten Halbkreis von Dänemark bis hinunter an die Schweizer Grenze ausgebaut. In den Sektoren der Würzburg-Geräte operierten die Nachtjäger. Sie konnten im Leistungsbereich der Geräte die Feindbomber erreichen und abschießen. Bis zum 10. 4. 1941 waren von der deutschen Nachtjagd insgesamt 100 Feindflugzeuge abgeschossen worden. Am 9. 5. 1941 schoß Fw. Scherfling über Lingen die erste viermotorige Short Stirling ab.

Seit dem 9. 8. 1941 kam dann noch das Bord-Funkmeßgerät mit der

Codebezeichnung »Lichtenstein-Gerät« hinzu. An diesem Abend startete, nach einem ein Jahr währenden Tauziehen um dieses Gerät, Oblt. Becker mit seinem Bordfunker Fw. Staub zum erstenmal mit einer seltsamen, vor dem Bug seiner Me 110 angebrachten großen Antenne. Es war das Lichtenstein-B/C-Gerät. Dieses Gerät sollte zum »Auge« der Nachtjagd werden. Es war nichts anderes als eine Braunsche Röhre, die vor dem Sitz des Bordfunkers eingebaut war. Auf ihr sollten die hellen Lichtzacken auftauchen, sobald ein feindliches Flugzeug in den Wirkungsbereich dieses Gerätes geraten war. Die Antenne hatte einen Auffaßwinkel von nur 25 Grad, und die Reichweite des Gerätes betrug ganze 3,2 Kilometer.

Oblt. Becker erfaßte mit dem Gerät den ersten Feindbomber und schoß ihn ab. Von diesem Tag an forderte der mit besonderen Vollmachten ausgestattete General der Nachtjagd mit allem Nachdruck diese »Augen« für sämtliche Nachtjäger. Und so wurden denn auch mehr und mehr Maschinen mit dem »Hirschgeweih« – wie die Antennen bei den Fliegern genannt wurden – ausgerüstet. So ging die Nachtjagd in eine Periode ständig steigender Abschußerfolge hinein. Hptm. Werner Streib und Oblt. Lent schrieben sich immer wieder in die Abschußlisten ein. Als erster Unteroffizier der Nachtjagd erhielt Ofw. Paul Gildner schon am 9. 7. 1941 das Ritterkreuz. Mit dem Lichtenstein-Gerät gelang es ihm, in den folgenden zwei Jahren eine große Anzahl weiterer Feindbomber abzuschießen.

Aus mehreren Stellungen und Jägerleitstellen formte Generalmajor Kammhuber einen Nachtjagdraum; mehrere Nachtjagdräume wurden zu einer Division zusammengefaßt. Für diese Divisionen entstanden in Deelen, Metz und Schleißheim Gefechtsbunker, von denen aus die Nachtjäger geführt wurden.

Oblt. Egmont Prinz zu Lippe-Weißenfeld baute in Bergen aan Zee ein Dunkelnachtjagdkommando auf. Mit seinen Besatzungen Lt. Fellerer, Ofw. Rasper und Uffz. Röll erzielte er bis zum Herbst 1941 über 25 Abschüsse und erhielt am 16. 4. 1942 das Ritterkreuz.

Hitler selbst hatte Generalmajor Kammhuber nach dessen Vortrag am 21. 7. 1941 freie Hand gegeben. Aus der 1. NJD wurde das XII. Fl.-K., und sein Kommandierender General hieß Kammhuber. Das Dach über Deutschland wurde dichter und dichter. Von Zeist bei Utrecht aus koordinierte General Kammhuber den Einsatz seiner Nachtjäger und plante die Anlage weiterer »Himmelbett«-Zonen und neuer Jägerleitstellen.

Sechs Scheinwerfer-Regimenter standen im Einsatz, als Hitler selbst im Frühjahr 1942 dieses Spinnennetz zerriß, in dem sich die englischen Bomber verfangen sollten. Nach den Großangriffen englischer Bomberverbände auf deutsche Städte forderten die Gauleiter und andere Politiker die Rückführung aller Scheinwerfer in die Nähe der Städte, damit sie dort der Flak zur Verfügung standen. Hitler beugte sich ihren Forderungen. Die Entwicklung der Nachtjagd, die nun erst hätte anbrechen müssen, war zwar nicht vorüber, sie war aber damit angehalten.

Daß die Sicherung der deutschen Städte am besten und zuverlässigsten weit vor diesen Städten geschehen mußte, das leuchtete Hitler und seinen Parteileuten nicht ein. Hätte der General der Nachtjagd seine Vorstellungen von dem Sicherheitsriegel verwirklichen können, dann wäre mit Sicherheit für die einfliegenden Feindbomberverbände eine Verlustrate von 5 bis 6 Prozent entstanden. Diese hätte wiederum mit aller Wahrscheinlichkeit die eben angelaufene strategische Luftoffensive Englands zum Stillstand gebracht, bevor sie entscheidende Bedeutung erlangt hätte und bevor der neue Oberbefehlshaber des Bomber Command, Air Marshal Harris, die Richtigkeit seiner Theorien, auf die im nächsten Abschnitt eingegangen werden soll, hätte unter Beweis stellen können. Die Verluste an Kampfflugzeugen in dieser entscheidenden Phase hätten ihn zur Einstellung der anlaufenden Offensive gezwungen.

Nach den großen Erfolgen der deutschen Nachtjagd Ende 1941 war dies ein herber Schlag, der dieser jungen Waffe mit ihren vielen technischen Geräten versetzt wurde. Die Rechtfertigung des Abzuges der Scheinwerfer-Batterien mit der Begründung, daß das deutsche Frühwarnsystem und andere radargesteuerte Hilfsgeräte für die Nachtjagd als Hilfsmittel ausreichen würden, erwies sich als absurd und unrealistisch.

Daß die Nachtjagd dennoch weiter erfolgreich war, verdankt die Führung jeder einzelnen der Besatzungen, die in selbstlosem Einsatz das Letzte wagten, um die in immer dichteren Bomberverbänden ins Reichsgebiet einfliegenden Gegner vor Erreichen ihres Zieles aufzuhalten.

Die deutsche Luftwaffe in der Defensive

Am 1. 9. 1941 war das gesamte JG 26 auf FW 190 umgerüstet. Es stand am Kanal in der Abwehr englischer Einflüge und fand in den Gruppen des JG 2 Unterstützung. Während in Rußland und in Afrika in diesen Septembertagen von deutschen Fliegern immer wieder neue Erfolge errungen wurden, standen ganze zwei Jagdgeschwader im Westen im Abwehrkampf.

Das JG 26 unter Oberstleutnant Galland am Pas de Calais und das JG 2 südlich der Seine waren die Geschwader der Luftwaffe, die im Westen kämpften. Bis zum Jahresende schoß das JG 26 1000 Feindbomber und Feindjäger ab. Die Engländer setzten den deutschen Jagdfliegern arg zu, doch die Jäger schlugen zurück, wo sie konnten. Obgleich der Kampf mit äußerster Härte geführt wurde, verletzte niemand die Grundsätze der Fairneß. Der wehrlose Gegner wurde geschont und – wenn er auf See niedergegangen war – vom Luftwaffen-Seenotdienst gerettet.

Als Reichsmarschall Göring im späten Herbst 1941 einmal Oberstleutnant Galland fragte, was er von einem Befehl halte, im Luftkampf abgeschossene und am Fallschirm hängende Piloten abzuschießen, entgegnete Galland:

»Ich würde das für Mord halten, Herr Reichsmarschall!«

Göring legte dem Geschwaderkommodore beide Hände auf die Schultern und sagte: »Genau diese Antwort habe ich von Ihnen erwartet.« Der Befehl wurde nicht gegeben.

Als Galland und Walter Oesau von der Beisetzungsfeier für Generalluftzeugmeister Ernst Udet (der am 17. 11. 1941 Selbstmord begangen hatte) zurückkamen, wurde ihr Zug in Lippe angehalten und Galland an den Fernsprecher gerufen. Der Adjutant des Reichsmarschalls war am anderen Ende der Leitung und berichtete, daß Werner Mölders, der soeben neuernannte General der Jagdflieger, auf dem Flug von der Krim nach Berlin in Breslau mit einer He 111 abgestürzt war. Galland wurde nach Berlin beordert, und als er am Katafalk Mölders die Ehrenwache hielt, sagte Göring zu ihm: »Jetzt sind Sie dran, Galland. Ich ernenne Sie hiermit als Nachfolger von Mölders zum General der Jagdflieger.« (Siehe Alman, Karl: »Mit Eichenlaub und Schwertern.«)

Am 5. 12. erhielt Adolf Galland aus der Hand des Reichsmarschalls in Abbeville zwei kleine silberne Sterne. Göring sprach ihm in Hitlers

Auftrag die Beförderung zum Oberst mit Wirkung vom 1. 12. 1941 aus.

Adolf Galland mußte seine Kampfgefährten des JG 26 verlassen. Sein Nachfolger wurde Major Gerhard Schöpfel.

Der Kampf der wenigen Jagdflieger am Kanal ging weiter. Am 6. 11. 1941 fand ein dramatischer Kampf der III./JG 26, die in Abwesenheit des Gruppenkommandeurs von Hptm. Schmid geführt wurde, statt. 10 km nördlich Calais griff die Gruppe aus Überhöhe einen Verband von 25 Spitfire an. Hptm. Schmid schoß die erste Spitfire ab. Als er die Aufschlagstelle zu dicht über dem Wasser umflog, um nach dem gegnerischen Piloten zu sehen, stürzte er ab. Die übrigen Jäger lieferten den Spitfire einen dramatischen Kampf. Neben den verlustreichen Einsätzen kam es beim JG 26 am 22. 12. 1941 zu einem schweren Unfall. Bei der Verlegung der II./JG 26 von Wevelghem in Belgien nach Abbéville-Drucat flogen Oblt. W. Schneider und die Männer seiner 6. Staffel in dichtem Nebel sehr niedrig, um die Sicht zu behalten. Er und die Flugzeugführer Ofw. Görbig, Fw. Tripschu, Uffz. Schmeykal und Gefr. Hämmerle verloren die Orientierung. Alle fünf Maschinen rasten nacheinander gegen einen Hügel; fünf Piloten fanden den Tod.

Mit seinen 20 Abschüssen war der Staffelführer, Oblt. Schneider, einer der erfolgreichsten Flieger der Gruppe.

Das Jahr verging, und während im Westen die Einsatztätigkeit fast ganz aussetzte, flogen deutsche Kampfflieger über Malta allein im Monat Januar 1942 263 Angriffe. In Afrika näherte sich der Einsatz des JG 27 seinem Höhepunkt, und in Rußland waren es die Kampfflieger der Luftflotte 1 unter Generaloberst Keller, die in pausenlosen Angriffen der Heeresgruppe Nord, und damit der schwer kämpfenden Infanterie im Kampfraum Demjansk und am Wolchow, die notwendige Unterstützung gaben. Allein die KG 1 und 4 meldeten im Januar 913 Einsätze im Wolchowraum und 473 über Demjansk. Das hier eingesetzte JG 54, geführt von Oberstleutnant Trautloft, schoß bei 2 eigenen Verlusten 99 Feindflugzeuge ab. Die Abwehr der von nun an beinahe täglich nach Deutschland einfliegenden Feindverbände wurde zu einer schweren Aufgabe für die Jagdfliegerei.

Als am 10. 2. 1942 General der Jagdflieger Galland den Befehl erhielt, einen Durchbruch der in Brest liegenden deutschen Schlachtkreuzer durch den Ärmelkanal durch möglichst starke eigene Jägerkräfte abzuschirmen, standen ihm hierfür nur etwa 250 Me 109 der beiden JG 2 und 26 sowie der Jagdfliegerschule in Villacoublay und 30 Me-110-Nachtjäger der Nachtjagdverbände zur Verfügung. Bis zu diesem Zeitpunkt waren auf die beiden Schlachtschiffe »Scharnhorst« und »Gneisenau« und den schweren Kreuzer »Prinz Eugen« von der RAF über 300 Bombenangriffe geflogen worden, wobei das Bomber Command insgesamt 43 Maschinen – überwiegend durch die Flak – verlor. Nun aber sollten die »Ziele« den Kanal durchbrechen und Kiel anlaufen.

Bereits am 10. 2. flogen die Jäger insgesamt 450 Begleitschutzeinsätze bei einzelnen Probefahrten. Am Abend des 11. 2. 1942 sollte das Unternehmen »Cerberus-Donnerkeil« stattfinden. Als die drei Schiffe befehlsgemäß um 20.00 Uhr die Anker lichteten, erfolgte wenig später Fliegeralarm. Abermals versuchten 22 Flugzeuge des Bomber Command, die Schiffe zu vernichten. Sie wurden abgedrängt.

Um 23.00 Uhr begann dann das Unternehmen. An Bord der »Scharnhorst« befand sich Oberst Ibel als Jagdfliegerführer. Auf »Gneisenau« und »Prinz Eugen« befanden sich ebenfalls Jägerleitoffiziere.

Gegen 8.30 Uhr des 12. 2. erreichten die ersten deutschen Nachtjäger nördlich von Cherbourg den Verband und sicherten ihn nach See hin gestaffelt. Wenig später stießen die ersten Tagjäger hinzu, so daß von diesem Zeitpunkt an deutsche Flugzeuge den Schiffsverband umflogen – acht im Hochschutz und vier im Tiefschutz und jeweils vier feindwärts und vier zur eigenen Küste hin. Genau eine halbe Stunde blieben diese vier Schwärme jeweils an den Schiffen, in weiten Achten fliegend. Dann stießen 16 neue Jäger hinzu, so daß von nun an 32 Flugzeuge je etwa 10 Minuten Sicherung flogen. Danach meldeten sich die 16 abgelösten Jäger ab. Oberst Galland behielt noch eine Einsatzreserve von 25 Flugzeugen zu seiner eigenen Verfügung.

Gegen 11.00 Uhr wurden die Nachtjäger herausgezogen und in den holländischen Raum verlegt, um am Ende des Tages bei beginnender Dunkelheit weiter im Norden zur Verfügung zu stehen. Erst um diese Zeit wurde der Schiffsverband von einem britischen Jagdaufklärer entdeckt und gemeldet. Als die Einheiten die Kanalenge erreichten, war noch immer kein Feindflugzeug zu sehen. Um 13.16 Uhr eröffneten die feindlichen Küstenbatterien das Feuer. Es war genau 13.34 Uhr, als sechs britische Torpedoflugzeuge gesichtet wurden. Zu dieser Zeit befanden sich gerade die 16 Jäger des JG 2 im Einsatz über dem kleinen Kriegsschiffskonvoi, während die 16 Maschinen der Ablösung, die von der III./JG 26 gestellt wurden, gerade anflogen. Sofort stürzten sich die Jäger auf die langsamen, aber gefährlichen »Swordfish«-Torpedoträger. Alle sechs wurden von der Flak und dem Jagdschutz abgeschossen. Um 14.30 Uhr griffen dann englische Zerstörer – und aus der Luft Jäger und Bomber – den Konvoi an. Infolge der schlechten Sicht kam es nur zu Einzelgefechten, die aber mit großer Erbitterung geführt wurden. Feindjäger und Bomber wurden auch in dieser Phase abgeschossen; die ersten eigenen Jäger stürzten ab, unter ihnen Ofw. Starke und Fw. Pilkenroth vom JG 26 sowie einige Piloten vom JG 2.

Am nächsten Angriff gegen 17.42 Uhr waren wieder Bomber und Jäger gleichzeitig beteiligt. Zu diesem Zeitpunkt befanden sich bereits wieder die ersten Nachtjäger über dem Verband, während die Tagjäger nach ihrem vierten Einsatz im niederländischen Raum landeten.

Um 19.00 Uhr kämpften deutsche Tag- und Nachtjäger gegen angreifende Wellington-Bomber, die von Hurricane- und Spitfire-Jägern gedeckt wurden. Blenheim-Bomber kamen hinzu. Doch der Luftschirm über den drei großen deutschen Kriegsschiffen hielt dem Ansturm stand. Insgesamt wurden bei 17 eigenen Verlusten 60 Feindflugzeuge von der Luftwaffe und von der Schiffsflak abgeschossen. Der Kanaldurchbruch der drei Schiffe war geglückt. Es besteht kein Zweifel, daß die deutschen Jäger entscheidenden Anteil daran hatten. Adolf Galland bestätigte später, daß die jungen Flugzeugführer und das Bodenpersonal »aufopfernd und mit Begeisterung« gekämpft hätten.

Wo englische Bomberverbände oder kleine Gruppen in der nächsten Zeit versuchten, den dünnen deutschen Jagdschirm zu durchstoßen, wurden sie angegriffen. Fast täglich kam es zu harten Kämpfen zwischen den wenigen Jagdfliegern und ihren Gegnern.

Am 16. April 1942 erhielt Oblt. Prinz zu Lippe-Weißenfeld nach 21 Nachtjagdabschüssen das Ritterkreuz.

Die ersten offensiven Einsätze wurden dann im April 1942 geflogen, als die 10. (Jabo)/JG 26 unter Hptm. Plunser am 19. 4. ihre Tiefangriffe gegen England begann. Diese schnellen Maschinen kamen unangefochten zum Ziel, warfen ihre Bomben ab und verschwanden wieder.

Nachdem der Gegner die ersten Großangriffe gegen deutsche Städte geflogen hatte und diese schwer getroffen waren, kam es deutscherseits zu Vergeltungsangriffen mit den wenigen Kampffliegereinheiten, die im Westen verfügbar waren. Es wurden die als »Baedeker-Angriffe«

bekannt gewordenen Vergeltungsschläge gegen solche englischen Städte geführt, »die im Baedeker stehen«. Diese Angriffe, die – wie die englischen – gegen das Kriegsrecht verstießen, wurden als »Repressalien« geflogen für die englischen Großangriffe auf deutsche Städte, beispielsweise auf Lübeck, Bremen, Rostock und dann auch auf Köln. Die deutschen Angriffe auf Bath, Canterbury, Exeter, Norwich und York, die als Vergeltungsangriffe geflogen wurden, litten darunter, daß nicht genügend Kampfflugzeuge zur Verfügung standen. Dennoch hatten sie eine große Wirkung, weil der Gegner lange Monate hindurch von solchen Angriffen verschont geblieben war. Allerdings wogen sie die britischen Angriffe dieser Zeit bei weitem nicht auf.

Der Vergeltungsangriff für Lübeck hatte in der Nacht zum 25. 4. Exeter zum Ziel. Es waren ganze 25 deutsche Bomber, die diesen Angriff durchführten, dennoch gab es in Exeter schwere Schäden; 80 Tote und 55 Verletzte waren zu beklagen.

Als Vergeltung gegen den Vierfachschlag auf Rostock starteten in der Nacht zum 26. 4. die deutschen Kampfflieger mit doppelt soviel Besatzungen wie in der Nacht zuvor. Ihr Ziel war Bath, die südenglische Hafen- und Ferienstadt. Die Zahl der Toten betrug hier 400, die der Verletzten war fast genauso groß. In der kommenden Nacht wurde der Angriff auf Bath wiederholt.

In England, wo man bereits geglaubt hatte, daß die deutsche Bomberwaffe ausnahmslos im Südostraum, in Afrika und in der Sowjetunion im Einsatz sei, war man überrascht, als in den Nächten zum 28. und 30. 4. auch noch Norwich von deutschen Kampfflugzeugen bombardiert wurde. Mit Exeter in der Nacht zum 4. 5. war einer der Höhepunkte der Vergeltungsschläge erreicht. Aber die Bombenlasten, die von den jeweils nach Hunderten zählenden britischen Bombern abgeworfen wurden, konnten nicht annähernd erreicht werden. Der deutsche Luftangriff auf Canterbury am Abend des 31. 5. war vorläufig der letzte der Vergeltungsschläge, die geführt wurden.

Im Juni errangen deutsche Bomberverbände im Mittelmeer gegen den britischen Doppel-Konvoi »Harpoon« und »Vigorous« Erfolge. Nur 2 von 17 Frachtern und Tankern erreichten das Ziel Malta. Die Mehrzahl der versenkten Schiffe wurde durch die Bomber vernichtet.

In der Nacht zum 27. 6. waren noch einmal deutsche Bomber gegen Norwich im Einsatz. In der Zwischenzeit hatten britische Bomberverbände Dutzende schwerer und schwerster Angriffe geflogen. Es darf gesagt werden, daß in diesen ersten sechs Monaten der Amtszeit von Air Marshal Harris als Befehlshaber des Bomber Command die Weichen zur systematischen Bomberoffensive gestellt wurden.

Im Kampf gegen alliierte Nachschubkonvois für die Sowjetunion im Nordmeer und in der westsibirischen See standen deutsche Kampfflugzeuge während des Juli 1942 am Großkonvoi PQ 17. Nicht weniger als 130 Ju 88 des KG 30, 43 He 111 der I./KG 26 und 29 He 115 der l./KFlGr. 406 und der 1./906 der Luftflotte 5 versenkten in oftmals dramatischen Anflügen 8 große Schiffe. Sieben weitere wurden durch Bombentreffer leckgeschlagen und Beute der in den Kampf eingreifenden U-Boote. Hier im hohen Norden bekämpften also Kampfgeschwader den Transport von Kriegsmaterial, das den Sowjets aus den USA über den Seeweg geschickt wurde. Mit den versenkten Transportern gingen beispielsweise 3350 Kfz, 430 Panzer und 210 Flugzeuge unter.

Die Nachtjäger trugen auch in dieser Zeit die Last der Abwehr der britischen Bomberarmada. In der Nacht des 27. 7. 1942 gelang Hptm. Lent sein 43. Nachtsieg. Er schoß einen der gegen Hamburg fliegenden britischen Bomber ab.

Erst in der Nacht zum 2. 8. starteten wieder 28 deutsche Bomber zum Feindflug nach England. Norwich war das Ziel; die Stadt wurde mit Bomben belegt.

Zur Unterstützung des britischen Überraschungsangriffs auf Dieppe am 19. 8., der mit Panzern unter starker Luftsicherung durchgeführt wurde, standen die deutschen Flieger, von den Jagdfliegerführern 2, Oberst Huth, und 3, Oberst Ibel, eingesetzt, in der Abwehr der englischen Maschinen.

In den dramatischen Gefechten verlor der Gegner eine größere Anzahl von Flugzeugen. In den hierbei entbrennenden Luftkämpfen zeichnete sich Oblt. Schnell besonders aus. Er schoß allein 5 Feindjäger ab und erzielte seinen 66. bis 70. Luftsieg an diesem Tag. Dieses Unternehmen, als eine der »Generalproben« für eine geplante Invasion gedacht, zeigte dem Gegner, daß eine gepanzerte Streitmacht unter dem Schutz von Flugzeugen wohl an Land gelangen konnte, daß sie sich aber nicht zu behaupten wußte. Eine Invasion im Jahre 1942 an der westeuropäischen Küste war unmöglich.

Diesen Versuch bezahlte die Royal Air Force mit 98 Jagdflugzeugen und 8 Bombern. Die Verluste bei der Luftwaffe betrugen 48 vernichtete und 24 beschädigte Flugzeuge.

Die deutschen Jäger hatten außerdem die eigenen Bomber abzuschirmen, die die britischen Kriegsschiffe angriffen und dabei den Zerstörer »Berkeley« vernichteten und den Führerzerstörer »Calpe« schwer beschädigten. Von den insgesamt 28 verlorengegangenen Landungsbooten kam die Mehrzahl auch auf das Konto der Luftwaffe.

Damit war das dritte Kriegsjahr zu Ende. Im Westen war die Initiative völlig auf Großbritannien übergegangen. Die britische Luftwaffe wuchs ständig und erhielt im Sommer 1942 noch Verstärkung aus den USA. Wie sahen die gegnerischen Überlegungen und Aktionen in bezug auf die Fortführung des Luftkrieges aus?

Großbritannien im dritten Kriegsjahr

Vorbemerkungen

Nachdem fast sämtliche nach der Luftschlacht um England noch einsatzbereiten deutschen Kampffliegerverbände mit Beginn des Rußlandfeldzuges in den Osten verlegt worden waren und sich im russischen
Luftraum im taktischen Einsatz aufrieben, erhielt Großbritannien wieder Bewegungsfreiheit. Der Würgegriff der nächtlichen Luftangriffe,
vor allem auf London, der um ein Haar den Zusammenbruch herbeigeführt hätte, ließ mit einem Schlag nach. Die Aufgabe der deutschen
Luftwaffe war nunmehr fast ausschließlich auf die Abwehr britischer
Angriffe beschränkt, und auch dafür gab es nicht annähernd genügend
Jagdflugzeuge und Zerstörer für die Nachtjagd.
Zu eigenen Bombenangriffen gegen die Britischen Inseln kam es fast
gar nicht mehr, und auch die Vergeltungsangriffe in den Monaten April
bis August 1942 waren nur noch schwache Nachahmungen der ersten
Bombenangriffe. Sie wurden von 20 bis 50 Bombern geführt.
Als die Luftwaffenführung hoffte, die englischen Bomber mit der
Jagdwaffe in Schach halten zu können, dachte man doch noch an die
sporadischen Angriffe britischer Bomberverbände der Jahre 1939/40.
Diesen hätten die vorhandenen Jäger und Nachtjäger durchaus Einhalt
gebieten können. Aber was die britischen Jagdverbände auf dem eng-
begrenzten Raum in Südengland geschafft hatten, das war den deutschen Jägern infolge des breiten und tiefen Zieles, das Deutschland im
Vergleich zu England bot, unmöglich. Es war einfach nicht möglich,
jeden Teil Deutschlands, der von Feindflugzeugen erreicht werden
konnte, so dicht mit Flak und Jägern zu besetzen, daß diese den Gegner
abwehren konnten. Die RAF, der dieses selbstverständlich bekannt
war, schaffte durch raffiniert angelegte Scheineinflüge die Voraussetzungen zu störungsfreien Einflügen an jenen Stellen, die sie sich aus-
gesucht hatte.
So steigerte sich die Zahl der britischen Angriffe nach dem Abzug der
deutschen Luftstreitkräfte vom Kanal beträchtlich. Während die deutschen Jäger über Kreta und Nordafrika, im Osten und Südosten kämpften, während die deutschen Stukas zum Angriff gegen die Rote Flotte
auf die Kronstädter Bucht hinabstießen und die Kampfflieger im russi-

schen Raum ihre Einsätze flogen, hatte die Royal Air Force nur ein Ziel vor Augen: nach Deutschland zu fliegen, Deutschland anzugreifen und den Lebensnerv des deutschen Volkes zu treffen.

Wie dies im dritten Kriegsjahr geschah, das sei im folgenden Abschnitt dargelegt.

»Target Area Bombing«

Der britische Bomberkrieg gegen Deutschland wurde im dritten Kriegsjahr mit einem Luftangriff auf Berlin am 3. 9. 1941 fortgesetzt. Diesmal traf es die Stadtteile Wilmersdorf und Grunewald. In der kommenden Nacht wurde dieser Angriff wiederholt. In der Nacht zum 8. 9. brannte der Potsdamer Bahnhof aus. Der Tiergarten wurde schwer getroffen, und eine der ersten 1800-kg-Bomben fiel in ein großes Wohnhaus am Pariser Platz. Unter den Trümmern dieses wie ein Kartenhaus zusammenstürzenden Gebäudes wurden 100 Zivilpersonen verschüttet und starben.

Von den in dieser Nacht nach Deutschland einfliegenden britischen Bombern wurden 17 abgeschossen, 9 allein im Anflug und im Kampf um Berlin und davon 3 von der um Berlin aufgestellten Flakabwehr. Über Köln und Mannheim wurde der Rest abgeschossen.

In der Nacht zum 13. 9. wurde Frankfurt/Main von 111 Maschinen des Bomber Command angegriffen. Zwei Bomber wurden abgeschossen, 135 Tonnen Bomben regneten auf die Mainmetropole herunter. Und nun ging es Schlag auf Schlag. Hamburg, Bremen, Cuxhaven und Wilhelmshaven wurden in der Nacht zum 16. 9. angegriffen. Stettin folgte in der Nacht zum 20. 9., und am 29. 9. wurde noch einmal Hamburg mit Bomben belegt.

Osnabrück am 7. 10., Emden am 11. 10., Bremen am 13. 10. und Wilhelmshaven, Bremen und Emden am 20. 10. waren die Ziele im Oktober. Drei weitere Angriffe kamen hinzu: der auf Kiel am 23. und 24. 10., der Angriff von 78 Bombern auf Hamburg in der Nacht zum 27. 10. und die Wiederholung dieses Angriffes in der letzten Oktobernacht mit 76 Bombern. Die einfliegenden Verbände, von allen Bomber Groups gestellt, verloren zwischen einer und fünf Maschinen in diesen Einsätzen, die noch immer den »kleinen Zuschnitt der Vierzig-Hundert-Bomberangriffe trugen«. (Lieutenant Commander William Hamshire.)

Erst der November brachte dann die ersten Angriffe größerer und großer Verbände, wobei das Bomber Command Mühe hatte, diese Zahlen an Bombern einsatzbereit zu machen.

Zum erstenmal setzte die RAF 400 Bomber in der Nacht zum 8. 11. 1941 gegen Deutschland ein. Davon griffen 169 Maschinen Berlin an. Von ihnen wurden 21 Bomber abgeschossen. Dies war ein schwerer Verlust. Von den 55 Bombern, die auf Mannheim angesetzt waren, wurden 7 und von den 49 Maschinen, die Ziele im Ruhrgebiet bekämpften, 9 abgeschossen. 133 weitere Bomber griffen Köln, Ostende und Boulogne an. 37 verlorene Bomber – das war ein viel zu hoher Aderlaß, als daß er mehrere Male hätte verkraftet werden können. Der Unmut der britischen Führung, insbesondere des Kriegskabinetts, wuchs. Es war an der Zeit, so fand man, daß das Bomber Command einen neuen Befehlshaber bekam. Air Marshal Peirse stand auf der »Abschußliste«. Doch noch fand sich kein besserer.

Die Angriffe auf Hamburg, Cuxhaven und Emden in der Nacht zum 10. 11. waren von schwächeren Verbänden geführt worden. Am 15. 11. 1941 erhielt die Staffel 105 in Swanton Morley den ersten Mosquito-Leichtbomber, der von Geoffrey de Havilland jr. geflogen wurde. Aber dieses Flugzeug kam noch lange nicht in den Einsatz. Dennoch zeichnete sich nach seiner Einführung bereits eine Wende ab, die sich ein Jahr später auswirken sollte.

Im Winter 1941/42 wurden in England diejenigen Versuche in der Funknavigation unternommen, die für die Bomberwaffe von entscheidender Bedeutung werden sollten. Diese Navigationshilfe für Nachtflüge wurde »Gee« genannt. Sie beruhte darauf, daß drei voneinander weit entfernt stehende Sender starke Impulse ausstrahlten, die vom Empfangsgerät im Flugzeug aufgenommen wurden. Der Navigator konnte aus der Laufzeitdifferenz der Impulse die Position seiner Maschine auf etwa 1 bis 2 km genau bestimmen. Allerdings hatte »Gee« nur eine Reichweite von 650 km, dennoch war es ein bedeutsames Hilfsmittel für den Nachtblindflug.

Zur gleichen Zeit wurden weitere Versuche zur Verbesserung der Navigation in Großbritannien durchgeführt. Ein neues System, das die Bezeichnung »Oboe« erhielt, beruhte auf einem völlig neuen Meßprinzip, bei dem ein Sender mit Lichtgeschwindigkeit sich ausbreitende Mikrowellen sendete. Diese Wellen wurden durch eine Antenne zu einem engen Strahl gebündelt. Wenn dieser ausgesandte Sende-Impuls auf ein Objekt stieß, wurde er reflektiert, und die zurückgeworfenen Echos wurden in blitzenden Zacken auf der Kathodenstrahlröhre des Empfängers sichtbar. Dieses Gerät sollte binnen kurzem in die neuen Flugzeuge mit dem bezeichnenden Namen »Mosquito« eingebaut werden und damit diese »Mosquito« zum gefährlichsten Gegner einfliegender deutscher Flugzeuge machen.

Doch zurück zum Kampfgeschehen des Winters 1941/42.

In der Nacht zum 8. 12. 1941 starteten von den südenglischen Flugplätzen 132 Bomber zum Angriff auf Aachen, 54 Bomber erreichten das Ziel und warfen jeweils eine Tonne Bomben ab. In der Nacht zum 12. 12. waren es 43 von 60 gestarteten Bombern, die Köln erreichten und 58 Tonnen Bomben abwarfen. Nur eine Maschine wurde abgeschossen.

Für das Bomber Command war es ein großer Tag, als am 24. 12. 1941 Lancaster-Bomber in Dienst gestellt wurden. Damit waren die ersten dieser Viermot-Bomber bei der Truppe. Die Staffel 44 in Waddington erhielt alle diese Bomber, nachdem sie auch den Prototyp, der am 16. 9. dorthin überführt worden war, betreut und sich die besten Flieger mit dieser Maschine, Baunummer BT 308, vertraut gemacht hatten.

Bereits am 10. 11. hatte Winston Churchill in seiner Rede in Mansion House erklärt: »Jetzt haben wir eine Luftwaffe, die zumindest nach Zahl und Größe der deutschen Luftwaffe entspricht; von ihrer Qualität gar nicht zu reden.«

Die weitere Entwicklung sollte ihm – zumindest, was die Quantität und Qualität der Bomber anging – recht geben.

Dennoch war nach wie vor nicht an die Fortsetzung jenes Prestigeangriffes vom 8. November zu denken, der so hohe Verluste gekostet hatte.

Der Dezember 1941 ging mit zwei britischen Bombenangriffen zu Ende; bei dem einen, in der Nacht zum 28. 12. gegen Düsseldorf geflogen, waren 96 Bomber über dem Ziel, von denen insgesamt 126 Tonnen Bomben geworfen wurden. Sieben Bomber wurden, überwiegend durch die Nachtjäger, abgeschossen, 38 Bomber hatten das Ziel nicht gefunden.

Eine Nacht darauf waren die chemischen Werke und die Stadt Hüls an der Reihe, 81 Bomber waren gestartet, 61 erreichten das Ziel und griffen es mit 60 Tonnen Bomben an.

Damit ging das Jahr 1941 zu Ende. In England hatte man mit der »Lancaster«, einer Weiterentwicklung der »Manchester«, eine Maschine gebaut, die 3,6 Tonnen Bomben befördern konnte, damit immerhin noch 335 km/h schnell war und mit dieser Bombenlast von Südengland bis nach Berlin fliegen konnte. Einsatzbereit waren die ersten beiden Staffeln, Nr. 44 in Waddington und Nr. 197 in Woodhall Spa, Lincolnshire, aber erst am 2. 3. 1942, als sie auf ihrem ersten Feindflug über der Helgoländer Bucht Minen abwarfen.

Brest und die dort liegenden deutschen Großkampfschiffe waren auch im Januar 1942 das Ziel britischer Bombenangriffe. In der Nacht zum 9. 1. waren es 116 von 151 gestarteten Maschinen, die 186 Tonnen Bomben über Hafen und Stadt Brest abwarfen. Nur eine Maschine ging verloren.

Wilhelmshaven folgte in der Nacht zum 11. 1., als 91 von 124 gestarteten Bombern angriffen und ihre Bomben abwarfen. Sechs dieser Bomber wurden abgeschossen, 23 weitere Bomber griffen in dieser Nacht Emden an. Hamburg war auch in der Nacht zum 16. 1. wieder Angriffsziel. Von den 96 gestarteten Bombern gelang es nur 52 Maschinen, die Stadt zu erreichen. Sie warfen dort, wo sie das Zentrum vermuteten, 74 Tonnen Bomben ab. Bremen, Emden und Münster in Westfalen waren die nächsten Ziele des Bomber Command. Air Marshal Peirse wußte allerdings nur zu genau, daß seine Tage an der Spitze dieses wichtigsten Kampfinstrumentes der Briten vorüber waren. Am 8. 1. 1942 wurde er abgelöst. An seine Stelle trat Air Vice Marshal J. E. A. Baldwin, auch er sollte das Bomber Command nur 44 Tage führen.

Unter seiner Verantwortung wurden Bremen, Emden und auch Münster/Westf. angegriffen.

Die Gewalt der Vernichtungsmaschinerie wurde immer größer, nicht nur, was die Bombenträger, sondern auch, was die Bomben selbst anging. Im Sommer 1942 waren es 1800-kg-Bomben, im Herbst schon solche von 3600 kg Gewicht.

Am 14. Februar 1942, dem Tag, an dem in den frühen Morgenstunden der Angriff auf Köln und Aachen zu Ende gegangen war, erließ das britische Kriegskabinett, das aus Anderson, Attlee, Beaverbrook, Bevin, Churchill, Eden, Greenwood, Kingsley und Wood bestand, einen Befehl, wonach als »Ziele der Angriffe des Bomber Command gegen Deutschland nicht Fabriken und sonstige militärische Objekte, sondern die Moral der feindlichen Zivilbevölkerung, insbesondere der Industriearbeiterschaft, in Frage kommen sollten«.

Das Bomber Command habe von nun an eine über sechs Monate dauernde Bomberoffensive gegen deutsche Städte zu führen. Frederick Lindemann, Berater des britischen Kriegskabinetts, legte diesem ein Geheimdokument vor, in dem er die Verschärfung des Luftkrieges gegen Deutschland ausführlich darlegte und begründete. In diesen beiden Geheimdokumenten wurde die systematische Vernichtung der deutschen Städte als nächstes Kriegsziel geplant.

In dem Lindemann-Dokument heißt es beispielsweise: Die Zerschlagung Deutschlands ist durch hauptsächlich gegen Wohnviertel der Arbeiter gerichtete Bombenangriffe schneller zu erreichen.

Sir Charles Portal, der Chef des Luftwaffenführungsstabes, war mit Lindemanns Vorschlag einverstanden, Churchill ebenfalls; die RAF hatte diese Vorschläge in die Tat umzusetzen. Es bedurfte nur eines neuen Mannes an der Spitze des Bomber Command, und dieser wurde in Air Chief Marshal Arthur Harris gefunden, der das Amt am 22. 2. 1942 übernahm.

Durch Dr. Basil Dickins, Chef der Einsatz-Planungsabteilung des Bomber Command, war gerade um diese Zeit ein neuer Plan ausgearbeitet worden, wie man mit den geringsten Verlusten die Sperren der deutschen Nachtjäger durchbrechen könnte. Er hatte eine neue Taktik der Bomber-Flugschneisen entwickelt. Dabei mußten in jeder Flugminute 10 Bomber eine bestimmte Stelle der Flugroute passieren. Auf diese Weise entstanden die sogenannten »Bomberströme«. Dieser Taktik lag die deutsche »Himmelbett«-Organisation zugrunde. Es war ihm bekannt, daß dieses deutsche Jägerleitsystem in einer Stunde höchstens sechs Bomber im Bereich jeweils eines Himmelbett-Kreises auffassen und den Jäger heranführen konnte. Dies bedeutete, daß – ganz gleich, wie viele Bomber diesen Bereich in einer Stunde durchflogen – immer nur sechs mit ihrer Vernichtung rechnen mußten. Zehn Minuten dauerte es, den Nachtjäger jeweils an eine Maschine heranzubringen. Das hatte bisher immer genügt, weil die britischen Bomberformationen in kleinen Pulks oder sogar einzeln und in größeren Abständen eingeflogen waren. Wenn die Bomber aber dichtgestaffelt flogen, hatten die deutschen Nachtjäger keine Chance, mehr als 6 Maschinen zu vernichten.

Bei einer solchen massierten Einsatzzahl war natürlich die Kollisionsgefahr groß, und immer wieder sprachen Piloten von »Beinahe-Zusammenstößen«.

Dr. Dickins sagte dazu vor dem Planungsstab: »Die Kollisionsgefahr ist bedeutend geringer, als sie in den Gesprächen der RAF-Bomberpiloten erörtert wird. – Bald war meiner Abteilung klar, daß das Kollisionsrisiko lediglich ein halbes Prozent betrug, gegenüber 4 Prozent Abschüssen durch Feindjäger und Flak.« Unmittelbar nach Übernahme des Bomber Command war es Arthur Harris klar, daß dieses noch weit davon entfernt war, ein so schlagkräftiges Instrument zu sein, wie er es einzusetzen beabsichtigte. Als er als neuer Befehlshaber in High Wycombe eintraf, mußte er die Feststellung treffen, daß das Bomber Command auf die Hälfte seiner Sollstärke abgesunken war. An diesem 22. 2. 1942 standen ihm nach den Meldungen aller Stellen 68 schwere, 257 mittlere und 55 leichte Bomber zur Verfügung. Mit diesen 380 Maschinen sollte er also den sechs Monate währenden Luftkrieg gegen deutsche Städte führen. Sofort verlangte er in seiner ersten Meldung mehr Bomber, und noch im Februar und in den ersten Märztagen wurden an das Bomber Command 200 Bomber geliefert. Damit nicht genug. Täglich forderte er von seinen vorgesetzten Stellen mehr Bomber, mehr Piloten, mehr und größere Bomben. Seine Maxime war vom ersten Tag an:

»Machen wir Schluß mit dem Krieg, indem wir den Deutschen die Seele aus dem Leib schlagen!« (Siehe Revie Alastair: ». . . war ein verlorener Haufen!«)

In Lord Cherwell fand er einen eifrigen Verfechter jener Theorie, die Lindemann verfolgte, als er an dem bereits genannten 14. 2. 1942 sagte: »Vielleicht kommt einmal der Tag, an dem wir jede Bombe wissenschaftlich richtig werfen können. Aber bis wir diesen Stand erreicht haben, wollen wir Ströme von Bombern hinüberschicken und Schicklgrubers Häuser flachlegen und seine Arbeiter demoralisieren.« Lord Cherwell war für die Taktik des Flächenbombardements und der unterschiedslosen Zerstörung. Im März 1942 legte er dem britischen Kriegspremier eine Untersuchung vor, aus welcher hervorging, daß während des deutschen Bombardements auf Birmingham, Hull, Liverpool und andere Städte je Tonne geworfenen Sprengstoffes 100 bis 200 Menschen obdachlos wurden. Daran knüpfte er die Schlußfolgerung, daß nach den Statistiken jede Bomberbesatzung bis zur Vernichtung ihres Bombers rund 40 Tonnen Bomben auf Deutschland werfen könnte, was wiederum 4000 bis 8000 Obdachlose bedeute. Wenn man also die Bomberwaffe bis Mitte 1943 auf 10.000 Maschinen brächte, dann müßte bereits zu diesem Tag ein Drittel aller Deutschen kein Dach mehr über dem Kopf haben. Dann würden sie sicherlich auch friedensbereit sein.

Arthur Harris, in der Folgezeit Bomber-Harris genannt, ging ans Werk. Der erste wirksame Tiefangriff des Bomber Command wurde in der Nacht zum 4. 3. 1942 durchgeführt. Ziel waren die Renault-Werke, die »in Stücke geschmissen« wurden.

In drei aufeinanderfolgenden Nächten vom 8. bis 10. 3. flogen insgesamt 524 Bomber gegen Essen, 389 Maschinen erreichten die Stadt und warfen 627 Tonnen Bomben ab; 13 Bomber gingen während dieses Einsatzes verloren.

In diesem Monat wurden die ersten Halifax-II-Bomber mit dem neuen Bombenzielgerät H2S ausgerüstet, das in Deutschland unter dem Namen Rotterdam-Gerät bekannt wurde. Dem schwachen Luftangriff auf Kiel in der Nacht zum 13. 3. folgte ein Angriff von 104 britischen Bombern auf Köln (am späten Abend des 13. 3.). Von 254 zum Angriff auf Essen gestarteten Flugzeugen erreichten in der Nacht zum 26. 3. 192 Bomber ihr Ziel. Sie wurden von Nachtjägern ausgemacht und verloren 9 Maschinen; 300 Tonnen Bomben gingen auf Essen nieder.

Dies alles war jedoch nur »Kleinkram«. Harris dachte an seinen großen Plan und an Dr. Dickins' Taktik des Bomberstromes. Bei dem ersten dieser Angriffe wollte er unter allen Umständen 1000 Bomber zur Verfügung haben.

Um dieses Ziel zu erreichen, mußte er jedoch noch etwas warten. Zunächst ließ er am 28. März 234 Wellington- und Stirling-Bomber zum ersten Area-Bombing-Angriff auf Lübeck starten. Zum erstenmal waren auch Lancaster-Bomber dabei. Lübecks Innenstadt mit ihren alten Fachwerkhäusern sollte sterben. Bei diesem Angriff sollte eine weitere neue Führungstaktik erprobt werden.

Die Spitzenbomber des großen Verbandes, die an diesem Abend in Richtung Lübeck starteten, waren mit dem Gee-Gerät ausgestattet, das bei der Bombardierung von Essen am 8. 3. zum erstenmal eingesetzt und für gut befunden worden war. Während die ersten Flugzeuge ihre Markierungsbomben warfen und dann Brandbomben folgen ließen, fanden die nachfolgenden Pulks die Ziele bereits mühelos aus 80 Kilometer Entfernung. 90 Minuten dauerte dieses Bombardement, dann waren 144 Tonnen Brandbomben und 160 Tonnen Sprengbomben abgeworfen, 13 der angreifenden Bomber gingen verloren.

Nach ihrer Rückkehr behaupteten 180 Besatzungen, ihre Bomben direkt in das Feuer hineingeworfen zu haben. Die Bildaufklärung am nächsten Tag, durch schnelle Spitfire geflogen, ergab, daß 2000 Häuser zerstört worden waren, darunter auch das gotische Rathaus und die Marienkirche.

320 Tote und 791 Verwundete wurden gezählt.

Der April wurde vor allem für das Bomber Command zu einem Monat intensiver Vorbereitung auf ein Ereignis, das von Air Marshal Harris seit seinem Amtsantritt geplant worden war: den ersten großen Angriff von mindestens 1000 Bombern gegen ein Ziel in Deutschland. Als Angriffsobjekte standen für ihn Hamburg und Köln zur Auswahl. Beide Städte lagen im Reichweitenbereich seiner Bomber sowie an großen Flüssen, durch die die Navigation leichter wurde. Er selbst sagte dazu, daß es darauf angekommen sei, die Wichtigkeit seiner Waffe unter Beweis zu stellen: »Ein derartiger Beweis war in der Tat das einzige sichtbare Argument für mich, zu verhindern, daß uns unsere Staffeln weggenommen und gegen andere unwichtige Ziele eingesetzt wurden. Nur wenn wir diesen Beweis angetreten hatten, würden wir auch endlich das dringend benötigte Material erhalten: die Navigations-Radar- und Zielweisungsgeräte, welche die unbeweglichen Ämter uns lange vorenthalten hatten.« (Siehe Harris, Arthur: a.a.O.)

In der Nacht zum 11. 4. wurden bei einem Angriff auf Essen die ersten 8000-Pfund-Bomben geworfen; es waren die Halifax-II-Bomber der 76. Staffel. Die beiden vorhergehenden April-Angriffe des Bomber Command wurden am 5. 4. gegen Köln und am 8. 4. gegen Hamburg geflogen, jeweils 5 Bomber wurden abgeschossen. Am Abend des 14. 4. und des 15. 4. starteten 360 Bomber in Richtung Dortmund, um die zentrale Stadt an der Ruhr zu vernichten. Von diesen insgesamt 360 Flugzeugen erreichten 215 das Ziel und warfen in beiden Nächten insgesamt 278 Tonnen Bomben, 15 Bomber wurden abgeschossen. Dies war ein schwerer Aderlaß, der jedoch das Bomber Command nicht daran hindern konnte, zielstrebig auf das große Ereignis hinzuarbeiten.

Der Tagesangriff von elf Lancaster-Bombern der Staffeln 44 und 97 auf die MAN-Motorenwerke in Augsburg wurde von einem bekannten Flieger, Squadron Leader J. D. Nettleton von der 44. Staffel, geführt. Vier Maschinen wurden während des Einfluges und drei über dem Ziel abgeschossen. Dieser 17. 4. 1942 wurde für sieben Besatzungen zum letzten Tag ihres Lebens. Die übrigen konnten ihre Bomben abwerfen und einige Schäden anrichten. Nettleton erhielt für diesen Angriff am 28. 4. das Victoria Cross. Zum ersten Male nahmen an diesen Angriffen auch Flugzeuge der ersten vier Squadrons teil, die die neue Lancaster erhalten hatten. In den folgenden drei Monaten wurden Zug um Zug auch die übrigen Staffeln damit ausgerüstet und die veralteten Hampden-, Manchester- und Whitley-Bomber außer Dienst gestellt.

Der Angriff auf die MAN-Werke in Augsburg hatte jedoch noch ein Nachspiel. Winston Churchill, der persönlich die zurückgekehrten Besatzungen beglückwünscht hatte, sagte gegenüber dem Befehlshaber des Bomber Command, daß diese ungewöhnliche Leistung auch den Verlust von über der Hälfte der eingesetzten Bomber rechtfertige, daß man sich aber auf die Dauer solche Verluste nicht leisten könne. Ein solcher Tagesangriff wurde dann auch von der Royal Air Force nicht mehr wiederholt, dazu war das Ergebnis zu negativ ausgefallen. Trotz der zerstörten Montagehallen war die Arbeit einen Tag nach der Bombardierung bei MAN weitergegangen.

Das nächste Ziel des Bomber Command war Rostock. Der vierfache Schlag gegen diese Stadt begann am Abend des 24. 4. In insgesamt vier Angriffen erreichten 468 Bomber die Stadt und warfen insgesamt 442 Tonnen Spreng- und 304 Tonnen Brandbomben ab. Die Heinkel- und Arado-Flugzeugwerke erhielten einige Treffer. Die Hauptmasse der Bomben, vor allem die Brandbomben, fielen jedoch auf die Altstadt, 60 Prozent ihrer bebauten Fläche brannten nieder, 1800 Häuser und drei Kirchen wurden eingeäschert. 100.000 der 123.000 Einwohner zählenden Stadt mußten evakuiert werden. 204 Tote und 89 Schwerverletzte waren die Opfer. Seitens der Angreifer wurden 12 Maschinen abgeschossen.

Die Erfolgsanalyse von Rostock bewog Churchill, Air Marshal Harris auch für seinen nächsten Plan freie Hand zu geben, den der Chef des Bomber Command Anfang Mai in Chequers, dem Landsitz des britischen Kriegspremiers, Churchill vorlegte.

Churchills einzige Frage lautete, wo Harris diese 1000 Bomber hernehmen wolle. Der Vorschlag des Befehlshabers des Bomber Command lautete: aus den Reserven, von den Werkstätten und Schulen, vom Coastal Command und von den Heeresfliegerabteilungen.

Danach stand die Frage der Verluste auf dem Katalog der nun folgenden Fragen, und als Luftmarschall Harris erklärte, daß er mit dem Verlust von 100 Maschinen rechne, war die erstaunte Frage Churchills: »Mehr nicht?« (Siehe David J. Irving: »Und Deutschlands Städte starben nicht.«)

Die dritte Frage lautete, welche Stadt es treffen sollte. »Köln oder Hamburg«, antwortete Harris.

Churchill stimmte zu. Die Operation »Millennium« war zwar beschlossene Sache, sie mußte aber noch dem Chef des britischen Luftwaffenführungsstabes, Sir Charles Portal, vorgelegt werden. Als Harris hier erklärte, daß die Deutschen auf alle Fälle vierzig bis fünfzig Maschinen abschießen würden, ganz gleich, ob der Angriff mit 500 oder mit 1000 Bombern durchgeführt werde, weil dies eben die »Kapazität« ihrer Nachtjäger sei, hatte er auch Sir Charles überzeugt. Luftmarschall Harris verließ das Hauptquartier mit dem Befehl für den ersten 1000-Bomber-Angriff der Kriegsgeschichte.

Nacheinander boten die einzelnen angeschriebenen Stellen ihre Flugzeuge an. So konnte Harris auf Maschinen zurückgreifen, die aus dem Mittelmeerraum nach England überführt wurden. Er bekam Flugzeuge vom Coastal Command und vor allem von den Ausbildungsgruppen. Der Angriff wurde auf den 27. 5. festgesetzt. 417 Bomber des Bomber Command standen zur Verfügung, den Rest mußten die genannten Stellen beisteuern, die diesen Verband auf 1046 Bomber aller Größen brachten. Es waren alte Anson-Bomber ebenso darunter wie die ausrangierten Blenheim.

Die Operation »Millennium« konnte beginnen; doch sie mußte verschoben werden, denn am 27. 5. lag eine Gewitterfront über Westeuropa, und diese Front stand auch am 28. 5. noch wie eine Mauer und verhinderte den Start jener 1000 Flieger, die für diesen Angriff aufgeboten worden waren.

Als am 30. Mai in High Wycombe Luftmarschall Harris den großen unterirdisch angelegten Kartenraum betrat und von seinem Stellvertreter Air Vice Marshal Saundby begrüßt wurde, stand Magnus Spence, der »Wetterfrosch« des Bomber Command, mit seinem Wetterbericht bereit.

Es zeigte sich, daß an einen Angriff auf Hamburg auch an diesem Abend nicht zu denken war, eher schon an einen solchen auf Köln. Über Köln sollten gute Sichtverhältnisse herrschen.

Nach einer Weile des Nachdenkens gab Luftmarschall Harris den Startschuß, indem er auf die Stadt deutete, deren Name rot unterstrichen war.

»Heute nacht, Angriff auf – Köln!«

Um 18.00 wurden die Squadrons auf ihren Plätzen eingewiesen. Die ganze Routinearbeit der Vorbereitungen begann. Die Kommodore der Geschwader und die Navigationsoffiziere erläuterten die Zielfindung. Hauptmerkpunkt für einen Sichtanflug war eine Kirche direkt am Rhein mit einem Doppelturm: der Kölner Dom. Der Auftrag des Bomber Command lautete, die »mittelalterliche Innenstadt von Köln in Brand zu setzen«. (Siehe David Irving a.a.O.)

Dann wurde bei allen Squadrons der Tagesbefehl des Oberbefehlshabers des Bomber Command verlesen:

»Die Streitmacht, der Sie heute angehören, ist wenigstens doppelt so stark und besitzt die vierfache Bombenkapazität der größten Luftflotte, die jemals zuvor ein Einzelziel angegriffen hat. Es sind damit Mittel in Ihre Hand gegeben, um einen Hauptteil jener Hilfsquellen zum Versiegen zu bringen, aus denen der Feind seine Kriegsmaschinerie versorgt. Führen Sie den Angriff mit äußerster Entschlossenheit und mit der Überzeugung, daß Sie in dieser Nacht dem Feind den verheerendsten Schlag gegen seine Lebenskraft versetzen müssen. Gebt's ihm genau aufs Kinn!«

Um 23.00 Uhr erfolgte auf den Flugplätzen der Start. Als erste starteten die mit 100 Wellington-Bombern ausgerüsteten Staffeln. Die Wellington aber hatten nur Brandkanister an Bord genommen. Angriffsbeginn für sie war 0.55 Uhr. Von diesem Zeitpunkt an, bis um 2.25 Uhr – also binnen 90 Minuten – sollte jeder der 1046 Bomber seine Bomben abgeworfen haben.

In einer Aktennotiz für Air Chief Marshal Harris hatte der Chef des britischen Luftwaffenführungsstabes, Sir Charles Portal, folgende Sätze geschrieben:

»Ich hoffe, es ist klar, daß die Angriffspunkte die Wohngebiete sind und nicht zum Beispiel Docks oder Fabriken, selbst wenn diese im Anhang zum Angriffsbefehl besonders vermerkt sind.

Das muß jedem klargemacht werden, falls es noch nicht verstanden wurde.«

Tausend Bomber waren wenig später in der Luft, formierten sich, schlossen dichter und dichter auf und trugen ihre 2000 Tonnen Bomben jener deutschen Großstadt entgegen, die »pulverisiert« werden sollte.

Von 52 Flugplätzen mußten sie starten. Unter den 1046 Maschinen befanden sich 338 moderne Bomber der Typen Stirling, Manchester und Lancaster. Mit dem Gee-Gerät ausgerüstet, kamen die 100 Maschinen der ersten Welle genau ans Ziel. Sie waren über der Nordsee in sehr geringer Höhe angeflogen, um die deutschen Freya-Anlagen auszuschalten. Es waren jene 100 mit dem Gee-Gerät ausgerüsteten Maschinen der 1. und 3. Bomber Group, die ihre Brandkanister als erste abwarfen und damit die Markierungszeichen setzten, die nicht zu übersehen waren.

Die deutsche Jägerabwehr, die Nachtjagdgruppen an der Küste, waren durch Ablenkungs- und Täuschungsangriffe von 50 Jagdbombern über Belgien, Frankreich, Holland und Deutschland vom eigentlichen Ziel abgelenkt worden, und als endlich klar war, daß Köln das Ziel des Großverbandes der Briten war, war es für die meisten Nachtjäger schon zu spät. Dennoch versuchten sie, an die abfliegenden Bomber heranzukommen.

Aus dem holländischen Raum anfliegend, drehte das Gros des Verbandes dicht hinter den vorausfliegenden Wellington-Bombern auf Köln ein. Jede der ersten 100 Wellington hatte 1800 Stabbrandbromben auf die Altstadt von Köln geworfen. Nun nahte das Gros, ebenfalls mit Brand- und Sprengbomben vollbeladen.

Insgesamt meldeten 889 Besatzungen, daß sie über Köln gewesen seien. Von ihnen wurden 1455 Tonnen Bomben, darunter 970 Tonnen Brandbomben, abgeworfen. Die 1600 Jahre alte Kirche St. Gereon brannte lichterloh, 2000 weitere Großfeuer und 5000 Einzelbrände wüteten, als die Bomber abgeflogen waren. Flak und Nachtjäger versuchten, soviele Gegner wie möglich abzuschießen. Dabei wurden 43 Bomber vernichtet. 116 weitere Bomber wurden so schwer getroffen, daß fast alle bei der Landung in England verlorengingen. Doch sie wurden bei der Berechnung der Verlustrate »aus optischen Gründen nicht mitgezählt«. (Bob F. Fitzsimmons, Bombenschütze in der Squadron 44 aus Waddington.) Mit 43 abgeschossenen Bombern betrug die Verlustrate 3,6 Prozent, und damit konnte Luftmarschall Harris argumentieren.

Generalmajor Bahl, Kommandeur der Kölner Ordnungspolizei und aller Bereitschaften, die sich während des Bombenregens und kurz nachher in dieses Chaos stürzten, um zu retten, was zu retten war, gebührt das Verdienst, daß nicht die ganze Altstadt niederbrannte und daß viele Schwerverwundete gerettet werden konnten. Dennoch wurden 3311 Häuser ein Raub der Flammen. 36 Industriebetriebe brannten völlig aus. Unter den Trümmern lagen 467 Tote. Die Zahl der Verletzten überstieg die 5000. 20 Prozent von Köln waren in diesem ersten 1000-Bomber-Angriff der Geschichte vernichtet worden.

20 Feuerwehren waren am frühen Morgen des 31. 5. am Werk. Rettungstrupps wühlten sich durch die Trümmer und bargen verschüttete Menschen. Als der britische Fernaufklärer am frühen Morgen des 31. 5. Köln überflog und seine Fotos von der glosenden, von dichtem Qualm überlagerten Stadt machte, ergab die spätere Auswertung dieser Bilder, daß man 2,5 Quadratkilometer Stadtgebiet eingeäschert hatte.

Am Vormittag des 31. 5. gratulierte Winston Churchill dem Befehlshaber des Bomber Command und bezeichnete diesen Angriff als einen großen Sieg. Arthur Harris aber schrieb in sein Kriegstagebuch, aus dem er später die Unterlagen für seine Memoiren zusammenstellte:

»Endlich war die ausschlaggebende Waffe des Krieges massiert zum Einsatz gekommen.«

Der deutsche Wehrmachtsbericht des 31. 5. meldete: »Britische Bomber unternahmen in der vergangenen Nacht einen Terrorangriff auf die Innenstadt von Köln, wobei große Schäden durch Spreng- und Brandwirkung, vor allem in Wohnvierteln entstanden. Bei diesem ausschließlich gegen die Zivilbevölkerung gerichteten Angriff erlitt die britische Luftwaffe schwerste Verluste. Nachtjäger und Flakartillerie schossen 36 der angreifenden Bomber ab.«

Über Radio Luxemburg ließ Reichspropagandaminister Dr. Goebbels zynisch verkünden: »Mister Churchill wird eingeladen, seine Angriffe mit der größten für ihn möglichen Wucht fortzusetzen. Die Zeit wird beweisen, wer diese Art von Kriegführung länger durchstehen kann.«

Da diese Rede in Englisch gehalten wurde, erfuhren auch einige englische Bürger von den Schrecken, die diese Bombenangriffe hinterließen. Die ersten warnenden Stimmen wurden laut. Aber Luftmarschall Harris begründete nach dem Krieg die Weiterführung dieses Bombenkrieges folgendermaßen:

»Man vergißt heute, wie verzweifelt die Lage für Großbritannien im Jahre 1942 war. Die Deutschen hatten ganz Europa erobert, sie kämpften erfolgreich in Nordafrika und standen tief in Rußland. Ihre U-Boote jagten erfolgreich auf dem Atlantik. Wir hatten nur die Bomber, um über die Wälle der Festung Europa hinweg den Deutschen einen schweren Schlag zu versetzen. Und das haben wir dann auch getan.« Daß nunmehr dem Bomber Command beschleunigt Flugzeuge zugeführt wurden, ließ die Zahl der verfügbaren Bomber rasch emporschnellen.

Am späten Abend des 1. 6. 1942 startete mit 956 Flugzeugen abermals ein Großverband des Bomber Command. Hiervon waren 347 von den Schulverbänden ausgeborgt worden. 726 Maschinen erreichten Essen und warfen 1235 Tonnen Bomben ab. Von der Nachtjagd und der Flak wurden 32 Maschinen abgeschossen. In der folgenden Nacht war abermals Essen Ziel der angreifenden 144 Bomber, die von 294 gestarteten die Stadt erreichten. 13 Bomber wurden abgeschossen. Die 294 Tonnen Bomben verursachten Schäden in den Wohngebieten.

Bremen wurde in der Nacht zum 4. 6. angegriffen. Es waren »nur« 170 Bomber gestartet. 132 erreichten das Zielgebiet (oder behaupteten dies wenigstens) und warfen 246 Tonnen Bomben ab, 10 Bomber wurden abgeschossen.

Emden war das nächste Ziel zwei Nächte später. 233 Bomber waren gestartet, 195 hatten das Ziel erreicht und 393 Tonnen Bomben geworfen. Die Verluste: 9 Bomber.

Noch einmal startete in der ersten Junihälfte das Bomber Command mit 170 Bombern, und ein drittes Mal war Essen in diesem Monat als Ziel ausgewählt worden. 120 Bomber erreichten das Stadtgebiet und warfen 294 Tonnen Bomben ab, erlitten aber mit 17 Abschüssen schwere Verluste.

In den folgenden Tagen mußte das Bomber Command eine Atempause einlegen.

Am 2. Juni 1942 hatte Winston Churchill unter dem Eindruck des 1000-Bomber-Angriffes auf Köln vor dem Unterhaus erklärt:

»Ich darf sagen, daß mit dem Fortschreiten des Jahres die deutschen Städte, Häfen und Zentren der Kriegsindustrie einer Prüfung unterliegen werden, wie sie kein Land jemals erfahren hat.« Er meinte die Fortführung des »Target Area Bombing.«

Vorausgeschickt sei, daß seine Vorhersage auch eingehalten wurde. Nicht weniger als 1000 Luftangriffe wurden im Jahre 1942 gegen Deutschland geführt, dabei wurden insgesamt 37.000 Tonnen Bomben abgeworfen.

Bis zum Juni 1942 hatte Deutschland so große Bombenschäden hinnehmen müssen wie vor ihm Großbritannien. Churchill hatte seinen Parteifreunden und dem britischen Volk verkündet, daß »Europa aus der Luft pulverisiert« werden würde. Der Plan des Luftfahrtministeriums, daß 50 der größten deutschen Städte auf diese Weise ausgelöscht werden sollten, erwies sich zwar in den folgenden Monaten als undurchführbar, aber dennoch wurde versucht, das Ziel auch mit kleineren Verbänden zu erreichen. So starteten am Abend des 22. 6. 225 britische Bomber mit dem Ziel Emden; 195 von ihnen erreichten die Stadt und warfen 392 Tonnen Bomben ab. Sechs Flugzeuge gingen verloren.

Dann gelang es Luftmarschall Harris noch einmal, über 1000 Bomber zusammenzubringen. 1027 Besatzungen machten sich am späten Nachmittag des 25. 6. zum Einsatz fertig. Ziel des neuen 1000-Bomber-Angriffs war Bremen.

Bei mondhellem Wetter gestartet, flogen die dichten Bomberpulks über der Nordsee in dichte Wolkenfelder hinein. Die ersten Zusammenstöße erfolgten, einige Bomber stürzten mit abgerissenen Tragflächen in die See. Zwei Stirling verkeilten sich ineinander und stürzten ebenfalls ab. Eine Lancaster wurde gerammt, verlor ihr Heck und mußte notwassern.

Schon weit vor dem Ziel warfen die Bombenschützen ihre Lasten ab. Nur 713 Bomberbesatzungen behaupteten später, Bremen erreicht zu haben, aber nur ein Fünftel der mitgenommenen 2000 Tonnen Bomben traf wirklich die Stadtausläufer und das wenigste die Stadt selbst. 50 Flugzeuge wurden von der Nachtjagd und der Flak abgeschossen, weitere 70 wurden so schwer beschädigt, daß sie vor oder bei der Landung zu Bruch gingen. Dies war ein schwerer Aderlaß, und Flight Lieutenant Frank Soreby erklärte später:

»Noch drei oder vier solcher Ergebnisse, und wir hätten uns zu Tode gesiegt.« (Antwort an den Autor.)

Die zweifelnden Stimmen wurden lauter. Das Vertrauen zu Churchill und zu seinen Maßnahmen geriet ins Wanken. Gerüchte schwirrten durch London, die wissen wollten, daß Churchill durch Lord Beaverbrook abgelöst werden sollte. Andere verkündeten hinter der vorgehaltenen Hand, daß Sir Samuel Hoare seine Stelle einnehmen werde.

Wieweit das Vertrauen in Churchill geschwunden war, beweist ein Antrag, der am 30. 6. 1942 auf die Tagesordnung des britischen Unterhauses gesetzt wurde. Darin hieß es, »daß das Haus, obwohl es dem Heldentum und der Ausdauer der Streitkräfte der Krone Tribut zollt, kein Vertrauen mehr in den (erfolgreichen) Verlauf dieses Krieges hat«. Diese Stimmen kamen natürlich nicht von ungefähr. Die hohen Verluste an Flugzeugen, der Verlust von Tobruk am 20. 6. 1942 binnen 24 Stunden, und die deutsche Offensive im Osten, die eben angelaufen war, deuteten darauf hin, daß Deutschland zum Endspurt ansetzen wollte.

Aber Churchill setzte sich wieder einmal durch.

Der Juli zeigte, daß eines der Ziele der Bomber-Offensive erreicht war. Die Deutschen hatten aus dem Osten einige Jägerverbände nach dem Westen verlegen müssen. Dadurch war die Front des russischen Verbündeten entlastet worden.

Am 11. 7. flogen 44 Lancaster der 5. Bomber Group einen Angriff gegen Danzig. Nur 15 Bomber fanden das Ziel. 2 Bomber wurden von der Flak abgeschossen, 8 weitere beschädigt.

Der Angriff auf Duisburg, bei dem am Abend des 21. 7. 250 von 291 gestarteten Flugzeugen das Ziel erreichten und 577 Tonnen Bomben abwarfen, forderte vom Bomber Command 13 Flugzeuge. Der Angriff wurde in der Nacht zum 26. 7. mit 313 Bombern wiederholt. Diesmal erreichten 252 Flugzeuge das Ziel und warfen 547 Tonnen Bomben ab. 11 Bomber gingen verloren.

Es zeigte sich jetzt, daß an einen neuen 1000-Bomber-Angriff nicht mehr zu denken war, daß aber stets zwischen 250 und 400 Flugzeuge starten konnten.

Am 26. 7. waren es 304 Maschinen, die Bomben auf Hamburg warfen, 403 waren gestartet. Dieser Verband geriet in die dichte Abwehr der Nachtjäger und verlor insgesamt 30 Maschinen, eine erschreckend hohe Zahl. Der Angriff in der Nacht zum 30. 7., bei dem Saarbrücken das Ziel war, forderte 9 Verluste bei 291 gestarteten Bombern.

In der letzten Nacht des Juli starteten 630 Maschinen gegen Düsseldorf. 470 Bomber erreichten das Ziel und warfen 907 Tonnen Bomben ab; 30 Maschinen gingen verloren.

Diese nüchterne Aufzählung der Fakten täuscht darüber hinweg, daß alle diese Angriffe schwerste Verheerungen anrichteten und hohe Opfer unter der Zivilbevölkerung forderten. Es würde den Rahmen dieses Werkes sprengen, sollte auf alle Angriffe dieser Art eingegangen werden. Lediglich einige sollen in den folgenden Abschnitten – stellvertretend für alle anderen – mit ihren Auswirkungen auf beiden Seiten beschrieben werden.

Im August wurden Osnabrück (mit 192 am 9. 8. gestarteten Flugzeugen), Mainz (am 11. und 12. 8. mit 292 Maschinen in beiden Nächten) und Kassel (in der Nacht zum 28. 8. mit 306 Maschinen) angegriffen. Wären die Vorstellungen von Generalmajor Kammhuber verwirklicht worden, so hätte mit ziemlicher Wahrscheinlichkeit der geplante Operationsablauf mit der Bombardierung von 50 deutschen Städten zu den Akten gelegt werden müssen. So waren die Verluste des Bomber Command zwar hoch, aber nicht so hoch, daß diese Angriffe eingestellt werden mußten.

Hinzugekommen war der Umstand, daß sich seit Juli 1942 auch die USA in den Kampf der Bomberkräfte gegen Deutschland eingeschaltet hatten.

Die »Pathfinder Force«

In aller Stille war im letzten Kriegsmonat des dritten Kriegsjahres ein Spezialverband aus der Taufe gehoben worden, gegen den sich anfänglich auch Luftmarschall Harris zur Wehr gesetzt hatte. Dieser Spezialverband, zu dessen Befehlshaber der Group Captain Bennett ernannt wurde, hatte die Aufgabe erhalten, das Ziel der nächtlichen Bombenabwürfe aufzuspüren, es zu markieren und auszuleuchten.

Offiziell wurde die »Pathfinder Force« am 15. 8. 1942 aufgestellt, und zwar aus Abgaben aller Bomber-Gruppen, die dies »nur zähneknirschend« taten, weil sie nicht der Ansicht waren, daß die »Pfadfinder« für sie hilfreich sein könnten. Zunächst wurde dieser Verband, der ständig wuchs, der 3. Bomber Group unterstellt. Er erhielt aber seine Befehle direkt vom Hauptquartier des Bomber Command. Zwar erhielt diese Spezialgruppe, die später die Bezeichnung 8. Bomber Group trug, nicht bevorzugt Maschinen, dafür aber wurde sie bei der Zuteilung von Funkleitgeräten bevorzugt bedient. Es waren dies Gee-Geräte, aber auch die neuen H2S- und die Oboe-Geräte, von denen sie den Löwenanteil erhielt. So war sie optimal auf die Durchführung ihrer Spezialaufgaben vorbereitet.

Am 19. 8. fand die Generalprobe dieser Pfadfindergruppe statt. Sie erhielt einen Angriffsauftrag gegen Schiffswerften in Flensburg. Die Pathfinder als »Zeremonienmeister« führten in der Nacht zum 19. 8.

1942 einen Verband von etwa 300 Bombern in einer Stunde durch das Zielgebiet, der etwa 3 Prozent Verluste erlitt. Es gelang den Bombern, die Bomben wenigstens teilweise über dem Hafen und dem Marinestützpunkt abzuwerfen.

Von nun an sollte die »Pathfinder Force« zu einer wichtigen Hilfswaffe bei sämtlichen großen Bomberangriffen werden. Beim Angriff auf Peenemünde erzielte sie ihren größten Triumph. Doch darüber später. Zurück zu den letzten Wochen des dritten Kriegsjahres, in denen ein spektakuläres Ereignis stattfand, das für den Luftkrieg über Deutschland entscheidende Bedeutung erlangen sollte: die Ankunft der ersten amerikanischen Bomber auf europäischen Flugplätzen.

Die »Amis« kommen

Als die USA am 8. 11. 1941 durch ihre Kriegserklärung an Japan auch offiziell in den Zweiten Weltkrieg eintraten, verfügte die US-Army Air Force über 3305 Flugzeuge, darunter 18 Viermot-Bomber des Typs B 17 und B 17 A.

Dieser erste große Langstreckenbomber war vom amerikanischen Generalstab der US-Industrie bereits im Jahre 1933 in Auftrag gegeben worden, und zwar mit einer geforderten Reichweite von 8000 km, einer Geschwindigkeit von 320 km/h und einer Bombenladung von 1000 kg. Initiator dieses Flugzeugbaues war Brigadegeneral Oskar Westover, der Chef des US-Air Corps.

Vier Jahre später, im Sommer 1937, flog der Prototyp dieses neuen Bombers, der B 17 »Fortress« genannt wurde. General Westover war der Ansicht, daß dieses Flugzeug alle Voraussetzungen erfüllte:

»Das Kampfflugzeug besitzt zu seiner Verteidigung eine so starke Feuerkraft, daß es die Überzeugung rechtfertigt, es könne mit den in letzter Zeit entwickelten Geschwindigkeiten seine Aufgabe auch ohne Geleitschutz erfüllen.

Da die Bombenflugzeuge im geschlossenen Verband fliegen und so besser gegen Angriffe aus der Luft geschützt sind, und weil es heute bessere Abschirm- und Tarnmöglichkeiten gibt, darf man behaupten, daß es nichts gibt, was den erfolgreichen Einsatz von Bombenflugzeugen gefährden könnte.« (CC Bd. 1, Seite 65.)

Der B 17 folgte die B 24, die im Jahre 1939 fertig wurde. Aber bereits 1934 flog in den USA der Martin-Bomber, ein Tiefdecker und zugleich das erste Ganzmetallflugzeug, das als Bomber eingesetzt wurde. Mit seinen 2 Motoren erzielte er 320 km/h Geschwindigkeit. Am 1. 3. 1935 wurde in den USA die General Headquarters Air Force eingerichtet. Der Aufbau der US-Heeresluftwaffe vollzog sich parallel zu der britischen Luftwaffe, so daß im Jahre 1942, als die ersten Bomber nach Europa flogen, die daraus aufgestellten Geschwader sich nahtlos in die Einsatzgrundsätze der RAF einfügen konnten.

Die USA sahen in den schweren Bombern B 17 und B 24 die Waffen für den kommenden Luftkrieg. Daß sie dies tatsächlich waren, wurde sehr bald offenbar, denn bereits am 21. 7. 1942 übernahm General Dwight D. Eisenhower den Oberbefehl auf dem europäischen Kriegsschauplatz. Er befahl, daß die in der Verlegung nach England begriffene 8. US-Army Air Force (USAAF) »sorgfältig ausgesuchte strategische Angriffsziele angreifen und zerstören müsse«.

Bevor aber die 8. USAAF ihre Operation beginnen konnte, mußte eine rein operative Frage geklärt werden. Dies geschah in der gemeinsamen Veröffentlichung einer »amerikanisch-britischen Direktive über Operationen von Kampfflugzeugen bei Tag mit Unterstützung von Jagdverbänden« vom 8. 9. 1942. Diese Direktive stellte sicher, daß der Einsatz der 8. USAAF unter dem Schutz des britischen Fighter Command geflogen wurde.

In den Monaten Juli und August 1942 trafen denn auch die ersten Einheiten der 8. USAAF in England ein. Ihr Oberbefehlshaber wurde General Carl A. Spaatz. Mit den »Amis« kam der neue Bomber, die B 17 »Fortress«, nach Europa.

Inzwischen waren allein im Jahre 1941 von den Bändern der Flugzeugwerke der USA 19.433 Maschinen gerollt, darunter 4115 Bomber. 1942 waren es 47.836 Maschinen, davon 12.627 Bomber, 10.769 Jäger und der Rest Schul- und andere Flugzeuge. Von den 12.769 Bombern waren 2615 viermotorige B 17.

Flugzeug-Entwicklung in der Gegenüberstellung

Diese gigantische Ausstoßzahl an modernsten schweren Bombern gab den Ausschlag für die Alliierten. Zuungunsten Deutschlands fiel noch ins Gewicht, daß die deutsche Flugzeugindustrie in einer Produktionskrise steckte und die wirklich guten deutschen Flugzeuge und die verbesserten Typen in nicht genügend großer Zahl zur Front kamen.

An Bombern hatte zwar ab 1942 die deutsche Luftwaffe die He 111, die Do 217 und die Ju 88 verstärkt im Einsatz.

Einen der B 17 vergleichbaren viermotorigen Bomber aber gab es in Deutschland nicht. Die FW 200, »Condor«, die ab 1941 zu Fernaufkläreraufgaben herangezogen wurde, war ein zu Kriegszwecken umgebautes Fernverkehrsflugzeug und konnte lediglich im Kampf gegen die feindliche Schiffahrt eingesetzt werden.

Die He 177 als »Antwort auf die viermotorigen Bomber der Alliierten« war eine Fehlkonstruktion.

Soweit das Stärkeverhältnis der Bomber nur in bezug auf die Typen. Zahlenmäßig war das Mißverhältnis noch gravierender. Auf dem Gebiet der Jagdflieger war die Me 109 E durch die flugtechnisch verbesserte Me 109 F ersetzt worden, die man unverständlicherweise in der Bewaffnung geschwächt hatte, indem man anstelle der 2 Kanonen vom Kaliber 2 cm und 2 MG nur eine Kanone und 2 MG als Ausstattung vorgesehen hatte. Diese schwächere Bewaffnung reichte nicht aus, um die neuen viermotorigen englischen und amerikanischen Bomber wirkungsvoll zu bekämpfen. Später erhielt denn auch die Me 109 F noch zwei weitere Kanonen, die unter den Tragflächen, von einer Art Gondel umkleidet, angebracht waren. Damit wurde zwar nachträglich die Bewaffnung verstärkt, die Flugeigenschaften aber wurden herabgesetzt.

Im Laufe des Jahres 1942 kam auch die FW 190 zur Front. Dieser neue Jäger verfügte über eine Bewaffnung von 2 Kanonen des Kalibers 20 mm und 2 MG. Später wurde die Bewaffnung auf 4 Kanonen dieses Kalibers verstärkt.

Großbritannien brachte gegen diese neuen deutschen Jäger die erheblich verbesserte Spitfire IX mit 2 Kanonen und 4 MG heraus. Ihr folgte die Hawker »Typhoon« mit 12 MG in der Ausführung IA und 4 Kanonen in der Ausführung IB.

Die Hurricane IID »Tank Buster« kam als Jabo mit 2 Kanonen vom Kaliber 4 cm und 2 MG an die Front. Der »Mustang III« konnte 2 Bomben von je 225 kg befördern, die US-Maschine »Lightning« – die P 38 F – Bomben mit insgesamt 450 kg Gewicht.

Damit hatte sich das Gewicht nicht nur in bezug auf die Baumuster, sondern auch in bezug auf Ausstoß weit zugunsten der Alliierten verschoben.

Der erste Einsatz von 12 B 17 der 8. USAAF fand am 17. 8. 1942 als

Tagesangriff auf das Eisenbahnzentrum Rouen statt. Die 12 US-Bomber wurden von etwa 40 Spitfire-Jägern aus sechs Staffeln eskortiert.
Das dritte Kriegsjahr ging zu Ende. Es hatte die Kräfteverteilung entscheidend zuungunsten Deutschlands verschoben, und das vierte Kriegsjahr – dies zeichnete sich bereits ab – würde in bezug auf die Luftschlachten über England und Deutschland ganz im Zeichen der alliierten Überlegenheit stehen und Deutschland ein Jahr des Schreckens bescheren.

Das vierte Kriegsjahr—
Jahr der 1000-Bomber-Angriffe

Politische Hintergründe

Am 22. 9. 1942 besuchte der stellvertretende rumänische Ministerpräsident Mihai Antonescu Hitler in dessen HQ Wolfsschanze. Abermals standen Themen des Kriegseinsatzes der rumänischen Divisionen im Südabschnitt der Ostfront auf dem Programm. Den Soldaten im Südabschnitt galt vor allen anderen auch Hitlers Rede am 30. 9. zur Eröffnung des Winterhilfswerkes. In dieser Ansprache erklärte der »Führer«, daß der deutsche Soldat nirgendwo zurückweichen werde.

Das Treffen Hitlers mit dem französischen Ministerpräsidenten Laval am 10. 11. in München folgte. Mit Laval wurde das Verhältnis Vichy-Frankreichs zu den USA besprochen, und Hitler erklärte dabei eindringlich, daß Frankreich davon profitieren werde, wenn es die diplomatischen Beziehungen zu den USA abbrechen würde.

Dies geschah noch am selben Tag als Antwort darauf, daß die alliierten Expeditionsstreitkräfte, geführt von US-General Dwight D. Eisenhower, am 8. 11. in Oran, Casablanca und Algier gelandet waren, ohne die französische Regierung vorher zu konsultieren. Noch am 8. 11. hatte Marschall Pétain Protest erhoben und den französischen Residenten in Tunis, Marokko und Algerien Befehl zum Widerstand gegeben.

Diese Landung war die Stalin so lange versprochene zweite Front. Sie wurde ausgeführt, um die nach ihrer Niederlage bei El Alamein zurückweichende Panzerarmee Afrika zwischen zwei Feuer zu nehmen und ihr den Nachschub aus dem Westen abzuschneiden. Daß diese Landungen so weit westlich erfolgten und nicht gleich in Tunis stattfanden, wie General Eisenhower dies angestrebt hatte, verlängerte den Kampf in Afrika um volle sechs Monate.

Am Mittag des 8. 11. hatte Hitler bereits in Vichy anfragen lassen, ob Frankreich bereit sei, an der Seite Deutschlands gegen Briten und Amerikaner zu kämpfen. »In diesem Falle«, hatte Hitler erklärt, »bin ich bereit, mit Frankreich durch dick und dünn zu gehen.«

Dann wurde der französische Ministerpräsident nach München eingeladen, wo Hitler, wie alljährlich am Vorabend des Marsches zur Feldherrnhalle, zu seinen alten Kämpfern sprach. Hitler schmiedete das

Eisen, solange es heiß war, und erreichte, wie eingangs erwähnt, den Abbruch der diplomatischen Beziehungen Frankreichs zu den USA.

Dies war aber auch schon alles. Die Franzosen wollten nicht an Hitlers Seite kämpfen, sosehr sie auch von ihren früheren Verbündeten vor den Kopf gestoßen worden waren. Marschall Pétain schickte Admiral Darlan, der sich in Tunesien aufhielt, ein Telegramm. Der Inhalt lautete: »Sie haben Handlungsfreiheit, einen allgemeinen Waffenstillstand für Nordafrika auszuhandeln.« Am 13. 11. waren dann endgültig die Würfel gefallen, als zwischen General Eisenhower und Admiral Darlan ein Militärabkommen geschlossen wurde, in dem Darlan als Oberhaupt de facto des französischen Territoriums in Afrika, und General Giraud als OB der französischen Streitkräfte in Afrika anerkannt wurden.

Spanien ordnete am 13. 11. eine Teilmobilmachung an, um seine Neutralität gegen jedermann schützen zu können.

Am 1. 12. 1942 gab Mussolini Hitler den Rat, »das Kapitel des Krieges gegen Rußland auf die eine oder andere Weise zum Abschluß zu bringen, weil es keinen Zweck mehr hat«.

Hitler war da ganz anderer Ansicht, und er neigte auch dazu, den Vorschlägen der militärischen Führung, Nordafrika aufzugeben, um Kräfte für den Ostkriegsschauplatz freizubekommen, zu folgen.

In der Besprechung vom 19. 12. mit dem Chef des italienischen Comando Supremo, Generaloberst Cavallero, gab er dies auch eindeutig zu verstehen. Der italienische Außenminister, Graf Ciano, und Generaloberst Cavallero bestürmten Hitler, den Rückzug aus Nordafrika auf keinen Fall einzuleiten, sondern ihnen, den Italienern, zu helfen. Hitler stimmte zu, daß Nordafrika unter allen Umständen gehalten werden müsse. Damit verspielte er die spätere Heeresgruppe Afrika, die in dieser Phase noch nicht zur Heeresgruppe Afrika angewachsen war und noch hätte zurückgeführt werden können, um auf dem italienischen Festland einen neuen Riegel gegen einen vordringenden Gegner zu bilden.

Man schrieb den 19. 1. 1943, als der stellvertretende rumänische Ministerpräsident Antonescu bei einer Besprechung mit Mussolini in Rom den Vorschlag machte, daß er, Mussolini, im Namen aller europäischen Verbündeten Kontakt zu den Westalliierten aufnehmen möge. Mussolini lehnte dieses Ansinnen ab.

Am 18. 2. 1943 hielt Reichspropagandaminister Dr. Goebbels im Berliner Sportpalast eine Rede, in der er – umjubelt von seinen Zuhörern –

den totalen Krieg verkündete. Am selben Tag startet in München die Flugblattaktion der Geschwister Scholl mit dem Flugblatt »Wiederherstellung der Ehre – Kampf gegen die Partei.« Am 1. 4. 1943 war der ungarische Ministerpräsident Kállay in Rom und versuchte, Mussolini für einen Separatfrieden zu gewinnen. Mussolini lehnte abermals ab und teilte seinem Freund Hitler mit, daß Kállay untragbar sei. Daraufhin lud Hitler den ungarischen Reichsverweser, Admiral Horty, nach Berlin ein und forderte ihn am 16. 4. auf, den abtrünnigen Ministerpräsidenten ablösen zu lassen. Admiral Horty lehnte ab.

Bei seinem nächsten Besuch in Rom am 1. 7. 1943 schlug der rumänische stellvertretende Ministerpräsident Mussolini abermals vor, daß nun die Friedensgespräche, die er am 19. 1. 1943 angeregt habe, endgültig mit den Westmächten aufgenommen werden müßten. Mussolini hatte zu dieser Zeit jedoch bereits ganz andere Sorgen, von denen ihn nur Hitler befreien konnte. Am 19. 7. traf er Hitler noch einmal in Feltre, und beide »Führer« besprachen die Lage. Doch die Ereignisse in Italien waren schneller.

Am 24. 7. 1943 bat der Große Faschistische Rat mit einer Mehrheit von 19 gegen 7 Stimmen König Viktor Emanuel III., den am 10. 6. 1940 – dem Tag des Kriegseintritts Italiens – an Mussolini abgegebenen Oberbefehl über die italienischen Streitkräfte wieder zu übernehmen. Damit war die Vertrauenskrise in Italien offenbar geworden. Einen Tag später ging Mussolini nach der neuen Sitzung des Großen Faschistischen Rates zum König und bot ihm seinen Rücktritt als Regierungschef an. Als er den Palast verließ, wurde er verhaftet und in ein unbekanntes Versteck geschafft.

König Viktor Emanuel III. berief den Marschall Badoglio zum neuen Regierungschef. Der Marschall erklärte, daß er den Krieg an der Seite Deutschlands fortsetzen werde. Insgeheim aber leitete er nach dem Zusammenbruch des faschistischen Regimes bereits jetzt die Verhandlungen mit den Westalliierten ein.

Daß dieses Doppelspiel vorzeitig entdeckt und Gegenmaßnahmen beschlossen und eingeleitet werden konnten, verdankt die deutsche Führung ihrem gut eingespielten B-Dienst, dessen Funkhorchstelle ein Funkferngespräch zwischen Premierminister Churchill und US-Präsident Roosevelt abhörte. In diesem Gespräch wurde von Roosevelt die Proklamation Eisenhowers anläßlich des bevorstehenden Waffenstillstandes in Italien angesprochen.

Die Londoner Docks während der Bombardierung am 8. 9. 1940
(Foto: Imperial War Museum)

Deutsche Jäger kehren nach Einsätzen über Großbritannien zu ihren heimatlichen
Fliegerhorsten zurück   (Foto: der Autor)   193

Do 17 Z-2 des VIII. Fliegerkorps beim Anflug auf England
(Foto: Heinz J. Nowarra)

Englische Flak im Großraum London im Abwehrkampf
(Foto: Imperial War Museum)

Sturzkampfbomber Ju 87 zusammen mit einer Bf 109 E über dem Kanal
(Foto: Heinz J. Nowarra)

Die FW 190 A-8, die Maschine der Rammjäger, mit Triebwerks- und
Führerraumpanzerung   (Foto: Heinz J. Nowarra)

Die Abschußliste wird vom 1. Wart geführt (Foto: der Autor)

Unterirdischer Serienbau der He 162 im Werk »Languste« bei Wien
(Foto: Heinz J. Nowarra)

Die Do 217 N mit Lichtenstein-Antenne und Bewaffnung
(Foto: Dornier-Werke)

Oberst Walter Oesau, Kommodore des JG 1 (Foto: der Autor)

Jagdeinsitzer He 113 mit zwei MG und zwei Kanonen (Kaliber 2 cm)
(Foto: der Autor)

*Eine Bristol Blenheim versenkt vor der französischen Küste einen
deutschen Tanker   (Foto: Imperial War Museum)*

Huckepack-Gespann für Ferneinsätze: die FW 190 auf der Ju 88 G-1
(Foto: Musée de l'Air)

Mit dieser Me 262 V-3 wurde am 18. 7. 1942 der erste reine Strahlflug
der Me 262 durchgeführt (Foto: Messerschmitt-Blohm GmbH)

Adolf Galland bei Hitler   (Foto: der Autor)

*Die Me 163 B-1, der erste in Serie gebaute und eingesetzte Raketenjäger
(Foto: Messerschmitt-Blohm GmbH)*

*Die He 162 A-1 (»Volksjäger«), ein einstrahliger Jagdeinsitzer
(Foto: Heinz J. Nowarra)*

*Die Do 335, der schnellste Jäger der Wehrmacht, wurde nicht mehr
eingesetzt   (Foto: Dornier-Werke)*

Die »Könige« der Nachtjagd (von links): Hauptmann Streib, Major Falck,
Generalmajor Kammhuber   (Foto: der Autor)

»Hurricane« im Formationsflug über den Wolken
(Foto: Imperial War Museum)

Air Marshal Arthur T. Harris, auch »Bomber-Harris« genannt
(Foto: Imperial War Museum)

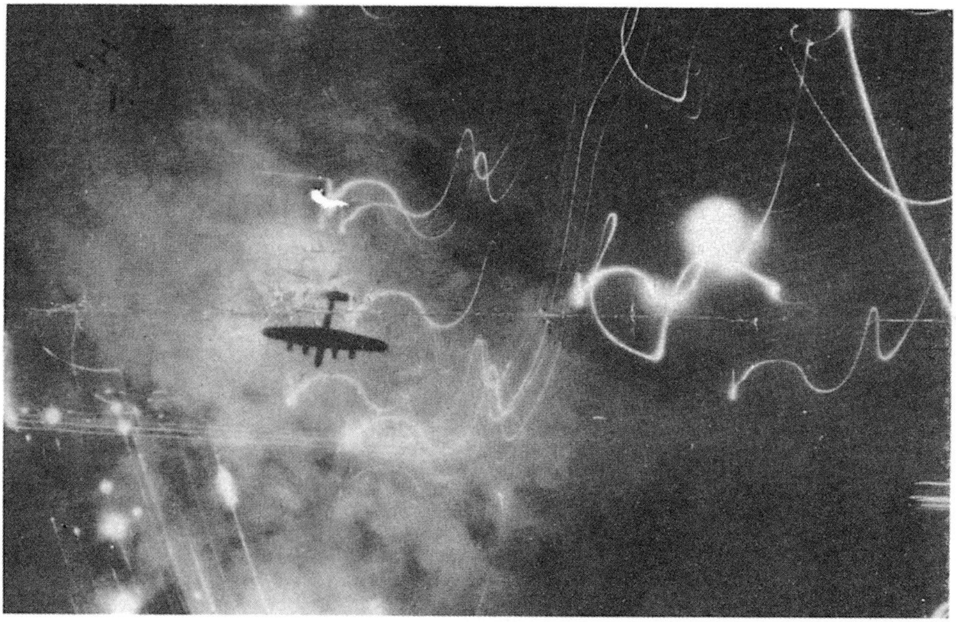

Die Besatzung einer »Lancaster« sieht die Szene über Hamburg
(Foto: Imperial War Museum)

Ein amerikanischer Bomber vom Typ B 24 Liberator im Einsatz
(Foto: Musée de l'Air)

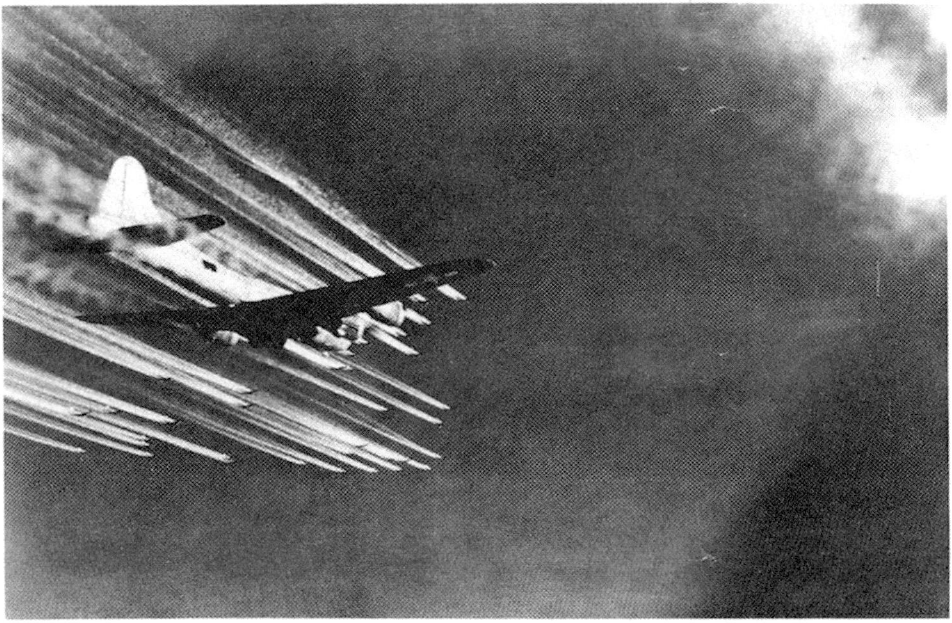

Eine Formation »Fliegender Festungen«   (Foto: Imperial War Museum)

Die 95. US-Bomber Group beim Angriff auf Braunschweig
(Foto: Heinz J. Nowarra)

Eine »Liberator« beim Bombenabwurf (Foto: Heinz J. Nowarra)

B-17-Bomber der VIII. US-Air Force beim Angriff auf Dresden (17. 4. 1945)
(Foto: Imperial War Museum)

Das zerstörte Köln   (Foto: Imperial War Museum)

Am 3. 8. 1943 nahmen Vertreter der italienischen Regierung mit den Alliierten in Lissabon Fühlung auf. Diese Aktion, die den deutschen Horchstellen ebenfalls nicht entgangen war, ließ bei dem deutsch-italienischen Zusammentreffen am 6. 8. in Tarvis keine vertrauensvolle Stimmung aufkommen. Voll gegenseitigen Mißtrauens standen sich Reichsaußenminister von Ribbentrop und Außenminister Guariglia ebenso wie Generalfeldmarschall Keitel und der Chef des Comando Supremo, Generaloberst Ambrosio, gegenüber.

Am 12. 8. traf dann jene italienische Militärmission in Lissabon ein, die befugt war, den Waffenstillstand Italiens mit den Westalliierten durchzuführen.

Während des deutsch-italienischen Treffens am 15. 8., bei dem die Verteidigung Norditaliens und des Südens nach dem Rückzug der deutsch-italienischen Truppen von Sizilien auf dem Programm stand, wurde deutscherseits erklärt, daß Generalfeldmarschall Rommel die vorsorglich nach Norditalien verlegte Heeresgruppe B führen werde.

Generaloberst Jodl erläuterte die Planung des OKW. Generaloberst Ambrosio sowie General Roatta, der Chef des italienischen Generalstabes des Heeres, stimmten zu, obgleich sie wußten, daß Italien in allernächster Zeit aus dem Bündnis ausscheiden würde. In Fortführung der Schilderung dieser Aktionen des »Abfalles auf Italienisch« und der deutschen Gegenaktionen, die sich in das fünfte Kriegsjahr hinein erstreckten, erfolgte am 3. 9. 1943 der zunächst noch geheimgehaltene Abschluß des Waffenstillstandes, der in Cassibile von General Castellano unterzeichnet worden war. Am 8. 9. wurde dann von deutscher Seite der »Fall Achse« ausgegeben, nachdem man durch die Rundfunkproklamation Eisenhowers vom offiziellen Abfall der Italiener Kenntnis erhalten hatte.

Deutsche Truppen marschierten in Rom ein und besetzten die Hauptstadt. Fallschirmjäger, die bei Monte Rotondo direkt über dem italienischen Hauptquartier abgesprungen waren, fanden General Roatta schon nicht mehr vor. Die italienische Besatzung von Rhodos, einer wichtigen Insel im östlichen Mittelmeer, wurde mit Bomben belegt und kapitulierte gegenüber den deutschen Truppen. Überall erfolgte schlagartig die Entwaffnung der Italiener.

Am 9. 9. lief die italienische Schlachtflotte aus La Spezia aus, »um zum Feind überzugehen«. 17 Do 217 unter Major Jope griffen diese Kriegsschiffe an. Es kam zum ersten Kampf der ehemaligen Verbündeten gegeneinander, das Schlachtschiff »Roma« wurde versenkt, ihr Schwesterschiff »Italia« schwer beschädigt. Der Rest erreichte am 10. 9. Malta und ergab sich dem Gegner.

Noch am 9. 9. wurde im deutschen Machtbereich eine faschistische Gegenregierung unter Pavolini gebildet. Am 15. 9. trat Mussolini an die Spitze der faschistischen Gegenregierung. Er war am 12. 9. von deutschen Fallschirmjägern aus seinem Gewahrsam auf dem Gran Sasso befreit worden. Unter deutscher Oberaufsicht übernahm er die Verwaltung von Nord- und Mittelitalien. Reichsbevollmächtigter für diese italienischen Gebiete wurde Botschafter Rahn. Der Sitz der neuen Regierung war Salo am Gardasee. Damit ging ein Jahr hochpolitischer Entscheidungen zu Ende, das ganz im Zeichen des deutsch-italienischen Zerwürfnisses und der Kriegsmüdigkeit auch der anderen Satelliten Deutschlands stand und mit dem Abfall Italiens vom Bündnis endete.

Dieser Abfall brachte für die deutsche Wehrmacht und damit auch für die Luftwaffe neue schwere Belastungen.

Großbritannien, die USA und die UdSSR im politischen Spiel

Auf seiten der Alliierten standen die politischen Entscheidungen im vierten Kriegsjahr zunächst ganz im Zeichen der Errichtung einer zweiten Front. Am 22. 9. 1942 setzte General Eisenhower den Beginn des Unternehmens »Torch« – die alliierten Landungen in Nordwestafrika – auf den 7. 11. fest. Stalin wurde sofort benachrichtigt. Man wollte unter allen Umständen vermeiden, daß die UdSSR aus dem Krieg ausstieg, denn einige Anzeichen deuteten auf einen solchen Schritt Stalins hin.

Man konnte diesen Schritt nur durch Errichtung einer zweiten Front verhindern.

Am 8. 11. lief das Unternehmen »Torch« an. Unter US-Führung landeten drei Gruppen – insgesamt 105.000 Mann – bei Oran, Casablanca und Algier und wurden vom Feuer der französischen Verteidiger empfangen. Der Widerstand wurde unter Einsatz aller Mittel rasch gebrochen. Der Kampf um die Gewinnung von Tunis – der berühmte Wettlauf nach Tunis – entbrannte. Er ging erst nach einem halben Jahr erbitterter Kämpfe am 12. Mai 1943 zu Ende. Die deutsch-italienische Heeresgruppe Afrika mußte kapitulieren. In diesem Raum war während dieser sechs Monate eine Reihe deutscher Luftwaffeneinheiten im Einsatz gewesen.

Mit der ersten Tagung des Antifaschistischen Rates der Nationalen Befreiung Jugoslawiens in Bihác am 26. 11. 1942 wurde das kommunistische Programm des Partisanenführers Tito als Grundlage der »Nationalen Front« bestimmt, die damit bereits den Charakter einer Regierung angenommen hatte, der Tito vorstand. Die Konferenz von Casablanca, die am 14. 1. 1943 begann und nach langen Verhandlungen am 25. 1. 1943 endete, ergab in den Gesprächen zwischen Roosevelt und Churchill einige bemerkenswerte Ergebnisse, die auch für den Luftkrieg über Deutschland entscheidende Bedeutung erlangten. Die militärischen Führer der Westalliierten berieten hier parallel zu den Gesprächen ihrer politischen Führer über die gemeinsame Strategie im Mittelmeerraum, wobei die Landung auf der Insel Sizilien und der Sprung auf das italienische Festland im Mittelpunkt standen. Hauptergebnis dieser Konferenz war die Feststellung, daß es im Falle Deutschland nur zu einer »bedingungslosen Kapitulation« kommen dürfe.

In der »Casablanca Directive« der Vereinigten Stabschefs an die beiden Bomber Commands wurden folgende Kernsätze niedergelegt:
»Es ist Ihr vordringliches Ziel, die fortschreitende Zerstörung und Desorganisation der deutschen militärischen, industriellen und wirtschaftlichen Systeme sowie die Untergrabung der Moral des deutschen Volkes bis zu einem Grade zu erreichen, daß seine Fähigkeit zum bewaffneten Widerstand entscheidend geschwächt ist.«

Die Reihenfolge der zu zerstörenden Ziele lautete:

1. U-Boot-Produktionsstätten,
2. Flugzeugindustrie,
3. Transportwesen und Hauptverkehrsknotenpunkte,
4. Ölraffinerien und Werke zur synthetischen Treibstoffherstellung,
5. Kugellagerwerke und andere Ziele der feindlichen Kriegsindustrie.

Während dieser Besprechungen hatte Winston Churchill eine Unterredung mit General Eaker, der inzwischen Oberbefehlshaber der 8. USAAF geworden war. Churchill hatte starke Bedenken gegen Tagesangriffe, wie sie die Amerikaner vorgeschlagen hatten. Er kannte die Gefährlichkeit der deutschen Jägerwaffe und ahnte, daß es bei Tagesangriffen über weite Strecken schwere Verluste geben werde. Dennoch gab er nach.

Am 30. und 31. 1. 1943 kam es zu einem Treffen zwischen Churchill und dem türkischen Staatspräsidenten Inönü. Dieser versicherte dem britischen Kriegspremier, daß er zu einer wohlwollenden Neutralität gegenüber Großbritannien bereit sei.

In Algier kam es am 5. 2. zu einer Konferenz zwischen dem OB in Nordafrika, General Eisenhower und den Generälen Giraud und de Gaulle. Dabei mußten auch Kompetenzstreitigkeiten zwischen den beiden Franzosen bereinigt werden.

Nachdem am 7. 3. 1943 in Moskau Stalin vom Obersten Sowjet zum Marschall der Sowjetunion ernannt worden war, ermächtigte die sowjetische Regierung ihren Botschafter in Washington, Litwinow, die Zustimmung der UdSSR zur Abtretung von Ostpreußen an Polen zu erklären. Dafür würde sich die UdSSR an Ostpolen schadlos halten.

Am 14. 4. kam es bei einem Besuch des britischen Außenministers Eden in Washington zwischen ihm und Präsident Roosevelt zu der Vereinbarung, daß Polen Ostpreußen erhalten werde und daß man dazu die Deutschen aus Ostpreußen aussiedeln müsse.

Zwischen der Sowjetregierung und der in London residierenden polnischen Exilregierung kam es am 26. 4. zu einem schweren Zerwürfnis. Die polnische Regierung brach die diplomatischen Beziehungen zur UdSSR ab. Grund dafür war die Tatsache, daß die polnische Exilregierung eine internationale Untersuchung über die Ermordung von 4100 polnischen Offizieren bei Katyn gefordert hatte. Deutsche Truppen hatten die Massengräber gefunden und die Toten durch Experten, auch aus neutralen Ländern, untersuchen lassen. Nach deren Aussagen konnten diese 4100 Offiziere nur während der russischen Besatzungszeit in diesem Gebiet ermordet worden sein. (Die Regierung der UdSSR hat bis auf den heutigen Tag jede Untersuchung des Falles verweigert.) Die Zusagen und Vorleistungen der Alliierten gegenüber ihren kleinen Verbündeten gingen am 12. 5. 1943 weiter, als Präsident Roosevelt dem Exilpräsidenten der Tschechoslowakei, Benesch, bei dessen Besuch in Washington seine Zustimmung zur Vertreibung der Sudetendeutschen aus ihrer Heimat gab.

Am 31. 5. begab sich die erste britische Militärmission nach Jugoslawien, um im Hauptquartier Titos die Hilfeleistungen für das neue Jugoslawien zu vereinbaren, für die sich Churchill ausgesprochen hatte.

Am 14. 8. begann in Quebec die Konferenz zwischen Roosevelt und

Churchill, die bis zum 24. 8. andauerte. Themen dieser Konferenz waren unter anderen auch die nahe bevorstehende Kapitulation Italiens und die von den Alliierten geplante Landung in der Normandie.

Damit hatten die politischen Aktivitäten der Alliierten im vierten Kriegsjahr einige Entscheidungen herbeigeführt, die noch lange nach dem Kriege Hunderttausende von Opfern forderten.

Der Einsatz der deutschen Luftwaffe
im vierten Kriegsjahr

Die allgemeine Lage

Zur Abwehr der großen alliierten Luftoffensiven wurde am 15. Oktober 1943 aus dem XII. Fliegerkorps das I. Jagdkorps aufgebaut, das zur Reichsverteidigung eingesetzt wurde. Sein neuer Befehlshaber wurde Generalmajor Schmidt. Die 1. Jagddivision mit dem Verteidigungsbereich Berlin-Mitteldeutschland und dem Gefechtsstand in Döberitz wurde von Oberst Lützow übernommen. Ihm waren hauptsächlich unterstellt: das JG 3 unter Oberstleutnant Wilcke, das ZG 26, geführt von Major Rettberg und später Major Boehm-Tettelbach, und das JG 400 unter Späthe.

Für den Nachtjagdeinsatz standen ihm das NJG 2 unter Hülshoff und später das NJG 5 unter Radusch zur Verfügung.

In der Sowjetunion standen die überwiegenden Teile der Jagdwaffe und insbesondere der Kampf- und Schlachtfliegerverbände. Dennoch fehlten dort jene Kampfflugzeuge, die in zusammengefaßten Angriffen gegen die sowjetische Rüstungsproduktion hätten Erfolge erringen können. Die He 177 war noch immer nicht einsatzbereit. Dieser Viermot-Bomber hätte die im Osten notwendig werdenden Fernkampfaufträge durchführen können. Allerdings hätte auch der Einsatz aller verfügbaren Ju-88- und He-111-Geschwader von den vordersten eigenen Flugplätzen aus die russische Rüstungsindustrie erreicht. Doch zu solchen weiträumigen strategischen Einsätzen kam es bis auf wenige Ausnahmen im Frühjahr und Sommer 1943 nicht. Die Luftwaffe wurde im Osten nach wie vor direkt an der Front zur Unterstützung der Heerestruppen eingesetzt.

Und so aufsehenerregend ihre Erfolge dort auch waren, sie waren nicht kriegsentscheidend!

Als die letzte deutsche Großoffensive im Osten unter dem Decknamen »Zitadelle« im Juli 1943 begann, war die Luftwaffe ein letztesmal mit einem Aufgebot von 1700 Flugzeugen dabei. Diese erzielten große Erfolge, besonders in der Bekämpfung von Panzerverbänden aus der Luft; aber die große operative Entscheidung konnten sie nicht erzwingen helfen.

Während dieser Zeit war im Reich die Abwehr der sich beinahe allnächtlich steigernden alliierten Bombenangriffe zum Kernpunkt des Handelns geworden. Es ging darum, mit der Tag- und Nachtjägerwaffe das »Dach« über Deutschland zu errichten, unter dem die Bevölkerung ebenso wie die Kriegsindustrie sicher war.

Es galt, die Jägerwaffe zu stärken und ihr so viele Flugzeuge wie möglich zuzuführen. Dies hatte zwar bereits Generalluftzeugmeister Ernst Udet kurz vor seinem Freitod noch eindringlich gefordert, doch war er ausgelacht worden. Sein Nachfolger, Generalfeldmarschall Milch, hatte für Ende Dezember 1942 eine Monatsfertigung von 1000 Jagdflugzeugen angeboten. Doch davon wollte Göring immer noch nichts wissen. Der Generalstabschef der Luftwaffe, Generalleutnant Jeschonnek, hatte ihm nämlich erklärt, daß er pro Monat höchstens 500 Jäger an der Front unterbringen könne.

Das war im Frühjahr 1942 gewesen, bevor die Luftschlacht über der Ruhr, bevor die 1000-Bomber-Angriffe der Alliierten erfolgt waren. Danach sah alles anders aus, auch wenn Göring immer noch daran glaubte, daß er bald die gesamte im Osten eingesetzte Luftwaffe zurücknehmen und mit ihr im Westen losschlagen könnte.

Dennoch: Die Jägerproduktion mußte angekurbelt werden. Im Herbst 1942 waren es bereits 500 Stück im Monat, und die Produktion wurde von Monat zu Monat gesteigert. Sie erreichte im Februar 1943 die Zahl 700; im März und April waren es jeweils 800 Maschinen, die zur Front gelangten, und im Juni war das von GFM Milch angestrebte Ziel, die Zahl 1000 – erreicht.

Aber die Fronten in Afrika und im Mittelmeerraum, im Osten und Westen fraßen förmlich die Jäger weg.

Die Tagjagdwaffe war nach wie vor nur schwach besetzt und verfügte im Westen zu Beginn des vierten Kriegsjahres nur über etwa 200 Maschinen der Typen Me 109 und FW 190. Erst zu Beginn des Jahres 1943 stiegen auch bei der Tagjagd die Einsatzzahlen an, bis sie im Juni 1943 in der Reichsverteidigung über 800 Maschinen verfügte, von denen allerdings ein Teil aus Norwegen, aus dem Mittelmeerraum und Rußland nach Deutschland verlegt werden mußte.

Neben dem General der Nachtjagd, Kammhuber, war es der General der Jagdflieger, Adolf Galland, der immer wieder den Ausbau der Reichsverteidigung forderte. Als Galland im Frühjahr 1943 Göring gegenüber dieses Thema abermals anschnitt, erwiderte dieser:

»Der ganze faule Zauber erübrigt sich, wenn ich erst meine Geschwader nach dem Westen zurückführen kann. Dann ist das Thema Luftverteidigung für mich erledigt. Erst aber muß der Russe so schnell wie möglich niedergerungen werden.«

Als dann General Galland nach den ersten schweren Luftangriffen der am 5. 3. 1943 beginnenden »Battle of the Ruhr« zu Hitler befohlen wurde, fragte ihn dieser, was zur Verhinderung der amerikanischen Tagesangriffe getan werden könne. Galland antwortete, daß dies eine Frage des Stärkeverhältnisses zwischen den einfliegenden viermotorigen Bombern und den Jägern der Reichsverteidigung sei. Er sagte:

»Die drei- bis vierfache Zahl von Jägern im Vergleich zu den US-Bombern ist notwendig, um überall über dem Reichsgebiet die erforderlichen Jägerkonzentrationen bilden zu können. Hiermit können die feindlichen Verbände zerschlagen und so gut wie vernichtet werden. Falls jedoch der amerikanische Begleitschutz weiter ausgebaut wird, muß ich zusätzlich noch die gleiche Zahl von Jägern fordern, wie sie die amerikanischen Verbände begleiten.« (Siehe Galland, Adolf: »Die Ersten und die Letzten.«)

Galland erklärte Hitler, daß die deutschen Jäger zuerst die Luftüberlegenheit gegenüber den US-Begleitjägern erringen müßten, ehe sie die Bomber angreifen und ebenfalls vernichten könnten. Hitler hörte ihm aufmerksam zu. Nur als Galland davon sprach, daß die Eindringtiefe des US-Jagdschutzes sich noch vergrößern würde, wies er diese Möglichkeit weit zurück und fügte hinzu, daß Göring ihm versichert habe, eine solche Möglichkeit werde nicht eintreten.

Als Göring von der freimütigen Berichterstattung Gallands erfuhr, nannte er dessen fundierte Ausführungen »verantwortungslose Redereien und Hirngespinste schlapper Defaitisten«. (Siehe Galland, Adolf a.a.O.)

Es war Generalfeldmarschall Milch, der diesen Erkenntnissen des Generals der Jagdflieger Galland Rechnung trug und in der ersten Hälfte des vierten Kriegsjahres von Januar bis August 1943 7600 Jagdflugzeuge zur Front gelangen ließ.

Inzwischen hatte General Kammhuber die Nachtjagd auf einen qualitativen Höchststand gebracht. Als er nun Anfang Juli, noch vor den verheerenden Luftangriffen auf Hamburg und Berlin und andere Städte, Hitler den Vorschlag machte, die Nachtjagd auf das Vierfache ihrer bisherigen Stärke zu bringen, um dem zu erwartenden Strom alliierter viermotoriger Kampfflugzeuge gewachsen zu sein, fiel er in Ungnade. Die Nachtjagdwaffe hatte ihren besten Mann verloren.

Zwar hatte das XII. Fl.-K., in welchem die Nachtjagd zusammengeschlossen war, einen guten Teil der fertiggestellten Maschinen erhalten, doch das war nicht genug, denn von den 5 Nachtjagdgeschwadern waren noch nicht alle voll einsatzbereit. Außerdem wurden der Nachtjagd noch Gruppen weggenommen, die sich am Tag den einfliegenden US-Bombern entgegenwerfen mußten. Ab August 1943 verfügte die gesamte Nachtjagd über etwa 400 Jäger der Typen Me 110 und Ju 88. Noch immer flog sie nach dem verbesserten »Himmelbett«-Verfahren, das – wenn die Situation günstig war – große Abwehrerfolge bei geringen Verlusten möglich machte.

Übrigens belief sich die Zahl der im Westen einsatzbereiten Tagjäger am 1. 4. 1943 auf etwa 120 Flugzeuge, während die Nachtjagd im gleichen Zeitraum über etwa 350 Flugzeuge verfügte. Im Juni standen bereits 255 Tagjäger zur Verfügung, während die Zahl der Nachtjäger auf einem Stand von 350 Maschinen stehenblieb. Die Nachtjagd verfügte im vierten Kriegsjahr nominell über 5 NJG, von denen allerdings das 5. noch nicht voll einsatzbereit war. Hier die Aufschlüsselung der Geschwader:

Die Nachtjagd

Neben dem Nachtjagdeinsatz führte das NJG 1 im vierten Kriegsjahr auch den verlustreichen Tageseinsatz gegen US-Bomber vom Typ B 17 und später auch B 24 durch. Die I. Gruppe lag in Venlo; die II. Gruppe war in St. Trond stationiert und die III. Gruppe in Twente. Am 1. 10. 1942 stieß die II./NJG 2 in Leeuwarden zum Geschwader und wurde in IV./NJG 1 umbenannt. Im Herbst 1943 wurde das Geschwader kurzfristig zur Überholung ins Reich nach Quakenbrück und Langendiebach verlegt.

Das NJG 2 kehrte im August 1942 aus dem Mittelmeerraum zurück und wurde von Moelsbroek bei Brüssel aus zur Nachtjagd eingesetzt. Die III./NJG 2, die im März 1942 in Gilze-Rijn aufgestellt worden war, kam nach Ausscheiden der alten II./NJG 2 unter dieser Bezeichnung zum Geschwader. Ab November 1942 ging das gesamte Geschwader nach Sizilien, um erst wieder Ende Juli 1943 nach Deutschland zurückzukehren. In Parchim und Neubrandenburg wurde es neu aufgerüstet.

Im Juli 1943 war auch die III. Gruppe des Geschwaders, das bis dahin aus nur zwei Gruppen bestanden hatte, aufgestellt und wurde von den Plätzen Gilze-Rijn, Enschede und Twente aus eingesetzt. Bis Ende 1943 befand sich das gesamte Geschwader wieder im Westen. Der Geschwaderstab lag in Deelen, die I. Gruppe war in Kassel-Rothwesten eingerückt, die II. Gruppe hatte in Deelen Unterkünfte bezogen, während die III. Gruppe von Gilze-Rijn und Venlo aus zu Abwehrflügen startete.

Nachdem im November 1942 in Grove (Dänemark) und Aalborg die IV./NJG 3 entstanden war, wurde auch dieses Geschwader, das der 2. Jagddivision unterstellt wurde, voll aufgestellt. Die erste Gruppe hatte die Plätze Wunstorf, Vechta und Wittmundhafen belegt. Die II. Gruppe startete abwechselnd von den Plätzen Wunstorf, Vechta und Schleswig. Die III. Gruppe operierte von den Horsten Stade und Nordholz aus, während die IV. Gruppe in Lüneburg und Kastrup stationiert war und von dort aus ihre Feindflüge unternahm.

Teile der I. Gruppe lagen zeitweise auch in Rheine und Oldenburg. Als im Oktober 1942 mit der Aufstellung der I./NJG 4 der Aufbau dieses Geschwaders beendet war, dessen Stab in Metz lag, wurde es der 3. Jagddivision unterstellt. Später wurde es der 4. Jagddivision zugeführt. Die einzelnen Gruppen belegten die Flugplätze Metz, St. Dizier, Laon-Athies, Florennes und Jouvincourt. Im Laufe des Jahres 1943 wurden die I. und III. Gruppe vorübergehend nach Brandis und Jüterbog verlegt. Hauptaufgabe dieses Geschwaders war es, den süddeutschen Raum vor Nachtgroßangriffen zu schützen.

Die Aufstellung des Geschwaderstabes NJG 5 erfolgte Ende September 1942 in Döberitz bei Berlin. Die I. Gruppe wurde gleichzeitig mit dem Stab aufgestellt, während die II. Gruppe im Dezember in Parchim gebildet wurde. Die gegen Ende Dezember in Lechfeld und Leipheim aufgestellte IV. Gruppe wurde unmittelbar darauf in I./NJG 100 umbenannt.

Als der Geschwaderkommodore die Einsatzfähigkeit meldete, wurde das Geschwader der 4. Jagddivision unterstellt und ging in den Einsatz. Später kam das Geschwader zur 1. Jagddivision. Damit waren jene 5 Nachtjagdgeschwader aufgestellt, die im Jahre 1942/43 den Abwehrkampf gegen die anglo-amerikanischen Bomberströme zu führen hatten. Das NJG 6 wurde erst am 15. 9. 1943 aufgestellt.

Im Herbst 1942, zu Beginn des 4. Kriegsjahres, verfügte die Nachtjagdwaffe über 380 Flugzeuge, vorwiegend solche des Baumusters Me 110, die überwiegend mit Lichtenstein-Bordfunkmeßgeräten ausgerüstet waren.

Der weitere Ausbau der Nachtjagd erhielt eine ganz besondere Variante, die zu Ende des vierten Kriegsjahres zum Einsatz gelangen sollte. Hier ihre Vorgeschichte.

Die Aufstellung des JG 300 »Wilde Sau«

Bereits am 27. Juni 1943 hatte sich Major Hajo Herrmann für einen Objektschutz durch einsitzige Nachtjäger ausgesprochen. Dieses Verfahren wurde von General Kammhuber abgelehnt, denn es ähnelte zu sehr jener hellen Nachtjagd, die sich nicht so recht bewährt hatte.

Major Herrmann, der an der Luftkriegsschule lehrte, wandte sich unter Umgehung des Dienstweges direkt an den Befehlshaber der Luftverteidigung Mitte, Generaloberst Weise. Von ihm erhielt er die Genehmigung, seine Idee bei einem Versuch mit geringen Mitteln zu erproben. Major Herrmann erhielt den Befehl, zum Objektschutz ein volles Jagdgeschwader, das JG 300, aufzustellen. In dieses Anfangsstadium der einmotorigen Nachtjagd fiel die Katastrophe von Hamburg, als durch die »Windows« des Gegners (Düppelstreifen wurden sie von deutscher Seite genannt) die Funkmeßstationen im Reich durch Silberpapierstreifen genarrt und lahmgelegt worden waren und die Nachtjäger »völlig blind am Himmel umhergegurtt waren« (Ofw. Bernd Heinz Marpe).

Nach einer abschließenden Besprechung am 30. Juli 1943, an der GFM Milch, Generaloberst Weise als Luftwaffenbefehlshaber Mitte und die Generale Kammhuber und Galland sowie der Kommodore des NJG 1, Major Streib, teilnahmen, wurde der von Oberst i. G. von Lossberg aus dem Technischen Amt gemachte Vorschlag, zur Verfolgungsnachtjagd überzugehen und damit die Jäger aus dem starren Rahmen des »Himmelbett«-Verfahrens zu lösen, akzeptiert. Ebenso bestand Übereinstimmung darin, das seit dem 26. 6. in der Aufstellung begriffene JG 300 weiter auszubauen. Kurz nacheinander wurden drei Gruppen des JG 300 aufgestellt, die in Bonn, Rheine und Oldenburg stationiert waren. Am 1. 8. 1942 erließ Reichsmarschall Göring einen Befehl, in dem diese Beschlüsse, an denen General Kammhuber in einer seiner letzten Amtshandlungen noch mitgewirkt hatte, voll gebilligt wurden. Er, der noch wenige Wochen zuvor anders argumentiert hatte, forderte jetzt:

»Die Versorgung der Tag- und Nachtjagd hat gegenüber allen anderen Aufgaben Vorrang.«

Es bedurfte erst einer solch niederschmetternden Katastrophe wie der von Hamburg, um dem Oberbefehlshaber der Luftwaffe zu zeigen, daß Deutschland kein Dach mehr über dem Kopf hatte. Diesem JG 300 folgten wenig später die JG 301 und JG 302, deren Aufstellung allerdings erst im Oktober und November 1943 erfolgte.

Das JG 300, das zu Beginn des 4. Kriegsjahres stand, war mit 60 Me 109 und FW 190 ausgestattet worden. Da bei der neuen Einsatzweise dieses Geschwaders die Lenkung durch Funkmeßverfahren ausfiel, mußten die zweimotorigen Nachtjäger für eine neue Einsatzweise geschult werden. Oberst von Lossberg führte dazu die »Zahme Sau« ein.

Sobald ein Feindverband im Anflug gemeldet wurde, starteten die zweimotorigen Nachtjäger und flogen nach den über Funk gegebenen Weisungen der Bodenstationen von einem Funkfeuer zum anderen, bis sie den Bombern begegneten. Sie wurden von den Fliegerleitoffizieren in die Richtung geführt, wo die meisten »Düppelstreifen« fielen. Dort waren die Bomber. Wenn die Nachtjäger dann am Feind waren, suchten sie sich ihr Opfer selbst.

Diese neue Einsatzart forderte mehr als jede andere vorher praktizierte den vollen Einsatz eines jeden Nachtjägers. Um dies allen Besatzungen klarzumachen, erließ Generaloberst Weise folgenden Tagesbefehl:

»Die außergewöhnlichen Verteidigungsschwierigkeiten, die wir im Augenblick mit schweren Nachtangriffen haben, machen überall ungewöhnliche Abwehrmaßnahmen erforderlich. Alle Besatzungen müssen sich vor Augen halten, daß der Erfolg nur durch äußerste Selbstaufopferung erzielt werden kann.«

Daß sich jede einzelne Besatzung tatsächlich aufopferte, das sei im Abschnitt über deutsche Luftkriegsoperationen 1942/43 dargestellt.

Die Tagjagdverbände im vierten Kriegsjahr

Die im Reichsgebiet zu Beginn des vierten Kriegsjahres stationierten Tagjagdverbände, in der Hauptsache die Jagdgeschwader 1, 2 und 26, reichten nicht aus, um die Bomberströme, die seit Februar 1942 nach Deutschland einflogen, wirksam bekämpfen zu können. Die im Osten seit dem Beginn des Rußlandfeldzuges benötigten ausgebildeten Flugzeugführer hatten das Reservoir an Piloten erschöpft. So herrschte, als im Sommer und Herbst 1942 mehr und mehr Flugzeuge zur Front kamen, ein ständiger Mangel an Flugzeugführern.

Das JG 1 war im Jahre 1942 voll aufgefüllt und im Einsatz mit Schwerpunkt Holland und Norddeutschland sowie mit kurzfristigen Sondereinsätzen im südnorwegischen Raum voll beschäftigt.

Im Rahmen der Reichsverteidigung trug dieses Geschwader mit seinen drei Gruppen die Hauptlast gegen die Tageseinflüge der US-Luftwaffe im norddeutschen Raum und erlitt dabei schwerste Verluste.

Das JG 2 wurde mit der II. Gruppe im November 1942 nach Sizilien verlegt. Die 11. Staffel folgte ihr nach, und die 10. Staffel, die im Sommer 1942 zur Jabostaffel umgerüstet worden war, kam im Frühjahr 1943 zum Schlacht-Kampfgeschwader 10. Damit stand diesem Geschwader nur die Hälfte der Flugzeuge zur Verfügung. So nahm es den Kampf im Sommer 1943 gegen die anglo-amerikanischen Verbände im französischen Raum auf.

Die Jagdgeschwader 3, 4 und 5 befanden sich in der Sowjetunion, Rumänien, Italien und im hohen Norden.

Die verstärkten Großeinflüge der US-Luftwaffe in das Reichsgebiet machten im Frühjahr 1943 eine Umgliederung der deutschen Tagjagd-Verbände notwendig. So entstand im April 1943 aus Abgaben des JG 1 das JG 11 mit dem Geschwaderstab in Jever, mit der I. Gruppe in Husum und der II. Gruppe in Rheine. Daneben bestand noch die Jagdstaffel »Helgoland«, die ebenfalls zum Geschwader gehörte. In Neumünster wurde schließlich die III./JG 11 aufgestellt, die im Juni zum Einsatzhafen Oldenburg verlegt wurde.

Das JG 26, das bei der Abwehr des alliierten Landungsversuches bei Dieppe im August 1942 große Erfolge erzielen konnte, stellte Anfang September die 11./JG 26 als Höhenjagdstaffel auf. Diese Staffel wurde jedoch Anfang November in den Mittelmeerraum verlegt. Als Ersatz dafür wurde eine neue 11. Staffel gebildet. 1943 erfolgte die Verlegung von Holland ins Reichsgebiet, während die I./JG 26 im Januar 1943 an die Ostfront verlegt wurde. Im April 1943 wurde im Westen eine 12. Staffel neu aufgestellt.

Als die I./JG 27 im Januar 1943 aus Afrika zurückkam, wurde sie am Kanal eingesetzt. Die II. Gruppe stieß erst im August 1943, aus dem Südostraum kommend, auf die I. Gruppe.

Die Jagdgeschwader 51, 52, 53 und 54 befanden sich an der Ostfront oder im Südostraum; lediglich Teile des JG 54 wurden im Februar 1943 in dem Raum Lille disloziert. Ab März kämpfte diese III./JG 54 von Oldenburg und später von Holland aus in der Reichsverteidigung.

Das JG 77 schließlich kämpfte auf der Krim, im Mittelmeer, in Nordafrika, auf Sizilien und in Süditalien.

Damit wird deutlich, welche Kräfte der Jagdwaffe an anderen Kriegsschauplätzen kämpften und so der Reichsverteidigung entzogen waren.

Am gravierendsten war jedoch das Fehlen deutscher Kampffliegerverbände im Westen. Der Luftkrieg gegen Großbritannien mußte von einigen Gruppen geführt werden, deren Gesamtstärke nie über 120 Maschinen für einen »Großangriff« hinausging.

Vom KG 1 »Hindenburg« wurde der Luftkrieg gegen England mit den Gruppen I, II und III geführt. Die II. Gruppe hatte ab Sommer 1942 auf die neue Do 217 umgerüstet. Industrie- und Hafenstädte, bis hinauf nach Schottland, wurden von diesem Geschwader angegriffen. Darüber hinaus legten einzelne Staffeln Minen vor der Haustür des Gegners, und in größeren Abständen wurden vom KG 1 auch Vergeltungsangriffe geflogen.

Die Kampfgeschwader 3 und 4 standen im Osten im Einsatz. Das KG 4 führte jene Fernkampfaufträge aus, bei denen das Panzerwerk Gorki schwer beschädigt und das Gummikombinat Jaroslawl ebenfalls beträchtlich getroffen wurde.

Das KG 6, der jüngste Kampfverband der Luftwaffe, wurde erst ab Ende August 1942 im Westen als Ersatz für die vielen nach Osten abgezogenen Kampf- und Zerstörerverbände aufgestellt. Die von allen anderen Geschwadern kommenden Staffeln dieses neuen Geschwaders waren mit Ju 88 A 4 und später mit Ju 188 ausgerüstet. Die Hauptaufgabe des Geschwaders bestand in der Zielfindung und im Angriff als Spitzenreiter in der offensiven Luftkriegführung gegen besonders ausgewählte Ziele in Großbritannien.

Im Oktober/November 1942 begann dieser Einsatz für Stab und I./KG 6 mit Angriffen von der französischen Atlantikküste aus auf Industrieziele in Süd- und Mittelengland. Aber schon im November mußten Teile des Stabes, wie auch die I. und II./KG 6, dem Oberbefehlshaber Süd zugeführt werden, um die alliierten Landungen und Vorstöße in Nordwestafrika zu bekämpfen. Die III./KG 6 wurde dafür aus dem Osten zugeführt und neu aufgerüstet.

Im Jahre 1943 erfolgte der Einsatz des nur teilweise zur Verfügung stehenden Geschwaders als Pfadfinder- und Spitzenreiter-Verband für die zusammengefaßten Luftangriffe in Zusammenarbeit mit weiteren Ju-88-Geschwadern oder Geschwaderteilen gegen Ziele in England und im Mittelmeerraum. Aus dem nordfranzösischen Raum griff das KG 6 gemeinsam mit dem KG 2 Ziele auf den Britischen Inseln an. Im März/April wurden diese Einsätze von nordfranzösischen und holländischen Häfen aus, ab Mai 1943 aus Südfrankreich mit Teilen der KG 30, 54, 76 und 77 gegen alliierte Ziele in Nordafrika geflogen.

Das KG 26 war im Südostraum eingesetzt, und die KG 27 und 30 standen in Rußland, in Nordafrika und Italien im Abwehr- und Angriffskampf.

Teile des KG 40 flogen von Bordeaux aus als Fernaufklärer, während das Gros des Geschwaders im Osten eingesetzt war.

Die Kampfgeschwader 51 in Rußland, 54 in Afrika-Sizilien und 55 in Rußland, standen für den Einsatz gegen Großbritannien nicht zur Verfügung. Das neu aufgestellte KG 66 wurde als »Zielfinder-Verband-West« eingesetzt, nachdem es Ende April 1943 in Chartres aufgestellt worden war und im Sommer von Montdidier aus zu Zielfindereinsätzen nach England startete.

Die übrigen noch verfügbaren Kampfgeschwader – 76 in Italien, 77 in der Sowjetunion, 100 in Rumänien – waren ebenfalls dem Einsatz gegen England entzogen, und das KG 200 trat erst ab Januar 1944 in Erscheinung.

Allein diese Aufzählung zeigt, wo die Kampfgeschwader eingesetzt waren, welchen Auftrag sie hatten und wo sie sich verbrauchten.

Damit war klar, daß weder die Luftangriffe gegen Großbritannien noch die Abwehr der anglo-amerikanischen Luftangriffe über Deutschland entscheidende Wirkungen haben konnten. Daß dennoch immer wieder sowohl in der Abwehr als auch im Angriff Erfolge erzielt werden konnten, ist den einzelnen Kommodores und Kommandeuren der Luftwaffe zu verdanken, deren persönliches Vorbild auch die jüngsten Soldaten beeinflußte, wie im folgenden Abschnitt geschildert werden soll.

Deutsche Luftkriegsoperationen 1942/43

Zu Beginn des vierten Kriegsjahres machten vor allem Flieger in Nordafrika und in der Sowjetunion von sich reden. Da war Oblt. Marseille, der am 2. 9. 1942 nach seinem 126. Abschuß in Afrika die höchste deutsche Kriegsauszeichnung erhielt. Im selben Monat erzielten im Osten Hptm. Steinhoff, Oblt. Graf, Hptm. Müncheberg, Hptm. Wilcke, Major Trautloft ihre großen Erfolge. Nach Gordon Gollob erzielte Oblt. Graf ebenfalls seinen 150. Abschuß. Am 15. 9. kam Oblt. Marseille nach 7 Abschüssen binnen 11 Minuten auf 150 Abschüsse. Eine ganze Reihe von Flugzeugführern erzielte ihren hundertsten Abschuß. Am 30. 9. 1942 fand in Afrika Hptm. Marseille nach 158 Abschüssen den Tod.

Am 2. 10. 1942 errang Hptm. Graf seinen 202. Abschuß und war damit der erste deutsche Jagdflieger, der mehr als 200 Abschüsse erzielt hatte.

Aber auch im Westen, im Luftkampf über dem Kanal und in der Reichsverteidigung, wurden die Erfolge größer. Bei dem englischen Großangriff auf Karlsruhe in der Nacht zum 3. 9. 1942 mit 200 Bombern, starteten um 21.15 Uhr 13 Me 110 zum nächtlichen Duell mit diesem Gegner. Um 1.59 Uhr wurde die erste Lancaster durch Hptm. Ehle abgeschossen.

In der Nacht zum 7. 9. griffen abermals 10 Me 110 an, als ihnen über 200 Flugzeuge im Angriff auf Duisburg gemeldet wurden. Wieder war Hptm. Ehle dabei und schoß eine Viermotorige ab. Am Abend des 10. 9. erfolgte der nächste Einsatz gegen 476 Bomber, die sich im Anflug auf Düsseldorf befanden. Durch Flak und Nachtjagd wurden 30 Bomber abgeschossen, Ofw. Schellwat von der II./NJG 1 erzielte hierbei seinen 6. Nachtabschuß.

Diese Aufzählung zeigt, daß sich der deutsche Einsatz im Westen und gegen England allein auf die Abwehr beschränkte.

Im Südostraum begann am 19. 10. die deutsch-italienische Luftoffensive gegen Malta; von nun an flogen beinahe täglich 200 bis 270 Maschinen gegen die waffenstarrende britische Insel, den »Flugzeugträger« im Mittelmeer.

Erst der 5. 11. brachte nach einer langen Pause den ersten Kampffliegerangriff auf England, der sich mit zwei kleinen Gruppen gegen Brighton und Sandwich richtete. Zum erstenmal nach längerer Zeit gab es in England wieder Fliegeralarm.

Als in der Nacht zum 7. 12. abermals starke Feindeinflüge stattfanden, fielen im Einsatzraum sämtliche Freya-Geräte aus. Dennoch gelang es Ofw. Schellwat, einen Gegner aufzufinden und abzuschießen.

Am 21. 12. schoß Lt. Schnaufer im Raume 6 C nacheinander zwei Lancaster-Bomber ab. In dieser Nacht ging der Stern eines außerordentlich erfolgreichen Nachtjägers auf.

In der Nacht zum 31. 12. flogen acht deutsche Fernbomber FW 200 von elf gestarteten Bombern der I./KG 40 Casablanca an und warfen dort 8 Tonnen Bomben ab. Eine Maschine kehrte nicht zum Einsatzhafen zurück.

Mit 118 Bombern, einer Zahl, die lange nicht mehr erreicht worden war, startete die Luftwaffe in der Nacht zum 18. 1. nach London. Nach langer Pause heulten nun auch hier wieder einmal die Sirenen. Die Bomben richteten Zerstörungen im Hafen an, einige fielen auch in die Wohnviertel in der Nähe des Hafens.

Durch die britische Flak und Jagdabwehr wurden 6 deutsche Kampfflugzeuge abgeschossen.

Als am 4. 2. 1943 die 8. USAAF zum erstenmal im Reichsgebiet mit starken Kräften bei Wilhelmshaven angriff, stieß Hptm. Jabs, Staffelkapitän in der IV./NJG 1, mit seiner 11. Staffel in den Rückflug der 60 B 17 »Fortress II« hinein.

Zwei Nächte später starteten 12 Nachtjäger in den Raum Schlei zum Tagesangriff. Diesen ersten Tagesangriff überhaupt flog Hptm. Becker mit. Nach 44 Nachtjagdabschüssen wurde dieser Taktiker des Nachtluftkampfes vermißt.

Erich Handke konnte seinen 4. Gegner abschießen. Dieser gehörte zu einer Gruppe von 6 Liberator, die aus dem Verband nach Norden gestaffelt waren.

Zweimal griff Handke von vorn an, der dritte Angriff erfolgte von hinten, weil das feindliche Heck-MG schon schwieg. Der Bomber wurde abgeschossen.

Am 26. 2. erhielt einer der ersten Nachtjäger, Major Streib, nach 42 Nachtjagdabschüssen das Eichenlaub zum Ritterkreuz. Am selben Tag erhielt auch Oblt. Gildner diese Auszeichnung, die er jedoch nicht mehr in Empfang nehmen konnte, da er am 24. 2. über dem Flugplatz Gilze-Rijn tödlich abstürzte.

Im Luftkampf über Abbeville stürzte Hptm. Setz nach Abschuß von drei Spitfirejägern tödlich ab. Er war Kommandeur der I./JG 27, die an den Kanal zurückgekehrt war.

In der Nacht zum 4. 3. startete die Luftwaffe mit 118 Flugzeugen erneut zum Großangriff gegen London. Die befohlenen Ziele wurden schwer getroffen, aber wie beim Angriff am 18. 1. gingen sechs Bomber verloren.

Die Nachtjäger der I./NJG 1 starteten unter Major Streibs Führung auch am 3. 4. und erzielten hierbei in dieser Nacht den 250. Nachtjagdsieg. Alle verfügbaren Flugzeuge wurden in dieser Nacht gegen die 349 gestarteten britischen Bomber angesetzt, die Essen angreifen sollten. Von den 317 Bombern, die schließlich das Ziel an der Ruhr erreichten, wurden 21 abgeschossen. Hptm. Frank erzielte dabei seinen 3., Hptm. Lütje seinen 21. und Lt. Geiger seinen 20. Nachtjagdabschuß.

Von der Ostfront kam am 20. 4. die Meldung, daß das JG 52 unter Major Hrabak seinen 5000. Luftsieg errungen habe. Dieser 5000. Gegner wurde von Hptm. Rall abgeschossen.

Die nächsten deutschen Luftangriffe gegen England erfolgten vom 14. bis 21. 4. 1943. In der Nacht zum 15. 4. wurde Chelmsford von 91 deutschen Bombern angegriffen, die diese Industrieansiedlung nördlich London schwer trafen. Ein drittes Mal wurden 6 deutsche Bomber abgeschossen.

Am späten Abend des 16. 4. starteten 47 Jagdbomber des SKG 10. Nur 27 Maschinen erreichten das Ziel und warfen Bomben über London ab. Die aufgestiegenen britischen Nachtjäger verwickelten diese deutschen Maschinen, die durch Einbauten zu langsam geworden waren, in schwere Luftkämpfe und schossen 6 von ihnen ab. Vier britische Maschinen gingen verloren.

Aberdeen wurde am späten Abend des 21. 4. von 29 Do 217 angegriffen, die ohne einen einzigen Verlust zurückkehrten.

In der Nacht zum 5. 5. errang die IV./NJG 1, geführt von Major Lent, ihren 300. Nachtjagdabschuß. Binnen vier Wochen hatte diese Gruppe 50 Abschüsse erzielt. Der Kommandeur, Major Lent, erzielte in dieser Nacht 2 Abschüsse und erhöhte seine persönliche Abschußzahl auf 58 Nachtjagdabschüsse.

Am Abend dieses 5. 5. ließ der Angriffsführer England, Oberst Peltz mit 79 Bombern des KG 2 und KG 6 Norwich angreifen. 4 Do 217 und 1 Ju 88 gingen bei diesem Angriff durch feindliches Flakfeuer verloren. Die Bomben lagen im Ziel.

Ebenfalls durch den Angriffsführer England wurde am Abend des 13. 5. ein Angriff mit 85 Bombern gegen Chelmsford geführt. Es gab nur zwei Verluste. Chelmsford wurde schwer getroffen. Als die Nachtjagd in der Nacht zum 14. 5. 378 Bomber bekämpfen mußte, die ihre Bomben auf Bochum geworfen hatten, schoß Hptm. Lütje von den in dieser Nacht abgeschossenen 24 Liberator-Bombern allein 6 ab.

Am 23. 5. griff das SKG 10 mit 20 FW 190 im Tiefflug Hastings an, 26 weitere FW 190 schwenkten auf Bornemouth ein und trafen die Stadt schwer. Dort gab es 127 Tote und 298 Verletzte. In der Nacht zum 24. 5. errang Major Lent bei der Abwehr eines großen, gegen Dortmund gestarteten Bomberverbandes, seinen 59. und 60. Nachtjagdabschuß. Insgesamt wurden von den 724 Maschinen, die Dortmund erreichten, 38 abgeschossen.

Ebenfalls in der Nacht zum 24. 5. griffen 73 Bomber, die von dem Angriffsführer England zusammengeholt worden waren, Sunderland und South Shields an. Beide englischen Städte wurden schwer getroffen. Es gab 108 Tote und 262 Verletzte.

Bei dem alliierten Großangriff auf Wuppertal in der Nacht zum 30. 5. 1943 kreuzten von der feindlichen Luftarmada etwa 150 Flugzeuge den Luftraum der Nachtjäger. Die II./NJG 1 griff mit 13 Me 110 und 3 Do 217 diesen Verband an . Es kam zu einem verbissenen Gefecht, in dessen Verlauf 11 viermotorige Bomber abgeschossen wurden.

Im Monat Mai errang die II./NJG 1 in der Nachtjagd 24 Abschüsse, denn in der Nacht zum 26. 5. wurden bei der Abwehr eines Großangriffs gegen die Ruhr noch einmal 8 der Angreifer abgeschossen. Major Ehle allein erzielte 4 Abschüsse nacheinander.

Am 1. 6. griffen 20 als Jagdbomber umgebaute FW 190 Margate, und 10 weitere FW 190 Niton an. Diese Angriffe waren jedoch, gemessen an den alliierten Bombenangriffen, nur Nadelstiche. In der Nacht zum 22. 6. war Hptm. Frank mit dem Abschuß von 6 viermotorigen Bombern an der Gesamtabschußzahl von 42 Feindflugzeugen beteiligt und errang damit seinen 38. Nachtjagdsieg. Dazwischen lag eine Reihe strategischer Bomberangriffe im Osten, wo die Kampfgeschwader vom 3. bis 10. 6. Ziele der russischen Kriegsindustrie angriffen, so das Panzerwerk Molotow in Gorki-Savtosavod, Gorki selbst und das Gummikombinat in Jaroslawl. 70 deutsche Jagdbomber flogen am späten Abend des 13. 6. nach Grimsby und belegten diese Stadt mit Bomben.

Die II./NJG 1 erzielte bei der Abwehr des Großangriffs auf Köln in der Nacht zum 29. 6. beim Einsatz von 17 Nachtjägern 11 Abschüsse ohne eigene Verluste.

In der Nacht zum 30. 6. griffen nach längerer Pause 103 Ju 88 der

Luftflotte 2 den nordafrikanischen Hafen Bône an. Der Angriff gegen den nordafrikanischen Hafen Bizerta folgte am 6. 7.; es war beabsichtigt, den feindlichen Nachschub, der sich hier staute und die Truppenzusammenziehungen, die beobachtet worden waren, zu zerschlagen.

Die Luftschlacht um die Ruhr war zu Ende gegangen. In 4 Monaten hatten die Briten nicht weniger als 18.506 Einsätze geflogen und dabei durch Jäger und Flak 872 Maschinen verloren, 2126 Flugzeuge waren beschädigt worden. Die Verlustquote von 4,7 Prozent war für den Gegner eben noch erträglich. Die Zerstörungen in den Ruhrstädten Bochum, Dortmund, Duisburg, Essen, Wuppertal waren groß, dennoch arbeiteten sämtliche Werke der Kriegsindustrie mit Hochdruck weiter, und die Monatsproduktion an Jagdflugzeugen erreichte erstmals die 1000-Maschinen-Grenze.

In der Nacht zum 4. 7. starteten im Westen 21 Nachtjäger und schossen 14 Bomber ab. Oblt. Fuchs wurde durch einen britischen Fernnachtjäger abgeschossen. Hptm. Wandam schoß in dieser Nacht 2 Gegner ab; dann fiel sein linker Motor aus. Als er mit seiner Me 110 zum Platz zurückfliegen wollte, stürzte er plötzlich ab. Mit ihm starb sein Bordfunker Fw. Schöpke. In der Nacht zum 9. 7. gelang es der II./NJG 1, nicht weniger als 24 Maschinen zu starten. Sie hatte einige Flugzeuge bei anderen Geschwadern »ausgeliehen«.

Bei nur sieben Feindberührungen wurden 3 Bomber abgeschossen. Bei der Abwehr des Großangriffs auf Aachen in der Nacht zum 14. 7. waren ebenfalls 24 Nachtjäger im Einsatz. Bei schlechtem Wetter verfehlten die meisten den Gegner, und es kam so nur zu zwei Abschüssen.

Am 30. 7. flog die II./NJG 1 den ersten Tageseinsatz mit 17 Maschinen gegen einfliegende US-Bomber, es kam jedoch nicht zur Feindberührung.

Im Osten hatte in diesem Monat die letzte deutsche Offensive mit der Codebezeichnung »Zitadelle« begonnen. An diesem Unternehmen war die Luftflotte 4 unter Generaloberst Deßloch mit dem I., IV. und VIII. Fl.-K. beteiligt. Hinzu kam die Luftflotte 6, geführt von Generaloberst Ritter von Greim, mit der 1. und 4. Fliegerdivision. Insgesamt waren 1700 Flugzeuge aufgeboten worden, diese Offensive zu unterstützen. Die Maschinen erzielten vor allem bei der Bekämpfung von Panzeransammlungen Erfolge, aber die Angriffstruppen konnten keine durchschlagenden Erfolge erringen, weder im Nordteil noch im Süden dieser

Zangenbewegung. So wurden weitere Kampfflugzeuge im Osten vernichtet, die im Westen fehlten.

Bei dem Großangriff in der Nacht zum 31. 7. auf Solingen erlebte der Himmelbett-Raum 6 nur einige Durchflüge; 22 Jäger der II./NJG 1 waren gestartet. Lt. Hager und Hptm. von Bonin erzielten je einen Abschuß, Lt. Erlinghagen wurde nach dem Start von einem britischen Fernnachtjäger abgeschossen.

Das JG 51 »Mölders« meldete Ende Juli von der Ostfront seinen 6000. Abschuß.

Aber auch die Nachtjagd im Westen war überaus erfolgreich. Es sah im Hochsommer 1943 fast so aus, als sei die Angriffskraft der Briten erschöpft und auch die Zeit der großen Bomberströme vorüber. Doch diese verhältnismäßig kurze Zeit der Ruhe trog. Nach längerer Pause starteten am Abend des 17. 8. wieder 64 deutsche Bomber des Angriffsführers England und griffen Lincoln, Colchester und Brighton an.

Am Tag darauf starb der Generalstabschef der deutschen Luftwaffe, Generaloberst Jeschonnek, durch Freitod. Er war an der Überforderung und auch an der falschen Führung der Luftwaffe zerbrochen. Im ewigen Widerstreit mit Göring hatte er sich nicht durchsetzen können. Sein Nachfolger wurde General der Flieger Korten.

Am 27. 8. griffen 18 deutsche Flugzeuge bei Cap Finisterre eine britische U-Jagdgruppe an, die von einem Fernaufklärer gemeldet worden war. Sie warfen die ersten Gleitbomben Hs 293; dabei wurde das Führerschiff versenkt und ein kanadischer Zerstörer schwer getroffen.

Beim Großangriff der Briten in der Nacht zum 28. 8. auf Nürnberg gelang es 11 Nachtjägern der II./NJG 1, die zur »Wilden Sau« gestartet waren, eine Short Stirling beim Anflug und 4 Lancaster über Nürnberg abzuschießen.

Beim letzten Start des vierten Kriegsjahres waren die Nachtjäger der II./NJG 1 im Einsatz gegen Feindbomber, deren Ziel Berlin war. Sie erzielten 6 Abschüsse. Bei diesem Einsatz fiel Hptm. Telge in der ersten Morgenstunde des 1. 9. 1943, als er nach Abschuß einer Stirling bei einem Angriffsmanöver einer zweiten Stirling zu nahe kam und diese mit der rechten Fläche berührte. Der Bomber stürzte mit voller Bombenlast ab, die Me 110 geriet ins Trudeln. Oblt. Freymann, dem Bordfunker, gelang es, auszusteigen, Hptm. Telge stürzte mit seiner Maschine ab.

Das vierte Kriegsjahr war zu Ende gegangen. Es hatte der deutschen Luftwaffe viele Opfer abverlangt, die 8. USAAF nach Europa gebracht und die Alliierten damit entscheidend gestärkt.

In diesem vierten Kriegsjahr wurden aber auch der Bevölkerung im Ruhr- und Rheingebiet sowie in der Reichshauptstadt schwere Verluste zugefügt.

Allein von Januar bis Dezember 1943 waren insgesamt 135.000 Tonnen Bomben auf deutsche Städte gefallen. Die Alliierten verfügten dabei über ausgezeichnete Zielfindungsgeräte. Ab Ende Januar 1943 stand das H2S-Rotterdam-Gerät und ab August das Meddo-Gerät zur Verfügung, Geräte, die auch bei schlechtestem Wetter und dicksten Wolkenfeldern eine einwandfreie Zielfindung erlaubten.

Der alliierte Bombenkrieg über Deutschland

Vorbemerkungen

Im Laufe des Jahres 1942 wurden nach englischen Angaben etwa 1000 Angriffe auf deutsches Reichsgebiet geflogen, darunter 17 schwere mit einer Abwurfmenge von mehr als 500 Tonnen Bomben und Brandbomben. Diese Großangriffe waren aus der Erwägung heraus geführt worden, daß die Lage der deutschen Kriegsindustrie bereits zu dieser Zeit auf das Äußerste angespannt sei. Man berechnete im voraus, daß die Rüstungsproduktion nach diesen Angriffen um 30 Prozent absinken werde.

Vor allem aber wollte man die deutsche Bevölkerung demoralisieren, ihre Wohnbezirke und Arbeitsstätten zerstören. Die letzten moralischen Bedenken waren nach den deutschen Angriffen auf London geschwunden.

Diese Angriffe auf weitgestreute Flächenziele brachten 1942 jedoch keinen Erfolg. Ebenso waren die von den schweren Angriffen auf die Wohngebiete erwarteten moralischen Wirkungen ausgeblieben.

Daß dennoch das Jahr 1942 zum entscheidenden Jahr des Luftkrieges wurde und den Sieg der alliierten Bomberstreitkräfte anzeigte, liegt in der Tatsache begründet, daß die anglo-amerikanische Luftwaffe durch ihre technische und zahlenmäßige Entwicklung der deutschen inzwischen weit überlegen war.

Die deutsche Luftwaffe sah sich 1942 auf allen Kriegsschauplätzen in die Verteidigung gedrängt. Die Luftschlachten, die noch gut ein Jahr zuvor über England und Deutschland ausgefochten worden waren, fanden nunmehr beinahe ausschließlich über Deutschland statt. Im Luftraum des Gegners kam es nur noch zu sporadischen Angriffen.

Die Zahl der alliierten Bombenangriffe steigerte sich im vierten Kriegsjahr von Monat zu Monat, nicht nur in bezug auf die Stärke der Verbände und die abgeworfenen Mengen Spreng- und Brandbomben, sondern auch in dem Ablauf der Angriffe und ihrer schneller und schneller werdenden Folge. Von nun an verging kein Tag, an dem nicht wenigstens kleinere Gruppen in das Reichsgebiet oder in die besetzten Westgebiete einflogen.

Es begann im September 1942 mit Karlsruhe, Bremen, Duisburg und Frankfurt am Main. (Siehe Anhang!) Der Angriff auf Düsseldorf, zu dem am Abend des 10. 9. 476 Bomber aus allen Bomber Groups gestartet waren, und von denen 360 das Ziel erreichten, forderte viele Opfer. In Düsseldorf entstanden über 400 Großbrände.

In der Nacht zum 20. 9. wurde München angegriffen. Hier verursachten die Bomber Schäden in Industrieanlagen.

Im Oktober wurden Angriffe des Bomber Command auf Osnabrück, Kiel, Köln und am Ende des Monats auch auf Genua und Mailand geführt. Beide Städte wurden von jeweils 100 Lancaster-Bombern angegriffen und erlitten die ersten schweren Verluste an Menschen und Arbeitsplätzen. Damit verstärkte sich auch über Italien der Einsatz der RAF. Turin, Mailand, Monza, Rimini und andere Städte erlebten nunmehr die gleichen Bombenangriffe wie deutsche Städte. Diese Angriffe waren »bei guten Zielmöglichkeiten sichtlich mehr auf die Bevölkerung als auf militärische Objekte gerichtet«. (Siehe Spetzler, Eberhard a.a.O.)

Auch hier ging man zum unterschiedslosen Luftkrieg über und behielt diese Praxis selbst dann noch bei, als die Italiener auf die Seite der Alliierten überwechselten.

Genua wurde am späten Abend des 6. 11. und in der Nacht zum 8. 11. abermals angegriffen. Ziel war auch der Hafen, der einige Schäden davontrug. Die nächsten Angriffe auf Genua fanden am 13. und 16. 11. statt, und am 14. 11. galt der Tagesangriff der 8. USAAF, den U-Boot-Stützpunkten La Pallice und St. Nazaire. Die Wiederholung erfolgte am 28. 11. mit 192 Bombern. Turin wurde in den beiden Nächten zum 19. und 21. 11. angegriffen. Am 22. 11. griffen 222 britische Bomber Stuttgart an, sie warfen 335 Tonnen Bomben ab. 10 Bomber wurden abgeschossen.

Nach diesem Auftauchen der 8. US-Luftflotte in Europa wird im folgenden berichtet, wie die Amerikaner nach ihrem Eintreffen im Juli und August 1942 sich in England einrichteten und sich auf ihre Einsätze vorbereiteten.

Die 8. US-Army Air Force in Europa

Zu Beginn des vierten Kriegsjahres war die nach Europa verlegte 8. USAAF kaum in Erscheinung getreten. Sie besaß noch keine Erfahrungen im Bombenkrieg und noch zu wenig ausgebildete Besatzungen. Was sie aber zur Verfügung hatte, waren viermotorige Bomber von außergewöhnlicher Leistungsstärke: die B 17 E »Fortress« und die B 24 »Liberator«. Diese Bomber waren mit jeweils 10 MG vom Kaliber 12,7 mm ausgerüstet und so zu waffenstarrenden Fliegenden Festungen geworden.

Dies entsprach den Ideen, die man in den USA von einer starken Bomberwaffe hatte. Man war davon überzeugt, daß ein großer Bomberverband mit einer derartigen Bewaffnung, bei der eine Maschine die andere schützen konnte, jeden angreifenden Jägerverband abwehren und ihm schwerste Verluste zufügen könne.

Der deutschen Flak glaubte man, durch Fliegen in Höhen von 6000 m entgehen zu können.

Die 8. USAAF flog inzwischen ihre ersten Einsätze. So griffen 108 Maschinen der Typen B 17 und B 24, begleitet von einigen Staffeln englischer Jäger, das Stahlwerk Fives-Lille in Belgien an. Dieser Angriff wurde rechtzeitig von den deutschen Funkmeßstellungen geortet. Flugzeuge der JG 2 und 26 stiegen auf, und es gelang ihnen, den Jagdschutz zu durchbrechen und die Bomber anzugreifen.

Dabei gingen 2 deutsche Jäger verloren, 4 amerikanische Bomber wurden abgeschossen.

Es sollte allerdings noch einige Monate dauern, bis die 8. USAAF mit einer ganzen Reihe großer Angriffsoperationen auf dem westeuropäischen Kriegsschauplatz in Erscheinung treten würde.

Winterschlacht der Royal Air Force

Im Dezember flog die RAF Angriffe auf Frankfurt am Main, Mannheim und Essen. Der erste US-Angriff in Italien war gegen die im Hafen von Neapel liegenden italienischen Kreuzer gerichtet, einer von ihnen wurde versenkt.

Am Abend des 9. 12. flogen 196 britische Bomber in Richtung Turin und trafen die Stadt schwer.

Einen Angriff besonderer Art flogen 4 britische Mosquitos. Erstmalig durch das Radar-Fernführungssystem »Oboe« an ein Kraftwerk in Holland herangeführt, gelang es ihnen, es auszuschalten. Amerikanische Bomber griffen am 30. 12. den deutschen U-Boot-Stützpunkt

Lorient an. Die 8. USAAF war noch nicht stärker als 100 Flugzeuge, da das Gros der Bomber sich noch im afrikanischen Raum befand.

Mit diesen Angriffen ging das Jahr 1942 zu Ende.

3 Bombenangriffe wurden im Januar 1943 gegen Essen geführt, 2 Angriffe auf Berlin schlossen sich an. Die anglo-amerikanischen Angriffe auf U-Boot-Stützpunkte, Werften, Fabriken und die Zubehörindustrie, die an der Biskaya und an der Nordseeküste lagen, waren im Januar auf den Zielkarten der beiden Bomber-Verbände der Alliierten markiert. Am 27. 1. 1943 erlebte Wilhelmshaven den ersten auf das Reichsgebiet geflogenen Tagesangriff der 8. USAAF, die mit 55 Maschinen des Typs B 17 und einer Reihe Begleitjäger vom Typ P-38 über der Stadt erschien. Drei B 17 wurden abgeschossen.

Im Februar steigerten sich die Angriffe auf das Reichsgebiet. Köln, Hamburg, Wilhelmshaven und wieder Köln erlebten eine Vielzahl von Bombenangriffen, heftige nächtliche Duelle zwischen deutschen Nachtjägern und den Bombern fanden statt.

In diesem Monat griffen Amerikaner und Engländer auch wieder Ziele in Frankreich und Italien an. Palermo, Neapel und Cagliari erlebten heftige Angriffe, bei denen es eine große Anzahl Toter unter der Zivilbevölkerung gab.

Der schwerste Angriff dieses Monats wurde gegen Wilhelmshaven geflogen. In den Nächten zum 19. und 20. 2. erreichten insgesamt 484 Bomber das Ziel und warfen 1379 Tonnen Bomben ab.

Von deutscher Seite wurden an diesen Tagen erstmals Nachtjäger zu Tageseinsätzen herangezogen, weil die Tagjagd nicht stark genug war.

Im März aber begann der Auftakt zu einer vier Monate dauernden Luftschlacht über dem Ruhrgebiet.

Luftschlacht über der Ruhr

Zu Monatsbeginn erlebte Berlin einen Angriff von 251 Bombern, die in der Nacht zum 2. 3. 610 Tonnen Bomben abwarfen. 20.000 Häuser wurden beschädigt, weil diese Bomben mitten in die Zentren fielen. Es gab erstmals 711 Tote und 1570 Verwundete. 35.000 Berliner wurden in dieser Nacht obdachlos. 17 Bomber konnten von der Nachtjagd und der Flak abgeschossen werden. Den Auftakt zur Luftschlacht über der Ruhr aber flogen – nach einem dazwischenliegenden Angriff auf Hamburg mit 344 Bombern und einer abgeworfenen Bombenmenge von

914 Tonnen – in der Nacht zum 6. 3. 1943 412 Maschinen des Bomber Command.

Es waren 140 Lancaster-, 89 Halifax-, 52 Stirling- und 131 Wellington-Bomber, die von einer Gruppe von 22 Lancaster der »Pfadfinder«-Gruppe und 8 Mosquitos nach dem Oboe-System gegen die Stadt Essen und die Kruppwerke geführt wurden. Dies war der 52. Angriff, der gegen Essen geführt wurde, und zum ersten Male hatte »Bomber-Harris« seinen Verbänden den Befehl gegeben, im dichten Bomberstrom anzugreifen. So war es am ehesten möglich, daß viele Feindflugzeuge den deutschen Abwehrgürtel der Nachtjagd mit geringen eigenen Verlusten durchbrechen konnten. Aus dem Raume Dorsten markierten die »Pfadfinder« den weiteren Zielanflug bis zum Ziel mit gelben Markierungsbomben, und als Hinweis auf das Ziel selbst wurden rote Zielleuchtbomben abgeworfen, nach denen sich alle folgenden Bomber zu richten hatten. Der Zielpunkt waren die Kruppwerke.

Als die ersten Bomber den Wendepunkt Dorsten erreichten, brannten die Markierungen schon. Flakfeuer schlug ihnen entgegen. Die roten Zielleuchtbomben wiesen den Weg. Alle 6 Minuten wurden sie von einer weiteren Mosquito erneuert, damit das Ziel immer markiert war. Zusätzlich warfen die »Pfadfinder« alle zwei Minuten Leuchtbomben über dem Ziel ab.

Der Angriff begann um 21.00 Uhr und endete 40 Minuten später. Die Bomber hatten gedreht und flogen in den Raum Haltern, um von dort nach Nordwesten abzudrehen und direkten Kurs auf England zu nehmen.

Insgesamt kamen 396 Bomber zum Abwurf; 14 Bomber wurden abgeschossen.

In Essen wurden 3016 Häuser vernichtet, 23.000 weitere beschädigt; es gab 397 Tote und 1440 Verletzte. Dies war der furiose Auftakt zu einer 4 Monate dauernden Angriffstätigkeit, die selbst die Härtesten erschütterte.

Der März wurde durch einen schweren Angriff auf Duisburg abgeschlossen, bei dem von 387 Bombern 945 Tonnen Bomben und Brandbomben abgeworfen wurden. Angriffe auf Nürnberg und München, Stuttgart, Wilhelmshaven und zweimal Berlin ließen die abgeworfene Bombenmenge im März auf 8000 Tonnen ansteigen.

In der Nacht zum 4. 4. war abermals Essen das Ziel von 348 Bombern; 317 erreichten die Stadt und warfen 983 Tonnen Bomben ab. Diesmal wurden neben 120 Wohnhäusern auch 27 Fabrikhallen und Gebäude der Firma Krupp getroffen.

Dazu bemerkte Luftmarschall Harris später:

»Es muß mit Nachdruck gesagt werden, daß – von Essen abgesehen – wir niemals ein besonderes Industriewerk als Ziel ausgewählt haben. Die Zerstörung von Industrieanlagen erschien uns stets als eine Art von Sonderprämie. Unser eigentliches Ziel war bei allen Angriffen stets die Innenstadt.« (Siehe Arthur Harris: a. a. O.)

Der Tagesangriff der 8. USAAF am 4. 4. richtete sich gegen die Renault-Werke in Billancourt bei Paris. Hier gab es 228 Tote und 500 Verletzte. Noch am selben Tag griff die US-Heeresluftwaffe auch Neapel an und verursachte schwere Schäden in der Stadt. Es kamen 221 Menschen in den Flammen um, 500 weitere Zivilpersonen wurden verletzt.

Die US-Angriffe gegen Antwerpen waren gegen Industriewerke gerichtet, in denen auch Schäden entstanden. Aber auch das Stadtgebiet wurde getroffen. »Es war der schrecklichste Tag meines Lebens. Ich sah die vielen, vielen Toten und erlebte es, wie aus den Trümmern zweier Schulen über 300 tote Kinder geborgen wurden.« (Victor L. Defarge gegenüber dem Autor.) Insgesamt starben an diesem Tag in Antwerpen 2130 Menschen; es gab weitere 634 Verletzte. Die Bevölkerung war verzweifelt. Waren das ihre »Retter, die diese barbarischen Mittel anwandten? Und dies alles im Namen der Befreiung Belgiens von den Nazis?« (Victor L. Defarge.)

In zwei Nächten zum 9. und 10. 4. wurde Duisburg bombardiert, Frankfurt am Main, Dortmund und Ludwigshafen folgten. Stettin, Duisburg und Essen machten den Schluß im April.

Am 24. 4. 1943 wurden von den Engländern zum erstenmal die neuen Flüssigkeitsbrandbomben geworfen, »weil die Stabbrandbomben zu leicht gelöscht werden konnten«. Es waren 27 kg schwere Brandbomben, die aus einer Mischung von Benzin, Gummi und Viscose bestanden.

Die gleichzeitig damit erstmals zum Einsatz gelangenden US-Brandbomben waren in ihrer Wirkung noch verheerender. Sie hatten noch weitere Beimischungen von Öl, flüssigem Asphalt und Magnesiumstaub. Ihr Gewicht betrug 225 kg.

Der Mai brachte dann einen Paukenschlag besonderer Art. Doch zuvor gab es noch die Angriffe gegen Dortmund in der Nacht zum 5. 5., bei dem von 495 Bombern 1436 Tonnen Bomben abgeworfen wurden, und auf Duisburg, das mit 1599 Tonnen Bomben und Brandkanistern belegt wurde. Bei der Abwehr des Duisburger Angriffs konnte die Nachtjagd Erfolge verbuchen: 35 Bomber wurden abgeschossen. Bochum in der Nacht zum 14. 5. und Kiel am Tag des 14. 5. waren Ziele der Einleitungsangriffe. Bei Kiel warfen 108 B 17 und B 24 ihre Bomben ab.

Dazwischen griffen die Amerikaner am 9. 5. Palermo, am 11. 5. Catania und am 13. 5. St. Omer an. Bei allen drei Angriffen wurden zahlreiche Zivilisten getötet. In Palermo starben 210 Menschen, in Catania 150 und in St. Omer 78.

Air Vice Marshal Slessor, der im September 1942 nach Washington gereist war, meldete seinem Vorgesetzten, Sir Charles Portal, daß die Amerikaner nicht zu überzeugen seien, sondern daß sie nach wie vor verbissen an ihrer Version von der besten Wirksamkeit des Bombenkrieges festhielten. Sobald man Zweifel an der Richtigkeit ihrer Meinung äußere, zöge dies lediglich Verärgerung und Widerstand nach sich, aber kein Nachdenken oder gar Nachgeben.

Air Chief Marshal Portal reichte diese Meldung an den Luftfahrtminister, Sir Archibald Sinclair, weiter und fügte in seinem Begleitschreiben hinzu:

»Ich glaube nicht, daß sie (die Amerikaner) je in der Lage sein werden, weiter als bis zur Ruhr oder bis Hamburg einzudringen, da schon allein Munitionsmangel sowie die Ausfälle unter den Bordschützen, als Folge der ständigen deutschen Jägerangriffe, untragbare Verluste nach sich ziehen müssen.« (Siehe »The Strategic Air Offensive Against Germany, 1939–1945«, Volume IV.) Noch war – mitten in der Luftschlacht über der Ruhr – der Sieg nicht errungen, aber bereits im Dezember hatte Winston Churchill gesagt: »Dies ist nicht das Ende. Es ist nicht einmal der Anfang vom Ende. Aber es ist vielleicht das Ende vom Anfang.« Damit wollte er zum Ausdruck bringen, daß es noch der ganzen Anstrengung aller bedurfte, um zum Ziel zu gelangen, das Vernichtung Deutschlands hieß. In diesem Sinne verstärkte das Bomber Command seine Angriffe, und auch die 8. USAAF griff weiter an. Vom Bomber Command war im Frühjahr in aller Stille die 617. Staffel aufgestellt worden. Wing Commander Gibson, ein erfahrener Pilot mit über 60 Feindflügen über Deutschland, hatte das Kommando dieser Staffel übernommen, die mit schweren, umgebauten Lancaster-Bombern ausgerüstet war. Zu diesen Flugzeugen gehörte eine neue Bombe, die »Upkeep« genannt wurde. Diese Bombe, die wie ein Faß aussah, mußte bei einer Geschwindigkeit von genau 352 km/h in einer Höhe von 18 m geworfen werden, wenn sie einen Staudamm vernichten sollte. Und darum ging es! Man mußte diese Bombe genau 387 m vor dem Damm auslösen, damit ihr komplizierter Mechanismus auch zur Wirkung kam. Die 617. Staffel war zu Angriffen gegen deutsche Talsperren aufgestellt und ausgebildet worden. Sie hatte den richtigen Abwurf hundertemal trainiert. Diese Bombe war so konstruiert, daß sie sich beim Aufprall auf dem Wasser mit einer Drehzahl von 500 U/Min. drehte. So rollte sie auf dem Wasser zur Staumauer, prallte dagegen, wurde zurückgeschleudert und durch ihre Eigenrotation – die übrigens durch einen eigenen kleinen Motor in der Aufhängung der Bombe in Gang gesetzt wurde – wieder an die Mauer zurückgeführt, an der sie abwärts entlangrollte, um in 10 m Wassertiefe an der Mauer zu detonieren, weil der Druckzünder bei 10 m Wassertiefe reagierte. So konnte die Bombe ein Unterwasserleck in die Sperrmauer reißen.

Die Operation »Chastise« (Züchtigung) begann am 16. 5. 1943. Die ausgewählten 19 Lancaster starteten in drei Wellen. Die erste Welle von neun Bombern erhielt das Hauptziel, die Möhnetalsperre, zugewiesen. Die zweite Welle mit 5 Flugzeugen wurde auf den Sorpestaudamm angesetzt, und die dritte Welle, in der ebenfalls 5 Bomber flogen, ging als Reserve auf diesen weiten Flug. Sie würden dort angreifen, wo es notwendig werden sollte. Die erste Welle erhielt darüber hinaus den Auftrag, nach Zerstörung der Möhnetalsperre auch noch die Edertalsperre anzugreifen.

Die erste Welle, von Wing Commander Gibson geführt, erlitt beim Anflug einen Verlust. Dieser Bomber wurde durch Fw. Schneider von der Gruppe des JG 27 unter Hptm. Janssen abgeschossen. Die zweite Gruppe wurde von einigen Jägern des JG 11 unter Major Meders Führung angegriffen und verlor 2 Bomber.

Die erste Gruppe unter Wing Commander Gibson erreichte den Möhnestaudamm, den ersten Zielanflug unternahm der Wing Commander selbst. Die Flak auf dem Damm feuerte aus allen Rohren, dennoch gelang der Anflug um 2.27 Uhr. Die Bombe allerdings fand ihr Ziel nicht. Erst beim fünften Angriff barst der Damm der Möhnetalsperre auf einer Breite von 75 m auseinander. Eine gewaltige Flutwelle ergoß sich durch dieses Loch und wälzte sich talwärts. In jeder Sekunde tosten 6000 Kubikmeter Wasser durch die Bresche und flossen das

Ruhrtal und das Möhnetal hinab. Ein Barackenlager in Neheim-Hüsten, in dem 324 Fremdarbeiterinnen lebten, wurde einfach fortgespült. Alle Insassen ertranken. In Neheim kamen insgesamt 617 Menschen in den Fluten ums Leben.

Der Flak auf dem Damm war es trotz des schweren Feuers aus den MG der acht Bomber gelungen, eine Lancaster abzuschießen.

Auch in Richtung Soest brandete eine Springflut. Die dritte ergoß sich durch das Ruhrtal und überschwemmte Wickede, Langschede und Fröndenberg.

Mit drei seiner Bomber, die noch einsatzbereit waren, flog nun Wing Commander Gibson zur Edertalsperre, um auch sie zu vernichten. Hier war nicht einmal Flakabwehr aufgestellt. Die erste geworfene Mine verursachte einen Riß in der Staumauer. Die zweite Bombe, die auf die Brustwehr des Ederdammes fiel, detonierte und zerriß die werfende Lancaster. Die dritte Bombe aber riß auch hier eine breite Bresche in die Sperrmauer. Durch dieses Loch liefen 205 Millionen Kubikmeter Wasser aus. Die Gesamtzahl der Ertrunkenen belief sich auf 2009 Menschen. Aber noch Wochen nach dieser Operation »Züchtigung« wurden von dem 60 Mann starken Suchtrupp Menschen im tiefen Schlamm gefunden.

Wäre es der dritten Gruppe unter Flight Lieutenant McCarthy gelungen, auch das dritte Ziel, die Sorpe-Staumauer, zu zerstören, dann wäre das Ruhrgebiet ohne Wasser gewesen, wie dies der Auftrag der Besatzungen war. Aber der Flight Lieutenant, der die Talsperre allein erreichte, erzielte zwar einen Treffer, der die Dammkrone beschädigte, doch der Damm selbst hielt. Drei Flugzeuge der Reservegruppe erhielten nun über Funk den Befehl, diesen Anfangserfolg auszuweiten und den Damm zu zerstören. Von ihnen wurde eine abgeschossen, ehe sie das Ziel erreichte. Die vier anderen Bomber aus der Gruppe von Flight Lieutenant McCarthy waren deshalb nicht zum Abwurf gelangt, weil zwei vorher durch Nachtjäger abgeschossen worden waren und zwei weitere wegen Motorenschäden umkehren mußten.

Als das zweite Reserveflugzeug nunmehr das Ziel erreichte, ließ Flight Sergeant Brown den Damm zehnmal nacheinander anfliegen, ehe er Sergeant Johnson, dem Bombenschützen, den Wurf freigab. Die Bombe traf zwar den Damm, doch dieser hielt stand. Dann kam das dritte Reserveflugzeug heran. Es konnte jedoch keinen Zielangriff mehr durchführen, weil der Bodennebel so dicht geworden war, daß nichts mehr erkannt werden konnte. So wurde die Sorpetalsperre nicht entscheidend getroffen, und die Wasserversorgung des gesamten Ruhrgebietes blieb sichergestellt.

Von den insgesamt 19 Lancasterbombern kehrten 9 nicht mehr nach England zurück.

Wenige Tage nach diesem Erfolg besuchte König Georg VI. die 617. Staffel in Scampton und verlieh Wing Commander Gibson das Victoria Cross. Im September 1943 wurde Guy Gibson über Rheydt bei einem neuen Bombenangriff abgeschossen.

In der Nacht zum 24. 5. erfolgte ein schwerer Angriff auf Dortmund. 826 Bomber waren zu diesem Einsatz gestartet, mit dem Luftmarschall Harris »diese deutsche Stadt endgültig von der Zielliste streichen« wollte.

724 Bomber erreichten das Ziel und warfen 2042 Tonnen Bomben ab. In den Wohnvierteln entstanden schwere Schäden. Aber auch die Dortmunder Industrieanlagen wurden getroffen. Von den 38 in dieser Nacht abgeschossenen Bombern kamen 22 auf das Konto der Nachtjäger, der Rest wurde von der Flak getroffen.

Im Mai wuchs der Flugzeugbestand der 8. USAAF nach Ende des Einsatzes der Bomber-Gruppen in Afrika erstmals auf über 300 Maschinen an. Eine neue alliierte Zielliste stellte die Flugzeugwerke an die Spitze der anzugreifenden Objekte, gefolgt von der Kugellagerindustrie und den Werken, in denen synthetisches Benzin und Gummi hergestellt wurden.

Am 17. 5. griffen schnelle und sehr hoch fliegende Mosquito-Bomber die Zeisswerke in Jena an. Außerdem setzte die Royal Air Force ihre Angriffe auf Ziele an der Ruhr und im Rheinland fort. Inzwischen war auch ein Sonderverband – die 100. Bomber Group – aufgestellt worden. Dieser Verband hatte von nun an ständig Schein-, Ablenkungs- und Störangriffe zu fliegen.

Immer mehr wurden Stimmen in England laut, die Aufklärung über die Zivilverluste in Deutschland forderten. So sagte Captain Balvour am 11. 3. 1943 im britischen Unterhaus, als er darauf angesprochen wurde: »Wenn bei der Verfolgung des Zieles, in Deutschland militärische Ziele anzugreifen, die Zivilbevölkerung zu leiden hat, so ist dies nicht unser Fehler.« Und in jener Phase der Luftschlacht über der Ruhr, da Hunderte, ja Tausende Menschenleben zugrunde gingen, äußerte sich Winston Churchill am 19. 5. 1943, über seine Entscheidung zum

Flächenbombardement und dessen Wirksamkeit vor dem US-Kongreß in Washington:

»Dieses Experiment ist die Probe wert, solange andere Maßnahmen noch ausgeschlossen sind. Nun ja, es schadet nichts, das herauszubekommen. (Gelächter im Kongreß.) – – –

Der Zustand, in den die großen Zentren der deutschen Kriegsindustrie und insbesondere die des Ruhrgebietes gebracht werden, ist der einer unvergleichlichen Verwüstung. – – – Es ist unsere festgelegte Politik, einen Zustand herbeizuführen, welcher es Deutschland unmöglich macht, seine Kriegsindustrie auf irgendeiner Basis im großen oder konzentrierten Stil fortzusetzen. Dieser Prozeß wird pausenlos mit immer sich steigernder Intensität vorwärtsgetrieben, bis das deutsche und italienische Volk die ungeheuren Tyranneien aufgeben.« (Siehe Fuller a.a.O.)

Am 28. 5. versicherte der stellvertretende Premierminister Attlee, laut einer Meldung der Times vom 28. 5. 1943, im Unterhaus jedoch genau das Gegenteil von dem, was Churchill in den USA geäußert hatte. Und zwar sagte er:

»Nein, es findet kein unterschiedsloses Bomben statt. Wie in diesem Hause wiederholt festgestellt wurde, werden nur solche Ziele angegriffen, welche vom militärischen Standpunkt aus höchst wichtig sind.«

Doch zurück zu den Angriffen. Am Abend des 30. 5. starteten von 47 Flugplätzen in Süd- und Südostengland 719 Bomber der Typen Halifax, Stirling, Lancaster und Wellington. Sie hatten 1186 Sprengbomben, 342.000 Brandbomben und 28.454 Flüssigkeitsbrandbomben (Phosphorkanister) an Bord . In einem 150 km langen Strom flogen sie Wuppertal an.

Von den deutschen Radarstationen geleitet, starteten auf ihren Liegeplätzen alle verfügbaren Nachtjäger zur Abwehr dieser Bomberflotte. Die II./NJG 1 verfehlte mit den ersten von Major Ehle geführten acht Nachtjägern die Bomber, weil diese nach Erreichen der niederländischen Grenze scharf nach Süden abgedreht hatten, später auf Ostkurs drehten und nun genau Mönchengladbach anflogen. Als die Nachtjäger dorthin umgeleitet wurden, drehte der Bomberverband abermals und flog nunmehr genau zwischen Düsseldorf und Köln ins Bergische Land.

Die Nachtjäger mußten auf den Plätzen im Revier landen, weil sie keinen Brennstoff mehr hatten.

Um 0.50 Uhr gab es in Wuppertal Fliegeralarm. In Solingen und Remscheid heulten zur gleichen Zeit die Sirenen.

12 Zielmarkierer der »Pfadfinder«-Gruppe warfen ihre grünen Bomben ab. Dann folgte der erste Bomberverband und in einigen hundert Metern Höhe darüber, fast deckungsgleich, der zweite. Drei, vier Bomber des unteren Verbandes wurden von den Brandbomben der über ihnen fliegenden Maschinen getroffen und drehten brennend ab. Der erste Bomber wurde von der Flak abgeschossen. Aber in der Stadtmitte von Barmen regnete es bereits Bomben aller Art und auch Phosphorkanister. Die Häuser rund um den Alten Markt standen zwei Minuten später in Flammen. Die Christuskirche brannte aus. Aus der Altstadt rannten Menschen in Richtung Wupper. Einige blieben in dem fußtief aufgeweichten Asphalt stecken und verbrannten. Die Privatfrauenklinik im Fischertal in Wuppertal-Barmen wurde schwer getroffen und brannte. Dr. Hermann Drews rettete persönlich etwa 25 Frauen und Säuglinge. Aber in der Waschküche der Klinik kamen 20 Menschen ums Leben. Ihre Gebeine wurden erst im Jahre 1958 gefunden, als man dort Ausschachtungsarbeiten vornehmen ließ. Alle Bomber kamen zum Abwurf. 118.000 Obdachlose waren Teil der Bilanz. 2450 gezählte Tote wurden bestattet.

Auf dem Rückflug warfen sich die noch einsatzbereiten Nachtjäger des NJG 1 unter Oberstleutnant Falck auf den heimfliegenden Bomberstrom. In verbissen geführten Gefechten, bei denen sie ebenfalls Verluste erlitten, schossen sie 22 Bomber ab. Damit hatte der Gegner bei diesem Angriff insgesamt 35 Bomber verloren. Weitere 60 gingen bei der Landung in England zu Bruch.

Dr. Goebbels, Reichsminister für Volksaufklärung und Propaganda, verbot den deutschen Zeitungen, das ganze Ausmaß des Schreckens von Wuppertal zu berichten. Um Wuppertal zog sich eine hohe Mauer des Schweigens.

Am 10. 6. begann die auf der Casablanca-Konferenz beschlossene »Combined Bomber Offensive« der Alliierten gegen Deutschland. Und zwar sollten Tagangriffe der 8. USAAF und Nachtangriffe der RAF einander ablösen. Die Prioritätsliste sah vor, daß zuerst die deutschen Jägerplätze und Stützpunkte und erst dann die Flugzeugwerke selbst das Ziel sein sollten.

Der Angriff auf Düsseldorf in der Nacht zum 12. 6. war wieder folgenschwer, denn 693 Maschinen warfen 1968 Tonnen Bomben ab, die riesige Flächenbrände verursachten. 120.000 Düsseldorfer wurden obdachlos. 38 Bomber wurden abgeschossen, davon 27 durch die deutsche Nachtjagd.

Bochum, Kiel, Bremen, Oberhausen und Köln wurden nacheinander schwer geprüft. Bei dem »Weberschiffchenangriff« zwischen Großbritannien und Nordafrika in der Nacht zum 22. 6. wurden von 661 Bombern 1956 Tonnen Bomben über Krefeld abgeworfen. 42 Bomber wurden abgeschossen, eine Reihe weiterer ging bei der Landung in Nordafrika zu Bruch.

Oberhausen, Elberfeld und Gelsenkirchen machten die Luftschlacht über der Ruhr zu einem Fanal des Grauens.

Köln wurde bereits in der Nacht zum 4. 7. wieder angegriffen. In der Nacht zum 9. 7. wurde dieser Angriff wiederholt. Gelsenkirchen, Aachen und zweimal Duisburg folgten, und alle diese Angriffe mündeten in dem einen großen, alles verschlingenden Untergangswirbel der Operation »Gomorrha«, jenen fünf Angriffen, denen die Hansestadt Hamburg vom 24. bis 30. 7. 1943 ausgesetzt war.

Nach zehntägiger Vorbereitung wurde die Direktive der britischen Luftkriegführung zum Unternehmen »Gomorrha« erlassen:

»Sie sollen die alte Hansestadt Hamburg bis auf den Grund zerstören, und zwar im vollsten Ausmaß aller Ihrer Fähigkeiten und Möglichkeiten!« (Siehe Arthur Harris: a.a.O.)

Der Chef des Bomber Command gab am Morgen des 24. 5. 1943, nachdem er den Wetterbericht erhalten hatte, folgenden Tagesbefehl heraus:

»Die Schlacht um Hamburg kann nicht in einer einzigen Nacht gewonnen werden. Wenigstens 10.000 Tonnen Bomben sind nötig, um diese Stadt auszulöschen. Wenn wir den maximalen Effekt des Bombardements erreichen wollen, dann muß unablässig angegriffen werden. Der erste Angriff heute nacht wird vor allem mit Brandbomben ausgeführt, um die Feuerwehrkräfte und die Löschmöglichkeiten zu erschöpfen.«

Die Planung sah vor, daß um 23.57 Uhr die Mosquito-»Pfadfinder« über Hamburg sein sollten, um gelbe Zielleuchtbomben abzuwerfen. Drei Minuten darauf sollte das Gros, bestehend aus 347 Lancaster-, 245 Halifax-, 125 Stirling- und 74 Wellington-Bomber das Ziel erreichen und mit dem Abwurf beginnen. Von den genannten 792 Maschinen erreichten 740 pünktlich das Ziel. Um die deutsche Abwehr und ihren Einsatz auszuschalten, hatte man seit langer Zeit etwas ausgetüftelt, womit die Funkmeßstellen und die Jägerleitoffiziere, und damit auch die gesamte Nachtjagd, genarrt werden sollten. Es waren die »Windows«, Stanniolstreifen von 1,5 cm Breite und 27 cm Länge. Diese Streifen wurden in dichten Bündeln zu jeweils 10.000 von den Funkern der dazu vorgesehenen Maschinen aus den eigens dafür eingebauten Luken geworfen. Durch den Abwurf solcher Stanniolstreifen, deren Länge die Hälfte der Wellenlänge der Würzburg-Geräte hatte, wurde den Würzburg-Geräten eine ganze Armada feindlicher Bomber vorgegaukelt. Millionen solcher Streifen flatterten das erstemal in dieser Nacht von Hamburg der Erde entgegen und machten sämtliche »Himmelbett«-Stationen blind. Die gestarteten deutschen Nachtjäger erhielten Zielräume zugewiesen, in denen sie keine Flugzeuge, dafür aber Zehntausende solcher Stanniolstreifen vorfanden, die langsam herniederschwebten.

Die Bomberströme erreichten unangefochten Hamburg, wo sie von den dort stationierten 50 Flak-Batterien empfangen wurden. Zwei Stunden lang warfen diese 740 Bomber ihre Lasten ab. Hamburgs Innenstadt und einige Vororte standen in Flammen. 1400 Menschen starben in dieser Nacht, 12 Bomber wurden abgeschossen, 6 davon von der noch einmal gestarteten Nachtjagd. Das war viel weniger, als Luftmarschall Harris und Winston Churchill gemeinsam errechnet hatten. Diese geringe Abschußzahl beruhte auf dem Überraschungseffekt der »Windows«.

Am Sonntag, dem 25. 7., verließen Flüchtlinge in langem Strom die Stadt, als am Vormittag 122 B 17 der 8. USAAF zum Tagesangriff die brennende Stadt anflogen mit dem Ziel, die Löscharbeiten zu verhindern.

Am nächsten Morgen griffen abermals 54 B 17 am Tag an, und in der Nacht zum 28. 7. waren es wieder 739 Bomber, die 2312 Tonnen Bomben abwarfen. 786 Maschinen waren von allen Flugplätzen Südenglands gestartet; 17 davon wurden abgeschossen, die übrigen verfehlten das Ziel.

In dieser Nacht gingen auf jeden Quadratkilometer Hamburgs 39 Minen, 803 Sprengbomben und 99.162 Brandbomben nieder. In der Nacht zum 30. 7. erfolgte der letzte Angriff dieser Serie, die aus Hamburg das »Gomorrha« machen sollte. Frauen und Kinder hatten die Stadt verlassen. 30.000 Tote lagen bereits unter den Trümmern, als es am 29. 7. um 23.58 Uhr Alarm gab. Von den 777 Maschinen, die Luftmarschall Harris gegen Hamburg einsetzte, kamen diesmal 726 ans Ziel und warfen ihre Bomben und Brandkanister ab, die im Umkreis von 16 Kilometer auf die Stadt niedergingen und jene Häuser zerstörten, die hier noch standen. In Hamburg waren nach diesen Angriffen 30.482 Tote, darunter 5586 Kinder, zu beklagen. Die Zahl der zum Teil für immer Verkrüppelten erreichte mit der der übrigen Verwundeten 50.000. 277.330 Wohngebäude und 580 Industriebetriebe wurden zerstört. Aber auch 24 Krankenhäuser, 277 Schulen und 58 Kirchen wurden bei diesem Angriff verwüstet.

Um die Zahl der versprochenen 10.000 Tonnen Bomben zu erfüllen, ließ Luftmarschall Harris in der Nacht zum 3. 8. 1943 noch einmal angreifen. 425 Maschinen erreichten das Ziel und warfen 939 Tonnen Bomben und Brandkanister, 30 Bomber wurden abgeschossen.

Nach Abschluß des Unternehmens »Gomorrha« meldete Luftmarschall Harris dem Kriegspremier:

»Sir, Hamburg ist von der Landkarte verschwunden!«

Noch im Juli wurden die Städte Essen zweimal, Saarbrücken, Remscheid und Düsseldorf je einmal angegriffen.

Im letzten Monat des vierten Kriegsjahres wurden noch Angriffe auf Mannheim und Ludwigshafen, auf Nürnberg und – durch die 9. USAAF – von Italien aus auf Wiener Neustadt geflogen. Am 17. 8. flog die 8. USAAF von England aus ihren Jubiläumsangriff auf die Kugellagerwerkstätten in Schweinfurt und die Messerschmittwerke in Regensburg. Zu diesem Einsatz Nr. 84 starteten 376 US-Bomber in einem gemeinsamen Angriff, der den Codenamen »Double Strike« trug.

Brigadegeneral Anderson hatte inzwischen die Führung der 8. USAAF übernommen und arbeitete auch den Plan für dieses Unternehmen aus, den er abschließend seinem OB, General Eaker, vorlegte. Dieser Plan sah vor, daß der gesamte Angriff von 8 Verbänden durchgeführt werden sollte, und zwar von 4 Verbänden der 1. Bomber-Division, die die Kugellagerwerkstätten in Schweinfurt angreifen, und 4 Verbände der 3. Bomber-Division, die auf die Messerschmittwerke in Regensburg angesetzt werden sollten.

Die 1. Bomber-Division erreichte Schweinfurt und warf ihre Bomben ab. Alle drei hier arbeitenden Kugellagerfabriken wurden getroffen und in Schweinfurt selbst ebenfalls Schäden angerichtet. Die 3. Bomber-Division erreichte mit 3 Verbänden Regensburg. Hier wurden die

Werkshallen der Firma Messerschmitt schwer getroffen. Auf dem Werksflugplatz wurden nach der Lichtbildauswertung etwa 37 Maschinen zerstört oder beschädigt.

Wie aber war es diesen beiden Bomberströmen ergangen?

Bereits beim Überfliegen der deutschen Küste gegen 14.47 Uhr hatte die 1. Bomber-Division Feindberührung. Von diesem Zeitpunkt an bis zum Überfliegen der Küste auf dem Heimweg um 17.03 Uhr, wurde der Verband ständig angegriffen und verlor eine große Zahl Maschinen, während eine noch größere Zahl beschädigt wurde.

Die 3. Bomber-Division wiederum hatte – da sie eher gestartet war – schon ab 10.00 Uhr den ersten Feindkontakt, der bis 14.30 Uhr andauerte, als diese Maschinen beim Weiterflug nach Nordafrika den Alpenraum erreichten.

Nach englischen Berichten verlor die 1. Bomber-Division durch Flak 1 Flugzeug und durch Feindjäger 26, während aus unbekannter Ursache 9 Maschinen verlorengingen.

Die Verluste der 3. Bomber-Division beliefen sich auf abgeschossene 16 sowie 4 durch Unfälle und 4 aus unbekannten Gründen verlorengegangene Flugzeuge.

Von den seitens der 1. Bomber-Division als beschädigt gemeldeten Flugzeugen waren 27 schwer und 95 leicht beschädigt, die 3. Bomber-Division meldete 1 Flugzeug schwer und 35 weitere leicht beschädigt.

Die offiziell als verlorengegangen gemeldeten Maschinen machten 10 Prozent der gestarteten Flugzeuge aus. Dies bestätigte sowohl Winston Churchill als auch Luftmarschall Harris in ihrer Meinung, daß Langstreckenflüge durch Deutschland bei Tag ein tödliches Risiko waren. Aber auch General Eaker, dem Winston Churchill nachgegeben hatte, lernte durch diese drastischen Verluste und mußte seine Haltung korrigieren.

Die Bomber-Besatzungen aber behaupteten, daß sie 288 deutsche Jagdflugzeuge abgeschossen hätten. Das waren mehr Jäger als überhaupt an diesem Tag zur Verfügung standen.

General der Jagdflieger Galland nannte für diesen Tag 25 Verluste der Jagdwaffe.

Der Doppelschlag von Schweinfurt und Regensburg war zwar eine großartige fliegerische Leistung der 8. USAAF, zugleich war er aber auch eine der größten Niederlagen des Zweiten Weltkrieges. Da von den schwerbeschädigten Maschinen nicht eine wieder instandgesetzt werden konnte, hatten die Amerikaner rund 100 Bomber bei diesem Einsatz verloren.

In der Nacht zum 18. 8. kam es dann noch zu einem dramatischen Angriff der Royal Air Force gegen die deutsche Heeresversuchsanstalt Peenemünde. Dieses Unternehmen »Hydra« hat eine lange Vorgeschichte. Hier in knapper Skizzierung jene Vorbereitungen zu einem Angriff, der nicht nur viele Opfer kostete, sondern auch zum ersten Male den Einsatz des JG 300 »Wilde Sau« aufzeigt.

Das Unternehmen »Hydra«-Bomben auf Peenemünde

Am 30. 6. 1943 hatte Winston Churchill in London eine Sitzung des britischen Verteidigungsausschusses einberufen. Der einzige Tagesordnungspunkt lautete: »Deutsche Geheimwaffen«.

In London war man durch einen Zeitschriftenartikel von Prof. Pasqual Jordan von der aerodynamischen Abteilung in Peenemünde auf diese Heeresversuchsanstalt aufmerksam geworden. Fast gleichzeitig hatte ein luxemburgischer Arbeiter, der in Wirklichkeit für England spionierte, einen Bericht nach London geschickt, in dem er von der deutschen Heeresversuchsanstalt sprach. Bereits zwei Tage später war der Chef-Fotograf der RAF, Captain Kenny, fast täglich zur Luftaufklärung über der Ostsee und Peenemünde gestartet und hatte in einer seiner Meldungen von einem »12 Meter hohen senkrecht stehenden Zylinder von 1,2 m Dicke« berichtet.

Bei seinem Aufklärungsflug Nr. N/853 hatten die Auswerter seiner Fotos auf einem Eisenbahnwagen eine Rakete entdeckt. Am 18. 6. 1943 schrieb Duncan Sandys an den stellvertretenden Stabschef des Luftwaffenführungsstabes, daß die Deutschen in Peenemünde Raketen starteten und daß man so schnell wie möglich Peenemünde angreifen und zerstören müsse. (Duncan Sandys war von seinem Schwiegervater, Winston Churchill, bereits im April 1943 beauftragt worden, das Geheimnis Peenemünde zu untersuchen.)

Am 1. 7. erhielt Churchill ein Telegramm aus der Schweiz, in dem berichtet wurde, daß die Deutschen etwa zum 1. 9. 1943 eine neue gefährliche Waffe einsatzbereit hätten, deren »Wirkung einen entscheidenden Achsensieg verheiße« werde.

Was war bis dahin in Peenemünde geschehen? Nun, man hatte am 29. 6. 1943 das 38. und 39. Baumuster der »A 4« gezündet, und das letztere hatte mit einer Geschwindigkeit von 1372 m/sec eine Strecke von 236,152 km zurückgelegt. Nun war es von diesem Ergebnis bis zur fertigen Vergeltungswaffe gegen England nicht mehr weit, und dies galt es unter allen Umständen zu verhindern.

Nach der Vernichtung von Hamburg in fünf Bombentagen und -nächten hatte Hitler mit allem Nachdruck die schnellstmögliche Fertigstellung dieser Vergeltungswaffe gefordert. Er hatte am Tag nach dem ersten Hamburger Angriff erklärt:

»Terror bricht man durch Terror, alles andere ist Quatsch!« Am 10. 8. 1943 eröffneten 10 Mosquito-Jagdbomber den Reigen der Scheinangriffe gegen Berlin. Ihre Flugroute führte dabei Nacht für Nacht dicht an Peenemünde vorbei. Nacht für Nacht gellten dort die Sirenen, ohne daß auch nur das geringste passierte. Am frühen Morgen des 17. 8. wurden die Chefs der Bomber Groups in Marschall Harris' HQ gerufen. Dort gab um 9.40 Uhr Luftmarschall Harris den Befehl zu den Unternehmen »Hydra« und »Whitebait« (letzteres war der Scheinangriff auf Berlin):

»Das Ziel sind die Wohnsiedlung und die Häuser der Wissenschaftler«, so schärfte Marschall Harris den Kommandeuren ein, denn das war auch von Duncan Sandys gefordert worden. Dann erst kamen die großen Fabrikhallen und schließlich das Entwicklungswerk an die Reihe.

Air Vice Marshal Bennett, Chef der »Pfadfinder«-Verbände im Castle Hill-House in Huntingdon, setzte 97 »Pfadfinder« für dieses Unternehmen ein. Oberst John Searby, Chef der 83. Pfadfinderstaffel in Wyton, wurde Master-Pathfinder. Die drei angegebenen Ziele lagen alle in einer Linie mit der kleinen Insel Ruden, 5 km nördlich Peenemünde.

Die erste Welle der Bomber sollte die Wohnhäuser der Wissenschaftler zerstören, die zweite war für die 4 Minuten später erfolgende Bombardierung der Werkhallen bestimmt, und der dritte Angriff sollte von der gesamten 5. Bomber Group geflogen werden.

Als durch den deutschen Funkhorchdienst in Frankreich die ersten Abstimmungszeichen gemeldet wurden, die sich rasch mehrten, stand fest, daß ein nächtlicher Großangriff erfolgen werde. Major Herrmann rief Generaloberst Weise an; dieser befahl als Luftwaffenbefehlshaber Mitte den Einsatz des JG 300 »Wilde Sau« mit allen drei Staffeln. Berlin schien wieder das Ziel des Angriffs zu sein, wie in den Tagen zuvor. Gegen 23.00 Uhr überflogen die Mosquitobomber der 139. Staffel

Dänemark und warfen hier eine Masse Düppelstreifen. Dann überquerten sie die Ostsee und flogen vorbei an Peenemünde nach Berlin. Nun war alles klar.

Die II./NJG 3 startete in Jagel um 23.07 Uhr. Um 23.25 Uhr gab es wieder einmal in Peenemünde Alarm. Inzwischen waren 200 deutsche Jäger in der Luft und warteten auf den nach Berlin fliegenden Gegner oder versuchten, ihm den Weg abzuschneiden. Die II./NJG 1 kam aus St. Trond; diese 13 Jäger flogen zum erstenmal in der »Wilden Sau«.

Um 23.42 Uhr heulten auch in Berlin die Sirenen. »Feindflugzeuge im Anflug auf die Reichshauptstadt!« So lauteten die Meldungen aus den Funkleitzentralen. Und als sich der gewaltige Bomberverband aus der gleichen Richtung näherte und stur den vorausgeflogenen »Pfadfindern« folgte, stand für alle Berlin als Angriffsziel auch der Masse der Bomber fest. Um 23.56 Uhr eröffnete die Flak um Berlin das Feuer auf die Mosquitos. Diese warfen über Berlin ihre Markierungsbomben und »Christbäume« ab. Als die Jäger unter Major Herrmann über der Reichshauptstadt waren, mußte die Flak ihr Feuer auf 5500 m Höhe reduzieren. Da die Befehlszentrale der Nachtjagd in Arnheim-Deelen durch Sabotage lahmgelegt war, erhielten die Verbände keine Weisungen. General Junck, Kommandeur der 4. Jagddivision in Döberitz, gab schließlich selbst das Zeichen: »An alle Nachtjäger des XII. Fliegerkorps: Antreten auf Berlin!«

Der große Bluff war vollkommen. Während die deutschen Jäger nach Berlin flogen, hatten die alliierten Bomber Peenemünde erreicht. Es war 1.09 Uhr, als die ersten »Pfadfinder« ihre roten Punktlichter warfen. Eine Minute später setzten die nachfolgenden 16 Blindmarkiermaschinen ihre weißen Leuchtfallschirm-Bomben und lange brennende Zielanzeiger ab. Weitere Gelblichtbomben folgten, auf sie zeigten nun die grünen Zielanweiser.

Über Funk rief der Masterbomber, Oberst Searby, die 227 Bomber der ersten Welle auf, ihren Angriff und Abwurf auf die grüne Lichtkonzentration durchzuführen.

Diese 227 Bomber warfen ab, ein Drittel von ihnen allerdings auf die 3 Kilometer zu weit südlich gesetzten Markierungen. Sie trafen das Ausländer-Arbeitslager »Trassenheide«. Hier verbrannten Hunderte von Arbeitern.

Von 1.17 Uhr bis 1.27 Uhr dauerte diese Welle. Dann traten die Zielverleger in Aktion, nachdem die Siedlung der Wissenschaftler brannte.

113 Lancasterbomber der zweiten Welle griffen nun das Versuchsserienwerk an. Und noch immer war kein einziger deutscher Jäger zur Stelle; 158 Nachtjäger kurvten im Raume Berlin nutzlos herum.

Endlich sahen die Jäger über Berlin die 150 km entfernt stehenden Leuchtbomben, aber die meisten hatten nur noch für 15 Minuten Benzin. Ohne Befehl erhalten zu haben, flogen die später gestarteten Nachtjäger direkt nach Peenemünde. Fünf von ihnen trafen dort um 1.35 Uhr ein und stießen auf die zweite Welle der Lancasterbomber.

Lt. Musset schoß nacheinander fünf Lancaster ab, ehe er mit seinem Bordfunker aussteigen mußte. Am Leitwerk seiner Me 110 zerschmetterte er sich beide Füße. Oblt. Barte und Ofw. Schellwat schossen je zwei Lancaster ab, und Major Ehle, Kommandeur der II./NJG 1, brachte es auf drei Abschüsse.

Die in Kopenhagen gestarteten Jäger der III./NJG 1 stießen auf den zurückkehrenden ersten Bomberverband. Sie flogen zwei geschlossene Angriffe und schossen eine Reihe Feindbomber ab. Hier war es Uffz. Hölker, der in seine Maschine die ersten schräg nach oben schießenden Kanonen – »die schräge Musik« – eingebaut hatte und damit unter dem Gegner in dessen totem Abwehrwinkel fliegen konnte. Er schoß auf diese Art zwei LancasterBomber ab. Lt. Erhard von der 6. Staffel schoß vier Lancaster ab. Als die dritte Welle, bestehend aus 54 Halifax- und 126 LancasterBombern, angriff, war ganz Peenemünde unter einer dichten Rauchwolke verschwunden, aus der Flammenfahnen emporzüngelten. Auch diese Bomber wurden von Oberst Searby eingewiesen und warfen über den Häusern von Prof. Dr. Braun und Generalmajor Dornberger ab. Aber die Bomben flogen über das Ziel hinweg und detonierten etwa 2000 m weiter entfernt.

Als die dritte Welle abflog, stieg als letzter einsatzbereiter Nachtjäger die Me 110 von Lt. Meißner auf. In der Apenrader Bucht hatte er den Bomberverband eingeholt. 17 Minuten lang kurvte Meißner durch den Verband, ehe er mit nur 300 Schuß Kanonenmunition drei Bomber abgeschossen hatte.

Der Angriff auf Peenemünde war zu Ende. Das Bomber Command hatte 42 Maschinen verloren. Die neue Taktik der Scheinangriffe hatte sich diesmal bewährt. Unausdenklich, was geschehen wäre, wenn die 203 bereitstehenden Tag- und Nachtjäger diesen Angriff voll hätten abblocken können. Es waren nur 30 gewesen, die in den Kampf eingreifen konnten, und diese hatten die 42 Bomber abgeschossen.

250

Von den 30 Baracken des Arbeitslagers Schlempp brannten 18 völlig nieder, 612 Fremdarbeiter fanden hier den Tod. Von ihnen spricht niemand mehr. 120 deutsche Arbeiter und Wissenschaftler starben ebenfalls, unter ihnen Dr. Thiel und Dr. Walther. Die Engländer glaubten, Peenemünde für lange Zeit lahmgelegt zu haben, aber bereits am 21. 8. 1943 meldete General Fromm, der als Befehlshaber des Ersatzheeres für Peenemünde verantwortlich war: »Wiederaufnahme der Entwicklung und Fertigung in etwa vier Wochen.«

Dieser Luftangriff bestärkte Hitler darin, daß die Vergeltungswaffen rasch zum Einsatz gebracht werden mußten.

Die letzten Angriffe des vierten Kriegsjahres

Bei dem Einsatz in der Nacht zum 24. 8. 1943 auf Berlin erreichten 625 Bomber und 17 Mosquito-»Pfadfinder« das Ziel. Sie warfen 1765 Tonnen Bomben ab. In dramatischen Luftkämpfen wurden hier von der rechtzeitig eintreffenden »Wilden Sau« 33 Bomber abgeschossen. Die um die Reichshauptstadt dicht postierte Flak schoß ebenfalls 24 Bomber ab. Auch dies war wieder ein schwerer Aderlaß für das Bomber Command.

Mit den Bombenangriffen auf Leverkusen, Nürnberg und Mönchengladbach ging das vierte Kriegsjahr zu Ende. In den ersten acht Monaten des Jahres 1943 wurden allein von der RAF bei ihren Nachtangriffen folgende deutsche Städte schwer getroffen:

Hamburg wurde mit 11.000 Tonnen Bomben belegt, auf Essen fielen 9000 Tonnen, Köln wurde mit 8000 Tonnen und Duisburg mit 6000 Tonnen Spreng- und Brandbomben angegriffen. Mit jeweils »nur« 5000 Tonnen kamen Düsseldorf und Nürnberg davon, der Angriff auf Dortmund wurde mit ähnlichen Mengen von Kampfmitteln geführt.

Deutschland hatte zu spüren bekommen, daß es kein »Dach« mehr über dem Kopf hatte. Die Vorboten einer weiteren Vernichtung kündigten sich auch für das fünfte Kriegsjahr an.

Das fünfte Kriegsjahr—
Die Abwehrluftschlachten

Die Ratten verlassen das sinkende Schiff

Als erster Besucher im fünften Kriegsjahr erschien der rumänische Staatsführer Marschall Antonescu am 2. 9. 1943 in der Wolfsschanze. Bei den Besprechungen ging es um die Lage an der Front im Süden Rußlands. Antonescu stimmte der Räumung des Kubanbrückenkopfes zu.

Um die Anstrengungen der deutschen Wirtschaft im fünften Kriegsjahr noch einmal entscheidend zu aktivieren, erschien am 2. 9. Hitlers Erlaß über die Konzentration der Kriegswirtschaft. Das Ministerium für Bewaffnung und Munition unter Minister Speer wurde in das Reichsministerium für Rüstung und Kriegsproduktion umgewandelt.

Hinter dem Rücken des deutschen Verbündeten kam es unmittelbar nach dem Abfall Italiens vom Achsenbündnis auch zwischen Ungarn und Großbritannien zu Geheimabmachungen. Die erste vorsichtige Zusammenarbeit zwischen beiden Staaten wurde beschlossen, mit dem Ziel, einen formellen Waffenstillstand abzuschließen, sobald alliierte Truppen – in diesem Falle die UdSSR – Ungarn erreicht hatten und durch die Deutschen keine Vergeltungsgefahr mehr drohte.

Damit war jene Geheimdiplomatie des fünften Kriegsjahres in Gang gesetzt, die auf den Abfall der Satelliten Deutschlands vom Bündnis abzielte.

Der ehemalige Chef des Comando Supremo, Marschall Cavallero, beging am 13. 9., einen Tag nach der Befreiung Mussolinis, Selbstmord. Er hatte sich nach der Verhaftung Mussolinis gegen den Duce gestellt und befürchtete nun schwere Repressalien.

Am 13. 10. erklärte die Regierung Badoglio, die sich seit dem 20. 9. in Bari befand, Deutschland den Krieg. Von den Alliierten wurde Italien durch diese Maßnahme als »Mitkriegführender« anerkannt. Wenn man auf italienischer Seite gehofft hatte, daß damit die Bombardierung der großen Städte des Landes durch die Alliierten aufhören würde, so sah man sich getäuscht. Das Bombardement wurde bis zum Ende des Krieges fortgesetzt und forderte Zehntausende Todesopfer unter der Zivilbevölkerung. Am 9. 12. entschloß sich der Reichsführer SS, Himmler, in Schweden mit dem US-Vertreter Hewitt zu sprechen und mögliche Friedensverhandlungen zu sondieren. Bereits am 9. 11. hatte der Leiter des Auslandsnachrichtendienstes der SS, SS-General Schellenberg, ein erstes Gespräch mit Hewitt geführt und ihn sehr aufgeschlossen gefunden. Doch Himmler war in dieser Sache glücklos, denn Hewitt war inzwischen aus Stockholm in die USA zurückgekehrt.

Der Prozeß gegen jene Mitläufer des Faschistischen Rates, die sich im Juli offen gegen Mussolini gestellt hatten, begann am 8. 1. 1944 in Verona. Er dauerte bis zum 10. 1. und brachte eine Reihe von Todesurteilen, unter anderem auch gegen den Grafen Ciano und Marschall de Bono.

Vom 26. bis 28. 2. 1944 hielt sich Marschall Antonescu abermals bei Hitler auf. Es gelang dem rumänischen Staatsführer, Hitler davon zu überzeugen, daß Rumänien mit Deutschland bis zum Endsieg Schulter an Schulter marschieren werde.

Einen Tag nachdem Antonescu Deutschland verlassen hatte, erstattete in Helsinki der finnische Ministerpräsident Linkomies dem finnischen Reichstag Bericht über das Ergebnis jener Geheimverhandlungen, die sein Unterhändler Paasikivi und die sowjetische Gesandtin in Stockholm, Kollontai, mit dem Ziel der Beendigung der Feindseligkeiten zwischen Finnland und der UdSSR geführt hatten. Die Kriegsmüdigkeit Finnlands zeichnete sich deutlich ab. Es war nur noch eine Frage der geschickten Verhandlungen, bis Ergebnisse erzielt wurden, die Finnland das Lösen von Deutschland leicht machten.

In Irland war man konsequenter in der politischen Linie. Am 11. 3. lehnte die irische Regierung das Ansinnen Großbritanniens, die diplomatischen Vertreter der Achsenmächte auszuweisen, kategorisch ab. Aufgrund dieser Ablehnung unterbrach Großbritannien am 13. 3. den Personenverkehr nach Irland. Wie die Bewohner Irlands dazu standen, das zeigte sich in der Wiederwahl de Valeras am 30. 5. 1944. Diese britische Aktivität wurde unter Hinblick auf die bevorstehende Operation »Overlord« – die alliierten Landungen in der Normandie – ausgelöst. Man wollte verhindern, daß von Irland aus Meldungen darüber nach Deutschland gelangten.

Am 9. 3. 1944 scheiterte die Absicht eines Offiziers der Widerstandsbewegung, Hitler zu erschießen, an der Tatsache, daß er an diesem Tage nicht zur Lagebesprechung zugelassen wurde.

Vertreter der rumänischen Oppositionsparteien, die von dem Prinzen

Stirbey geführt wurden, führten am 17. 3. in Kairo geheime Waffenstillstandsverhandlungen mit dem Ziel, das Ausscheiden Rumäniens
aus dem Dreimächtepakt und aus dem Krieg vorzubereiten.

Am 23. und 24. 3. führte Hitler erneut Gespräche mit Marschall Antonescu. Hitler bat den Marschall, sich Ungarn gegenüber der größten
Zurückhaltung zu befleißigen. Man wollte Ungarn keine Möglichkeit
bieten, durch einen Zwischenfall den Vorwand zum Ausscheiden aus
dem Bündnis mit Deutschland zu geben. Ostungarn war inzwischen
schon Operationsgebiet geworden, ein Abfall Ungarns hätte eine kritische Situation heraufbeschworen. Am 24. und 25. 3. ließ Hitler 50 britische Offiziere, die aus dem Kriegsgefangenenlager Sagan ausgebro-
chen und wieder eingefangen worden waren, »zur Abschreckung vor
weiteren Fluchtversuchen« erschießen. Diese Handlung verstieß gegen
die Genfer Konvention und gegen jede Vernunft.

Seit Mitte Februar die erste geheime Fühlungnahme zwischen der
UdSSR und Finnland aufgenommen worden war, hatten die Sowjets
diesem Gegner Friedensbedingungen gestellt, die den Unterhändlern
unannehmbar erschienen. Sie zogen sich nach Helsinki zurück. Dort
billigte der finnische Reichstag am 12. 4. die Ablehnung. Damit wurden die Friedensbemühungen vorläufig eingestellt. Am selben Tag
übergab der sowjetische Botschafter in Kairo als Unterhändler seiner
Regierung den rumänischen Vertretern unter Prinz Stirbey die sowjetischen »Minimalbedingungen« für einen Waffenstillstand mit Rumänien.
Für Deutschland war es ein besonders schwerer Schlag, als die Türkei
am 21. 4. die Chromerzlieferungen nach Deutschland einstellte. Diese
Haltung wog um so schwerer, als die Türkei gleichzeitig erklärte, kein
neutraler Staat mehr zu sein, und sich den Alliierten anschloß. Außenminister Numan Menemencoglu, der deutschfreundlich war, trat am
16. 6. zurück.

Am 22. und 23. 4. war Mussolini Hitlers Gast in Kleßheim. Es ging
darum, wie man Italien verteidigen könnte, wenn die Alliierten sich
aus ihren Stellungen bei Monte Cassino und im Brückenkopf Anzio-
Nettuno freimachten und auf Rom zustürmten.

Am 5. 5. schloß Spanien auf Druck der Alliierten das deutsche Gene-
ralkonsulat in Tanger. Alle Deutschen wurden aus Spanisch-Marokko
ausgewiesen, die Lieferung von Wolfram an Deutschland einge-
schränkt. Als Gegenleistung wurde Spanien von den Alliierten wieder
mit Treibstoffen versorgt.

In den Geheimverhandlungen der Regierung Antonescu mit der sowjetischen Botschaft in Stockholm erzielten die Unterhändler am 2. 6. 1944 eine prinzipielle Einigung über die Bedingungen, unter denen Rumänien aus dem Krieg ausscheiden würde.

Noch am selben Tag nahm die neugebildete bulgarische Regierung Bagrianoff mit dem Westen geheime Waffenstillstandsverhandlungen auf. Damit war auch Bulgarien auf jenen Weg eingeschwenkt, den vor ihm Italien, Ungarn, Finnland und Rumänien beschritten hatten.

Da von den finnisch-russischen Verhandlungen genug durchgesickert war, reiste am 24. 6. Reichsaußenminister von Ribbentrop nach Helsinki, um die Lage zu sondieren und alles zu unternehmen, um den finnischen Waffengefährten bei der Stange zu halten. Im persönlichen Gespräch mit dem Staatspräsidenten Ryti erhielt von Ribbentrop die feste Zusicherung, daß jeder Sonderfrieden mit der UdSSR abgelehnt werde. Für diesen Fall war von Ribbentrop durch Hitler befugt worden, deutsche Waffenhilfe für die hartbedrängte Wiborgfront zuzusichern. Wenig später wurden zwei deutsche Infanterie-Divisionen und die Sturmgeschütz-Brigade 303 dorthin entsandt. Ihnen gelang es, die Lage zu bereinigen. Wegen dieser Vereinbarungen Rytis mit Deutschland brachen die USA, die bis dahin immer noch diplomatische Beziehungen zu Finnland aufrechterhalten hatten, diese plötzlich ab.

Der 20. 7. 1944 war für Deutschland ein Tag der Widersprüche. Das Attentat auf Hitler nahm um 12.40 Uhr seinen Anfang, als Oberst Graf Stauffenberg seine Aktentasche mit der Bombe in der Lagerbaracke an jenes Tischbein stellte, an dem sonst Hitler zu stehen pflegte. Doch diesmal verlief alles anders. Hitler stand nicht dort, und als die Bombe um 12.42 Uhr explodierte, wurde Hitler nur leicht verletzt. Fünf Menschen in diesem Raum aber fielen der Bombe zum Opfer, darunter auch Generaloberst Korten, der Chef des Generalstabes der Luftwaffe.

Am Nachmittag empfing Hitler bereits wieder den an diesem Tag zur Wolfsschanze eingeladenen Mussolini.

Marschall Antonescu besuchte am 5. und 6. 8. 1944 ein letztesmal Hitler in der Wolfsschanze. Der drohende Einmarsch der Roten Armee nach Rumänien war Gegenstand des Gespräches. In dieser Unterredung ließ der rumänische Staatsführer durchblicken, daß in Rumänien einiges nicht mehr in Ordnung sei und man auf der Hut sein sollte.

Wieviel nicht in Ordnung war, das wurde Hitler deutlich, als am 23. 8. Marschall Antonescu durch König Michael I. auf Drängen der Oppositionsgruppe Maniu-Bratianu gestürzt wurde. Unter General Sanatescu wurde eine neue Regierung gebildet und der rumänische Frontwechsel offen proklamiert. Den deutschen Truppen wurde ein befristetes Angebot zum ungestörten Abzug gemacht, das unerfüllbar war.

Bereits 24 Stunden später wurde in Deutschland eine rumänische Nationalregierung gebildet. Dazu holte man den Führer der rumänischen Eisernen Garde, Horia Sima, aus dem Konzentrationslager Buchenwald.

In Bulgarien deuteten die Ereignisse ebenfalls eine nahe Entscheidung an, als Ministerpräsident Bagranioff am 24. 8. den Abzug der Deutschen Militärmission und aller deutschen Truppen aus Bulgarien forderte. Die sofort begonnene Räumung des Landes wurde am 31. 8. abgeschlossen.

Auch in Ungarn war dieser 24. 8. 1944 ein Tag der Entscheidung, als Reichsverweser Horty die Regierung Sztójay entließ und eine neue Militärregierung unter General Lalatos einsetzte, auf die er sich voll stützen konnte.

Am 25. 8. erklärte Rumänien Deutschland den Krieg.

Diese katastrophale Entwicklung der Lage im Südostraum zwang Hitler zu sofortigen Entscheidungen. Er verfügte die Auflockerung der militärischen Besetzung im Südosten Europas und die Verlegung des neuen Schwerpunktes auf den Mittelbalkan. Griechenland und die Inseln der Ägäis sollten nunmehr planmäßig geräumt werden, sobald die Vorbereitungen dazu eine reibungslose Durchführung gewährleisteten.

Die weiter fortgesetzte geheime politische Aktivität Finnlands gab dieser Entwicklung noch einen besonderen Akzent. Die finnische Regierung richtete am 25. 8. 1944 eine geheime Anfrage an Moskau, ob man bereit sei, eine Waffenstillstandsdelegation zu empfangen. Moskau war dazu bereit.

Am 26. 8. erklärte Ministerpräsident Bagranioff offiziell den Kriegsaustritt Bulgariens und die Neutralität seines Landes. Damit waren – bis auf die Finnen – alle Staaten, die ehemals mit Deutschland verbündet gewesen waren, auf die Seite des Gegners übergewechselt. Deutschland sah sich gegen Ende des fünften Kriegsjahres auf allen Kriegsschauplätzen allein.

Die Politik der Alliierten:

Die Teilung Deutschlands wird beschlossen

Den Auftakt zu den politischen Aktivitäten der Alliierten im fünften Kriegsjahr bildete – wenn man die bereits dargestellten Ereignisse in Italien ausklammert – die Gründung der UNRRA am 9. 11. 1943. Diese »United Nation' Relief and Rehabilitation Administration« wurde in Washington ins Leben gerufen, um die befreiten Gebiete zu unterstützen. Am selben Tag übernahm die Alliierte Kommission die Kontrolle über jenen Teil Italiens, der durch die alliierten Truppen besetzt war und noch besetzt werden würde.

Die erste Kairo-Konferenz vom 22. bis 26. 11. 1943 zwischen Roosevelt, Churchill und Tschiang-Kai-Schek, war jenen Nachkriegsplänen in Fernost gewidmet, die nach dem Kriegsende realisiert werden sollten. Es ging vor allem um die Errichtung eines unabhängigen Staates Korea und um die Abtretung von Formosa an China. Die militärischen Pläne des Burmafeldzuges unter Beteiligung Chinas waren die chinesische Vorleistung zu diesen von den Alliierten nach Kriegsschluß durchzuführenden Plänen. In Jajce (Jugoslawien) wurde am 29. 11. auf der zweiten Tagung der AVNOJ die Bildung eines Präsidiums und einer jugoslawischen Volksbefreiungskommission beschlossen. Der Oberbefehlshaber des Volksbefreiungsheeres, der zum Feldmarschall und Verteidigungsminister ernannte Partisanenführer Tito, sollte dieses Präsidium führen, das damit praktisch zur neuen jugoslawischen Regierung wurde.

Auf der 2. Kairo-Konferenz, die vom 3. bis 6. 12. stattfand, wurde zwischen Roosevelt, Churchill und dem türkischen Staatspräsidenten Inönü verhandelt. Die Westalliierten bestürmten die Türkei, an ihrer Seite in den Krieg einzutreten und Deutschland den Weg durch das Mittelmeer zum rumänischen Öl abzuschneiden. Doch Inönü lehnte einen Kriegseintritt seines Landes ab.

Zwischen der UdSSR und der tschechoslowakischen Exilregierung Benesch wurde am 12. 12. 1943 ein Vertrag über die wechselseitige Hilfe und Zusammenarbeit nach dem Krieg abgeschlossen. Die UdSSR erkannte am 15. 12. das »Volksbefreiungskomitee« als einzige Regierung Jugoslawiens an. Sie löste die Beziehungen zur jugoslawischen Exilregierung in Kairo. Großbritannien und die USA gingen zwar noch nicht so weit, aber auch sie erkannten Tito die Stellung eines gleichberechtigten alliierten Befehlshabers zu. Am 1. 1. 1944 ging eine persönliche Botschaft von Premierminister Churchill an den Kreml, in welcher Stalin gebeten wurde, seinem westlichen Bundesgenossen die Noten der russischen Nationalhymne zu schicken, damit man im BBC das Lied senden könne, wenn wieder ein Großereignis an der Ostfront zu würdigen sei. Am 2. 1. schickte Stalin diese Noten nach England.

Die Erklärung der Sowjetregierung vom 9. 1. 1944 forderte die Wiedererrichtung eines starken und unabhängigen polnischen Staates auf der territorialen Grundlage der Curzon-Linie und der Rückgabe »von Ländern an Polen, die ihm seit undenklichen Zeiten gehörten und von den Deutschen entrissen worden sind«. Doch Polen akzeptierte diese Erklärung nicht, denn sie bedeutete, daß man den Ostteil des Landes der UdSSR überlassen sollte.

Von diesem Tag bis Kriegsschluß herrschte zwischen Polen und der UdSSR ein überaus gespanntes Verhältnis.

Churchill verkündete am 14. 1. 1944, daß er die Oder-Neisse-Linie als endgültige deutsch-polnische Westgrenze betrachte. Am Tag darauf wurde ein britischer Kabinettsbeschluß bezüglich der künftigen Zoneneinteilung Deutschlands verabschiedet. Danach sollte die Grenzlinie zwischen Ost- und Westdeutschland auf der Linie Lübeck-Helmstedt-Eisenach-Hof verlaufen. Am 18. 2. stimmte die UdSSR dieser Aufteilung zu. Die USA, die einen eigenen, viel radikaleren Plan beigesteuert hatte, kamen am 1. 6. 1944 zu der Überzeugung, daß der britische Plan der bessere sei. Sie stimmten ihm zu. Sie selbst hatten vorher für eine Aufteilung in Ostdeutschland (einschließlich aller Gebiete östlich Berlins) und Westdeutschland (also das Territorium westlich der Reichshauptstadt) plädiert. Im Frühjahr dieses Jahres wurden aus allen britischen Geheimdiensten die als Kommunisten bekannten Engländer entfernt. Churchill schrieb darüber in seinem Brief vom 13. 4. 1944 an Sir Alexander Cadogan, den Unterstaatssekretär im Foreign Office: »Selbst in einer Zeit, in der wir mit den Sowjets zusammenarbeiten, werden sie (die Kommunisten in England) unsere Geheimnisse an sie verraten. Die Tatsache, daß sich im französischen Ausschuß zwei Kommunisten befinden, erfordert sorgfältige Erwägung bei der Weitergabe von Geheiminformationen an diesen.«

Am 23. 2. 1944 war auch eine sowjetische Militärmission in Bosnien eingetroffen, wo Tito mit seinem Stab residierte. General Kornejew, der Leiter dieser Mission, sicherte die Zusammenarbeit der Roten Armee mit Titos Partisanenbrigaden zum Zwecke der Vertreibung der Nazis zu. Um die Rumänen friedensbereit zu machen, veröffentlichte die sowjetische Regierung eine Erklärung, daß sie nicht die Absicht hege, »sich irgendein Teilgebiet des rumänischen Territoriums anzueignen oder gar die rumänische Gesellschaftsordnung zu verändern«.

An Sir Alexander Cadogan schrieb Winston Churchill am 19. 4. folgendes:

»In Teheran sprach Stalin von einer Massenexekution des deutschen Generalstabes und der militärischen Sachverständigen, etwa 50.000 Personen. Es war nicht festzustellen, ob er es ernst meinte oder scherzte. Auf alle Fälle sagte er, daß er 4 Millionen deutscher Männer benötigen werde, die auf unbestimmte Zeit am Wiederaufbau Rußlands arbeiten müßten.«

Am 5. 5. schlug die britische Regierung der Sowjetunion die Aufteilung von Südosteuropa in Operationszonen vor. Gut einen Monat später, am 12. 6., gab auch Präsident Roosevelt seine Zustimmung zu dieser am 18. 5. von Großbritannien und der UdSSR unterzeichneten und auf zunächst 3 Monate befristeten Abmachung. Danach sollten Griechenland und Jugoslawien britische und Rumänien sowie Bulgarien russische Operationszonen werden. Am 15. 5. gab General Eisenhower in der St.-Pauls-Schule zu London vor den politischen und militärischen Spitzen der Alliierten einen Überblick über »Overlord«, die alliierten Landungen an der Atlantikküste.

Auf britischen Druck trat zwei Tage darauf die jugoslawische Exilregierung Puric zurück. Ivan Subasic, der bis 1941 »Ban« von Kroatien gewesen war und danach als Partisan im Einsatz gestanden hatte, wurde neuer Ministerpräsident der jugoslawischen Exilregierung. Nachdem Subasic den Ausschluß des Cetnik-Chefs, des Generals Mihajlowic, erwirkt hatte, strebte er einen Ausgleich mit dem Partisanenchef und faktischen Führer Jugoslawiens, Tito, an.

Als sich der Ministerpräsident der polnischen Exilregierung Mikolajzyk vom 7. bis 12. 6. zu Besuch in Washington aufhielt und dort eine rege politische Tätigkeit entfaltete, wurde er auch von Präsident Roosevelt empfangen. Dieser gab ihm die Zusage, daß er dafür Sorge tragen werde, daß die Spannungen zwischen Polen und der UdSSR beigelegt würden und daß er, Mikolajzyk, mit Stalin zusammentreffen werde.

In den Besprechungen, die zwischen Subasic und Marschall Tito auf der Insel Lissa geführt wurden, kam es am 16. 6. zu einer formellen Einigung über die zukünftige Zusammenarbeit der exiljugoslawischen Führungsgruppe mit dem Partisanenregime.

Vom 1. bis 22. 7. wurde Bretton Woods in New Hampshire, USA, Schauplatz einer Konferenz von 44 alliierten Regierungen.

Es wurden anstehende Währungs-, Zahlungs- und Handelsfragen untereinander geklärt. Die Konferenz empfahl im Schlußkommunique die Errichtung eines internationalen Geldfonds in Höhe von 10 Milliarden Dollar und die Eröffnung einer Internationalen Bank für Wiederaufbau und Entwicklung. Nachdem in der Anfangsphase auch die UdSSR mitgearbeitet hatte, zog sie sich später mehr und mehr aus dieser Vereinigung zurück.

Am 11. 7. 1944 erkannten die USA das Französische Nationalkomitee des General de Gaulle an.

Die Europäische Beratende Kommission, EAC, billigte am 25. 7. den Entwurf für eine politische Kapitulation.

Zwischen dem polnischen Lubliner Komitee und der UdSSR wurde am 2. 8. die Aufnahme diplomatischer Beziehungen beschlossen. Dieses Lubliner Komitee war ganz auf die Seite Moskaus eingeschwenkt und billigte alles, was von dieser Seite kam. In Moskau empfing Stalin einen Tag später auch den Ministerpräsidenten der in London residierenden polnischen Regierung Mikolajzyk. Die ebenfalls anwesenden Mitglieder des Lubliner Komitee forderten die Absetzung des Oberbefehlshabers der polnischen Exilstreitkräfte, General Sosnowski, und den Verzicht auf die Verfassung vom Jahre 1935 als Vorbedingung für einen Ausgleich untereinander. Wie gespannt die Lage aber zwischen Moskau und Warschau wirklich war, das zeigte der Warschauer Aufstand, der am 1. 8. 1944 begann. Nachdem noch am 29. 7. der Moskauer Rundfunk einen Appell an die polnischen Kommunisten gerichtet hatte, die in Warschau wohnten, daß die Bewohner der Stadt den Kampf aufnehmen müßten, schickte Stalin am 22. 8. eine Botschaft an Winston Churchill, der um Hilfe für Warschau gebeten hatte und um Landeerlaubnis auf sowjetischem Territorium für die englischen Flugzeugbesatzungen, die den Abwurf von Hilfsmitteln durchgeführt hatten. Diese Botschaft lautete: »Früher oder später wird die Wahrheit über die Verbrecherbande, die das Warschauer Abenteuer anzettelte, um die Macht an sich zu reißen, allen bekannt werden. Diese Elemente haben das Vertrauen der Warschauer ausgenutzt und viele praktisch wehrlose Menschen den deutschen Kanonen, Panzern und Flugzeugen ausgeliefert.«

Es war schon ein gespenstisches Bild, das sich den Westalliierten im Verhältnis Polens zur UdSSR darbot. (Siehe: »Briefwechsel Stalins mit Churchill, Attlee, Roosevelt und Truman 1941–1945«, S. 641/42.)

Im Hauptquartier der alliierten Streitkräfte in Caserta kam es am 12. und 13. 8. zu einem Treffen zwischen Präsident Roosevelt und Marschall Tito. Tito erhielt die bindende Zusage, daß sein neuer jugoslawischer Staat anerkannt werde.

Am 25. 8. 1944 ernannte Roosevelt einen Kongreßausschuß für das Deutschlandproblem. Unter anderen gehörten Außenminister Hull, Kriegsminister Stimson und Finanzminister Morgenthau diesem Ausschuß an. Henry Morgenthau jr. entwarf nun den sogenannten Morgenthauplan. Er sah vor, daß Deutschland zu einem Agrarland gemacht wurde. Industrie und Bergbau im Ruhrgebiet, am Rhein und an der Saar sollten zerstört werden. Der Plan sah darüber hinaus eine Verkleinerung des Landes und eine Dezimierung der Bevölkerung Deutschlands auf 20 Millionen Menschen vor. Es war ein so ungeheuerlicher Plan, daß selbst Cordel Hull und H. L. Stimson davor zurückschreckten und ihn ablehnten. Schließlich lehnte auch Präsident Roosevelt diesen Plan ab, nachdem er ihn vorher schon unterschrieben hatte. Daß dieser Plan dennoch durchsickerte und in Teilen den deutschen Soldaten an den Fronten bekannt wurde, bewirkte, daß sich der Widerstand mehr und mehr versteifte.

Die Wege zur Zerstückelung Deutschlands aber waren aufgezeigt, auch wenn solche Kleinigkeiten wie die beiden Neisse-Flüßchen noch nicht bemerkt worden waren, an denen sich noch einmal der Streit um die deutschen Ostgrenzen entzündete.

Dies waren die Absichten der Alliierten gegenüber Deutschland. Die Weichen waren gestellt für die Behandlung Deutschlands nach dem Krieg.

Abwehrluftschlachten über Deutschland
im fünften Kriegsjahr

Die Lage

Generalfeldmarschall Milch war zu Beginn des fünften Kriegsjahres zuversichtlich, »daß es uns gelingt, den Gegner bei Tag wie bei Nacht empfindlicher als bisher zu schlagen«.

Dies war notwendig, um die Produktion der deutschen Rüstungsindustrie zu erhalten und die deutschen Städte wirksamer als zuvor zu schützen.

Um dieses Versprechen auch einzulösen, erhielt Oberstleutnant Herrmann den Befehl, das von ihm aufgestellte JG 300 zur 30. Jagddivision auszubauen und damit im Rahmen der »Wilden Sau« Jagd auf einfliegende Feindbomberverbände zu machen. Sein Geschwader wurde von Oberstleutnant Kurt Kettner übernommen.

Rasch nacheinander entstanden die Jagdgeschwader 301 unter Major Weinreich und JG 302 unter Major Mössinger. Allerdings gab es für die 3. Geschwader nicht genügend eigene Flugzeuge. Jeweils 2 der 3 aufgestellten Gruppen mußten als »Aufsitzer« die Flugzeuge der Tagjagd während der Nacht benutzen. Trotz der Doppelbeanspruchung dieser Flugzeuge gelang es der Tag- und Nachtjagd, aber auch den wenigen noch vorhandenen Zerstörergruppen, einige aufsehenerregende Erfolge zu erringen, so große Erfolge, daß zeitweise sogar die alliierte Luftwaffenführung vor der Frage stand, wie lange ihre Angriffe noch weitergeführt werden könnten, ohne die Bomberverbände nachhaltig zu schwächen.

Im Herbst 1943 kam es auch zu einer Neuorganisation der Luftverteidigung. General Kammhuber wurde nach seiner Ablösung als General der Nachtjagd Mitte November 1943, und durch »Hinwegbeförderung« zum OB der Luftflotte 5 in Norwegen, auf das tote Gleis geschoben. Das XII. Fliegerkorps, in das auch die Nachtjagd integriert war, wurde in I. Jagdkorps umbenannt, dessen Führung von Generalleutnant Schmid übernommen wurde. Ihm unterstanden die Jagddivisionen 1, 2, 3 und 7. Die 4. und 5. Jagddivision unterstanden dem II. Jagdkorps, das der Luftflotte 3 unter GFM Sperrle unterstellt wurde.

Als General der Jagdflieger wurde nunmehr Generalmajor Galland zusätzlich auch noch General der Nachtjagd. Um die doppelte Aufgabe wahrnehmen zu können, ernannte er zu seinen Stellvertretern Oberstleutnant Herrmann als Inspekteur der Nachtjagd, dessen Nachfolger später Oberst Streib wurde. Inspekteur der Tagjagd-Ost wurde Oberst Trautloft; Inspekteur der Tagjagd-West und -Süd wurde Oberst Lützow. Die Schwierigkeiten der deutschen Jagdwaffe, die den Abwehrkampf über Deutschland zu führen hatte, lagen nunmehr nicht in der Beschaffung von Jagdflugzeugen, sondern im Fehlen gutausgebildeter Besatzungen. Generalleutnant a. D. Galland hat dies in seinem Werk »Die Ersten und die Letzten« dargestellt:

»Die Abwehr der Bomberoffensive gegen das Reich brachte der Jagdwaffe so starke Ausfälle, daß der schon seit 1941 bestehende Mangel an Offizieren im fliegenden Personal und damit an Verbandsführer-Nachwuchs im Sommer und Herbst 1943 fast katastrophale Folgen annahm. Die Luftwaffe verfügte zu diesem Zeitpunkt über insgesamt 70.000 Offiziere und 400 Generale. Die Zahl von 800 Offizieren als Verbandsführer, Flugzeugführer und Ausbilder in der Jagdwaffe ist aber dabei zu keinem Zeitpunkt des Krieges überschritten worden.«

Man war auf deutscher Seite im Herbst 1943 gezwungen, die Zeit der fliegerischen Ausbildung abermals zu verkürzen, um den ständig wachsenden Personalbedarf befriedigen zu können. Deutsche Jagdflieger kamen mit höchstens 150 Flugstunden zur Front, während die Jäger des Gegners bis zu 700 Stunden flogen, ehe sie aus den Training Commands zu den Fronteinheiten entlassen werden konnten.

Bei einem Treffen zwischen dem General der Jagdflieger GenMaj. Galland und Reichsmarschall Göring auf Burg Veltenstein kam es zwischen beiden infolge einer Meinungsverschiedenheit über die Bewaffnung der Me-410-Zerstörer mit einer 5-cm-Kanone zum Bruch. Galland bat um seine Ablösung und Versetzung zum fliegenden Personal. Göring genehmigte dies. Er bat aber wenig später Galland, auf seinem Posten zu bleiben.

Neue Maschinen und Waffen

In diesem 5. Kriegsjahr waren auch einige neue Flugzeuge und Waffen soweit, daß sie zur Front hätten gelangen bzw. daß man sie in die Frontflugzeuge hätte einbauen können.

Am 26. 11. 1943 wurde Hitler in Insterburg eine Maschine vorgeführt, die keine – Luftschrauben hatte: die Me 262, das erste deutsche Strahlflugzeug.

Der Entwurf zu dieser Maschine war bereits im Projektangebot der Firma Messerschmitt am 7. 6. 1939 an das Reichsluftfahrtministerium geschickt worden. Unter der Bezeichnung »P 65« war sie als »Verfolgungsjäger« gedacht, sie sollte mit zwei BMW-TL-Triebwerken eine »Reisegeschwindigkeit« von 900 km/h erreichen. 18 Monate vorher hatte Professor Messerschmitt mit der Ausarbeitung dieses Planes begonnen, aber noch am Tag der Vorlage bezeichnete man dieses Projekt als »Phantasterei«.

Nach verschiedenen Änderungen und nach Ausrüstung mit zwei Walter-Raketen mit je 750 kg Schub, später mit JUMO-210-G-Luftschraubenmotor von 750 PS, flog dieses Flugzeug am 18. 4. 1941 zum ersten Mal. Testpilot war Fritz Wendel.

Am 25. 3. 1942 gelang Fritz Wendel der erste Flug mit der Me 262, die zusätzlich zum Motorantrieb auch den Düsenantrieb eingebaut erhielt: die ersten beiden einbaureifen Triebwerke BMW 003. Beide Triebwerke blieben kurz nach dem Abheben stehen. Es gelang Wendel, die Maschine mit dem JUMO-Mittelmotor weiterzufliegen und wieder zu landen. Die Verdichterschaufeln an beiden Triebwerken waren gebrochen.

In der Zwischenzeit waren bei Junkers die JUMO-004-Triebwerke fertig geworden. Sie wurden in die Me 262 V-3 eingebaut. Diese hatte keinen Mittelmotor mehr. Am 18. 7. 1942 flog Wendel diese Maschine; auf dem Flugplatz bei Leipheim erfolgte der Start zum ersten 12 Minuten dauernden Düsenflug.

Ende des Jahres 1942 waren alle Testflüge absolviert, und dieses Flugzeug, das um 200 Kilometer schneller war als irgendein anderer Jäger der Welt, hätte in Serienbau gehen können.

Anfang 1943 flogen Hauptmann Späte, Oberleutnant Pöhs, Oberst Steinhoff und Generalmajor Galland diese Maschine. Letzterer sagte nach seinem Flug am 22. 5. 1943 in Lechfeld begeistert: »Es ist, als ob ein Engel schiebt!«

Galland veranlaßte auch, daß Göring im Juli nach Lechfeld kam, um sich die Me 262 anzusehen. Dieser wiederum erwirkte die Vorführung vor Hitler in Insterburg. Hitler war von der Maschine tief beeindruckt. Er wandte sich an den neben ihm stehenden Konstrukteur, Prof. Messerschmitt, und fragte ihn:

»Kann die Maschine auch eine 1000-kg-Bombe tragen?« Als Messerschmitt zustimmte, rief Hitler aus:

»Das ist der neue Blitzbomber!«

So wurde weiter an der Maschine gearbeitet, die der Luftwaffe in dieser entscheidenden Phase des Krieges eine entscheidende Überlegenheit verschafft hätte. Daß die Me 262 nach einigen Versuchen als Blitzbomber dennoch als Jäger zur Front kam, verdankt die Luftwaffe jenen wenigen Soldaten, die immer wieder für den Einsatz dieses Düsenjägers als Jäger plädiert hatten.

Das Erprobungskommando Lechfeld unter Hptm. Thierfelder erhielt im Sommer 1944 die ersten Strahlflugzeuge. Bei einem der ersten Angriffe am 18. 7. 1944 auf einen Pulk viermotoriger Bomber stürzte Hptm. Thierfelder ab.

Sein Nachfolger wurde Major Nowotny, der die erste Düsenjäger-Gruppe der Luftwaffe aufstellte und am 8. 11. 1944 beim Einsatz gegen Viermot-Bomber über dem Platz Achmer abstürzte.

Nach seinem Tode baute Oberst Johannes Steinhoff das von ihm im Dezember 1944 aufgestellte JG 7 auf, das ganz mit Me 262 ausgerüstet werden sollte.

Neben diesem Düsenjäger hätte die Luftwaffe im fünften Kriegsjahr auch schon voll auf den ersten Raketenjäger Me 163 zurückgreifen können, dessen Prototyp mit Heini Dittmar am 10. Mai 1941 zum ersten Male in der Geschichte der Luftfahrt die 1000-km-Grenze überwand. Die Me 163 B erzielte beim Erprobungskommando in Bad Zwischenahn nach Einbau einer 1500-kp-Turbine 1130 km/h Geschwindigkeit. Aber erst zum Ende des fünften Kriegsjahres kam diese Maschine zum Einsatz.

Ein drittes Flugzeug, mit konventionellem Kolbenmotor als Antrieb, hätte ebenfalls zu Beginn des fünften Kriegsjahres zur Verfügung stehen können: die Do 335. Sie wäre eines der kampfstärksten Jagdflugzeuge gewesen, denn sie erzielte in 6400 m Höhe eine Geschwindigkeit von 775 km/h. Ihre Bewaffnung bestand aus 3 Maschinenkanonen MK-103 (30 mm Kaliber) und zwei MG 151/20. Dieses Flugzeug wurde im Sommer 1943 in Rechlin als Prototyp Do 335 V-1 geflogen. Sie konnten als Jäger, Nachtjäger, als Jagdbomber und als Zerstörer geflogen werden. Erstmals wurden in diese Maschine serienmäßig Schleudersitze eingebaut. Diese Maschine, die ebenfalls die deutsche Tag- und Nachtjagd entscheidend verbessert hätte, kam nicht mehr zum Einsatz. Neben den Versuchen, bessere und schnellere Jagdflugzeuge zu bauen, wurde alles unternommen, damit sich die vorhandenen Jagdflugzeuge gegenüber den schweren viermotorigen Superfestungen durchsetzen konnten. Die Schrägbewaffnung, durch Initiative eines einzelnen entstanden, wurde in die Flugzeuge der Nachtjagd eingebaut. Den ersten Abschuß mit dieser »Schrägen Musik«, die es dem Nachtjäger ermöglichte, schräg unter dem Bomber zu fliegen, damit dessen Heck-MG zu entgehen und dennoch zum Schuß zu gelangen, erzielte Major Rudolf Schönert.

Im Spätsommer 1943 waren schließlich die Schrägwaffen in fast alle Nachtjäger eingebaut.

Eine weitere Verbesserung der Wirkung der Nachtjagdwaffen wurde durch die Maschinenkanone MK 108 erzielt, die eine unerhört schnelle Schußfolge hatte und im Fliegerjargon »Preßlufthammer« genannt wurde.

Schließlich kam noch die Bewaffnung der Tag- und Nachtjäger mit der Raketenwaffe R-4-M vom Kaliber 5,5 cm dazu. Diese Raketen hatten ein Gewicht von 4 kg und eine Ladung von 500 Gramm Hexane. Sie wurden aus einfachen Holzrosten, die unter den Tragflächen angebracht waren, abgeschossen. 48 Raketen konnten so auf einmal abgefeuert werden.

Entscheidend für die großen Erfolge der Nachtjagd ab Ende 1943 war jedoch nicht allein die bessere Bewaffnung, sondern auch – und vor allem – das verbesserte Lichtenstein-SN-2-Funkmeßgerät, das bedeutend weiter reichte als das alte Gerät, das darüber hinaus ja durch die Düppelstreifen der Feindabwehr total gestört wurde. Bei dem schmalen Öffnungswinkel von nur 24 Grad war das alte »B/C«-Gerät nur eine schwache Hilfe beim Auffinden eines Gegners, denn sobald dieser den Erfassungsbereich verließ, war er fast nie mehr aufzufinden, zumal die Reichweite auf 2,5 bis 3 km begrenzt war.

Das neue Lichtenstein-SN-2-Gerät aber hatte einen Öffnungswinkel von 120 Grad, so daß ein kurvender Bomber immer im Blickfeld blieb, wenn er nicht um 180 Grad drehte und dann direkt vor die Verfolgermaschine flog. Darüber hinaus war die Reichweite bedeutend größer. Sie betrug stets etwas mehr als die Flughöhe des Gegners. Dadurch wurde es den Nachtjägern möglich, nach Einschleusung in die Flugrichtung zur Verfolgungsnachtjagd überzugehen, den Gegner selbst zu finden und anzugreifen.

Alle diese Anstrengungen galten einem Gegner: den einfliegenden anglo-amerikanischen Bomberverbänden.

Die Abwehr-Luftschlachten des fünften Kriegsjahres

Im September 1943 starteten die Nachtjäger beinahe in jeder Nacht zur Abwehr der feindlichen Einflüge in das Reichsgebiet. In der Nacht hörten die Besatzungen die Funksprechmeldungen der Bodenleitstellen, denen sie folgten, um an die »Kuriere«, wie die Feindbomber genannt wurden, heranzukommen.

Zwischen der Scheldemündung und Ostende, dort also, wo sich die feindlichen Einflugschneisen befanden, kam es zu den ersten Luftkämpfen, und von dort aus verfolgten oder begleiteten die deutschen Nachtjäger den Bomberstrom ins Reichsgebiet, um immer wieder anzugreifen und den Gegner abzuschießen.

Beim Angriff auf Berlin am 4. 9. gelang ihnen der Abschuß von 16 Feindbombern. Die Flak holte ebenfalls 6 Viermotorige vom Himmel. Bei dem Angriff auf Mannheim-Ludwigshafen waren sie abermals im erbitterten Einsatz, 34 Bomber wurden abgeschossen. Aber auch die Nachtjäger erlitten mehr und mehr Verluste. Alte, erfahrene Flieger fielen.

In den Nachtstunden zum 23. 9. 1943 startete auch Oblt. Schnaufer, Staffelkapitän der 12. NJG 1, zum »Wilde-Sau-Einsatz«. Über diesen Einsatz berichtete Erich Handke, sein Bordfunker: »Wir starteten zu Wilden Sau. Über W.-S.-Frequenz wurde, wie bei einer Funkreportage, die Feindlage durchgegeben: ›Spitze der Kuriere über Brüssel, Kurs 90 Grad, 4000 bis 6000 m, – – – Bombenabwürfe über Aachen. Alle wilden Säue nach Leuchtfeuer Ida sammeln. – – – Weitere Einflüge über Dünkirchen, Kurs 130 Grad, Bombenwürfe über Frankfurt. Feindtätigkeit über Darmstadt. Neues Angriffsziel Mannheim.‹

Schnaufer war Pilot, ich Bordfunker und Uffz. Gänsler Bordmechaniker. Mannheim und Ludwigshafen waren unser Ziel. Eine Maschine wurde von uns abgeschossen.«

Am 27. 9., als 599 britische Bomber Hannover anflogen und dort 2196 Tonnen Bomben abwarfen, waren wieder alle einsatzbereiten Flugzeuge des NJG 1 zur Stelle. Auch Oblt. Schnaufer war gestartet. Als seine Maschine das Operationsgebiet erreichte, sah die Besatzung schon die ersten Brände. Im Vorbeiflug erspähte Schnaufer eine Halifax. Er kurvte hinterher und setzte sich darunter. Im Abstand von 30 m mit genau derselben Geschwindigkeit fliegend, schoß er diesen Bomber ab. Südwestlich des Steinhuder Meeres schlug er auf.

In den beiden nächsten Nächten erlitt das NJG 1 schwere Verluste. Hptm. Frank stieß bei der Landung mit der Maschine von Hptm. Friedrich zusammen, Hptm. Geiger wurde von einem britischen Fernnachtjäger abgeschossen.

Wenig später übernahm Schnaufer die Führung der IV./NJG 1. In der Nacht zum 4. 10. galt ein Großangriff der RAF Kassel. Nebenangriffe wurden zur Täuschung auf Hannover und Braunschweig geflogen. Die Nachtjagd erlitt in dieser Nacht schwere Verluste. Hptm. Siegmund wurde nach 26 eigenen Nachtjagdsiegen von der eigenen Flak über Kassel abgeschossen. Oblt. Schnaufer gelang es, eine Halifax abzuschießen. Major Lent, Kommodore des NJG 3, schoß eine Stirling ab. Bei diesem Luftkampf wurde er verwundet. Das Flugzeug von Oblt. Drewes wurde beim Angriff auf eine Stirling in Brand geschossen. Während es seiner Besatzung gelang, auszusteigen, kam er nicht frei. Im Sauerland flog er in eine Obstplantage hinein. Seine Maschine ging zu Bruch. Dabei gelang es ihm, sich aus den Trümmern zu befreien, bevor die Maschine explodierte.

Nach Abschuß eines viermotorigen US-Bombers am 8. 10. wurde Oberstleutnant Philipp, Kommodore des JG 1, im Luftkampf mit Thunderbolt-Begleitmaschinen abgeschossen. Er selbst hatte bis zu diesem Tag 206 Luftsiege errungen.

Am 13. 10. starb Lt. Grimm, Flugzeugführer in der IV./NJG 1, an den Folgen seiner Verletzungen. Er war vier Tage zuvor nach Abschuß eines Viermot-Bombers von der eigenen Flak abgeschossen worden, konnte aber noch schwerverletzt mit dem Fallschirm abspringen.

Dann kam jener 14. 10. 1943, der in die Geschichte des amerikanischen Luftkrieges als der schwarze Donnerstag einging.

Luftschlacht über Schweinfurt

Am 14. 10. 1943, bei der Abwehr des letzten US-Tagesangriffes mit 291 eingesetzten Bombern gegen Schweinfurt und die dort befindliche Kugellager-Industrie, gelang es der deutschen Führung, fast alle in der Reichsverteidigung vorhandenen und noch einsatzbereiten Maschinen zum Einsatz zu bringen. Hinzu kamen kleine Verbände und Staffeln aus der Luftflotte 3 in Frankreich. Insgesamt waren an dieser Luft-schlacht – der erfolgreichsten Luftschlacht des Jahres 1943 – 300 Tagjäger, 40 Zerstörer und etwa 30 Nachtjäger am Start.

Die 291 Maschinen gehörten zur 1. und 3. US-Bomberdivision. Kommandeur der 3. Bomberdivision war Archie Old. Der Angriff der Jäger erfolgte sowohl auf dem Hin- als auch auf dem Rückflug und so, daß mehrere Bomberverbände völlig zersprengt wurden. Er wurde mit solcher Wucht geführt, daß man von amerikanischer Seite die doppelte Anzahl deutscher Jäger gesehen haben wollte. Es waren keine 700 deutschen Jäger, aber auch die Hälfte war ausreichend, um den Bomberverband fast völlig aufzureiben. Interessant waren die Meldungen der US-Piloten, die angaben, daß sie 186 feindliche Jäger abgeschossen hätten.

Von deutschen Jägern waren 60 der Fliegenden Festungen abgeschossen worden; 17 weitere stürzten infolge der schweren Beschädigungen über See ab, und 121 wurden so schwer beschädigt, daß der Großteil nicht mehr repariert werden konnte. Auf deutscher Seite gingen 50 Jäger verloren.

Washington war schockiert über dieses Desaster, und man fragte sich nunmehr ernstlich: »Haben die Engländer vielleicht doch recht mit ihrer These, daß Tagesangriffe über weite Gebiete Deutschlands untragbare Verluste nach sich ziehen?«

Aber General »Hap« Arnold, der Kommandierende General der amerikanischen Heeres-Luftwaffe, beruhigte diese Zweifler mit den Worten: »Wir vernichteten in Schweinfurt die Hälfte der für Deutschland wichtigen Kugellagerwerkstätten.« Dennoch war auch er sichtlich von dieser schweren Niederlage erschüttert.

Der Abwehrkampf ging weiter. Während die US-Luftwaffe in ihrer Herbstkrise steckte, ruhte die Last der Bomberangriffe auf der RAF. Die deutsche Tag- und Nachtjagd kämpfte mit dem letzten Flugzeug. Immer mehr bekannte Flieger fielen im Luftkampf. Hptm. Lucas, Staffelkapitän der 4./JG 3, fand im Luftkampf mit Hurricanes über Leiden den Tod nach 106 eigenen Abschüssen. Major Brändle, Kommandeur der II./JG 3, wurde bei der Abwehr mittlerer Bomber über Amsterdam am 3. 11. abgeschossen. Am 17. 11. stürzte Major Ehle, Kommandeur der II./NJG 1 bei der Landung nach einem Einsatz über dem Hafen St. Trond tödlich ab, weil die Platzbefeuerung ausfiel.

Am 25. 11. rammte Obit. Seifert bei Bethune eine von ihm angeschossene Lightning und stürzte mit ihr ab. Damit hatte die II./JG 26 ihren Kommandeur verloren.

Am 21. 11. 1943 erfolgte der erste Einsatz des He-177-Fernbomberverbandes des KG 40 gegen einen britischen Konvoi, 1400 km westlich Bordeaux. Von 25 eingesetzten Maschinen erreichten 20 das Ziel, 3 wurden abgeschossen, 2 kehrten wegen Störungen zum Einsatzplatz zurück. Die 20 Bomber warfen 40 Hs-293-Gleitbomben. Ein Frachter wurde versenkt, ein zweiter schwer beschädigt. In der Nacht zum 25. 11. griffen 112 deutsche Bomber die Hafenanlagen von Maddalena und Bastia an. In der Nacht zum 27. 11. erfolgte ein Angriff von 76 Bombern auf Neapel. Dies waren die ersten deutschen Bombereinsätze des fünften Kriegsjahres. Am 1. 12. fand Hptm. Schramm, Staffelkapitän der 5./JG 27, im Raume Eupen den Fliegertod, als er abgeschossen wurde und sein Fallschirm sich nicht öffnete.

Beim Angriff jener 401 britischer Bomber auf Berlin, der im Rahmen der Luftschlacht um Berlin in der Nacht zum 3. 12. 1943 geführt wurde, gelang es Hptm. Szameitat, dem Kommandeur der II./NJG 3, 5 viermotorige Bomber abzuschießen. Insgesamt verlor der Gegner in dieser Nacht 40 Flugzeuge. Am 2. 1. wurde der Hauptmann durch das Abwehrfeuer eines von ihm angegriffenen Bombers über Bückeburg abgeschossen. Bei der Notlandung in einer Tannenschonung überschlug sich die Maschine. Die Besatzung fand den Tod.

88 deutsche Bomber belegten in der Nacht zum 3. 12. die Hafenanlagen von Bari mit Bomben. Ein Munitionsschiff der Alliierten und 19 Handelsschiffe wurden versenkt, 7 weitere schwer beschädigt.

Am 16. 12. flog Obit. Schnaufer trotz schlechten Wetters einen Einsatz im Raum der Leitstelle »Eisbär« und schoß dabei 4 Viermotorige ab. Dies waren für den jungen Nachtjäger, der erst im Frühjahr 1942 zu dieser Waffe gekommen war, die Abschüsse 37 bis 40.

Die II./NJG 1, die am 22. 11. von Hptm. von Bonin übernommen worden war und in St. Trond lag, schrumpfte binnen weniger Wochen auf ganze 4 Besatzungen zusammen. Diese Gruppe hatte den Abwehrerfolg der Nachtjagd entscheidend mitgetragen. Sie mußte am 16. 12. nach Wittmundhafen verlegt werden, damit sie sich dort auffrischen konnte.

In der Nacht zum 21.12. schoß Hptm. Wilhelm Herget aus einem dichten auf Frankfurt anfliegenden Bomberverband in dramatischen

Gefechten 8 viermotorige Bomber ab. Damit ging das Jahr 1943 für die deutsche Jägerwaffe erfolgreich zu Ende.

Seit dem 1. 1. 1944 Kommodore des NJG 2, gelang Major Prinz zu Sayn-Wittgenstein in der Nacht zum 2. 1. bei einem Angriff von 386 Bombern auf Berlin der Abschuß von 6 Viermotorigen. Am 15. 1. 1944 erzielte das seit Beginn des Westfeldzuges ununterbrochen am Kanal eingesetzte JG 2 unter Major Mayer den 2000. Luftsieg.

Am 21. 1. wurde Major zu Sayn-Wittgenstein nach Abschuß von fünf weiteren Viermot-Bombern selbst von einem Mosquito-Fernjäger abgeschossen. Darüber hat Fw. Ostheimer, der Bordfunker des Prinzen, in seinem Luftkampf-Zeugenbericht vom 23. 1. 1944 berichtet:

»Am 21. 1. startete ich als Bordfunker mit Herrn Major Prinz zu Sayn-Wittgenstein kurz vor 21 Uhr zum Nachtjagdeinsatz. Wir flogen diesen Einsatz als ›Zahme Sau‹ mit der Ju 88 R 4 + XM. Kurz vor 22 Uhr hatte ich die erste Erfassung in meinem Suchgerät. – – – Wenig später war das Ziel, eine Lancaster, entdeckt. Wir setzten uns in Position, schossen und die Maschine brannte in der linken Fläche. Mit einer mächtigen Explosion schlug der Bomber zwischen 22.00 Uhr und 22.05 Uhr auf.

Wir suchten weiter. Im Suchgerät führte ich zeitweise bis zu sechs Maschinen. Das nächste Ziel wurde entdeckt. Wieder war es eine Lancaster. Nach einem Feuerstoß brannte sie und stürzte über die linke Fläche steil nach unten. Kurz darauf beobachtete ich den Aufschlagbrand.

Nach einem kurzen Ansatz war eine dritte Lancaster entdeckt. Auch sie brannte nach einem längeren Feuerstoß und stürzte ab. Gleich darauf sahen wir wieder einen viermotorigen Bomber. Auch er ging nach unserem Angriff brennend hinunter. Gegen 22.40 Uhr beobachtete ich den Aufschlag. Auch diese Zeit ist angenommen, da die niedergeschriebenen Daten beim Absprung verlorengingen.

Wieder hatte ich ein Ziel im Suchgerät. Nach einigen Kursverbesserungen sichteten wir abermals eine Lancaster. Nach dem ersten Angriff brannte sie am Rumpf. Als der Brand jedoch kleiner wurde, setzten wir zu einem neuen Angriff an. Als wir wieder in Position gekommen waren und Major Sayn-Wittgenstein eben schießen wollte, blitzte und krachte es plötzlich in unserer Maschine. Die linke Fläche brannte sofort, unsere Maschine begann zu stürzen. Da sah ich, wie über mir das Kabinendach wegflog und hörte in der Eigenverständigung einen

Schrei wie »raus«. Ich riß Atemmaske und Kopfhaube herunter und wurde aus der Maschine geschleudert. Nach einiger Zeit zog ich den Schirm und kam nach 15 Minuten ostwärts Hohengöhrener Damm bei Schönhausen auf den Boden. Unser Abschuß erfolgte gegen 23 Uhr.« Nach 83 Nachtjagdsiegen starb Sayn-Wittgenstein.

Bei einem Tagesangriff der 8. USAAF am 11. 1. 1944 griffen 663 Maschinen mit starkem Jagdschutz die Flugzeugwerke von Halberstadt an. Braunschweig, Magdeburg und Oschersleben wurden ebenfalls von Teilkräften dieses Großverbandes angeflogen. Die 1., 2. und 3. Jagddivision starteten zur Abwehr mit 239 Jägern. Von ihnen kamen 207 an den Bomberverband heran und schossen bei 40 eigenen Verlusten 59 Bomber und 5 Jäger der 8. USAAF ab. Am späten Abend des 21. 1. 1944 starteten zum ersten Male nach langer Zeit wieder kampfstarke deutsche Bomberverbände zum Angriff gegen England. Das IX. Fl.-K. unter Oberst Peltz griff mit 447 Flugzeugen in zwei Wellen London an. In der Nacht zum 30. 1. wurde dieser Angriff mit 285 Bombern wiederholt. In beiden Angriffen wurden 310 Tonnen Sprengbomben und 715 Tonnen Brandbomben abgeworfen, die schwere Schäden hervorriefen. Doch dieser Angriff forderte schwere Opfer. Von der britischen Flak und den aufgestiegenen Nachtjägern wurden insgesamt 57 deutsche Maschinen abgeschossen. Dies war ein Aderlaß, der zu hoch war, als daß solche Angriffe mehrfach hätten wiederholt werden können. So wurde denn im Anschluß an diesen furiosen Auftakt eine Reihe weiterer kleinerer Angriffe geflogen.

Dies war die deutsche Luftoffensive gegen London, die am 21. 1. begann und am 27. 4. endete. Neben London waren auch weitere Ziele in Süd- und Mittelengland angegriffen worden. Von den Briten wurde diese Offensive »The little Blitz« genannt.

Der Februar 1944 brachte wieder die bis an die Grenze des Möglichen gehende Belastung der Tag- und Nachtjäger bei der Abwehr der angreifenden Bomberverbände der RAF und der USAAF. Oberstleutnant Mayer, Kommodore des JG 2, erzielte in diesem Monat seinen 100. Luftsieg im Westen.

Bei Venlo fand am 11. 2. Major Beyer, Kommandeur der IV./JG 3, bei einem Luftduell gegen 2 Spitfire den Tod, als er im Tiefstflug in einen Baum raste.

Am 24. 2. konnte auch das JG 26, geführt von Oberstleutnant Priller, seinen 2000. Abschuß im Westen melden.

Am 26. 2. wurde Ofw. Vinke, II./NJG 1, am Tag bei einem Seenotein-
satz von Spitfires über der Nordsee abgeschossen. Nach dem Tode
wurde er noch mit dem Eichenlaub zum Ritterkreuz ausgezeichnet. –
Im Februar erfolgte aber auch wieder ein Bombenangriff. In der Nacht
zum 19. 2. standen 187 Maschinen des IX. Fl.-K. gegen London im
Einsatz. Das Ziel wurde voll getroffen, 11 deutsche Kampfflugzeuge
wurden abgeschossen.

Nachdem der Januar mit dem Verlust von rund 1100 deutschen Jägern
zu Ende gegangen war, verloren Tag- und Nachtjagdwaffe im Februar
1217 Flugzeuge. Diese nüchterne Zahl zeigt mehr als alle Beschreibun-
gen die ganze Unerbittlichkeit dieser Einsätze. Am 2. 3. 1944 erhielt
Oberstleutnant Mayer die Schwerter zum Ritterkreuz mit Eichenlaub.
Am selben Tag wurde er über Montmedy im Luftkampf gegen Thunderbolts abgeschossen.

Der März wurde zu einem der verlustreichsten Monate, galt es doch,
eine große Anzahl von Tag- und Nachtangriffen starker Bomberverbände abzuwehren. Hptm. Frey, Staffelkapitän der 7./JG 11, stürzte
nach dem Abschuß von 4 Viermotorigen bei Sleen in Holland tödlich
ab. Er war einer der Erfolgreichsten, denn er hatte bis zu diesem Zeitpunkt bereits 26 viermotorige Bomber abgeschossen. Viele erfolgreiche Tag- und Nachtjäger ließen im März ihr Leben. Auch Oberstleutnant Wilcke wurde am 28. 3. im Luftkampf gegen Mustangs bei
Schöppenstedt im Harz abgeschossen. Er hatte im Osten und im
Westen 162 Luftsiege errungen.

Einer der dramatischsten Luftkämpfe ereignete sich am 30. März 1944,
als ein alliierter Großangriff gegen Nürnberg geflogen werden sollte.
Dieser Luftkampf, der als Musterangriff von Air Marshal Harris, dem
Kommandierenden General des Bomber Command, geplant war, wurde zum verlustreichsten Angriff für die RAF während des Zweiten
Weltkrieges. Er soll im folgenden, stellvertretend für viele weitere, dargestellt werden. Es folgen die Aufzeichnungen des KTB des I. Jagdkorps.

Deutsche Jäger im Bomberstrom; Einsatz des Feindes

Etwa ab 22.30 Uhr eröffneten 100 Mosquito-Bomber die Nachtopera-
tionen der RAF. Sie flogen über die holländische Küste ein und griffen
die Nachtjagdflugplätze Leuwaarden, Twente, Deelen, Venlo sowie

Industrieziele im Ruhrgebiet mit Bomben an. Zur gleichen Zeit erschien über der südlichen Nordsee ein kleinerer britischer Verband, der vermutlich über dem Seegebiet zwischen den Inseln Sylt und Helgoland Luftminen abwarf.

Der britische Bomber-Großverband flog aus dem Raum Norwich zunächst mit Ostkurs und drehte sodann über dem nördlichen Kanalgebiet auf Südostkurs. 700 Bomber (es waren genau insgesamt 710) flogen in der Zeit von 23.10 Uhr bis 23.50 Uhr über das Küstengebiet zwischen der Scheldemündung und Ostende hinweg. Sie erreichten das Gebiet von Lüttich und Florennes, wo sie auf Ostkurs drehten.

Der Bomberstrom kreuzte den Rhein im Abschnitt Bingen-Bonn und gelangte in den Raum Fulda-Hanau.

Nunmehr steuerten die Bomber mit Südostkurs über das mittlere Maingebiet zum Angriff auf Nürnberg. Mosquitos, die dem Bomberstrom vorausflogen, versuchten, dessen Flugweg zu verschleiern. Sie operierten in folgenden Räumen: Bonn, Köln-Marburg, Kassel, Plauen, Zwickau, Nordhausen und Frankfurt/Main-Mannheim.

Aus dem Raum Nürnberg setzten die Rückflüge um 1.20 Uhr ein. Zuerst gingen die abfliegenden Maschinen auf Westkurs, später drehten sie auf Nordkurs ein.

Die Bomber flogen über die Linien Frankfurt-Stuttgart sowie Brüssel-Reims und verließen das europäische Festland im Küstenabschnitt zwischen der Scheldemündung und St. Valery en Caux. Die letzten Rückkehrer passierten die Somme-Mündung um 4.45 Uhr.

Eine größere Anzahl Viermot-Flugzeuge hatte den Bomberstrom vorzeitig verlassen. Sie wurden auf dem Rückflug über Köln und Kassel festgestellt. Der großangelegte britische Nachtangriff war durch die frühzeitig einsetzende deutsche Nachtjagdabwehr nicht zur vollen Wirkung gekommen. In Nürnberg entstanden größere Gebäude- und nur geringe Industrieschäden.

Einsatz des I. Jagdkorps
Es wurden eingesetzt:
Zweimot. Verbände zur Verfolgungsjagd.

Von der 3. Jagddivision:
Es wurden nach dem Funkfeuer »Ida« befohlen und von dort in den Bomberstrom geleitet: Ju-88-Gruppen Twente, Quakenbrück, Langen-

salza, Langendiebach. Me-110-Gruppen Venlo und Mainz-Finthen, unterstellte I./NJG 6 der 7. Jagddivision, unterstellte Verbände der 4. Jagddivision. Die unterstellte II./NJG 6 der 7. Jägerdivision wurde nach Funkfeuer »Otto« geleitet und von dort in den Bomberstrom eingeschleust. Die Gruppe St. Trond wurde über der Funkmeßstellung Bazi versammelt und von der Funkmeßstellung Murmeltier im Raume südlich von Aachen an den Bomberstrom herangeführt.

Von der 2. Jagddivision:
Gruppen Westerland, Stade und Vechta. Versammlung über Funkfeuer »Ludwig«, Weiterleitung nach Funkfeuer »Otto« und Einschleusung in den Bomberstrom in Gegend nordostwärts Gießen.

Von der 1. Jagddivision:
Gruppen Erfurt, Parchim, Stendal und Werneuchen. Start Richtung Funkfeuer »Otto«. Einschleusung in den Bomberstrom in Gegend Funkfeuer »Otto« bzw. Funkfeuer »Ida«.
Einmot. Verbände zur Objektnachtjagd.

Von der 3. Jagddivision:
Gruppen Rheine und Bonn. Versammlung über L. F. Otto. Weiterleitung nach Frankfurt/Main und Landung im dortigen Gebiet. Gruppe Wiesbaden-Erbenheim. Versammlung über L. F. Nordpol. Landung in Mitteldeutschland.

Von der 2. Jagddivision:
Gruppe Oldenburg. Versammlung über L. F. Otto. Landung aus Gründen mangelnder Reichweite.

Von der 1. Jagddivision:
Gruppen Ludwigslust, Zerbst und Jüterbog. Versammlung über L. F. Nordpol. Landung nach Beginn des Angriffs auf Nürnberg. Gesamteinsatz: 246 einmot. und zweimot. Jäger.

Die Nachtjagdverbände des I. Jagdkorps erzielten einen beachtlichen Abwehrerfolg. Die Voraussetzungen hierfür waren:
Start aller zweimot. Jäger zum Zeitpunkt des Anfluges der Bomber aus Großbritannien in Richtung der mittleren Westgrenze des Reiches.

Anflug des Bomberstromes über das Rhein-Main-Gebiet, also in das Zentrum der deutschen Nachtjagdbasis. Hierdurch konnten zeitlich und reichweitenmäßig alle zweimot. Nachtjäger zur Wirkung kommen.

Einsatz im Verfahren der Verfolgungsnachtjagd mit dem vom Feind ungestörten Bordsuchgerät SN 2.

Gute Höhensicht und Nachthelligkeit, so daß die Bomber zum Teil aus 1000 m Entfernung zu sehen waren.

Die ersten Bomberabschüsse erfolgten bereits im Raume Lüttich, Bonn, Koblenz. Diese und die nachfolgenden Abschüsse erleichterten als brennende Fackeln den anfliegenden Nachtjägern das Auffinden des Bomberstromes.

Lange Verfolgungszeiten durch Beginn der Verfolgungsjagd noch im linksrheinischen Raum.

Glücklicher Zufall, daß die Funkfeuer »Ida« und »Otto« als Versammlungsorte der zweimot. Jäger vom Bomberstrom überflogen wurden.

Die einmot. Nachtjagdverbände waren am Erfolg unbeteiligt, weil sie zur Objektnachtjagd über Nürnberg nicht zum Einsatz kamen. Andererseits konnten sie mangels Ausrüstung mit einem Bordsuchgerät keine wirklich erfolgversprechende Verfolgungsnachtjagd betreiben.

Der Einsatz dieser einmot. Nachtjagdverbände erfolgte vorsorglich zum Schutze von Frankfurt/Main und für den Fall eines britischen Angriffs auf ein Ziel im mitteldeutschen Gebiet bzw. auf Berlin. Dieser Einsatz war ein Beweis dafür, daß eine erfolgreiche Objektnachtjagd an folgende Voraussetzungen gebunden war:

Lange Flugzeiten für die Objektjäger, das bedeutete Unabhängigkeit in der Wahl des Einsatzpunktes für den Objektjäger. Richtiges und frühzeitiges Erkennen des voraussichtlichen Angriffzieles.

Diese Voraussetzungen waren für die deutsche Führung in der Nacht zum 31. 3. nicht gegeben. Die mehrmalige Kursänderung des britischen Bomberstromes und die britischen Verschleierungsmanöver durch Mosquitos ließen ein frühzeitiges Erkennen des voraussichtlichen Angriffszieles nicht zu. Am 30./31. März wurde vom Generalkommando I. Jagdkorps erst verhältnismäßig spät erkannt, daß der britische Angriff der Stadt Nürnberg galt. Der durch die deutsche Abwehr verwirrte britische Bomberstrom kam über Nürnberg erst ganz allmählich und während eines verhältnismäßig langen Zeitraumes zur Wirkung. Infolgedessen vermutete das Generalkommando I. Jagdkorps lange Zeit, daß der eigentliche Angriff auf ein anderes Ziel erst noch einsetzen würde. Während der Zeit einer solch unklaren Luftlage hatten sich die einmot. Jäger ausgeflogen.

Verluste des Feindes:

101 Bomber sicher abgeschossen, 6 wahrscheinlich. Am 31. März gab der britische Rundfunk den Verlust von 94 Bombern bekannt. Eigene Verluste: 5 Flugzeuge; 5 weitere Maschinen über 60 Prozent beschädigt. Personalverluste: 3 Tote, 1 Verwundeter, 8 Vermißte. Besonderes: Oberleutnant Becker, Staffelkapitän im NJG 1, schoß in der Nacht 30./ 31. 3. 7 britische Bomber ab.

Diese nüchternen Zahlen und Fakten standen für einen einmaligen Einsatz. Es stellte sich übrigens später heraus, daß neben den von britischer Seite gemeldeten 94 Bombern weitere 12 Bomber durch Bruchlandungen völlig zerstört und daß darüber hinaus 71 Bomber beschädigt worden waren.

Auch für die britische Luftwaffenführung war dies ein vernichtender Schlag, und immer wieder – auch heute noch – wird gerätselt, ob nicht dieser Angriff von England aus durch Spione verraten worden sein könnte. Wie sonst hätte man so rechtzeitig in der Luft sein und den Bomberstrom bekämpfen können?

Nun, die Funkhorchabteilung West war – wie immer vorher und nachher auch – rechtzeitig durch das Abstimmen der einzelnen Maschinen alarmiert worden und hatte diesen Alarm weitergegeben.

In der Nacht zum 25. 3. hatten 90 Bomber des IX. Fliegerkorps abermals London angegriffen.

Im April fanden wieder verzweifelte Abwehrkämpfe der deutschen Jäger gegen die alliierten Bomberströme statt. Im gnadenlosen Ringen jener Nächte, in denen Hunderte von Bombern und ebenso viele Jäger und Schnellbomber versuchten, Deutschland zu zerschlagen, warfen sich ihnen die wenigen deutschen Nachtjäger entgegen. Hptm. Bergmann, einer der erfolgreichsten Jäger des NJG 4, erzielte als Staffelkapitän der 8./NJG 4 in der Nacht zum 11. 4. 7 Abschüsse. Diese Erfolgsserie wiederholte er in der Nacht zum 4. 5. mit dem Abschuß von 6 Viermotorigen. In der Nacht zum 6. 8. kehrte er von seinem Einsatz in den Invasionsraum Avranches nicht mehr zurück. Mit ihm fanden Hauthal und Schopp, die Männer seiner Besatzung, den Tod.

Hull war in der Nacht zum 21. 4. Angriffsziel der Bomber des IX. Fliegerkorps. Zwei Nächte vorher waren 125 deutsche Maschinen, darunter 60 Ju 88, 29 Ju 188, 13 Do 217, 5 He 177 und 10 Me 410 des IX. Fliegerkorps an einem Großangriff auf London beteiligt. Man hatte alles eingesetzt, was noch flugfähig war. Die Bomber kehrten ziemlich unangefochten wieder zu den Einsatzhäfen zurück.

Bristol war in der Nacht zum 24. 4. Ziel der deutschen Bomber. Zwei Nächte später griff das IX. Fliegerkorps in zwei Wellen Schiffsansammlungen vor Portsmouth an. Wegen des schlechten Wetters wurden keine Erfolge erzielt.

In der kommenden Nacht wurde der Einsatz mit einem Direktangriff auf den Hafen von Portsmouth, wo die Schiffe nunmehr vermutet wurden, wiederholt. Einige im Hafen liegende Schiffe wurden versenkt oder beschädigt.

In der Nacht zum 28. 4. waren wiederum 60 Bomber im Luftmineneinsatz vor Portsmouth, und in der folgenden Nacht wurde dieser Angriff mit 58 Maschinen wiederholt.

In der letzten Aprilnacht schließlich starteten 101 Bomber zu einem Angriff auf die Hafenanlagen von Portsmouth. In den Hallen und Schuppen brachen Brände aus. Damit waren die mit letzter Kraft geführten Aprileinsätze der Kampfflieger beendet. Bei der Abwehr des britischen Nachtangriffs auf München konnte Hptm. Schnaufer 4 Viermot-Bomber abschießen und seinen 56. Nachtjagdsieg erringen.

Bei Eindhoven wurde in der Nacht zum 27. 4. Ofw. Frank von einer Lancaster gerammt und stürzte ab. Über Frankreich fand am selben Tag Major Ubben den Tod. Hptm. König schoß am 29. 4. 4 Viermotorige ab, und Major Jabs gelang an diesem Tag der Abschuß von 2 Spitfire. Er war im März 1944 Kommodore des NJG 1 geworden.

Im Mai waren wiederum große Erfolge und ebenso große Verluste zu verzeichnen. So fiel am 11. 5. 1944 im heftigen Luftkampf gegen Lightnings der Kommodore des JG 1, Oberst Oesau. Bei der Abwehr eines britischen Nachtangriffes auf Aachen, in der Nacht zum 25. 5. schoß Hptm. Schnaufer – inzwischen zum »Nachtgespenst von St. Trond« geworden – aus dem anfliegenden Bomberverband binnen 14 Minuten 5 Lancaster heraus. Der Kommodore des JG 3, Oberstleutnant F.-K. Müller, stürzte bei einer Landung in Salzwedel am 29. 5. tödlich ab.

Die deutschen Bomber flogen im Mai ebenfalls einige Angriffe. Derjenige, der am Abend des 14. 5. durchgeführt wurde, führte 91 Bomber nach Bristol. Durch starke Flakabwehr und Nachtjäger wurden 12

Maschinen abgeschossen, eine 13. ging auf dem Rückflug verloren. Oberst Peltz, der »Angriffsführer England« und General der Kampf-flieger, erhielt am 15 .5. seine Beförderung zum Generalmajor.

Am Abend des 15. 5. starteten noch einmal 106 Bomber des IX. Flie-gerkorps zum Angriff gegen Portsmouth. Stadt und Hafen wurden schwer angegriffen. Die Verluste blieben mit 6 abgeschossenen Maschinen relativ niedrig. Dieser Angriff wurde in der Nacht zum 23. 5. wiederholt. Von 104 beteiligten Kampfflugzeugen gingen dies-mal 8 verloren.

In der Nacht zum 28. 5. griffen 66 Maschinen Weymouth an. In der Nacht zum 29. 5. waren es 65 Flugzeuge, die zum Angriff auf Torquay starteten. Der letzte deutsche Luftangriff auf London wurde ebenfalls durch das IX. Fl.-K. unter GenMaj. Peltz in der Nacht zum 29. 5. geflogen. In der folgenden Nacht erfolgte ein Angriff von 51 Bombern auf Falmouth. Damit war der Mai einer der einsatzreichsten Monate der beiden letzten Kriegsjahre für die Bomberwaffe, die unter dem Fehlen kampfstarker Verbände mehr denn je litt.

Der Monat Juni war durch die in den ersten Morgenstunden des 6. 6. 1944 erfolgenden Invasion gekennzeichnet. Während die alliierte Luftstreitmacht an diesem Tag insgesamt 14.647 Einsätze flog und dabei 3467 Bomber und 5409 Jäger ins Gefecht warf, brachte es die Luftflotte 3 unter GFM Sperrle auf 198 Kampfflugzeuge und 125 Jäger, die am 6. 6. 1944 ganze 319 Einsätze fliegen konnten, davon 59 bei Nacht. Es standen eben nicht mehr Flugzeuge zur Verfügung. Unter diesen Gesichtspunkten wog jeder Erfolg gegen eine solche Luftarma-da besonders schwer.

In der Nacht zum 16. 6. war auch Oberstleutnant Lent wieder mit dem Abschuß von drei Lancaster-Bombern erfolgreich und erreichte damit 100 Nachtjagdabschüsse. Am 22. 6. stieß Hptm. Wurmheller im Ver-laufe eines erbitterten Luftkampfes über der Invasionsfront mit seinem Rottenflieger zusammen. Nach 102 Luftsiegen im Einsatz gegen Eng-land stürzte er ab.

Am 20. 6. fand wieder eine Tagesluftschlacht über Deutschland statt, die in ihrem Ausmaß an die schwersten Luftschlachten über England erinnerte. Die 8. USAAF war mit allen drei Fliegerdivisionen – insge-samt 1500 Bomber und 1000 Begleitjäger – an den Start gegangen. Ihre Ziele waren die deutschen Hydrierwerke Ostermoor, Hamburg, Pölitz, Misburg, Fallersleben und Magdeburg. Diese gigantische

Armada warf insgesamt 4352 Tonnen Bomben ab, die schwere Schäden anrichteten und einige Hydrierwerke zu 60 bis 100 Prozent ausschalteten.

Im Luftraum über Deutschland kam es zu langen und verbissenen Duellen, in denen deutsche Jäger und Flak 50 Bomber und 5 Jäger abschossen und 468 Bomber zum Teil schwer beschädigten. Bei diesen Kämpfen gingen 26 Jäger und Zerstörer verloren. Das ZG 76, geführt von Major Kowalewski, schoß bei nur 2 eigenen Verlusten 15 viermotorige B 17 ab.

Am nächsten Tag starteten 2500 US-Flugzeuge erneut. Diesmal galt ihr Einsatz den Flugzeugwerken und Bahnanlagen um Berlin und auch der Reichshauptstadt selber. Der deutsche Jagdfliegereinsatz konnte rechtzeitig und geschlossen erfolgen. Im Luftkampf wurden allein 44 US-Bomber abgeschossen; 2000 Tonnen Bomben gingen auf den Großraum Berlin nieder.

Als sich schließlich aus dieser Riesenarmada 114 B-17-Bomber und 70 P-51-Begleitjäger »Mustang« vom Verband lösten, das Hydrierwerk Ruhland in Niederschlesien angriffen und von dort in Richtung Osten abflogen, heftete sich eine He 177 an die »Fersen« dieses Verbandes, der schließlich in Poltawa und Mirograd und, mit seinen Jägern, in Pirjatin landete.

Die He 177 kehrte zu ihrem Horst zurück, und ihr Kommandant meldete seine Beobachtung. Diese Meldung, daß auf dem Flugplatz in Poltawa 73 B 17 und in Mirograd 41 Viermotorige stünden, ließ das IV. Fliegerkorps sofort handeln. 200 Bomber He 111 und Ju 88 der Kampfgeschwader 3, 4, 53 und 55 starteten und griffen Poltawa an. Der Angriff wurde eine totale Überraschung. Die niedergehenden Bomben zerstörten 47 B 17 und ließen wenig später Hallen und Lager in Flammen aufgehen. Viele weitere Maschinen wurden schwer beschädigt; sie konnten nicht mehr zurückfliegen und waren damit ausgeschaltet.

Ein zweiter Angriff, der dem ersten dichtauf folgte, war ebenfalls erfolgreich. Der gesamte Treibstoffvorrat und das Bombenlager von Poltawa wurden vernichtet.

Nach dieser Niederlage gab die 8. USAAF diese Art Einsätze nach dem »Weberschiffchen«-Verfahren auf.

Im Juli 1944 waren – wie alle Monate zuvor – immer wieder die Tag- und Nachtjäger im Einsatz. Erfolge und Verluste hielten einander die

Waage. Am 23. 7. starb Generaloberst Korten, Chef des Generalstabes der Luftwaffe, an den Folgen der Verletzungen, die er beim Attentat auf Hitler als Unbeteiligter erlitten hatte.

Oberstleutnant Lent erzielte in der Nacht zum 25. 7. seinen 100. Nachtjagdsieg. Am 29. 7. konnte Oblt. Schmidt 3 britische Bomber abschießen. Am 30. 7. erhielt Hptm. Schnaufer nach 89 Nachtjagdsiegen die Schwerter zum Ritterkreuz mit Eichenlaub. Am folgenden Tag wurde Oberstleutnant Lent mit den Brillanten zum Ritterkreuz mit Eichenlaub ausgezeichnet.

Der Tageseinsatz des 7. Juli 1944, von der 8. USAAF durchgeführt, die Leipzig als Zielgebiet zugewiesen bekommen hatte, wurde vom JG 300 – und insbesondere von der ihr unterstellten IV. (Sturm)/JG 3, der Kerngruppe dieses Verbandes – aufgehalten. In einem dramatischen Ringen schoß allein die Sturmgruppe – die IV./JG 3 – 30 B 24 und einige Begleitjäger ab. Eine solch hohe Abschußzahl wurde niemals vorher und nachher von einer einzigen Gruppe erzielt.

Dieser Einsatz ging als »Luftschlacht über Oschersleben« in die Kriegsgeschichte ein.

Die Sturmgruppe IV./JG 3 war im Mai 1944 von Hptm. Moritz aufgestellt worden. Die Verpflichtungsformel, die jeder Angehörige dieser Gruppe geloben mußte, lautete im Kernsatz:

»Wir geloben, bei jedem Einsatz, der zur Feindberührung führt, den Gegner aus nächster Nähe anzugreifen und, falls der Abschuß durch Bordwaffen nicht gelingt, den Gegner durch Rammen zu vernichten.«

An jenem 7. 7. 1944 war diese Gruppe im Rahmen des JG 300 unter Major Dahl über Oschersleben im ersten Großeinsatz, nachdem sie an der Invasionsfront zu einigen kleinen Einsätzen gekommen war.

Dem JG 300 wurde der Start der Feindverbände in England um 6.13 Uhr gemeldet. Die Funkhorchabteilung West hatte das Abstimmen der Sender in den Maschinen auf die Empfänger der Bodenstellen abgehört und die Starts vieler Staffeln gemeldet.

Um 7.15 Uhr setzten die Flugmeldezentralen die ersten Sichtmeldungen ab. Um 8.15 Uhr wurde Sitzbereitschaft befohlen, um 8.20 Uhr erfolgte der Start des gesamten Jagdgeschwaders 300. Über dem Platz in Ansbach sammelten sich die Flugzeuge der nacheinander startenden Staffeln. Die 1. Jagddivision in Döberitz übernahm die Führung des Jagdverbandes, der über Leipzig plötzlich von der eigenen Flak beschossen wurde.

Der Kommodore des JG 300, Major Dahl, der dieses eigens zur Bekämpfung der US-Tageseinflüge eingesetzte Geschwader führte, konnte über Funk den Flakbeschuß stoppen.

Als Gefechtsverbandsführer war er, wie seine Jäger, in Ansbach gestartet.

Wenig später sahen die an der Spitze fliegenden Jäger den amerikanischen Großverband. Geben wir Oberst a. D. Walther Dahl das Wort:

»Ich traue meinen Augen kaum, ca. 600 viermotorige Bomber (Liberator B 24), ein Strom bösartig brummender, feuerspeiender, fliegender Festungen. Rings um sie ein Gewimmel von Mustangs, Lightnings und Thunderbolts, ein Jagdschutz von etwa 400 wendigen, schnellen US-Begleitjägern, die den Bomberverband gegen deutsche Jäger schützen sollen.« (Aus: Walther Dahl: »Rammjäger.«)

Lassen wir auch den Angriffsbefehl hier einfließen, den Major Dahl gab:

»Negus 1 an alle kleinen Brüder, wir greifen an! Kameraden, dicht aufschließen zum Sturmangriff! Die Begleitgruppe aufpassen auf Indianer. Wir machen Pauke, Pauke; nur die Ruhe, Kameraden, alles mir nach!«

Die Jäger jagten dem Bomberverband entgegen, stießen hinein, eröffneten das Feuer. Die Bomber warfen im Notwurf ihre Bomben über freiem Gelände ab. Die Gruppen unter Hptm. Moritz, Hptm. Stamp und Hptm. Peters erzielten die ersten Abschüsse. Dann erfolgte der zweite Angriff. Die zwei Bomberverbände, auf die sich dieser Angriff konzentrierte, wurden auseinandergesprengt. Brennende Bomber stürzten zur Erde. Hptm. Moritz hatte mit seiner Gruppe einen geschlossenen Verband von 30 Bombern abgeschossen. Alle anderen Maschinen waren ebenfalls zum Schuß gekommen. Mit dem letzten Tropfen Benzin landeten 3 FW 190 des Geschwaders, darunter auch die von Kommodore Dahl, in Quedlinburg. Major Dahl wurde noch auf dem Rollfeld zum Fernsprecher gerufen. Major Müller-Trimbusch, der Chef des Stabes des Generals der Jagdflieger, bat ihn, sofort zum Liegeplatz der Sturmgruppe IV/JG 3 nach Illesheim zu kommen. Dort wartete General Galland auf ihn.

In Illesheim meldete sich Major Dahl beim General der Jagdflieger und setzte an den Schluß seiner Meldung:

»Herr General, sofort zehn solcher Sturmgruppen, und die Zivilbevölkerung ist gerettet.« (Siehe Walther Dahl, a.a.O.)

Galland erläuterte dem Major den Plan, daß bis zum Herbst dieses Jahres alles zu einem großen Schlag gegen die 8. USAAF vorbereitet sein sollte.

Der deutsche Wehrmachtsbericht des 8. 7. meldete:

»… Luftverteidigungskräfte vernichteten bei diesen Angriffen 92 feindliche Flugzeuge, darunter 71 viermotorige Bomber. Die unter persönlicher Führung ihres Geschwaderkommodore, Major Dahl, kämpfende IV. Sturmgruppe JG 3 mit ihrem Kommandeur, zeichnete sich durch Abschuß von 30 viermotorigen Bombern besonders aus.«

In diesem Monat gab es keinen einzigen deutschen Bombenangriff gegen England. Auch im August wurden die schweren und verlustreichen Abwehrkämpfe der deutschen Tag- und Nachtjagd fortgesetzt. In der Nacht zum 13. 8. war es wieder Hptm. Schnaufer, der binnen weniger Minuten 4 Bomber abschoß.

Das fünfte Kriegsjahr aus englischer Sicht

Die allgemeine Lage
Planungen der Alliierten zum Luftkrieg
Berlin soll eingeäschert werden

Im September 1943 war auf seiten der Alliierten ein bis dahin noch nicht dagewesenes Luftwaffenpotential im Einsatz, sowohl neue Bomber als auch englische und amerikanische Langstreckenjäger, deren Reichweite einen Begleitschutz zu fast allen Zielen ermöglichte.

Luftmarschall Harris versprach Winston Churchill, daß es ihm gelingen würde, Deutschland bis zum 1. 4. 1944 zur Kapitulation zu zwingen.

Am 17. 9. 1943 verkündete der US-Präsident Roosevelt in einer Kongreßbotschaft: »Ich bezweifle, daß die Festung Europa uneinnehmbar ist, denn Hitler hat vergessen, dieser Festung ein Dach zu geben.«

Die alliierten Berechnungen zielten darauf ab, daß nach der Bomberoffensive in den vier letzten Monaten des Jahres 1943 die deutsche Kriegsindustrie vernichtet sein würde.

Ende 1943 mußte man sich aber selber eingestehen, daß dies nicht der Fall war, und Air Chief Marshal Tedder, der Befehlshaber der Luftstreitkräfte unter General Eisenhower, kleidete diese Erkenntnis in die Worte:

»Die Luftangriffe auf deutsche Industriestädte und Flugzeugwerke vermochten nicht, Zerstörung und Auflösung des deutschen Potentials und die Schwächung der Moral der Zivilbevölkerung so weit zu treiben, daß der Wille zum bewaffneten Widerstand gebrochen worden wäre.«

Rüstungsminister Albert Speer schrieb dazu: »Im Verlauf des Jahres 1943 waren die Beeinträchtigungen der Rüstungsindustrie durch Luftangriffe, im ganzen gesehen, nicht sehr groß.«

Diese Erkenntnis der Anglo-Amerikaner bewirkte eine Verstärkung des Bombenkrieges mit Einsätzen von Bombergroßverbänden ohne Rücksicht auf die Zivilbevölkerung, in einem Ausmaß, wie man es sich bis dahin nicht hatte vorstellen können.

Die anglo-amerikanischen Einsätze des fünften Kriegsjahres

Der erste große Angriff des fünften Kriegsjahres erfolgte in der Nacht zum 4. September 1943. Die deutsche Reichshauptstadt war das Ziel. 295 Bomber griffen sie an und warfen 906 Tonnen Bomben ab. 22 Maschinen wurden von der Nachtjagd und von der Flak abgeschossen. Mannheim, München, Düsseldorf, Hannover (zweimal) und Bochum waren die nächsten Ziele. Während der Septemberangriffe verlor das Bomber Command 172 Maschinen (siehe Anhang!). Im Oktober konzentrierte sich das Bomber Command auf den westfälischen Raum. Hagen, Kassel, zweimal Hannover, Münster und wieder Kassel waren neben München und Leipzig die Ziele. Die 8. USAAF flog am 9. 10. einen Doppelangriff auf Gotenhafen und Danzig sowie gegen Flugzeugfabriken in Marienburg und Anklam. Dabei verlor sie 28 Maschinen.

Nach diesem Einsatz wurde ihr Großangriff auf Schweinfurt zu einer Katastrophe, denn von den eingesetzten 291 Flugzeugen waren danach nur noch einige wenige einsatzbereit. Dieser Fehlschlag, der nicht nur viele Flugzeuge, sondern auch etwa 3500 Mann an fliegendem Personal kostete, weckte bei der 8. USAAF Befürchtungen, ob die amerikanische Bomberflotte überhaupt den Aderlaß des Jahres 1943 überstehen könnte. Von den 3500 Bombern, welche die USA in Europa zur Niederringung Deutschlands bereitstellen wollten, war überhaupt nicht mehr die Rede. Im September belief sich die Stärke der 8. USAAF auf 800 Flugzeuge, im Oktober aber waren es trotz der Nachlieferungen noch einige Dutzend Bomber weniger.

Am 22. 10. wurde in Foggia (Süditalien) die 15. USAAF aufgestellt, mit dem Ziel, von dort aus Angriffe gegen den Süden des Reiches sowie gegen Südosteuropa zu fliegen.

Im Hauptquartier des Bomber Command hatte inzwischen Luftmarschall Harris einen Plan ausgearbeitet, der darauf abzielte, Berlin zu vernichten. Am 3. 11. unterrichtete Air Chief Marshal Harris Winston Churchill in einer Denkschrift, die im Kern folgende Punkte enthielt:

»Wir können Berlin von dem einen bis zum anderen Ende in Trümmer legen, falls sich die USAAF daran beteiligt. Uns mag dies zwischen 400 und 500 Flugzeuge kosten, doch die Deutschen kostet es den Verlust des Krieges.« Die 8. USAAF wurde gefragt, ob sie sich am Angriff gegen Berlin beteiligen würde. General Eaker lehnte ab.

Churchill erteilte dennoch sofort die Genehmigung für eine Serie weiterer Großangriffe gegen Berlin, auch wenn die RAF allein dorthin fliegen mußte. Für diese Einsätze standen im gesamten Bomber Command Anfang November 864 einsatzbereite Bomber zur Verfügung.

Die Schlacht um Berlin

Der erste Donnerschlag in der Schlacht um Berlin begann am späten Abend des 18. 11. 1943, und bis zum letzten der noch folgenden vier Großangriffe in der Nacht zum 3. 12. kam Berlin nicht mehr zur Ruhe. Insgesamt beteiligten sich an diesen fünf Großangriffen 2212 britische Bomber, die 8656 Tonnen Bomben über der Reichshauptstadt abwarfen. In den erbitterten Schlachten gegen Flak und Nachtjagd verlor das Bomber Command in diesen fünf Nächten 123 Bomber. Dies war eine Zahl, die »Bomber-Harris« eingeplant hatte und die ihm vertretbar erschien.

In Berlin gab es 250.000 Obdachlose, und nach diesem »Auftakt«, dem im Verlaufe des Krieges noch weitere 11 Großangriffe folgen sollten, mußten die Berliner 2700 Tote begraben.

Tagesangriffe der 8. USAAF richteten sich im November gegen Wilhelmshaven, das am 4. 11. von 400 Bombern angegriffen wurde, und am 26. 11. gegen Bremen. Auch hier wurden schwere Zerstörungen angerichtet.

Berlin aber war auch im Dezember 1943 im Visier der Bomber der RAF. In der Nacht zum 3. 12. warfen 401 Flugzeuge 1686 Tonnen Bomben. 40 Bomber wurden abgeschossen.

In der kommenden Nacht war Leipzig das Ziel, das von 527 Bombern mit 1382 Tonnen Bomben belegt wurde. Unter der Zivilbevölkerung waren in Leipzig 1182 Tote zu beklagen.

Im Dezember erfolgte aber auch der größte Tagesangriff der 8. USAAF, die mit allen verfügbaren Flugzeugen Ziele in Kiel, Bremen und Hamburg und auch noch den Flugplatz Schipol bei Amsterdam bombardierte. Insgesamt waren 1462 Maschinen gestartet. Wie viele abgeschossen wurden, ist nicht bekannt. Ein weiterer Tagesangriff auf Bremen, Innsbruck und Augsburg folgte am 20. 12. 1943. Von diesem Tag an bis zu Ende Dezember wurden ununterbrochen Angriffe auf V-Waffen-Abschußrampen in Westfrankreich geflogen. Unter der Zivilbevölkerung gab es erhebliche Verluste.

Berlin war am Heiligen Abend wieder das Ziel, doch anstelle des geplanten 1000-Bomber-Angriffes waren es »nur« 338 Maschinen, die bei 15 Abschüssen 1288 Tonnen Bomben abwarfen. Es war ein englischer Bischof, der den ursprünglich geplanten Großangriff am Tag vor Weihnachten verhinderte.

Bischof George Bell von Chichester hatte in Schweden von den englischen Angriffen auf Deutschland Genaueres erfahren; und zwar von deutschen Flüchtlingen, die vor den Nazis ins Ausland geflohen waren und denen man am allerwenigsten Sympathien für die Nazis nachsagen konnte. Diese hatten ihm erklärt, daß nicht die deutschen Industrieziele – wie im britischen Unterhaus und in der Presse immer wieder mit Nachdruck betont würde –, sondern daß die deutschen Städte und die Zivilbevölkerung Ziel der britischen Nachtangriffe seien. Der Bischof verhinderte, daß die 1000-Bomber-Flotte gegen Berlin flog. Bis dahin hatte der Bischof bereits mehrfach versucht, den Bombenangriffen ein Ende zu setzen. Doch seine Briefe wurden zensiert, seine Protestversammlungen verboten, bis er später auf seinem Recht bestand, vor dem Unterhaus zu sprechen; dies stand ihm als Mitglied des Oberhauses zu. Doch darüber später.

Berlin wurde in der Nacht zum 30. 12. abermals angegriffen. Damit ging das Jahr 1943 zu Ende.

In seiner Neujahrsbotschaft sagte der Oberbefehlshaber der US-Heeres-Luftstreitkräfte, General Arnold: »Vernichten Sie die deutsche Luftwaffe, wo Sie können, wo immer Sie sie treffen: in der Luft, auf dem Boden und in den Fabriken.«

In der Nacht zum 2. 1. 1944 flogen 385 britische Bomber die Reichshauptstadt an und warfen 1401 Tonnen Bomben ab; 28 Bomber wurden abgeschossen. Die deutsche Tag- und Nachtjagd erlebte in diesem Monat die schwersten Verluste seit langem. Der Preis, den sie für ihre Abwehrerfolge zu zahlen hatte: 1115 Jagdflugzeuge und Nachtjäger sowie deren Piloten, Bordfunker und Beobachter.

In der Nacht zum 3. 1. war wiederum Berlin das Ziel von 311 Bombern, von denen 27 abgeschossen wurden. Stettin, Braunschweig, Magdeburg und noch viermal Berlin waren im Januar Ziele des Bomber Command.

Der Tagesangriff der 8. USAAF am 11. 1. war wieder einmal eine gewaltige Anstrengung, denn selbst für die USAAF waren 663 Bomber ein starkes Aufgebot. Hinzu kam eine große Anzahl von Begleitjägern.

Halberstadt, Braunschweig, Magdeburg und Oschersleben waren die Ziele. Die 1., 2. und 3. Jagddivision waren mit 239 Jägern im Einsatz. 59 Bomber wurden abgeschossen, hinzu kamen 5 Jäger. Die deutsche Jagdwaffe verlor 40 Flugzeuge.

Bei diesem Angriff wurden von der deutschen Luftwaffe zum erstenmal mit Raketengeschossen ausgerüstete Jäger eingesetzt.

Der Monat Februar war zunächst durch eine Schlechtwetterperiode ohne besondere Angriffe verlaufen. Auch die Neuausrüstung der Bomber Groups der RAF und der Fliegerdivision der USAAF verlangte eine Verschnaufpause.

Am späten Abend des 14. 2. griff jedoch der größte britische Verband, der jemals das Ziel Berlin angeflogen hatte, die Reichshauptstadt an. Es waren 806 britische Bomber, darunter 139 Lancaster der 1. Bomber Group. 2643 Tonnen Bomben verwandelten Berlin abermals in eine Hölle aus Feuer und Rauch. Nach den Vorhuten, die als Beleuchter und Störer der deutschen Funkmeßgeräte fungierten, hatten fünf Wellen mit jeweils etwa 150 Bombern den Angriff durchgeführt. Siemensstadt und die dortigen Siemenswerke erlitten schwere Treffer. Charlottenburg stand in Flammen. Die Daimler-Benz-Werke in Marienfelde wurden getroffen. Schwer getroffen wurde auch das Wohngebiet von Kreuzberg am Landwehrkanal.

Am 9. 2. 1944 verlangte Bischof George Bell im Oberhaus eine öffentliche Antwort der Regierung auf seine öffentlich vorgebrachten Anklagen. Hierbei zitierte er aus der schwedischen Zeitung »Svenska Dagbladet«: »Die englischen Bombenangriffe haben erreicht, was Hitlers Erlasse nie vermocht haben: daß die Mehrheit der Bewohner Deutschlands voller Wut gegen England sei.«

Nach Eröffnung der Debatte verkündete Viscount Fitzalan of Derwent: »Ich bin bis auf die Knochen ein Anhänger des Bombenkrieges, meine Lords!« Um dann fortzufahren, als der Beifall verklungen war: »Ich stimme der Bombardierung Deutschlands zu, wie die Regierung sie betreibt, und ich hoffe, daß noch mehr in dieser Richtung geschieht.«

Dann erhielt der Regierungssprecher, Lord Cranborne, das Wort: »Obwohl ich die hochherzigen Motive des Herrn Prälaten tief respektiere, kann ich ihm keine Hoffnungen machen, daß wir unsere Bombenangriffe einstellen. Ich kann ihm im Gegenteil versichern, daß wir unsere Angriffe mit verstärkten Kräften und mit zermalmender Wirkung fortsetzen werden, bis der Sieg errungen ist.« Bischof Bell sagte

in seinem Schlußwort: »Bis zu einem welch scheußlichen Ausmaß hat sich der Bombenkrieg in der Zwischenzeit entwickelt! – – –
Hitler ist ein Barbar. Aber es gibt auf der alliierten Seite keinen Menschen, der vorschlagen würde, daß wir uns deshalb sein barbarisches Vorgehen zum Vorbild nehmen sollten. – – – Das, meine Lords, ist keine vertretbare Form der Kriegführung mehr!« (The Times, 10. und 11. 2. 1944.)

Leipzig erlebte die Fortsetzung des Bombardements. Am 20. 2. warfen hier 730 britische Bomber 2291 Tonnen Bomben ab. Dieser Verband verlor im Kampf gegen die Nachtjäger 78 Flugzeuge. Das war ein weiterer schwerer Schlag für das Bomber Command. Der Tagesgroßangriff der 8. USAAF am selben Tag galt den Städten Braunschweig, Leipzig, Oschersleben, Tutow und Zielen in Posen. B 17 der 1. Fliegerdivision der USAAF griffen Hamburg an. 7 Bomber und 13 Jäger wurden abgeschossen. Von der Flak wurden 85 Bomber zum Teil schwer getroffen.

Der Angriff auf Stuttgart am 21. 2., geflogen von 552 Bombern, die hier 1990 Tonnen Bomben abwarfen, war der Auftakt für weitere schwere Angriffe im Süden Deutschlands.

Die 8. USAAF hatte am 20. 2. die »Big Week« begonnen, in welcher nicht weniger als 3300 Angriffe der 8. USAAF und 500 der 15. USAAF gegen deutsche Industrieziele, insbesondere der Flugzeugindustrie, durchgeführt wurden. Es kam zu dramatischen Tageseinsätzen der deutschen Jagdabwehr. In dieser Woche verlor die 8. USAAF 226 Bomber und 28 Jäger. Insgesamt fielen in dieser Woche 2600 US-Flieger.

16.500 Tonnen Bomben wurden in der »Big Week« auf die genannten Ziele geworfen. Einer der schwersten Angriffe dieser Serie war jener der 15. USAAF mit 200 B 24 gegen Steyr.

Gotha und Schweinfurt waren am 24. 2. Ziele der 8. USAAF. In den Nächten zum 25. und 26. 2. waren Schweinfurt und Augsburg auch Ziele des Bomber Command.

Den Beginn der Märzangriffe erlebte Stuttgart. Die Stadt wurde in der Nacht zum 2. 3. von 503 Bombern angegriffen. Hierbei erlitt die Zivilbevölkerung wieder schwere Verluste.

Ein Angriff auf Berlin am 3. März, der erste der 8. USAAF, mußte wegen der schlechten Wetterlage abgebrochen werden. Nur wenigen Bombern gelang es, das Ziel zu finden.

Die Wiederholung dieses Tagesangriffs der 8. USAAF fand am 6. 3. 1944 statt. 627 Bomber, überwiegend B 17 und B 24, flogen unter starkem Jagdschutz diesen Angriff, bei dem 1600 Tonnen Bomben abgeworfen wurden. Deutsche Jäger schossen 68 Bomber und 11 Jäger ab. »Dies war ein Knock-out, den wir nur schwer überwinden konnten!« (So Timothy Knight gegenüber dem Autor.)

Dennoch wurde der nächste Tagesangriff auf Berlin bereits am 8. 3. geflogen. Diesmal waren 540 Bomber und etwa 200 Begleitjäger im Einsatz. In den Luftkämpfen und durch die Flak wurden 38 Bomber und 16 Begleitjäger abgeschossen.

Am 9. 3. erfolgte der dritte amerikanische Angriff gegen Berlin. Diesmal gingen nur 6 Flugzeuge verloren, und zwar durch Flakfeuer. Die deutschen Jäger waren nicht rechtzeitig zur Stelle gewesen.

Am 16. 3. griffen die B 24 der 2. Fliegerdivision der 8. USAAF Friedrichshafen und Konstanz an. Zwei Tage darauf war wieder Friedrichshafen das Ziel. Bei diesem Angriff verlor die 392. Bomber Group der Amerikaner 27 von 28 eingesetzten Maschinen. Eine einzige kehrte zum Einsatzhafen zurück.

Zwei Angriffe auf Frankfurt, von 769 bzw. 816 Bombern des Bomber Command geflogen, ließen über 6000 Tonnen Sprengstoff und Brandmittel auf die Stadt niedergehen. Bei diesem Angriff wurde die gesamte Altstadt vernichtet. Abermals wurde auch der Zoo schwer getroffen. Das alte Frankfurt ging in Flammen unter, Tausende von Menschen starben. Das geschah am 22. 3. 1944.

Der Angriff auf Berlin, von 810 Bombern der RAF geflogen, war in der Nacht zum 23. 3. der Höhepunkt der Märzangriffe. 726 Bomber erreichten das Ziel und warfen 2494 Tonnen Bomben ab. 72 Bomber wurden abgeschossen, davon 50 durch die in einem dichten Ring um die Stadt herum aufgebaute Flak.

Essen wurde in der Nacht zum 27. 3. angegriffen, und dann erfolgte in der Nacht zum 31. 3. jener Angriff auf Nürnberg, der bereits dargestellt wurde.

Nach diesen Verlusten wurde die Schlacht um Berlin aufgegeben. Zwischen dem 18. 11. 1943 und dem 31. 3. 1944 waren 9111 Bomber über Berlin gewesen, hatte die Stadt mit etwa 16.000 Tonnen Brand- und Sprengmitteln die schwersten Schläge des gesamten Bombenkrieges erlitten.

Über und um Berlin wurden abgeschossen: 367 Lancaster, 111 Halifax.

Schwer beschädigt wurden 745 Lancaster (davon 69 mit Totalausfall) und 199 Halifax (davon wiederum 25 mit Totalausfall). Die deutsche Nachtjagd verlor in diesem Einsatz etwa 90 Maschinen. Die deutsche Reichshauptstadt wies nach diesen Bombardierungen 9,5 qkm zerstörte Fläche auf. Die Industrie wurde jedoch nicht nennenswert geschädigt.

Insgesamt waren in diesem Zeitraum 20.224 Einsätze gegen Deutschland geflogen worden, 1047 Bomber waren nicht zurückgekehrt und 1682 Bomber schwer beschädigt worden. Die RAF allein erlitt 10.000 Mann Personalverluste. Der erwartete große Sieg, die Friedensbereitschaft Deutschlands zum 1. 4. 1944 – wie sie Air Chief Marshal Harris vorhergesagt hatte – trat nicht ein.

Diejenigen, die in der obersten britischen Luftwaffenführung die Lage beurteilten, kamen zu dem Ergebnis, »daß wir eine Schlacht verloren hatten«. (Colonel Buck L. Harrison gegenüber dem Autor.)

Im April wurde die britische Bomberoffensive eingestellt, offiziell deshalb, weil die Vorbereitungen zur Invasion liefen, praktisch aber wegen der enormen Verluste, die die RAF erlitten hatte. Ursprünglich war geplant gewesen, daß diese Serie vernichtender Angriffe noch gegen sechs weitere deutsche Großstädte gerichtet werden sollte.

So wurde denn der April ein Monat der 8. USAAF, die mit Tagesangriffen das Zerstörungswerk fortsetzen sollten.

Bei den Angriffen am 16. 4. auf Flugplätze in Deutschland kam es im Raume Augsburg zwischen dem ZG 76 und den US-Bombern und Jägern zu einem schweren Luftkampf, der das Ausmaß einer Luftschlacht annahm. Von den 43 angreifenden Me-110-Zerstörern wurden 26 Maschinen im Luftkampf über Augsburg abgeschossen, 12 weitere konnten nur mit letzter Kraft notlanden. Nur 5 Feindbomber wurden abgeschossen. Dies war eine schwere Niederlage des ZG 76 gegen einen zehnfach überlegenen Gegner. Beginnend mit dem 8. 5. 1944, leitete die 8. USAAF ihre Luftoffensive gegen die Werke der synthetischen Erzeugung von Treibstoffen ein.

Die Luftoffensive gegen Treibstoffwerke

Ziel der Offensive der 8. USAAF gegen die Werke der synthetischen Treibstofferzeugung war deren systematische Zerschlagung. Damit wäre der deutschen Luftwaffe die Möglichkeit entzogen worden, überhaupt noch gegen einfliegende Feindverbände zu starten.

Am 12. 5. waren die Leunawerke in Merseburg, die Werke in Tröglitz und Böhlau und die Hydrierwerke von Brüx bei Prag Ziele der US-Bomberflotten. Die deutsche Jagdabwehr schoß 46 der angreifenden Bomber ab. Dennoch waren diese Angriffe von Erfolg gekrönt. Alle Werke fielen – wenigstens teilweise – aus. Brüx und Tröglitz hatten über einen längeren Zeitraum 100 Prozent Ausfall. Die 400 Bomber und Jäger jedoch, die Mannheim angriffen, zerstörten die Industrieziele nur teilweise.

Am 21. 5. 1944 griffen etwa 5000 alliierte Jäger und Jagdbomber das Eisenbahnnetz und die übrigen Transportwege in Frankreich an. Diese Angriffe waren Gegenstand langer Gespräche im Frühjahr gewesen. Winston Churchill befürchtete, daß der geplante Abwurf von 66.000 Tonnen Bomben etwa 80.000 Opfer fordern würde. Er schrieb an General Eisenhower (Siehe Churchill-Memoiren Bd. 5, 2 S. 244-248):

»Das Kabinett hat sich heute ablehnend über die Absicht geäußert, so zahlreiche Bahnknotenpunkte in Frankreich zu bombardieren, da es Zehntausende von Zivilisten – Männer, Frauen und Kinder – das Leben oder die Gesundheit kosten muß.«

Eisenhower erwiderte: »Sowohl ich als auch meine militärischen Berater sind zu der Überzeugung gekommen, daß die Bombardierung dieser Knotenpunkte unsere Erfolgsaussichten in der entscheidenden Schlacht erhöhen.«

An Präsident Roosevelt telegrafierte Churchill: »Als dieses Projekt erörtert wurde, sprach man von 80.000 Opfern, darunter 20.000 Toten unter der französischen Zivilbevölkerung.«

Präsident Roosevelt erwiderte: »So bedauerlich die der Zivilbevölkerung erwachsenden Opfer sind, bin ich doch nicht willens, den Aktionen der verantwortlichen Befehlshaber Fesseln anzulegen, die geeignet sein könnten, den alliierten Invasionsstreitkräften größere Verluste zu verursachen.« Damit war die Sache entschieden.

So begannen die Bombenangriffe auf Ziele in Frankreich, später auch in Belgien und Holland. Diese Angriffe wurden vom 1. bis 5. 6. an fortgesetzt.

Am 29. 5. fiel das Hydrierwerk Pölitz nach schweren Bombardierungen für 2 Monate aus.

Die Luftstreitkräfte beider Seiten während der Invasion

Am 6. 6. 1944 begann um 6.30 Uhr die Invasion in der Normandie. Zur Unterstützung der Land- und Marinestreitkräfte setzten die Alliierten 3467 schwere und 1645 mittlere, leichte und Torpedobomber, 5409 Jagdflugzeuge und 2316 Transportflugzeuge ein. Diese gigantische Luftstreitmacht flog am ersten Invasionstag 14.674 Einsätze und verlor nur 133 Maschinen.

Die deutsche Luftflotte 3 unter GFM Sperrle kam auf 319 Einsätze, von denen noch 59 in der Nacht geflogen wurden. Dies war gegenüber den alliierten Einsätzen soviel wie nichts.

Erst am 12. 6. wurden die alliierten Angriffe gegen die Hydrierwerke fortgesetzt. Der Angriff galt Hydrieranlagen in Gelsenkirchen.

Am 20. 6. griffen alle drei Fliegerdivisionen der 8. USAAF mit insgesamt 1500 Bombern und über 1000 Begleitjägern die Hydrierwerke in Fallersleben, Hamburg, Magdeburg, Misburg, Ostermoor und Pölitz an. Sie warfen insgesamt 4225 Tonnen Bomben ab und erzielten schwere Treffer. Flak und Jäger schossen 50 Bomber und 5 Jäger ab, 468 Bomber kehrten mit zum Teil schweren Schäden zurück. 28 deutsche Jäger gingen an diesem Tag verloren. Das ZG 76 unter Major Kowalewski konnte bei nur 2 eigenen Verlusten 15 Fliegende Festungen abschießen.

Einer der schwersten Angriffe, der je auf Berlin geflogen wurde, fand am 21. 6. 1944 statt, als insgesamt 2500 Bomber und Jäger der 8. USAAF Flugzeugwerke und Bahnanlagen angriffen.

In der Nacht zum 1. 7. 1944 warfen alliierte Bomber einen Bombenteppich von 1000 Tonnen Bomben auf die große Straßenkreuzung von Villers-Bocage in der Normandie, um diese für die deutschen Truppen zu sperren. Im Juli wurden weitere Ziele in Frankreich von alliierten Bombern angegriffen, um die Operationen der Landtruppen zu unterstützen. So warfen am 17. 7. 1944, erstmals in Europa, US-Flugzeuge Napalmbomben.

Am 18. 7. warfen rund 2000 Flugzeuge 7700 Tonnen Bomben auf Caen-Colombelles in der Normandie. Unter der französischen Zivilbevölkerung entstanden hohe Verluste, es wurden über 2000 Tote und 1300 Verletzte allein bei diesem Angriff gezählt. Die große alliierte Offensive westlich von St. Lo wurde durch beide alliierte Bomber-Verbände mit dem Abwurf von 3400 Tonnen Bomben am 25. 7. eingeleitet.

Der erste Juli-Angriff richtete sich gegen Leipzig. Diesmal wurden die US-Bomberverbände vom JG 300 unter Major Dahl angegriffen. 94 B 24 und Begleitjäger wurden (nach englischer Darstellung) abgeschossen. Davon konnte die Sturmgruppe IV./JG 3 (eine der Gruppen des JG 300) 30 viermotorige Fliegende Festungen abschießen.

Am 25. 7. erfolgte auch ein Großangriff des Bomber Command auf Stuttgart; 614 Bomber griffen an. In der folgenden Nacht waren es ebenso viele, die diesen Angriff wiederholten. In der Stadt entstanden große Verwüstungen, es gab 100.000 Obdachlose, 898 Tote wurden gezählt, 1916 Verletzte mußten in die Krankenhäuser eingeliefert werden.

Am 4. 8. 1944 war wieder einmal die Heeresversuchsanstalt in Peenemünde das Ziel. Die 8. USAAF griff an und warf 466 Tonnen Bomben ab, die allerdings kaum Schaden anrichteten. Saarbrücken, Braunschweig, Rüsselsheim, Berlin, Kiel, Bremen, Oberhausen-Sterkrade, noch einmal Peenemünde, Rüsselsheim, Darmstadt, Kiel, Königsberg, Stettin, Bremen und abermals Kiel waren Ziele der Bombenangriffe im August.

Am 24. 8. warfen rund 2000 Bomber der 8. USAAF 2818 Tonnen Bomben auf Hydrierwerke, Flugplätze und Flugzeugwerke in Deutschland.

Das fünfte Kriegsjahr ging zu Ende. Im August warf allein die 460. Staffel des Bomber Command 1867 Tonnen Bomben ab.

Am 27. 8. flog die RAF ihren ersten Tagesangriff des Jahres 1944. Ziel war die Ölraffinerie von Homberg. 216 Halifax der 4. Bomber Group und 27 Mosquitos als Begleitjäger sowie Lancaster der 5. Bomber Group, die von einer starken Spitfire-Eskorte geleitet wurden, waren daran beteiligt. Der Angriff war erfolgreich und verursachte schwere Schäden.

Zwar hatte Air Chief Marshal Sir Arthur Harris dem Premierminister zugesichert, daß der Krieg am 1. 4. 1944 zu Ende sei, aber die Wirklichkeit sah anders aus. Berlin, ganz Deutschland, hatte den Bombersturm überlebt; das Bomber Command der RAF und die 8. USAAF waren in eine schwere Krise geraten.

Ein wichtiger Unterschied zwischen den gegnerischen Luftwaffen bestand darin, daß in Großbritannien, vor allem aber in den USA, jene Ersatzmaschinen in immer größerer Zahl die Fabriken verließen, die die Luftwaffen der Alliierten benötigten, während in Deutschland nicht nur das Kriegspotential völlig ausgeschöpft war, sondern auch ausgebildetes fliegendes Personal fehlte.

Das sechste Kriegsjahr, das war beiden Seiten klar, mußte die endgültige Entscheidung bringen. Und wenn nicht etwas ganz Sensationelles geschah, würden die Alliierten die Sieger sein.

Dem Ende entgegen

Die letzten politischen Entscheidungen

Unmittelbar vor Beginn des sechsten Kriegsjahres, am 31. 8. 1944, sagte Hitler in der Wolfsschanze: »Im Moment schwerer militärischer Niederlagen auf einen günstigen Moment zu hoffen, um irgend etwas zu machen, ist kindlich und naiv. Solche Momente können sich ergeben, wenn man Erfolge hat. – – –
Es werden Momente kommen, in denen die Spannungen der Verbündeten so groß werden, daß dann trotzdem der Bruch eintritt. Koalitionen sind in der Weltgeschichte noch immer einmal zu Bruch gegangen, nur muß man den Augenblick abwarten, und wenn es noch so schwer geht.« (Siehe Maser, Werner: »Adolf Hitler, Legende, Mythos, Wirklichkeit.«)
Hitler hoffte, daß diese Koalition bei seinen Gegnern brechen oder zum mindesten abbröckeln würde. Was aber zu Beginn des sechsten Kriegsjahres seinen Anfang nahm und sich bis zum Ende fortsetzte, war das Auseinanderfallen der Achsenmächte.
Als politischer Auftakt des sechsten Kriegsjahres erfolgten am 2. 9. 1944 der Rücktritt der Regierung Bagrianoff und die Neubildung des bulgarischen Kabinetts unter Murawieff. Dieses brach dann am 5. September die diplomatischen Beziehungen zu Deutschland ab.
Um die eigene Haut zu retten – die UdSSR hatte am selben 5. 9. Bulgarien den Krieg erklärt und marschierte mit Teilen der 3. Ukrainischen Front aus der Dobrudscha über die Donau nach Bulgarien hinein –, erklärte Bulgarien Deutschland am 8. 9. 1944 den Krieg.
In der folgenden Nacht kam es zum Staatsstreich der Kommunisten, die sich mit den linksorientierten Zveno-Offizieren verbündet hatten. Diese beiden Gruppen bildeten eine demokratische Regierung der Vaterländischen Front unter Führung von Georgieff; die neue Regierung war prosowjetisch orientiert.
Nach der Unterzeichnung des Waffenstillstandes Rumäniens mit der UdSSR, Großbritannien und den USA in Moskau am 12. 9. 1944, nahmen 12 rumänische Divisionen von nun an auf sowjetischer Seite am Krieg gegen Deutschland teil.
Diese Schläge kamen einer verlorenen Schlacht gleich, denn in Rumä-

nien stand die gesamte 6. deutsche Armee, die in den folgenden Wochen durch die sowjetischen Truppen ein zweites Stalingrad erlebte und zum zweitenmal unterging.

Am 19. 9. erfolgte die Unterzeichnung des Waffenstillstandes zwischen dem finnischen Waffengefährten Deutschlands und der UdSSR sowie Großbritannien in Moskau.

Finnland forderte die Zurücknahme aller deutschen Truppen binnen 15 Tagen. Falls dies nicht geschehe, sei Finnland verpflichtet, mit seinen Streitkräften die Vertreibung der deutschen Einheiten von finnischem Boden zu unterstützen.

Auch in diesem Abschnitt der Front kam es zu Schwierigkeiten, denn die deutsche Lapplandarmee stand weit im Norden. Es war ihr nicht möglich, in dieser kurzen Zeitspanne den Rückzug zu vollziehen.

Am 25. 9. 1944 unterzeichnete Adolf Hitler einen Erlaß, nach dem alle waffenfähigen deutschen Männer zwischen 16 und 60 Jahren zum Volkssturm aufgerufen wurden. Dieser Erlaß wurde jedoch erst am 18. 10. 1944 veröffentlicht.

Am 3. 10. befahl Hitler die vorher geplante Räumung Griechenlands, Südalbaniens und Südmazedoniens. Der Rückzug ging planmäßig vonstatten.

Als am 15. 10. 1944 der ungarische Reichsverweser, Admiral Horty, über den Rundfunk den Waffenstillstand mit der UdSSR und den Westmächten verkündete, war eine weitere Bastion im Dreimächtepakt gefallen. Die Pfeilkreuzler unter Ferenc Szalasi unternahmen, von deutschen Stellen gefördert, einen Staatsstreich. Deutsche Spezialeinheiten, darunter ein Tigerpanzer-Verband, rollten gegen die Budapester »Burg«. Unmittelbar bevor diese Sondereinheiten die Burg erstürmten, nahm Admiral Horty den Befehl zur Feuereinstellung gegenüber der Roten Armee wieder zurück. Admiral Horty und seine Familie wurden nach Deutschland gebracht und dort interniert.

Die neue Regierung Szalasi, seit dem 16. 10. offiziell im Amt, führte mit ihren Truppen den Kampf auf der Seite der deutschen Wehrmacht weiter. Die Masse des ungarischen Heeres blieb zunächst auf deutscher Seite. Nur der OB der 1. ungarischen Armee, Generaloberst von Miklós-Dálnoki, lief mit der Truppe zur Roten Armee über.

Nach diesen gewaltigen Entladungen blieb es über einen Monat auf der politischen Bühne still. Am 20. 11. verließ Hitler mit seinem Stab das Führerhauptquartier »Wolfsschanze«. Er fuhr zunächst nach Berlin, wo er bis zum 10. Dezember im 1943 erbauten Führerbunker blieb. Am 10. 12. reiste er nach Ziegenberg, wo in einem Gutshof das neue FHQ »Adlerhorst« eingerichtet wurde. Von hier aus wollte er die geplante Ardennenoffensive führen. Mit dieser letzten Großoffensive wollte Hitler noch einmal das Steuer herumreißen.

Vom 12. 12. 1944 an befand er sich ständig im »Adlerhorst«. Hier verabschiedete er auch die Offiziere zur Ardennenoffensive, die vier Tage später begann.

An dieser Offensive war wiederum ein Großteil der im Westen verfügbaren deutschen Luftwaffe beteiligt: das Luftwaffenkommando West unter GenLt. Schmid mit 40 Aufklärern, 171 Bombern, 91 Schlachtflugzeugen und 1492 Jägern. Mitte Januar 1945 war diese Offensive gescheitert.

Am 30. Januar 1945 hielt Adolf Hitler seine letzte Rundfunkansprache. Im Februar erklärten nacheinander Ekuador, Paraguay, Peru, Uruguay und Venezuela Deutschland den Krieg, nachdem feststand, daß sich daraus keine nachteiligen Folgen für sie ergaben, sondern daß man danach deutsches Eigentum einfach mit einigen Federstrichen enteignen konnte.

Am 15. 2. 1945 gab der deutsche Justizminister Thierack die Errichtung von Standgerichten bekannt, mit deren Hilfe man die Zerfallserscheinungen aufhalten wollte.

Am 19. 2. nahm Himmler mit dem schwedischen Grafen Bernadotte Kontakt auf. Er wollte die Möglichkeit eines Separatfriedens mit dem Westen erkunden, um gegebenenfalls mit den Westmächten Frieden zu schließen und die dann im Westen freiwerdenden Truppen in letzter Stunde nach dem Osten zu werfen und dort die sowjetischen Truppen aufzuhalten.

An allen Fronten war die deutsche Wehrmacht nicht nur in die Defensive gedrängt, sondern sogar zum Rückzug gezwungen worden. Im Mittelabschnitt der Ostfront war nach der Großoffensive der Sowjets, die am 22. 6. 1944 begann, ein gewaltiges Loch aufgerissen worden, in dem Großteile von drei Armeen der Heeresgruppe Mitte untergegangen waren.

Im Süden hatte der Gegner Rom genommen und war auf dem Wege nach Bologna. Im Westen war die Ardennenoffensive, die »beinahe« das Ziel – die Maas – erreicht hätte, doch noch gescheitert und der Rückzug zur »Siegfriedlinie« angetreten worden.

Hitler hatte diesem Rückzug Rechnung getragen und das FHQ am 15. Januar 1945 aus Ziegenberg nach Berlin in den Führerbunker verlegt.

Hitler wußte ebenso wie alle anderen, daß der Krieg für Deutschland verloren war. Die Einberufung des Jahrganges 1929 am 5. 3. 1945 zeigte, was noch an Reserven in einem völlig ausgebluteten Land vorhanden war.

Daß auch die SS-Führung dies wußte, bewies die Eröffnung der Geheimverhandlungen am 8. 3. in der Schweiz, in welchen der höchste SS- und Polizeiführer in Italien, SS-Obergruppenführer Wolff, mit den Vertretern des alliierten Oberkommandos verhandelte, um günstige Übergabebedingungen für eine Feuereinstellung im Südwestraum zu erreichen.

Am 15. 3. sondierte auch Legationsrat Hesse im Auftrag des Außenministers von Ribbentrop in Stockholm wegen eines Separatfriedens mit dem Westen. Aber die alliierte Koalition brach nicht zusammen, sie bröckelte auch nicht ab. Sie war auf Gedeih und Verderb aneinandergeschmiedet, bis der Sieg errungen war. Am 19. 3. erließ Hitler den Befehl »Verbrannte Erde«. In diesem Befehl war vorgesehen, daß beim Nahen des Gegners sämtliche Industrie- und Versorgungsanlagen in Deutschland gesprengt werden sollten, die dem Feind von Nutzen sein konnten; ganz gleich, welche Auswirkungen dies auf die eigene Bevölkerung haben würde.

Die Ausführungsbestimmungen des OKW vom 30. 3. zu diesem Befehl und die Ergänzungen, die am 4. 4. ergingen, hoben diesen Befehl glücklicherweise wieder auf.

Hitler wußte nur zu genau, was sich mit Riesenschritten nahte: die totale Niederlage. Als Generalleutnant Kammhuber Ende März 1945 Hitler sagte, daß der Krieg verloren sei, antwortete er, daß er das wisse. (Siehe Percy Schramm: »Hitler als militärischer Führer«.)

Am 21. 4. traf Himmler mit dem Vertreter des jüdischen Weltkongresses Masur auf Gut Hartzfelde bei Berlin zusammen. Damit es zu diesem Zusammentreffen kam, ließ er 1000 jüdische Frauen aus dem Konzentrationslager Ravensbrück frei. Doch die Verhandlungen führten zu keinem Ergebnis.

Einen Tag darauf entschloß sich Hitler, entgegen dem Drängen seiner wenigen Freunde und Vertrauten, in Berlin zu bleiben. Am 23. 4. entließ er Reichsmarschall Göring aus allen Ämtern. Er hatte von Göring den Eindruck bekommen, daß dieser für sich Vollmachten für den

Abschluß einer Kapitulation erstrebte. Der zum Generalfeldmarschall beförderte Ritter von Greim wurde neuer OB der Luftwaffe.

Wiederum einen Tag später – die Rote Armee rückte von zwei Seiten auf Berlin zu – wurde das OKW mit Generalfeldmarschall Keitel und Generaloberst Jodl von Berlin nach Reinsberg verlegt, um die Leitung des Entsatzversuches für Berlin von dort aus zu übernehmen. Zu diesem Entsatzversuch sollte die 12. Armee unter General der Panzertruppe Wenck antreten.

Am 28. 4. 1945 wurden in Dongo, Oberitalien, Benito Mussolini und seine Geliebte, Clara Petacci, von kommunistischen Partisanen gefangengenommen und am nächsten Tag erschossen. Die beiden Leichname wurden in der Piazza Loreto in Mailand, die Köpfe nach unten, öffentlich aufgehängt.

Am 29. 4. kapitulierte die deutsche Heeresgruppe C in Italien unter Generaloberst von Vietinghoff, gegenüber den alliierten Streitkräften.

In dieser Zeit wurde aber auch eine Entscheidung getroffen, die den Menschen in dem besetzten Gebiet der »Festung Holland« galt. Aufgrund einer Absprache zwischen dem Kommissar für die besetzten Niederlande, dem ehemaligen Reichsstatthalter von Österreich, Seyß-Inquart, Generaloberst von Blaskowitz und dem alliierten Oberkommando begannen am 29. 4. die Versorgungsflüge des RAF Bomber Command zum Transport von Nahrungsmitteln und Kleidung für die holländische Bevölkerung in Rotterdam, den Haag und anderen Städten. Bis zum 8. 5. dauerten diese Flüge ungestört an. 6600 Tonnen Lebensmittel wurden für die Menschen in Holland abgeworfen.

Am 30. 4. 1945 um 15.30 Uhr beging Hitler mit seiner Frau, Eva Braun, die er am Vortag geheiratet hatte, Selbstmord. In seinem politischen Testament hatte er Göring und Himmler aus der NSDAP ausgestoßen und Großadmiral Karl Dönitz zum Reichspräsidenten ernannt.

Am Tag von Hitlers Tod startete von Moskau aus ein Flugzeug, das die »Gruppe Ulbricht«, die in Moskau geschult worden war, nach Berlin flog. Diese Gruppe sollte mit dem Aufbau der kommunistischen Herrschaft in der sowjetischen Besatzungszone und in Berlin beginnen und die »demokratische Umgestaltung Deutschlands führen«.

Am 1. 5. 1945 erhielt Großadmiral Dönitz in Plön ein Telegramm von Reichsleiter Bormann. Das Telegramm lautete:

»FRR Großadmiral Dönitz.

An Stelle des bisherigen Reichsmarschalls Göring setzt der Führer Sie,

Herr Großadmiral, als seinen Nachfolger ein. Schriftliche Vollmacht unterwegs. Ab sofort sollen Sie sämtliche Maßnahmen verfügen, die sich aus der gegenwärtigen Lage ergeben. Bormann.« (Siehe Dönitz, Karl: »Zehn Jahre und zwanzig Tage«, S. 441.) Noch am 1. 5. 1945 ging ein zweiter Funkspruch aus der Reichskanzlei bei Großadmiral Dönitz ein. Er lautete:

»FRR Großadmiral Dönitz (Chefsache).

Testament in Kraft. Ich werde so schnell wie möglich zu Ihnen kommen. Bis dahin m. E. Veröffentlichung zurückstellen. Bormann.«

Dieser Funkspruch zeigte dem Oberbefehlshaber der Kriegsmarine, daß Hitler tot war. Wenig später hielt Großadmiral Dönitz eine Rundfunkansprache über den Hamburger Sender an das deutsche Volk. Er sagte darin:

»Der Führer hat mich zu seinem Nachfolger bestimmt. Im Bewußtsein der Verantwortung übernehme ich die Führung des deutschen Volkes in dieser schicksalsschweren Stunde. Meine erste Aufgabe ist es, deutsche Menschen vor der Vernichtung durch den vordrängenden bolschewistischen Feind zu retten. Nur für diesen Zweck geht der militärische Kampf weiter. Soweit und solange die Erreichung dieses Zieles durch die Briten und Amerikaner behindert wird, werden wir auch gegen sie weiter verteidigen und weiterkämpfen müssen. Die Anglo-Amerikaner setzen dann den Krieg nicht mehr für ihre eigenen Völker, sondern allein für die Verbreitung des Bolschewismus in Europa fort.« (Siehe Karl Dönitz: a.a.O.)

In seinem Tagesbefehl an die Wehrmacht erklärte Großadmiral Dönitz das gleiche.

Am 5. 5. wurde eine geschäftsführende Reichsregierung unter Graf Schwerin von Krosigk gebildet. Die Schweizer Regierung erkannte die Regierung Dönitz jedoch nicht an und rief ihren Gesandten, den sie während des gesamten Krieges in Berlin gehabt hatte, zurück.

Am 6. 5. entließ Großadmiral Dönitz Himmler aus allen seinen Ämtern. Am 7. 5. 1945 um 2.41 wurde die Gesamtkapitulation der deutschen Wehrmacht im HQ von General Eisenhower in Reims von Generaloberst Jodl unterzeichnet.

Sie trat am 9. 5. 1945 um 1 Uhr in Kraft.

Die Wiederholung der Unterzeichnung der Gesamtkapitulation der deutschen Wehrmacht fand auf besonderen Wunsch der Sowjets im sowjetischen Hauptquartier in Berlin-Karlshorst statt. Hier unterzeichneten Generalfeldmarschall Keitel, Generaloberst Stumpf und Generaladmiral von Friedenburg.

Der letzte deutsche Wehrmachtsbericht erschien am 9. 5. 1945: »Seit Mitternacht schweigen an allen Fronten die Waffen. Auf Befehl des Großadmirals hat die Wehrmacht den aussichtslosen Kampf eingestellt. – – –«

Der Zweite Weltkrieg war zu Ende.

Die Alliierten im politischen Spiel der letzten Monate

Am 2. 9. 1944 legte in den USA die amerikanische Dreierkommission, nämlich Hull, Stimson und Morgenthau, dem Präsidenten den Deutschlandplan vor, der die völlige Zerstörung der deutschen Industrie und die Rückführung Deutschlands auf die Stufe eines Agrarlandes vorsah, in dem 20 Millionen Menschen leben sollten.

Die 2. Konferenz von Quebec vom 11. bis 16. 9. 1944 zwischen Roosevelt und Churchill endete mit der Unterzeichnung des ersten Zonenprotokolls, das eine Zonengrenze zwischen Ost- und Westdeutschland und die Bildung einer besonderen Verwaltung für Groß-Berlin vorsah. Auf dieser Konferenz wurde auch der revidierte Morgenthauplan von Churchill gebilligt. Aber Präsident Roosevelt zog am 22. 9. 1944 seine Unterschrift zurück. Seine engsten Freunde hatten ihm abgeraten, einen solchen mörderischen Plan zu unterzeichnen.

Am 21. 9. begab sich Tito, der heimlich sein HQ auf der Insel Lissa verlassen hatte, nach Moskau zu Besprechungen mit Stalin. Die polnische Exilregierung löste aufgrund des russischen Druckes General Sosnowski als Oberbefehlshaber der polnischen Truppen ab und ersetzte ihn durch General Graf Bor-Komorowski, der in Warschau beim Aufstand den Befehl übernommen hatte.

Die Konferenz von Dumbarton Oaks, die seit dem 21. 8. mit einer Unterbrechung von drei Tagen bis zum 9. 10. tagte, empfahl die Gründung der Organisation der Vereinten Nationen. Die USA, Großbritannien, die UdSSR und China stimmten vorbehaltlos zu. Die Vereinten Nationen sollten an die Stelle des Völkerbundes treten.

Einen Tag später hielt sich Churchill bereits in Moskau auf, um mit Stalin (und US-Botschafter Harriman als Beobachter) die Einflußzonen in Südosteuropa festzulegen. Der ebenfalls anwesende Exil-Ministerpräsident Polens, Mikolajczyk, lehnte auch hier die Curzon-Linie als polnische Ostgrenze konsequent ab. Am 28. 10. wurde in Moskau der Waffenstillstand zwischen der UdSSR, Großbritannien und den USA einerseits und Bulgarien andererseits unterzeichnet. Dabei wurde beschlossen, daß Bulgarien mit seinen Streitkräften weiterhin im Krieg gegen Deutschland an der Seite der sowjetischen Streitkräfte bleiben würde. General de Gaulle, der in Frankreich mit wachsender Sorge die vielen kommunistischen Widerstandsgruppen beobachtet hatte, ordnete am 29. 10. die Auflösung aller kommunistisch gelenkten Partisanenverbände an. Er forderte die Widerstandskämpfer auf, in die französische Armee einzutreten.

Am 14. 11. paraphierte die »Europäische Beratende Kommission« in London das zweite Zonenprotokoll, das die Abgrenzungen der britischen und der US-Zone festlegte. Auch das Kontrollratsabkommen, welches die Einrichtung eines alliierten Kontrollrates für Deutschland als oberste alliierte Besatzungsinstanz vorsah, wurde am selben Tag paraphiert.

Als der polnische Ministerpräsident Mikolajczyk am 17. 11. von Präsident Roosevelt eine Garantie für die polnischen Grenzen erbat, lehnte dieser eine solche ab. Er billigte aber die »Umsiedlung nationaler Minderheiten« aus und nach dem neuen polnischen Staatsgebiet. Am 24. 11. trat Mikolajczyk als Exil-Ministerpräsident zurück. Der Sozialist Arciszewski bildete ein neues Kabinett. Diese Geschehnisse zeigen, daß zwischen Polen und der UdSSR schwerwiegende Unstimmigkeiten herrschten und daß nur eine neugewählte, auf Moskau eingeschworene Regierung einen solchen riesigen Gebietsverlust, wie er in Ostpolen geplant war, hinnehmen würde.

Dieses Gremium, das Moskau jeden Wunsch erfüllen wollte, war das Lubliner Komitee.

Das Lubliner Komitee aber wurde von General de Gaulle und dessen Außenminister Bidault am 10. 12. in Moskau, wo sie sich seit dem 2. 12. 1944 aufhielten, abgelehnt.

Stalin verweigerte im Gegenzug die Zustimmung zum französischen Plan, das Rheinland und das Ruhrgebiet von Deutschland abzutrennen. Kriegspremier Churchill verkündete am 15. 12. 1944 im britischen Unterhaus, daß er sich während der Verhandlungen in Moskau mit der UdSSR für eine Entschädigung Polens durch deutsche Gebiete und die Totalaustreibung der dort lebenden Deutschen eingesetzt habe.

Die neue polnische Regierung Arciszewski erklärte am 17. 12., daß

Polen zwar eine Ausdehnung nach Westen wünsche, aber weder Breslau noch Stettin haben wolle.

Am 18. 12. gab der neue US-Außenminister Stettinus bekannt, daß die USA alle Grenzregelungen bis nach Kriegsende vertagen würden.

Drei Tage darauf verkündete auch Frankreichs Außenminister Bidault, daß Frankreich mit der Abtretung Ostpreußens, Pommerns und Schlesiens an Polen einverstanden sei.

Den Schlußpunkt unter diese Angelegenheit setzte Moskau, indem es am 3. 1. 1945 die »Provisorische Regierung der Republik Polen« (das Lubliner moskautreue Komitee) anerkannte. Diese neue Regierung, die die Exilregierung damit endgültig ausgebootet hatte, übersiedelte am 18. 1. 1945 von Lublin nach Warschau. – In Bulgarien gärte es seit langem. Der offene Ausbruch erfolgte am 2. 2. 1945, als die Mitglieder des ehemaligen Regentschaftsrates, Filoff, Prinz Cyrill und General Michoff, erschossen wurden. In den folgenden »Volksgerichtsprozessen« wurden bis zum März 1945 2138 Todesurteile gefällt und vollstreckt.

Die am 3. 2. 1945 beginnende Jalta-Konferenz stand ganz im Zeichen eines auf der Höhe seines Ruhmes stehenden sowjetischen Machthabers. Roosevelt und Churchill, Stalins Gesprächspartner, kamen nicht mehr voll zum Zuge. Hier wurden die endgültige Aufteilung Deutschlands in vier Besatzungszonen und die Zerstückelung Deutschlands beschlossen. Die Höhe der Reparationen blieb jedoch umstritten. Der Alliierte Kontrollrat wurde gebildet und alle Vertreter der Vereinten Nationen zum 25. 4. 1945 nach San Francisco einberufen. Dort sollte dann die Gründungscharta ausgehandelt werden. Der UdSSR wurden drei Vertreter für die Vereinten Nationen zugestanden. In verschiedenen Geheimabkommen wurden der UdSSR die Kurilen und Süd-Sachalin, Port Arthur und Dairen überlassen, für die Mandschurei wurden ihr Sonderrechte eingeräumt. Dafür verpflichtete sich die Sowjetunion, spätestens drei Monate nach Kriegsschluß in Europa den Krieg gegen Japan zu eröffnen.

Hier einigten sich die »Großen Drei« auch über die Bildung einer polnischen provisorischen Regierung der Nationalen Einheit mit der Warschauer Regierung als Kern und einigen exilpolnischen Mitarbeitern. Am 5. 2. kündigte der Präsident des polnischen Landesnationalrates, Bierut, die Übernahme Schlesiens und Ostpreußens in die polnische Verwaltung an.

Am 13. 2. nannte die polnische Exilregierung in London diese Beschlüsse »die fünfte Teilung Polens«. Die Würfel waren jedoch gefallen. Man hatte die Exilregierung endgültig fallengelassen. Als im ägyptischen Parlament Ministerpräsident Achmed Maher Pascha am 24. 2. 1945 die Kriegserklärung gegen Deutschland bekanntgab, wurde er von einem prodeutschen Nationalisten erschossen.

Am 27. 3. 1945 wurden 16 führende Mitglieder der polnischen Untergrundbewegung, darunter der stellvertretende Ministerpräsident der Exilregierung, Jankowski, und der letzte Befehlshaber der Heimatarmee, Okulicki, unter der Vorspiegelung, sie würden mit Marschall Schukow sprechen können, in eine Falle gelockt, verhaftet und am 21. 6. wegen »zersetzender Tätigkeit im Rücken der Roten Armee« zu langjährigen Freiheitsstrafen verurteilt. Am 12. 4. 1945 verstarb der Präsident der Vereinigten Staaten, Roosevelt. Nachfolger wurde sein bisheriger Vizepräsident Harry S. Truman.

Bei Kriegsschluß hielten alle drei Staatsoberhäupter in London, Washington und Moskau ihre Rundfunkansprachen. In Moskau sprach sich dabei Stalin plötzlich offen für die Einheit Deutschlands und gegen eine Zerstückelungspolitik aus.

In Churchills Ansprache aus Anlaß des großen Sieges aber schwang bereits Sorge mit, denn er führte unter anderem aus:

»Ich wollte, ich könnte euch heute abend sagen: Unsere Sorgen und Mühen sind vorüber. Dann vermöchte ich meinen fünfjährigen Dienst in der Tat glücklich beenden. Aber ganz im Gegenteil, ich muß euch warnen: Es bleibt noch viel zu tun. – – –

Noch müssen wir dafür sorgen, daß drüben auf dem Kontinent die einfachen, ehrenhaften Ziele, für die wir in den Krieg gezogen sind, nicht vergessen oder einfach beiseite gewischt werden und daß die Worte wie »Freiheit«, »Demokratie« und »Befreiung« nicht ihrer wahren Bedeutung entkleidet werden. – – –

Ich wäre heute eures Vertrauens unwürdig, wenn ich nicht weiterhin riefe: Vorwärts, stahlhart, unbeirrbar, unüberwindlich, bis das Werk getan ist und in der ganzen Welt Vernunft und Sicherheit herrschen.«

Der Zweite Weltkrieg war zu Ende. Er hatte vor allem Großbritannien viele Opfer abgefordert und auch die Britischen Inseln die ganze unerbittliche und gnadenlose Härte des Luftkrieges spüren lassen.

Das letzte Kriegsjahr

Deutsche Planungen

Daß die deutsche Flugzeugindustrie im Jahre 1944 trotz der vielen Bombenangriffe noch immer auf Hochtouren lief, wird an der Zahl von 40.593 gelieferten Flugzeugen in diesem Jahr deutlich.

Seit dem 16. 6. 1944 flogen V 1 – rückstoßgetriebene, kreiselgesteuerte Flachbahn-Flügelbomben – mit einer Sprengladung von 800 kg in Richtung England. Bis zum 1. 9. waren diese V 1 vorwiegend auf London abgefeuert worden. Die englische Flak und die Jäger des Fighter Command hatten einen Großteil dieser Bomben abschießen können, denn diese hatten nur eine Geschwindigkeit von 650 km/h.

Als im britischen Verteidigungsministerium am 8. 9. 1944 verkündet wurde, daß die »Flügelbombenschlacht« beendet sei, als man in England aufatmete, begann am selben Tag der Abschuß der V 2. Diesmal war es eine Rakete, die vom Heer, nämlich der ArtAbt. (mot.) 485, abgeschossen wurde und der kein Flugzeug der Welt gewachsen war, weil sie mit fünffacher Schallgeschwindigkeit flog. Die Sprengkraft der V 2 war erheblich größer als die der V 1.

Diese Raketen wurden aus ihren Stellungen nordostwärts Den Haag abgeschossen. Sie gingen zum größten Teil auf London nieder und verursachten schwere Schäden.

Neben diesen Vergeltungswaffen war aber auch die Jagdwaffe verstärkt worden. Sie sollte auf Vorschlag von Generalmajor Galland zu einem »großen Schlag« zusammengefaßt werden. Von einer Inspektionsreise zur Invasionsfront zurückgekehrt, erfuhr der General der Jagdflieger in Berlin, daß die Jägerreserve auf 800 Flugzeuge und Piloten angestiegen sei. Gleichzeitig erhielt er vom OKL den Befehl, »diese Jägerreserve sofort und geschlossen in der Abwehrschlacht im Westen zu werfen«. (Siehe Galland, Adolf: a.a.O.)

Gallands Gegenvorstellungen prallten beim Führungsstab der Luftwaffe gegen jene Mauer, die »Führerbefehl« hieß. Als er Göring sprechen wollte, hatte dieser sich »krankheitshalber« zurückgezogen. Der General der Jagdflieger wandte sich an Rüstungsminister Speer. Mit diesem flog er nach Rastenburg, wo Speer Hitler im Führerbunker berichtete. Als Speer vorschlug, daß Generalmajor Galland Hitler erläutern solle,

wie es im Westen aussah, wurde er von Hitler unterbrochen. Speer wurde in seine Schranken verwiesen mit der Bemerkung:
»Kümmern Sie sich gefälligst um die Rüstung!«
Und zu Galland gewandt, fuhr Hitler fort:
»Sorgen Sie für die augenblickliche Durchführung meiner Befehle.
Ich habe keine Zeit mehr für Sie«, waren Hitlers letzte Worte.
Auch eine zweite Besprechung der Genannten mit Hitler am anderen Morgen änderte nichts an dessen Befehlen.
Die Verlegung der Jägerreserve nach dem Westen, in den Rückzugstrom des Westheeres hinein, wurde durchgeführt. Es kam zu einem Fiasko. Ein großer Teil der 800 Flugzeuge kam nicht zum Feindeinsatz. Viele wurden gesprengt, andere fielen in die Hände des Gegners, als sie befehlsgemäß auf Plätzen landeten, die inzwischen vom Feind besetzt waren.
So gingen insgesamt etwa 400 Flugzeuge dieser wichtigen Reserve verloren.
Es erfolgte nun eine Umgruppierung der Jagdwaffe. Die Luftflotte 3 wurde in Luftwaffenkommando West umbenannt und verfügte über die JG 2, 26, 27 und 53. Im Osten standen die JG 5, 51, 52 und 54 im Einsatz, und zu den JG 300 und 301 (»Wilde Sau«) der Heimatluftverteidigung kam das JG 3 hinzu.
Für den General der Jagdflieger war jedoch die Schaffung einer neuen Reserve vordringlichstes Ziel. Zu diesem Zweck ließ er die JG 1, 6, 11 und 77 auffrischen und stellte außerdem die JG 4, 76 und 7 neu auf. Ganz bewußt ließ er nun den Einsatz hinter der Auffrischung und der Bildung von Reserven zurücktreten, um sein Ziel zu erreichen. Dieses Ziel war der »große Schlag«, der mit einer Massierung von Jagdflugzeugen gegen die einfliegenden Bomberverbände geführt werden sollte. Generalleutnant Galland schreibt darüber:
»Die Hoffnung, dem Feind noch einmal mit der Aussicht auf einen durchschlagenden Erfolg gegenübertreten zu können, schien die Kräfte aller an der Wiederaufrichtung der Jagdwaffe Beteiligten zu beflügeln. Mit 2000 bis 3000 Jägern – das war jetzt unser Ziel für die nächsten Monate – mußte es möglich sein, eine Wende des die Heimat verheerenden Luftkrieges herbeizuführen.« (Siehe Adolf Galland: a.a.O.)
Dieser große Schlag wurde sorgfältig geplant. Dabei sollten 11 Gefechtsverbände des I. Jagdkorps im ersten Großeinsatz mindestens 2000 Jäger an einen einfliegenden Bomber-Großverband heranführen.

Während des An- und Abfluges sollten weitere 150 Jäger des Luftwaffenkommandos West eingesetzt werden.

Im zweiten Einsatz sollten noch einmal 500 Jäger starten und den Feind angreifen, während 100 Nachtjäger den Luftraum gegen die Schweiz im Süden und gegen Schweden im Norden abschirmen sollten, um angeschossene Bomber und Splittergruppen abzufangen und zu vernichten.

Nach den Berechnungen des Generals der Jagdflieger war es möglich, auf diese Weise 400 bis 500 viermotorige Bomber abzuschießen. Als eigene Verluste wurden etwa 400 Jäger und 100 bis 150 Flugzeugführer angenommen, während sich der Rest durch Fallschirmabsprung würde retten können.

Eine solche Luftschlacht hätte mit Sicherheit den Gegner zu einer Überprüfung seiner Pläne hinsichtlich der Bombardierungen deutscher Städte und vielleicht sogar zur Aufgabe dieses Vorhabens gezwungen.

Doch es gelang dem General der Jagdflieger nicht, zu erreichen, daß die fliegenden Besatzungen des IX. Fliegerkorps, das wegen Nachschubschwierigkeiten aufgelöst werden mußte, zur Jagdwaffe kamen.

Sein Vorschlag, unter anderem Göring in Karinhall vom Chef des Generalstabes der Luftwaffe vorgetragen, wurde verworfen. Statt dessen wurde der Vorschlag des Kommandierenden Generals des IX. Fl.-K. und Generals der Kampfflieger, Generalmajor Peltz, angenommen, die freiwerdenden Kampfflieger nur zeitweise auf den Jagdeinsatz umzustellen. Dann bestünde die Möglichkeit, sie zu gegebener Zeit wieder umzuschulen und erneut in den Bomberverbänden einzusetzen. Der Gedanke, wieder zu einer offensiven Luftkriegführung zurückkehren zu können, war durch kein noch so fundiertes Argument zu verdrängen.

Die Bomberführung gewann nunmehr stetig wachsenden Einfluß auf die Jagdwaffe.

Reichsmarschall Göring, dem nicht verborgen bleiben konnte, daß sich eine Vertrauenskrise anbahnte, ließ die Führer aller Tag- und Nachtjagdverbände nach Wannsee, zum Stab der Luftflotte Reich, zusammenrufen. Über diese Besprechung berichtete Generalleutnant Galland (Siehe Adolf Galland, a.a.O.):

»Göring tobte unbeherrscht. Er erzielte mit seiner ausfallenden Schärfe nicht die von ihm beabsichtigte anfeuernde Wirkung, sondern nur Erbitterung und Auflehnung. So kann man zu einer Truppe nur spre-

chen, wenn man ihr Vertrauen und ihre Achtung genießt. In den Frontverbänden wurden unverhüllt bittere und abfällige Bemerkungen über
den Reichsmarschall gemacht.
Wir Jagdflieger waren wohl bereit, zu kämpfen und zu sterben und
glaubten, das oft genug bewiesen zu haben; wir waren aber nicht
bereit, uns beschimpfen und uns die Schuld an der katastrophalen Luftlage über dem Reich zuschieben zu lassen.
Zu allem Überfluß befahl Göring noch, daß diese ungeheuerliche Rede
auf Schallplatten gezogen wurde. Sie sollte sämtlichen Flugzeugführern auf den Einsatzplätzen soundso oft vorgespielt werden.«
Am 7. 11. 1944 erließ Reichsmarschall Hermann Göring folgenden
Tagesbefehl, der von den Jagdfliegern als blanker Hohn empfunden
werden mußte:
»Seit Monaten liegt das schwer ringende Heer in Entscheidungs-
schlachten, deren Ausgang Sieg oder Untergang bedeutet. Die Luftwaffe konnte die ihr übertragenen Aufgaben nicht erfüllen. In klarer
Erkenntnis dieser Lage hat sich der Führer entschlossen, uns die Zeit
zu geben, die erforderlich war, um unsere Waffe wieder aufzubauen
und neu zu formieren.
Kameraden, die Zeit ist um!
Nun gilt es, wieder anzutreten und zu beweisen, daß es gelungen ist,
die deutsche Jagdwaffe neu zu schmieden – stärker, einsatzfreudiger,
entschlossener denn je zuvor. Jetzt müssen wir beweisen, daß das deutsche Volk nicht umsonst gehofft, der deutsche Arbeiter nicht vergebens
geschafft haben.
Jagdflieger, es gilt! Der bevorstehende Großeinsatz der Jagdwaffe muß
die Geburtsstunde einer neuen, starken, wieder sieggewohnten Luftwaffe werden.«
Am 12. 11. 1944 konnte der General der Jagdflieger die gesamte Jagdwaffe einsatzbereit melden: 18 Jagdgeschwader mit 3700 Flugzeugen
und Flugzeugführern. Dies war eine Streitmacht, wie sie die Luftwaffe
noch zu keiner Zeit vorher hatte aufstellen können. Mehr als 3000 dieser Flugzeuge warteten auf den »großen Schlag«.
Zwei Tage vorher hatte auf der Luftkriegsakademie in Berlin-Gatow
der »Areopag«, ein Treffen von 38 Offizieren der Luftwaffe mit
Reichsmarschall Göring, begonnen. Unter den Anwesenden waren
etwa zur Hälfte Jagdflieger: der General der Jagdflieger Galland, der
Kommandierende General des I. Jagdkorps, Generalleutnant Schmid,

Oberst Lützow, Kommandeur der 4. Jagddivision, Oberst Gollob vom Kommando der Erprobungsstellen »Jägerstab«, die Inspekteure der Tag- und Nachtjagd, Oberst Trautloft und Oberstleutnant Streib, sowie eine Reihe Geschwaderkommodore: Oberst Rödel, JG 27, Major Schenck, JG 51, Hptm. Schnaufer, NJG 4, Oberst Steinhoff, JG 77, sowie Oberst Herrmann, Kommandeur der 30. Jagddivision, Oberstleutnant Dickfeld als Verbindungsoffizier des RLM und Major Nordmann als Jafü.

Generalmajor Peltz, General der Kampfflieger, erstattete dem Reichsmarschall Meldung. Dieser eröffnete die Zusammenkunft mit den Worten:

»Meine Herren, diese Versammlung ist ein Areopag, aber beileibe kein Scherbengericht. Ich erwarte von Ihnen, die Sie meine Tapfersten und Erfolgreichsten sind, daß Sie kritisch zu allem Stellung nehmen, was in unserer Waffe – Ihrer Meinung nach – nicht in Ordnung ist, verbessert werden sollte. Aber Ihre Kritik hat vor der Spitze der Luftwaffe haltzumachen – Ihrem Oberbefehlshaber.

Sie sollten mir helfen, den Ruf der Luftwaffe wiederherzustellen. Das deutsche Volk erwartet das, denn wir haben versagt, unglaublich versagt. Die Waffe steht in ihrer schwersten Krise. Das Volk kann nicht verstehen, warum die alliierten Bomber wie beim Parteitag über dem Reich spazierenfliegen können und die Jäger nicht starten – weil Nebel ist, weil sie nicht einsatzbereit, weil sie indisponiert sind ...« (Siehe Steinhoff, Johannes: »In letzter Stunde.«)

Während dieser Ansprache Görings, der nicht die Absicht hatte, die Leitung der Besprechung zu übernehmen, sondern dem Generalmajor Peltz die Gesprächsführung überließ, teilte Göring Generalmajor Galland seine Beförderung zum Generalleutnant mit. Nachdem alle Waffengenerale ihre Meinung und ihre Berichte vorgetragen hatten, wurde der Gedanke einer neuen Luftoffensive zur Diskussion gestellt. Danach glitt die Besprechung in eine politische Diskussion ab, wo keinerlei Sachfragen mehr Platz fanden. Die brennende Frage aber, wann die Jagdwaffe denn nun die Me 262 bekomme, wurde überhaupt nicht gestellt.

Während der Besprechung teilte Generalleutnant Galland dem Oberst Steinhoff mit, daß Hitler die Erlaubnis zur Aufstellung eines Turbinengeschwaders gegeben habe. Er fragte Steinhoff: »Wollen Sie es führen?«

Steinhoff schrieb auf einen Zettel: »Vielen Dank!« (Siehe Johannes Steinhoff: a.a.O.)

Während Oberst Steinhoff nach Ende dieser Besprechung am 12. 11. 1944 zu seinem alten Jagdgeschwader 77 fuhr und dieses an seinen Nachfolger übergab, um so rasch wie möglich mit dem Aufbau des Düsenjagdgeschwaders 7 zu beginnen, bestand bereits ein Turbo-Jagdverband. Dieser war vom General der Jagdflieger Anfang Oktober aus den beiden Erprobungskommandos Lechfeld und Rechlin gebildet und von Major Walter Nowotny übernommen worden.

Von Achmer bei Osnabrück aus waren diese ersten Düsenjägerpiloten nach kurzer Ausbildung zu Feindflügen gestartet und hatten binnen kurzer Zeit 50 viermotorige Bomber abgeschossen. Am 7. 11. 1944 weilten Generalleutnant Galland und Generaloberst Keller in Achmer, um sich vom Stand des Geschwaders zu überzeugen.

Diese Gruppe stieß wenig später zum neuaufgestellten JG 7 und wurde dessen III. Gruppe.

ˌIn Brandenburg-Briest ging Oberst Steinhoff daran, ein kampfstarkes Geschwader aufzubauen. Die eintreffenden Me 262 wurden unter Mithilfe von Messerschmitt-Monteuren zusammengebaut und ihre Waffen eingeschossen. Ende November konnte der Flugbetrieb aufgenommen werden. Der Versuchsverband Nowotny war inzwischen voll in den Geschwaderverband integriert und brachte wertvolle Flugerfahrungen mit dieser neuen, den Luftkrieg revolutionierenden Maschine mit. Oberst Steinhoff rechnete damit, daß das Geschwader Ende Januar zu seinem ersten Großeinsatz bereit war. Diesen erlebte er jedoch nicht mehr, denn Ende Dezember wurde er abgelöst, und zwar »bis auf weiteres ohne Verwendung«.

Die deutsche Kraftstofferzeugung gab bereits zu Beginn des sechsten Kriegsjahres zur Besorgnis Anlaß. Den US-Bomberstreitkräften war es mit ihrer »Treibstoffoffensive« gelungen, einen Teil der Hydrierwerke und Raffinerien lahmzulegen. Von den 91 Werken dieser Art in Deutschland arbeiteten Ende September 1944 nur noch drei völlig ungestört, 29 arbeiteten zum Teil, der Rest aber war für Wochen oder gar Monate ausgefallen.

Auf diese wichtigen Ziele wurden von seiten der Alliierten allein im Oktober 1944 13.000 Tonnen Bomben und im November 37.000 Tonnen Bomben geworfen. Damit waren insgesamt auf diese Werke während der »Treibstoffoffensive« 100.000 Tonnen Bomben abgeladen worden.

Ende November 1944 gelang es der RAF, bei ihren Nachtangriffen die Hydrierwerke von Bottrop, Castrop-Rauxel, Duisburg, Homberg, Kamen, Nordstern, Wanne-Eickel und Wesseling zum Teil zu zerstören.

Ende Oktober 1944 hatte der britische Air Chief Marshal Tedder einen Plan vorgelegt, nach welchem der Zusammenbruch Deutschlands rasch erfolgen würde, wenn das deutsche Verkehrsnetz, also Bahn und Straße gleichzeitig, lahmgelegt werden würde. Im ersten Novemberdrittel erfolgten die ersten Angriffe.

Nunmehr wollte Generalleutnant Galland den geplanten und vorbereiteten »Großen Schlag« führen. Zu diesem Zweck wurden die Kommodore und Kommandeure der Jagdgeschwader nach Treuenbrietzen zum I. Jagdkorps befohlen. Dort wurden mehrere Planspiele durchgeführt. Aber der Befehl zur Ausführung des »Großen Schlages« erging nicht, denn gerade in dieser Phase erhielt Generalleutnant Galland den Befehl, die ersten Teile dieser gewaltigen Streitmacht in den Westen zu verlegen. Der Wechsel nach dem Westen begann am 20. 11. 1944. Die Jagdwaffe sollte für die geplante Ardennenoffensive bereitstehen: Lediglich die Jagdgeschwader 300 und 301 mußten zur Reichsverteidigung zurückbleiben.

So wurde – dies sei vorausgeschickt – die deutsche Jägerwaffe während der Ardennenoffensive in vielen Kleineinsätzen und Einzelaktionen gegen einen oftmals zwanzigfach überlegenen Gegner aufgerieben.

Zur gleichen Zeit, da Oberst Steinhoff Ende Dezember von der Führung des JG 7 entbunden wurde und »arbeitslos« war, erfolgte auch die Beurlaubung des kaltgestellten Generals der Jagdflieger – ohne Nennung eines Nachfolgers.

Nunmehr überstürzten sich die Ereignisse. In der Jagdhütte von Oberst Trautloft am Wannsee trafen sich Oberst von Maltzahn, Oberst Rödel, Oberst Steinhoff, Oberst Neumann und Oberst Lützow mit dem Hausherrn. Es war Oberst Lützow, der hier als erster das Wort ergriff und zum Ausdruck brachte, daß die Jagdflieger von Göring fallengelassen worden seien. Oberst Steinhoff verlieh der Überzeugung Ausdruck, daß zwar der Krieg nicht mehr zu gewinnen sei, daß man aber bei sinnvollem Einsatz größeres Unheil verhüten, hinauszögern und die US-

Tagesbombenangriffe vielleicht zeitweise stoppen könne. (Siehe Stein-hoff, Johannes: a.a.O.) Es war Oberst Lützow, der zum Kern der Sache kam:

»Der Dicke (gemeint war Reichsmarschall Göring) muß weg!« In dieser Situation, als es darum ging, ob man Hitler alles vortragen solle, wurde Generalleutnant Galland aus seinem nahegelegenen Stabsquartier hinzugebeten.

Generalleutnant Galland stimmte den Offizieren zu, daß es mit einer neuen Führung – gedacht war an Generaloberst Ritter von Greim – möglich sein müßte, bei Konzentration aller Kräfte die systematische Zerstörung der deutschen Städte zu verhindern. Er sagte wörtlich: »Daß wir Tausende von Menschenleben retten könnten, gibt euch auch die Berechtigung, eurer Vorhaben durchzuführen.«

Man wollte nunmehr versuchen, über einen hohen SS-Führer, den einer der Offiziere kannte, direkt an Hitler heranzukommen. Generalleutnant Galland warnte davor, sich von der SS überrumpeln zu lassen.

Der Besuch von Oberst Steinhoff mit zwei Offizieren am 4. 1. 1945 bei dem SS-Führer brachte die Offiziere keinen Schritt weiter. Sie erfuhren lediglich, daß Gallands Telefon von der SS abgehört wurde.

Am Abend dieses Tages beschlossen Steinhoff und Lützow, rasch zu handeln. Dennoch dauerte es bis zum 13. 1., ehe sie nach Lodz ins HQ von Generaloberst Ritter von Greim fliegen konnten. Oberst Lützow trug Ritter von Greim vor, daß die Jagdflieger nicht mehr gewillt seien, den Prügelknaben für den Reichsmarschall abzugeben und daß sie die Ablösung Görings, seine Kaltstellung, verlangten. Sie wollten Hitler Vortrag halten und von ihm Görings Ablösung erbitten. Ob er, Ritter von Greim, dann bereit wäre, die Nachfolge Görings anzutreten.

Generaloberst Ritter von Greim lehnte ab, denn Hitler hatte ihn schon einmal zu Görings Nachfolger machen wollen und war dann doch wieder anderen Sinnes geworden. Er riet den beiden Offizieren, den Chef des Generalstabes der Luftwaffe, General Koller, aufzusuchen und ihm ihr Herz auszuschütten. Und dann verriet er ihnen, daß General Koller bereits von ihrem Besuch bei ihm und von ihrem Vorhaben wisse.

Am 17. 1. standen Lützow und Steinhoff vor General Koller. Der Generalstabschef der Luftwaffe versprach ihnen, daß er persönlich Reichsmarschall Göring berichten und um eine Aussprache zwischen ihnen nachsuchen werde. Zu mehr war er nicht zu bewegen.

Achtundvierzig Stunden später wurden die Oberste Lützow und Steinhoff mit den anderen (Neumann, Rödel und Trautloft) nach Berlin ins »Haus der Flieger« zu einer Aussprache mit Reichsmarschall Göring befohlen.

Oberst Lützow war der Sprecher der Jagdflieger. Er verlangte entschlossen, daß man ihn ausreden lassen möge, und brachte dann die Besorgnis der Jagdflieger über die Entwicklung der Lage zum Ausdruck. Er kam auch auf die Vorwürfe zu sprechen, die man von seiten der Luftwaffenführung den Jagdfliegern machte und erklärte schließlich, daß die Jagdwaffe noch immer in der Lage sei, der Heimat Entlastung zu bringen und dem Bombenterror wenigstens zeitweise Einhalt zu gebieten. Er forderte die Rückkehr von Generalleutnant Galland als General der Jagdflieger und die Freigabe aller Düsenmaschinen Me 262 für den Jagdeinsatz.

Nach einigem Hin und Her sprach Göring von Staatsverrat und Meuterei. Er schrie am Schluß, daß er Lützow füsilieren lassen werde, und verschwand.

Oberst Lützow wurde als Jagdfliegerführer nach Italien verbannt, Oberst Steinhoff bis auf weiteres ohne Verwendung gelassen. Am Morgen nach dem Vortrag Lützows und Steinhoffs vor Göring wurde Generalleutnant Galland zum Chef des Luftwaffenpersonalamtes befohlen. Dieser teilte ihm mit, daß Göring in ihm die treibende Kraft der »Jäger-Meuterei« sehe. Er habe deshalb Berlin binnen 12 Stunden zu verlassen und sich ständig abrufbereit zu halten.

Gleichzeitig damit wurden alle Jagdverbände der Luftwaffe durch Fernschreiben von der Abberufung Gallands als General der Jagdflieger verständigt.

Galland verließ Berlin, kehrte aber bereits am nächsten Tag in die Reichshauptstadt zurück. Ganz unerwartet wurde er an diesem Tag in die Reichskanzlei befohlen. Hitlers Luftwaffen-Adjutant eröffnete ihm, daß Hitler von Görings Maßnahmen gegen ihn, Galland, nichts gewußt habe und daß er angeordnet habe, »diesen Unsinn sofort einzustellen«. (Siehe Galland, Adolf: a.a.O.)

Hier und in dieser Stunde erfuhr Generalleutnant Galland auch, daß er einen Jagdverband Me 262 aufstellen solle und daß er sich dazu die Flugzeugführer selber aussuchen dürfe.

Als einen der ersten holte Galland den ohne Verwendung stehenden Oberst Steinhoff in diesen neuen Verband, den er Jagdverband 44 nannte.

Standort und Einsatzplan war Brandenburg-Briest. Nach Ausrüstung mit den ersten Flugzeugen startete der Verband mit seinen 12 einsatzbereiten Me 262 am 31. 3. 1945 nach München-Riem, wo er in der Rekordzeit von 42 Flugminuten eintraf.

Wie aber hatten sich die Einsätze der gesamten Luftwaffe in dieser Zeit gestaltet? Was war in diesen Monaten des letzten Kriegsjahres geschehen?

Die Einsätze

Am zweiten Tag des sechsten Kriegsjahres traf aus dem Osten die Meldung ein, daß das JG 52 unter Oberstleutnant Hrabak seinen 10.000. Abschuß erzielt hatte. Doch diese glänzende Leistung eines Geschwaders täuschte nicht darüber hinweg, daß diese Flugzeuge im Westen, und insbesondere in der Reichsverteidigung, dringend benötigt wurden, denn hier wurde die Zahl der Einflüge wie auch die der einfliegenden Verbände von Tag zu Tag größer.

Am 3. 9. stürzte im Kampf mit Thunderbolt-Jägern über St. Trond der Kommandeur der II./JG 26, Hptm. Lang, nach 173 eigenen Luftsiegen tödlich ab.

Viele weitere Jäger und Nachtjäger fanden in diesem Monat den Tod, so auch Ofw. Missner, Lt. Norz und Major Mietusch, der nach dem Abschuß einer Mustang bei der Landung von einigen anderen Mustangjägern überrascht und abgeschossen wurde.

Am 27. 9. hatte das NJG 4 unter Major Michalski ein Gefecht mit 37 Liberator der 445. US-Bombergruppe. Nicht weniger als 25 wurden davon abgeschossen, alle anderen Bomber schwer beschädigt.

Das JG 300 unter Major Dahl, das am 1. 9. 1944 nach Erfurt-Bindersleben verlegt worden war, startete mit nunmehr zwei Sturmgruppen am 11. 9. gegen einen einfliegenden Großverband der 8. USAAF. Nach turbulenten Luftkämpfen wurde bei nur 3 eigenen Verlusten der Abschuß von 95 Bombern und 72 Jägern gemeldet. Zwei Bomber wurden durch Rammstoß vernichtet.

Major Dahl erhielt am 13. 9. eine »Krebsstaffel« zugeteilt. Es war eine FW-190-Versuchsstaffel, deren Flugzeuge mit jeweils einer 21-cm-Rakete ausgerüstet waren, die nach rückwärts abgeschossen wurde, sobald die FW 190 den Bomberverband überflogen hatten. Dieser Angriff des 13. 9. verlief verlustreich, denn das Geschwader wurde von den Boden-Leitstellen genau in den Begleitjägerverband hineingeführt. Erst nach verbissenen Luftduellen konnte Major Dahl sich mit der Sturmgruppe von den feindlichen Jägern lösen und die B 17, einen Verband von etwa 30 Maschinen, angreifen. Als die Kanonen von Major Dahl Ladehemmung hatten, rammte auch er eine B 17. In seinem Buch »Rammjäger« hat er diesen Einsatz beschrieben:

»Mit hartem Aufprall bohre ich mich zwischen Leitwerk und Heckstand. Im Bruchteil von Sekunden glaube ich, in der Luft zu stehen. Meine Luftschraube, die Motorhaube, die halbe rechte Tragfläche sind weg.«

Major Dahl rettete sich durch Fallschirmabsprung.

An diesem 13. 9. wurden 7 Bomber und 16 Jäger abgeschossen. Das Geschwader aber verlor 36 Maschinen.

Das »Sturmgeschwader«, wie das JG 300 auch genannt wurde, wurde Ende September nach Finsterwalde verlegt. Am 28. 9. schoß es abermals 64 Feindmaschinen ab. Als nunmehr das JG 3, »Udet«, ins Reichsgebiet verlegt wurde, mußte Dahl, inzwischen zum Oberstleutnant befördert, die IV. Sturmgruppe unter Hptm. Moritz wieder an dieses Geschwader zurückgeben.

Eine Reihe von Umstellungen brachte das JG 300 mit einigen Neuzuführungen wieder auf den Höchststand. Der Oktober brachte eine Reihe von Duellen der Jagdflieger gegen die Bomben- und Jagdgeschwader des Gegners, die bei Tag und Nacht mit gewaltigen Kräften in das Reichsgebiet einflogen. Das Kräfteverhältnis war im Durchschnitt stets etwa 20 zu 1; manchmal war es noch größer.

Das »Erprobungskommando Nowotny«, das im Oktober 1944 aufgestellt wurde und damit der erste von Hitler genehmigte Jagdverband mit Me-262-Düsenjägern war, hatte zu Anfang eine Reihe Ausfälle infolge technischer Mängel. Am 4. 10. stürzte Hptm. Theumer, der erst am 1. 10. zur Gruppe Nowotny gekommen war, tödlich ab. Ein Triebwerkausfall über dem Flugplatz von Hesepe hatte diesen Absturz verursacht.

Der 5. 10. war ein schwarzer Tag für die Nachtjagd. An diesem Tag stürzte bei der Landung in Paderborn Oberst Lent, Kommodore des NJG 3 ab, als ein Motor ausfiel. Am folgenden Tag starb Lt. Kubisch, Lents langjähriger Bordfunker. Am 7. 10. kam auch Oberst Lent ums Leben. Er hatte nach 102 Nachtjagdabschüssen den Tod gefunden.

Über dem Flugplatz Achmer fiel, wie schon dargestellt, am 8. 11.

Major Nowotny. Bei den erbitterten Luftduellen schoß Lt. Schall drei Mustangs ab.

Der Einsatz der Erprobungsgruppe veranlaßte Hitler endlich, im November 1944, die Aufstellung des JG 7 mit Düsenjägern zu genehmigen. Kommodore wurde – wie im vorigen Abschnitt dargestellt – Oberst Steinhoff. Kern dieses Geschwaders wurde die Erprobungsgruppe Nowotny.

Am 30. 11. sollte Oberstleutnant Dahl das Eichenlaub zum Ritterkreuz erhalten. Doch dazu kam es nicht. Reichsmarschall Göring traf beim Geschwader ein, als dieses infolge schlechten Wetters nicht starten konnte. Als Göring den Kommodore aufforderte, zu starten, lehnte Oberstleutnant Dahl ab. Er wurde sofort seines Amtes enthoben, und Göring drohte sogar, ihn füsilieren zu lassen. Das Eintreffen und Dazwischentreten von Generalleutnant Galland verhinderte das Schlimmste. Dahl wurde nach dem Westen versetzt, um dort das JG 26 zu übernehmen. Das Eichenlaub zum Ritterkreuz erhielt er an diesem Tag nicht.

Doch zurück zum Einsatz der Jäger im Westen.

Die Angriffe der 8. USAAF am 2. 11. gegen die Leunawerke und die Treibstoffanlagen in Gelsenkirchen und Castrop-Rauxel wurden von starken Bomberkräften geflogen, denen 600 Mustang-Begleitjäger beigegeben waren. Alle im Westen nur verfügbaren Jäger wurden alarmiert. Das schlechte Wetter verhinderte, daß die eingesetzten Geschwader ans Ziel gelangten. Dennoch konnten 300 der insgesamt 500 eingesetzten deutschen Jäger die feindlichen Jäger- und Bomberverbände erreichen. Die nach dem Westen zurückverlegte IV. Sturmgruppe des JG 3, Hptm. Moritz, und die II./JG 4, die ebenfalls als Sturmgruppe ausgebildet worden war, konnten mit ihren gepanzerten FW 190 30 Bomber abschießen. Die IV./JG 3 verlor bei diesem Einsatz 15 Maschinen. Vier Flugzeugführern gelang es, mit dem Fallschirm abzuspringen. Die II./JG 4 drang ebenfalls in einen Bomberverband ein und erzielte einige Abschüsse; aber eine Reihe Flugzeugführer bezahlte diesen Einsatz mit dem eigenen Abschuß und dem Tod. Insgesamt wurden an diesem 2. 11. 1944 98 deutsche Jäger abgeschossen. Das I. Jagdkorps unter GenLt. Schmid meldete gar den Abschuß von 120 eigenen Maschinen. Die Erfolge: 50 Feindbomber von Jägern und 32 von der Flak abgeschossen.

An diesem Abwehrkampf beteiligte sich auch die I./JG 400 aus Brandis, die erste Jagdfliegergruppe, die mit dem neuen Raketenflugzeug Me 163 B ausgerüstet war. Die Gruppe war zum Objektschutz für die Leunawerke aufgestellt worden. Ihr Kommandeur war Hptm. Oljenik. Sie erlitt drei Verluste, einen durch Fehlstart und zwei im Luftkampf.

Am 21. 11. 1944 waren die Geschwader 1, 2, 4, 27, 54, 300 und 301 im Einsatz. Es gelang den deutschen Jägern nicht, bis zu den Bomberverbänden durchzudringen, denn es warfen sich ihnen etwa 650 Mustang-Jäger entgegen und schirmten den Verband der 8. USAAF so dicht ab, daß nur 5 Fliegende Festungen und zwei Mustangs abgeschossen werden konnten. Die eigenen Verluste betrugen insgesamt 61 Flugzeuge.

Am Sonntag, dem 26. 11., stand das I. Jagdkorps mit etwa 550 Jagdflugzeugen zur Abwehr eines Einfluges der 8. USAAF bereit. Im Raume Uelzen wurde der Bomberverband von Maschinen der III./JG 6 und der II./JG 1 erreicht. Es kam zum Luftkampf gegen Begleitjäger, denen es gelang, 5 FW 190 abzuschießen. Dem JG 301 erging es noch schlimmer. Alle drei Gruppen starteten nach dem Alarm in Salzwedel, Sachau, Stendal und Solpke in das ihnen von den Bodenleitstellen zugewiesene Planquadrat. Als das Geschwader die Fliegenden Festungen angriff, wurde es seinerseits von Begleitjägern angegriffen. Das JG 301 verlor in dem sich anschließenden Luftkampf 39, die übrigen am Abwehrkampf beteiligten JG 1, JG 6, JG 26, JG 27 und JG 54 insgesamt 83 Maschinen.

Am 27. 11. verlor die Jagdwaffe erneut 51 Flugzeuge.

Mit insgesamt 750 Maschinen hatte das I. Jagdkorps den Angriff versucht, und dennoch war es unmöglich, an die Bomber heranzukommen. Nur 11 Mustangs konnten abgeschossen werden. Das 1. Jagdkorps errang zwar große Erfolge, erlitt aber dabei so schwere Verluste, daß der Tag abzusehen war, an dem diese Masseneinsätze endgültig eingestellt werden mußten. Bei 155 Abschüssen im November gingen 404 Flugzeuge verloren. Im Dezember verfügte das I. Jagdkorps dennoch immer noch über 1000 einsatzbereite Jäger, zwei Drittel waren jedoch mit jungen, unerfahrenen Piloten besetzt, die gegen die erfahrenen Mustangpiloten nur eine geringe Chance hatten.

Als die 8. USAAF am 5. 12. Berlin angriff, starteten wiederum etwa 300 deutsche Jäger zur Abwehr. Im Zentrum des beginnenden Luftkampfes standen die JG 1 und 301. Teile des JG 27 und die IV./JG 54 kämpften gegen die Einflüge im Westen Deutschlands und standen im

Zentrum nicht zur Verfügung. An diesem Tag gingen 75 deutsche Jäger verloren. Der Gegner verlor nur 5 Fliegende Festungen.

In der Nacht zum 6. 12. wurde Hptm. Augenstein, Kapitän der 12./NJG 1, der binnen eines Jahres 35 Nachtjagdabschüsse erzielt hatte, über Münster abgeschossen.

Die am 16. 12. 1944 begonnene Ardennenoffensive hatte sich am 24. 12. 1944 festgefahren. Der Rückzug mußte angetreten werden. Am 1. 1. 1945 wurde dann der »Große Schlag« geführt, der lange Zeit vorher geplant worden war. Dieser Einsatz wurde Unternehmen »Bodenplatte« genannt. Doch zuvor eine Einblendung über den Einsatz der Luftwaffe während der Ardennenoffensive.

Die Luftwaffe in der Ardennenoffensive

Für die Zeit der »Wacht am Rhein«, wie diese Offensive auch genannt wurde, wurden sämtliche Jagdverbände dem Luftwaffenkommando West unterstellt. 12 Jagdgeschwader mit 40 Gruppen standen dem Generalkommandeur des IX. Fliegerkorps (Jagd) unter Generalmajor Peltz zur Verfügung. Generalleutnant Galland war zu dieser Zeit schon kaltgestellt, obgleich er offiziell noch General der Jagdflieger war.

Bereits am 2. Tag der Offensive, dem 17. 12., verlor die Jagdwaffe etwa 80 Flugzeuge, davon 23 allein das JG 300.

Tag für Tag standen die Jagdgruppen im Einsatz. Es galt, gegen überlegene Feindluftstreitkräfte anzutreten, Luftkämpfe zu bestehen und im Erdeinsatz Truppenkolonnen und Feindstellungen zu beschießen.

Am 23. 12. meldeten die Alliierten den Abschuß von 116 deutschen Jagdflugzeugen.

Der 24. 12., ein Sonntag, war für die 8. USAAF Großkampftag. Mit 1400 Bombern und 700 Jägern sollte der deutsche Vorstoß, der sich mit den Spitzenverbänden beängstigend nahe an die Maas herangearbeitet hatte, zum Stehen gebracht werden. In den Luftkämpfen dieses Tages wurden – nach britischen Quellen – 125 deutsche Jäger abgeschossen. Wenn es in Wirklichkeit auch »nur« 85 waren, so war dieser Aderlaß dennoch unerträglich groß. Die 8. USAAF verlor 44 Bomber und einige Jäger.

Am 1. Weihnachtstag kam es abermals zu schweren Luftkämpfen, bei denen 60 deutsche Jäger abgeschossen wurden. In den nächsten Tagen bis zum Ende des Dezember waren es zwischen 26 und 56 Maschinen, die täglich auf deutscher Seite verlorengingen. Insgesamt wurden im Monat Dezember 535 deutsche Jagdflugzeuge abgeschossen. Dann nahte der Tag, an dem das Unternehmen »Bodenplatte« begann.

Das Unternehmen »Bodenplatte«

Am 1. 1. 1945 richtete Adolf Hitler seine Neujahrsbotschaft an das deutsche Volk. In völliger Verkennung der tatsächlichen Lage rief er mit zuversichtlicher Stimme zum Schluß ins Mikrophon:
»Dieses Volk und dieser Staat und seine führenden Männer sind unerschütterlich in ihrem Willen und unbeirrbar in ihrer fanatischen Entschlossenheit, den Krieg unter allen Umständen fortzusetzen und erfolgreich durchzukämpfen.
Die Welt muß wissen, daß dieser Staat niemals kapitulieren wird. So wie der Phönix aus der Asche hat sich zunächst aus den Trümmern unserer Städte der deutsche Wille aufs neue erhoben. Wir werden kämpfen, bis das Beginnen unserer Feinde eines Tages ein Ende findet. Der deutsche Geist und der deutsche Willen werden dies erzwingen.
Das, meine Volksgenossen, wird einmal eingehen in die Geschichte als das Wunder des zwanzigsten Jahrhunderts.
In dieser Stunde will ich daher als Sprecher Großdeutschlands gegenüber dem Allmächtigen das feierliche Gelöbnis ablegen, daß wir treu und unerschütterlich unsere Pflichten auch im neuen Jahr erfüllen werden, des festen Glaubens, daß die Stunde kommt, in der sich der Sieg endgültig demjenigen zuwenden wird, der seiner am würdigsten ist, dem Großdeutschen Reich.«
Zur gleichen Zeit war das Unternehmen »Bodenplatte« im vollen Gange. Seit dem 20. 12. waren alle daran beteiligten Geschwader nach dem Westen verlegt worden und standen auf ihren Absprungplätzen bereit.
Es waren Jäger, Kampf- und Schlachtflieger.
Alle Geschwader – insgesamt rund 850 Maschinen (andere Quellen nennen mehr, wiederum andere weniger) – sollten auf einen Schlag am Morgen des 1. 1. 1945 gegen 7.45 Uhr starten. Jedem Geschwader, jeder Gruppe, ja jeder einzelnen Staffel waren die genauen Ziele zugewiesen worden.
Diese Ziele waren: Flugplätze, Bodenorganisationen und Radaranlagen des Gegners sowie die erkannten Gefechtsstände. (Im Lagebuch des

OKW wird die Zahl der einsatzbereiten Flugzeuge mit 1035 angegeben.)

Das Luftwaffenkommando West unter GenLt. Schmid verfügte über die 3. Jagddivision, GenLt. Grabmann über 7 Jagdgeschwader, der Jagdabschnittsführer Mittelrhein, Oberst Trübenbach, über 3 Jagddivisionen, und die 5. Jagddivision unter GenMaj. Hentschel über nur ein JG und eine Reihe von Einsatzstaffeln und Einzelmaschinen der NJG 1, 3 und 101.

Die 16. Flakdivision, über deren Kampfraum der Kurs der Jägerverbände führte, war zwar über diesen Einsatz informiert worden, aber nicht über Zeit und Stärke desselben. Für einen Teil der Geschwader mußte der Angriffstermin wegen Bodennebels verschoben werden, so daß erst gegen 9.20 Uhr der Start von 10 Geschwadern mit 33 Jagdgruppen erfolgte, während einzelne Geschwader zum befohlenen Zeitpunkt gestartet waren.

Die Einsatzziele dieser 10 zeitgleich gestarteten Geschwader waren St. Denise-Westrem, Eindhoven, Volkel, Brüssel-Evére, Brüssel-Grimberghen und Brüssel-Melsbroek. Hinzu kamen Antwerpen-Deurne, St. Trond, Le Cullot, Asch und Metz-Frescaty.

Der Gegner wurde auf fast allen diesen Flugplätzen von dem deutschen Angriff überrascht.

Das JG 1, das gegen Maldegem und St. Denis-Westrem gestartet war, vernichtete allein in Maldegem 13 der dort abgestellten Flugzeuge. Zwei im Einsatz befindliche polnische Staffeln – die Squadrons 308 und 317 – wurden von den Bodenstellen zurückgerufen und lieferten dem JG 1 einen dramatischen Luftkampf. Insgesamt verlor das JG 1 »Oesau« 24 Flugzeuge und vernichtete selber 32 Feindjäger, davon jedoch nur wenige im Luftkampf. Oberst Ihlefeld, der Geschwaderkommodore, hatte ein Drittel seiner Piloten verloren.

Das JG 2 unter Oberstleutnant Bühligen startete mit 90 Flugzeugen von den Plätzen Merzhausen, Nidda und Wetzlar. Dieses Geschwader sollte zwischen Aachen und Brüssel durch Teile des von Oberst Druschel geführten Schlachtgeschwaders 4 verstärkt werden, das mit seiner III. Gruppe, geführt vom Kommodore, in Köln-Wahn gestartet war. Von den Schlachtflugzeugen des Typs FW 190 F-8 wurden noch vor dem Zusammentreffen mit dem JG 2 vier von der Flak abgeschossen, sowohl die englische als auch die deutsche Flak feuerte auf diese Maschinen.

Im Tiefangriff auf den Flugplatz von St. Trond wurden 4 Flugzeuge des Schlachtgeschwaders 4 abgeschossen. Das JG 2 selbst verlor etwa 40 Prozent seines Bestandes. Wieder ging ein Teil auf das Konto der äußerst sicher schießenden englischen Flak.

Das JG 3, geführt von Oberstleutnant Bär, startete von Paderborn, Lippspringe und Gütersloh aus zu diesem Einsatz. Ziel war der Flugplatz von Eindhoven mit den dort stationierten 11 Typhoon-Staffeln. Der Platz wurde mit Bomben und Bordwaffen angegriffen. Der Erfolg war hier am größten, denn eine ganze Typhoon-Gruppe fiel aus, und dies bei nur geringen eigenen Verlusten. Die Flugplätze um Brüssel waren Ziel des JG 26 unter Oberstleutnant Priller. 120 Flugzeuge, alle überwiegend am Boden, wurden als zerstört gemeldet.

Als das Unternehmen »Bodenplatte« nach vierstündigem Kampf zu Ende ging, waren 27 alliierte Flugplätze und Stützpunkte vernichtet oder beschädigt, eine große Zahl von Feindflugzeugen in der Luft und am Boden zerstört, aber die deutsche Jagdwaffe hatte fast 300 Flugzeuge verloren.

Auch die deutsche Flak, die über die Route der im Tiefflug zurückkehrenden Verbände nicht unterrichtet war und die Maschinen als Feindflugzeuge ansah, schoß eine große Zahl eigener Flugzeuge ab. »Der ›Große Schlag‹ wurde ein Schlag ins Wasser; mehr noch, er wurde vom geplanten Riesenerfolg zum Cannae der deutschen Jägerwaffe, die in diesen vier Stunden 232 Flugzeugführer verlor.« (Oblt. Karlheinz Becker gegenüber dem Autor.)

Der Januar 1945 brachte eine Reihe weiterer dramatischer Einsätze. Immer wieder, und jeden Tag unter schwereren Bedingungen, versuchten die deutschen Jagd- und Kampfflieger den Gegner aufzuhalten, ihn am Bombenwurf auf deutsche Städte zu hindern. An der Ostfront hatte am 12. und 13. 1. 1945 die sowjetische Winteroffensive vom Baranow-Brückenkopf und dem Raume Pillkallen aus begonnen. In Karinhall versammelten sich die Führungsspitzen der Luftwaffe, um zu beraten, was geschehen mußte. General Koller, nach dem Tode von Generaloberst Korten Chef des Generalstabes der Luftwaffe, hatte den Kommandierenden General des I. Jagdkorps, Generalleutnant Schmid, ebenso eingeladen, wie den Oberbefehlshaber der 1. Fallschirmarmee, Generaloberst Student. Hinzugezogen waren auch Generalleutnant Conrad, Kommandierender General des Fallschirm-Panzerkorps »Hermann Göring« und Oberstleutnant Dahl. An diesem Tag erhielt Dahl endlich das ihm schon lange Zeit vorher verliehene Eichenlaub. Im Augenblick der Verleihung sagte Göring zu Oberstleutnant Dahl: »Ich ernenne Sie zum Inspekteur der Tagjäger.«

Kurz darauf meldete sich Oberstleutnant Dahl bei Oberst Gordon Gollob, der am 15. 1. 1945 anstelle von Generalleutnant Galland General der Jagdflieger geworden war. Göring hatte Gollob an diesem Tag mit folgenden Worten bestürmt:

»Die Luftwaffe ist noch nicht am Ende, sie darf es nicht sein, Gollob! Sie müssen mir dabei helfen! Darum ernenne ich Sie mit sofortiger Wirkung zum General der Jagdflieger. Sie werden es schaffen. Es muß geschafft werden!«

Aus Brandenburg-Briest und Neumünster in Holstein starteten die beiden Gruppen des Düsen-Jagdgeschwaders 7 ab Ende Dezember zu ihren Einsätzen. Neuer Kommandeur wurde nach der Ablösung von Oberst Steinhoff Major Weißenberger, Gruppenkommandeure waren Major Erler und Major Rudorffer. Diese beiden Jagdgruppen schossen mit ihrer Raketenbewaffnung Dutzende feindlicher Bomber bei Angriffen auf das Reichsgebiet ab. Aber alles dies waren nur Nadelstiche.

Am 8. 2. 1945 fand Major Semrau, Kommodore des NJG 2, bei der Landung auf dem Flugplatz Twente den Tod. Einige dort lauernde Spitfire-Jäger schossen seine Maschine ab.

Über Straußberg bei Berlin stürzte am 17. 2. Major Harder, Kommodore des JG 11, wegen Sauerstoffmangels ab. Diese Verluste beweisen, daß in der Jagd jeder Pilot, ob Gefreiter oder Oberst, ob Rottenflieger oder Geschwaderkommodore, zum Einsatz startete und daß Görings Anschuldigungen, die Luftwaffe habe versagt, jeglicher Grundlage entbehrten.

Die Nacht zum 21. 2. 1945 wurde zu einem besonderen Ereignis, weil beim Einflug großer Bomberverbände der RAF der Einsatz der Nachtjäger hundertprozentig gelang.

Eine kleine Gruppe war gestartet und wurde sofort an den Feindverband herangeführt.

Major Schnaufer schoß in den ersten Stunden dieses Tages zwei Lancaster ab und startete am Abend noch einmal, als neue Einflüge gemeldet wurden, um abermals 7 Lancaster abzuschießen. Neben ihm war Hptm. Hager, Kapitän der II./NJG 1, erfolgreichster Jäger, der innerhalb von 17 Minuten 8 Nachtjagdabschüsse erzielen konnte.

Hptm. Rökker, Kapitän der II./NJG 2, konnte 6 Viermotorige abschießen, und Ofw. Bahr brachte es auf 7 Abschüsse. Damit hatte Bahr, der in der I./NJG 6 kämpfte, bei nur 100 Einsätzen 36 viermotorige Bomber abgeschossen.

Am späten Abend des 3. 3. startete zum erstenmal seit langer Zeit ein Verband deutscher Störflugzeuge nach England. Die Maschinen warfen ihre Bomben auf die Midlands, auf Ost- und Nordengland. In dieser Nacht schlossen sich auch etwa 100 Nachtjäger einem Bomberverband an, der die Kamener Treibstoffwerke angegriffen hatte. Sie flogen mit dem Verband nach England und schossen bei der Landung der Bomber 19 viermotorige ab – ohne einen einzigen eigenen Verlust.

Die letzte große Luftschlacht

Am Morgen des 18. 3. 1945 startete die 8. USAAF zu ihrem schwersten Luftangriff gegen Berlin. Kurz nach 11.00 Uhr überflogen die Bomberverbände bereits die Vorstädte der Reichshauptstadt. Es waren 305 B 17 und 916 B 24, die von 14 Jagdgruppen begleitet wurden.

Die neuaufgestellte III./JG 7 unter Major Sinner startete zur Abwehr in Brandenburg-Briest. 38 Me 262 warfen sich den abfliegenden Bombern entgegen.

Alle 38 Maschinen waren mit neuen Raketenrosten versehen, aus denen von jeder Maschine insgesamt 24 Raketen abgeschossen werden konnten.

Die Jäger des Begleitschutzes versuchten, die deutschen Maschinen abzudrängen, doch dazu waren die Me 262 viel zu schnell; sie ließen die Mustangs einfach in der Luft stehen. Erste Bomber und 5 Begleitjäger wurden abgeschossen, ein Teil davon von der Berliner Flak.

So groß auch an diesem Tag der Erfolg der Düsenjägerpiloten war, gemessen an der Einsatzzahl von über 1200 Bombern war die Zahl von 25 verlorengegangenen Flugzeugen geringer, als die alliierte Luftwaffenführung eingeplant hatte.

Der März brachte eine Reihe weiterer Erfolge und schmerzlicher Verluste. Beim Angriff von US-Thunderbolts auf den Düsenjägerplatz Lechfeld kam es zu dramatischen Luftkämpfen. Major Heinz Bär, einer der erfolgreichsten Jagdflieger, leitete hier den Umschulungslehrgang auf Me 262. Als am frühen Morgen des 27. 3. die Thunderbolts auftauchten, startete Bär mitten in diesen Jägerverband hinein und schoß 3

Thunderbolts ab, während Oberstleutnant Dahl, der sich an diesem Tag in Lechfeld befand, 2 weitere Thunderbolts abschoß.

Insgesamt wurden von diesen in Italien gestarteten Jägern 21 abgeschossen.

Der neue General der Jagdflieger

Als Oberst Gordon Gollob am 15. 1. seinen Dienst als neuer General der Jagdflieger antrat, geschah dies in einer Phase des Mißtrauens der obersten Luftwaffenführung gegenüber der Jagdwaffe. Gollob schilderte dem Autor diese wenigen Wochen seiner Tätigkeit wie folgt:

»Sah es zunächst auch so aus, als könnte ich nicht mehr viel tun, als eine Konkursmasse treuhänderisch zu verwalten, so zeigte sich doch, daß für die ›Gläubiger‹ – die Jagdverbände und damit für die Reichsverteidigung – doch noch einiges getan werden konnte. Da war einmal die Herstellung der vollen Einsatzbereitschaft des Düsenjagdgeschwaders 7 und besonders der Aufbau der Geschwaderführung.

Es galt ferner, die R-4-M-Bordrakete als neue Bewaffnung für die Me 262 und für die FW 190 als Zusatz zur Normalbewaffnung einzuführen. Für die Me-262-Verbände mußten die notwendigen Einsatz-Richtlinien hinsichtlich Taktik und Kampfauftrag festgelegt werden: Abschießen von Viermotorigen und Jagdkampf nur in Ausnahmefällen; das sollte den konventionellen Jagdflugzeugen vorbehalten bleiben.

Die Nachtjagdstaffel Welter mußte auf Me 262 umgerüstet werden. Vor allem galt es auch, die Kampfverbände auf Tagjagd umzustellen. Die Verteilung der Me 262 (Jagd) durch den GenQu. 6. Abt. und die Konzentration auf die Jagdgeschwader 7 und KG (J) 54 forderten vollen Einsatz.

Die beim KG 51 als ›Blitzbomber‹ nutzlos eingesetzten Me 262 mußten durch Piloten des JG 7 zu diesem Geschwader überführt werden, um sie dort als Jäger einsetzen zu können. Diese Maßnahme erfolgte mit Deckung durch den ›Führerbevollmächtigten für die Abwehr der Viermotorigen‹. Dennoch kam es deswegen zum Krach mit dem Reichsmarschall und zur Rückführung dieser Me 262 auf allerhöchsten Befehl zum KG 51.

Danach unternahm ich den Versuch, versehen mit allen Beweisunterlagen, wegen der Freigabe aller Me 262 für die Jagdwaffe zum Führer vorgelassen zu werden. Reichsmarschall Göring und die Adjutantur des Führers lehnten dies kategorisch ab.

Letztmalig legte ich schließlich eine schriftliche Zusammenfassung meiner Forderungen und Vorschläge, den Strahljägereinsatz betreffend, vor, danach eine Studie, in welcher unter Verwendung aktuellen Zahlenmaterials der Bedarf an Me-267-Verbänden sowie ihre personelle und materielle Ausrüstung dargestellt wurden. Diese Ausrüstung mußte vorhanden sein, wenn den feindlichen Tag-Bomberverbänden entsprechende Verluste zugefügt werden sollten.

Als alle diese Vorschläge nichts fruchteten, bat ich am 7. 4. 1945 um Entbindung von meinen Aufgaben wegen der unüberbrückbaren Gegensätze und mit Rücksicht auf meinen Gesundheitszustand, der eine Operation erforderlich machte. Eine Antwort auf alle Eingaben und Vorschläge und Gesuche erfolgte nicht.« Soweit der General der Jagdflieger. Zu der Frage, wie er als General der Jagdflieger Zahl und Ausrüstung der damaligen deutschen Tag- und Nachtjäger im Verhältnis zum Gegner sehe, erwiderte Oberst Gollob:

»Sehen wir einmal von den Zahlenverhältnissen ab, die bekannt sind. Die deutschen Tagjäger waren für den Kampf gegen viermotorige Gegner vielfach nicht stark genug bewaffnet. Eine Ausnahme bildeten die Me 262 und einige wenige FW 190, die mit R-4-M-Raketen bewaffnet waren. Die relativ schwachen Jagdverbände waren verschiedenen Kommandostellen unterstellt; die Bildung echter Einsatzschwerpunkte war daher schon von der Kommandostruktur her nicht gerade begünstigt. Die Bomberverbände hingegen bildeten durch ihren geschlossenen Formationsflug immer echte Abwehrschwerpunkte. Die taktische Flugzeit unserer Jäger war zu gering; sie stand im krassen Mißverhältnis zu den weitgesteckten Zielen der Bomberverbände.

Die Nachtjäger waren bezüglich ihrer radartechnischen Ausrüstung unterlegen. Ihre Funkmeß-Bodenstationen wurden durch Düppel gestört. Dies löste entsprechende Schwierigkeiten in der Führung Boden-Bord aus. Dagegen war ihre Ausbildung noch gut, ihre Einsatzmoral völlig intakt.

Die Möglichkeiten, welche die Fernjagd bot, wurden nicht konsequent ausgenützt. Das mag auch an den viel zu schwachen Nachtjagdkräften gelegen haben, die vorzugsweise über dem Reichsgebiet eingesetzt werden sollten. Im Gegensatz zu den Bomberverbänden waren die deutschen Tagjagdverbände nicht oder nur bedingt bei schlechtem

Wetter einsatzfähig, begründet durch die mangelnde Blindflugausbildung und fehlende Führungsmittel.«

Soweit die Ausführungen des letzten Generals der Jagdflieger, Oberst Gordon Gollob. Doch nun zurück zu den Ereignissen der letzten Kriegswochen, in denen noch einige Verzweiflungseinsätze geflogen wurden.

Der Jagdverband 44 im Einsatz

Nach seiner Dislozierung auf dem Flugplatz München-Riem am 31. 3. 1945 mit nur 12 Me 262 wurde der Jagdverband 44 von Tag zu Tag stärker. Nach schwerer Verwundung kam Major Erich Hohagen aus einem Jagdfliegerheim am Tegernsee zum Verband. Major Krupinski stieß ebenso hinzu wie Oberst Lützow und Major Barkhorn. Auch Oberstleutnant Bär, der Kommandeur der Ergänzungsgruppe in Lechfeld war, flog als Pilot in der »Staffel der Experten«.

Der erste Einsatz richtete sich gegen einen Bomberverband, der München-Riem angriff. Neun Düsenjäger konnten starten. Sie griffen den Feindverband an und schossen 6 Fliegende Festungen ab. Zwei weitere wurden beschädigt.

Als Staffelkapitän dieses Verbandes flog Generalleutnant Galland diese Einsätze mit. Bei Landsberg schoß er mit den neuen R-4-M-Raketen zwei Marauder ab.

Als am 18. 4. wiederum ein starker Bomberverband in Richtung Regensburg gemeldet wurde, starteten zwei Ketten, von denen die eine von Generalleutnant Galland, die zweite von Oberst Steinhoff geführt wurde.

Beim Start kam Steinhoffs Maschine nicht rechtzeitig genug vom Boden weg, sie war zu schwer. Ihr Fahrwerk stieß gegen die Böschung der Ringstraße, die den Flugplatz umgab. Es gelang Steinhoff noch, den Bauchgurt zu lösen und das Fallschirmschloß zu öffnen. Die Raketen der Maschine explodierten bereits, als er über die Fläche sprang und in langen Sätzen den auflodernden Flammen zu entkommen versuchte. Schwer verbrannt, gelang es ihm, sich zu retten. Für ihn war der Zweite Weltkrieg zu Ende. Monate des Lazarettaufenthalts und über 70 Operationen folgten. Der Kampf des Jagdverbandes 44 aber ging weiter. Die Angehörigen dieses Verbandes hatten sich nunmehr beinahe unablässig der Mustangs und Thunderbolts zu erwehren, die täglich über dem Platz erschienen, um mit Bomben und Bordwaffen dem Einsatz der Düsenjäger ein Ende zu bereiten. Das gelang ihnen jedoch nicht. Wenn die Düsenjäger erschienen, wurden oftmals von den Bombern die Bomben im Notwurf über freiem Gelände abgeworfen. Die psychologische Wirkung dieser Düsenjäger war groß, ihre neue Bewaffnung mit R-4-M-Raketen hatte bei Abschuß in einen Bomberverband hinein verheerende Folgen.

Diese Düsenjäger, das steht fest – hätten dem Luftkrieg eine Wende geben können, wenn sie, wie von General Galland gefordert, noch im Jahre 1943 als Jäger eingesetzt und auch an die Jagdverbände geliefert worden wären.

Am 26. 4. 1945 startete Generalleutnant Galland zum letzten Einsatz des Krieges. Er führte sechs Me 262 gegen einen Marauder-Verband, schoß eine Maschine ab, beschädigte eine zweite und wollte wissen, ob auch diese flugunfähig war. Dazu ging er in eine steile Linkskurve und wurde dabei von einer aus Überhöhe niederstoßenden Mustang erwischt. Ein harter Schlag traf sein rechtes Knie. Ein weiterer Treffer schaltete die rechte Turbine aus. Aber er konnte seine Maschine noch austrimmen und erreichte den Flugplatz München-Riem, der jedoch gerade von Thunderbolts angegriffen wurde. Mit zerschossenem Bugrad landete er und warf sich vor den heranbrausenden Thunderbolts in den nächsten Bombentrichter.

Galland mußte die Führung seines Verbandes abgeben. Zwei Geschoßsplitter waren in die Kniegelenkkapsel gedrungen. Auch für ihn war der Krieg zu Ende.

Oberstleutnant Bär übernahm nunmehr den J. V. 44.

Auch Major Barkhorn war durch Verwundung ausgefallen.

Daß Adolf Galland wenige Tage vorher nach Karinhall befohlen worden war, sei an dieser Stelle deshalb erwähnt, weil Göring, der sicherlich wußte, daß seine Tage gezählt waren, in einem Gespräch zugab, daß Gallands Urteil über die Me 262 richtig gewesen war. Dieses Flugzeug, daß mußte er jetzt einsehen, war ein Jagdflugzeug und kein Bomber.

In den letzten Tagen des Krieges wurden die noch einsatzbereiten Me 262 nach Salzburg geflogen und beim Herannahen der Amerikaner gesprengt.

Das Sonderkommando »Elbe«

Bereits unter General Galland als dem General der Jagdflieger war der Plan eines Sondereinsatzes ausgearbeitet worden, bei dem der Pilot mit dem eigenen Untergang die Vernichtung eines Bombers bewirken sollte. Als Oberst Hajo Herrmann nun den Plan »Sonderkommando Elbe« im Februar 1945 Oberst Dahl und Oberst Gollob vorlegte, lehnten beide ihn ab. Bei diesem Unternehmen konnten die Piloten sich keine Überlebenschancen ausrechnen.

Der Einspruch der beiden erfahrenen Flieger wurde jedoch verworfen. Der Sonderlehrgang »Elbe« wurde einberufen und freiwillige Piloten auf ihren Todeseinsatz vorbereitet. Nach kurzer Ausbildungszeit wurden vier Gruppen aufgestellt. Als Flugzeuge wurden dem Sonderkommando Me 109 G zugeteilt.

Am Morgen des 7. April 1945 führte die 8. USAAF einen Großeinsatz mit 1300 Bombern und 850 Begleitjägern durch, der Dessau zum Ziel hatte.

Das Sonderkommando »Elbe« wurde alarmiert .

Das Unternehmen »Werwolf« des Sonderkommandos »Elbe« begann um 11.15 Uhr. Aus den Jägern waren sämtliche Waffen bis auf ein durch die Luftschraube schießendes MG 131 ausgebaut worden. Dadurch war das Flugzeug, mit dem sich die Piloten aus großer Höhe direkt auf die Feindbomber stürzen sollten, leichter und steigfähiger geworden.

Am Start waren 120 solcher Flugzeuge. Sie flogen einem zwanzigfach überlegenen Gegner entgegen. Düsenjäger der JG 7 und der I./KG (J) 54 waren außerdem gestartet, um diese Me 109 abzuschirmen und ihnen die Jäger vom Leibe zu halten.

Westlich des Steinhuder Meeres kam es zur Feindberührung. Die Jäger stiegen auf 11.000 m und stürzten sich aus dieser Höhe auf die von ihnen anvisierten Bomber und rammten sie.

Es wurde ein grausiges Schauspiel, und von den 120 Me 109 G kehrten ganze 15 zum Horst zurück. Alle anderen hatten sich entweder auf ihre Ziele gestürzt und waren mit diesen explodiert, oder sie waren von den Begleitjägern abgeschossen worden.

Von den Piloten des Sonderkommandos »Elbe« starben an diesem Morgen 77 Mann. Sie hatten 23 Viermotorige zum Absturz gebracht. Die beiden begleitenden Düsenjägerverbände schossen noch einmal 28

Bomber ab. Die Verluste standen in keinem Verhältnis zu den Erfolgen. Nach diesem dramatischen und zugleich für viele Soldaten tödlichen Einsatz wurde das Sonderkommando »Elbe« nach Pocking bei Passau verlegt. Die dort stehenden Me 109 wurden später von feindlichen Jabos in Brand geschossen.

Von Pocking aus flogen kleine Gruppen dieses Sonderverbandes noch in den letzten Kriegstagen einige Einsätze hinter die feindlichen Linien, wo Sabotageaufträge ausgeführt wurden.

Görings Ablösung

Von vielen gefordert, offen und heimlich, von einigen Jagdfliegern als entscheidende Voraussetzung zur Besserung der Lage angesehen, erfolgte am 23. 4. 1945 die Ablösung von Reichsmarschall Göring durch Generaloberst Ritter von Greim, der gleichzeitig damit zum Generalfeldmarschall befördert wurde. Hitler hatte diese Ablösung durchführen und bekanntgeben lassen.

An diesem 23. 4. 1945 hatte Reichsmarschall Göring, der sich nach Berchtesgaden zurückgezogen hatte, einen Funkspruch nach Berlin absetzen lassen. In diesem Funkspruch fragte Göring an, ob ihm, Göring, auf Grund des Führererlasses vom 2. 5. 1941 die Führung des Reiches nach innen und außen überlassen sei.

Dieser Funkspruch war von Görings Funkstelle abgesetzt worden, weil Hitler seine feste Absicht geäußert hatte, in Berlin zu bleiben, und Göring annahm, daß der »Führer« damit nicht mehr handlungsfähig sei. Für diesen Fall war vorgesehen, daß eine außerhalb des »Kessels«, den Berlin nunmehr bildete, stehende Persönlichkeit die Führung des Reiches übernehmen sollte.

Göring bat um Antwort bis 22 Uhr dieses Tages. Als dieser Funkspruch am Nachmittag des 23. 4. in Berlin eintraf, wurde er durch Reichsleiter Bormann sofort Hitler vorgelegt, der sich gerade in einer Lagebesprechung im Führerbunker befand.

Hitler ließ einen Antwortfunkspruch absetzen, in dem er Göring als Hochverräter bezeichnete und ihn aller Staatsämter enthob.

Mit General Ritter von Greim war nunmehr der Mann an die Spitze der Luftwaffe gerückt, den auch die seinerzeitigen »Verschwörer« als Oberbefehlshaber hatten haben wollen. Doch das änderte nichts mehr am Untergang des Reiches. Am Abend des 26. 4. 1945 landete Ritter von Greim mit der Pilotin Hanna Reitsch in Berlin, das von sowjetischer Artillerie beschossen wurde. Hitler befahl ihm, mit Hanna Reitsch nach Plön zu fliegen, um den »untreu gewordenen Reichsführer SS, Himmler, festzunehmen und unschädlich zu machen«.

Mit einer Arado 96 gelang es Hanna Reitsch und dem Feldmarschall, Berlin zu verlassen und das Hauptquartier von Großadmiral Dönitz zu erreichen.

24 Stunden später war Hitler tot.

Die letzten Einsätze – das bittere Ende

Am 27. 4. 1945 waren die letzten Maschinen des JG 300 noch einmal gegen alliierte Nachschubfahrzeuge bei Landsberg zum Einsatz gekommen.

Am 8. 5. 1945, dem letzten Kriegstag, kam es noch im Ostraum und im Süden zu einzelnen Luftkämpfen. Einen der letzten Einsätze flog Major Hartmann, Gruppenkommandeur im JG 52, der mit 352 Abschüssen der erfolgreichste Flieger des Zweiten Weltkrieges wurde.

Den einmaligen Leistungen der Soldaten der Luftwaffe aller Gattungen stand das Versagen des Oberkommandos der Luftwaffe gegenüber. Unvernünftige Vorurteile und das Unvermögen, das im Augenblick Richtige zu erkennen, hatte zu schwerwiegenden Fehlern geführt, die nicht nur den falschen Einsatz des technischen Potentials, sondern auch die Mißachtung des fliegenden Personals bewirkt hatten.

Der Zweite Weltkrieg war zu Ende. Zu Ende waren die Luftschlachten über England und Deutschland. Zurück blieben auf beiden Seiten zerstörte Städte, Millionen Todesopfer und Krüppel auf Lebenszeit.

Die bedingungslose Kapitulation war auch das Ende für die deutsche Luftwaffe.

Eines allerdings war Deutschland erspart geblieben: die Atombombe. Wäre der Krieg bis zum Sommer 1945 weitergegangen, dann »würden die Deutschen wahrscheinlich ein schreckliches Schicksal mit den Einwohnern von Hiroshima und Nagasaki geteilt haben«. (Siehe Price Alfred: a.a.O.)

Der Oberbefehlshaber der amerikanischen Heeresluftstreitkräfte, General Arnold, sagte nach Kriegsschluß über die deutsche Luftwaffe:

»Die Abrüstung der deutschen Luftwaffe bedeutet nicht, daß wir ihr

nur die Giftzähne herausziehen, wir werden ihr auch das Gehirn her-
ausreißen. Was auch immer die Deutschen an Werten besitzen, es wird
uns gehören.«

Dem Siege entgegen – Triumph und Scham

Englische Angriffe und Großangriffe ab September 1944

Am 30. 8. 1944 schlug das britische Luftfahrtministerium dem Stabe Eisenhowers vor, die Angriffe auf deutsche Industrieziele zu forcieren: »Es bietet sich uns jetzt die ausnehmend günstige Gelegenheit, während der kommenden Wochen die Kriegswirtschaft des Feindes in eine äußerst kritische Lage zu bringen, die – wenn sie ganz ausgenutzt wird – unsere Bemühungen zum endgültigen Erfolg führen kann.« Luftmarschall Harris aber wollte seine Bomberkräfte wieder auf die Kraftstofferzeugungsanlagen im Ruhrgebiet konzentrieren. Dort konnte er sowohl die Anlagen vernichten als auch die Städte selbst. Air Chief Marshal Portal, der Oberbefehlshaber der RAF, kam wiederum Ende August 1944 zu der Überzeugung, daß nun »sehr bald eine Lage eintreten kann, in welcher wir empfehlen müssen, die gesamten strategischen Kampfflugzeuge zu einem direkten Angriff gegen die Moral des deutschen Volkes einzusetzen«. (Siehe SAO Bd. III, S. 52 – 54.) Damit stimmte der britische Chief of Air Staff den Vorschlägen und Plänen von Luftmarschall Harris zu, der nun mit den Flächenbombardements fortfahren konnte. Dies tat er auch dann noch, als der stellvertretende OB der RAF, Air Chief Marshal Sir Norman Bottomley, am 25. 9. 1944 den Befehl erließ, an erster Stelle Transportziele und Ölanlagen anzugreifen. Dieser Befehl wurde am 28. 10. noch einmal wiederholt.

Das Bomber Command hatte zu Beginn des sechsten Kriegsjahres den Höhepunkt seiner Leistungsfähigkeit erreicht. Es verfügte nunmehr tatsächlich über 1000 schwere Bomber und war frisch genug, die deutschen Nachtjagdverbände ständig in Atem zu halten. Im September 1944 wurden in neun Nächten Angriffe gegen 12 verschiedene Ziele geflogen. Daran waren zwischen 137 und 549 Bomber beteiligt. Der Höhepunkt der strategischen Luftoffensive wurde in diesen letzten vier Monaten des Jahres 1944 erreicht. Allein im letzten Vierteljahr warf das Bomber Command 165.000 Tonnen Bomben auf das deutsche Reichsgebiet ab, mehr als die Hälfte davon fielen direkt auf Stadtgebiete. Hier die chronologische Reihenfolge dieser Angriffe:

Das sechste Kriegsjahr begann mit einem Großangriff der RAF, der den deutschen Nachtjäger-Basen in Holland galt. Man wollte diesen letzten gefährlichen Gegner ausschalten. 4037 Tonnen Bomben wurden abgeworfen und einige Flugplätze vernichtet oder beschädigt. Die deutsche Nachtjagd wurde durch diesen Angriff nicht entscheidend geschwächt.

Ludwigshafen war nach dem Zeitplan der Alliierten im September dreimal an der Reihe. Frankfurt und Mannheim, Stuttgart und Darmstadt folgten (siehe Anhang!).

Le Havre wurde zweimal schwer bombardiert. Beim Angriff in der Nacht zum 8. 9. waren die Stirlingbomber der 149. Staffel zum letztenmal dabei. Beim letzten Angriff auf Le Havre, der den deutschen Kleinkampf-Kriegsschiffseinheiten galt, wurden 4933 Tonnen Bomben abgeworfen. Die Stadt wurde schwer getroffen. Danach traf es Boulogne, das von 3400 Tonnen Bomben zerstört wurde. Die Menschenverluste in Frankreich wuchsen derart an, daß die schlimmsten Befürchtungen, die man vorher gehegt hatte, sich zu erfüllen schienen und man mit mindestens 40.000 Toten rechnen mußte.

Große Menschenverluste gab es auch in Darmstadt in der Nacht zum 12. 9., als 234 Bomber die ganze Stadt nach einem neuen Plan angriffen und mit »nur« 869 Tonnen Bomben 12.000 Menschen töteten und 70.000 obdachlos machten. Es war dies der erste Fächerangriff; er wurde von Air Vice Marshal R. A. Cochrane mit der 5. Bomber Group geführt. 10 Staffeln dieser Bomber Group warfen 286.000 Brandbomben, 500 Sprengbomben und 234 Luftminen. Zum Schluß griff noch eine Staffel Mosquitos im Tiefflug die Fabriken am Stadtrand an. Der Pilot, der die Zielmarkierungen setzte, war diesmal Oberstleutnant Benjamin. Darmstadt ging in Flammen auf. Nach Darmstadt war es Stuttgart, das in der Nacht zum 12. 9. angegriffen wurde. Hier waren 957 Tote zu beklagen, es gab 1000 Verletzte und 50.000 Obdachlose.

Im Oktober erfolgte eine Verstärkung der Angriffe. Am 7. 10. befanden sich mehr als 3000 Flugzeuge der Alliierten über dem Reichsgebiet. Die 8. USAAF, deren Ziele Werke der synthetischen Treibstoffgewinnung waren, warf Bomben auf Nürnberg und Berlin, auf Köln, Salzburg, Münster, Hamm und Kamen.

Im Oktober 1944 hatte auch die 100. Bomber Group unter Air Vice Marshal Addison ihren höchsten Leistungsstand erreicht. Diese Group war mit schweren Bombern ausgerüstet und hatte bei Bombenangriffen in erster Linie für Funkstörungen der deutschen Funkmeß- und Jägerleitstellen sowie der deutschen Nachtjäger selbst zu sorgen. Ihnen beigegeben war eine Staffel Mosquito-Nachtjäger, die diesen Verband abschirmten. Zur 100. Bomber Group gehörten im Oktober 1944 je eine Staffel Fortress- und Liberator-Bomber, hinzu kam die 192. Staffel, die mit Halifax-, Wellington-Bombern und Mosquitos ausgerüstet war.

In der Luft erfaßten diese Maschinen die Signale der deutschen Radarstationen und führten dann auf deren Frequenzen Funkstörungen durch. Die Halifax-Bomber der Group verfügten über jeweils 8 Mandrel-Sender, mit denen die deutschen Funkstellen gestört werden konnten.

Daneben hatte dieser Verband noch die Aufgabe, Düppelfelder auf Scheinkurse zu werfen, dort Großverbände vorzutäuschen und die deutschen Nachtjäger auf diese falsche Fährte zu locken. Außerdem mußte er mehrfach die Nahdeckung der Bomberverbände übernehmen. Dadurch erlebte die deutsche Nachtjagd keine Pause; selbst dann nicht, wenn das Bomber Command nicht startete. Mit ihren Störsendern konnte der Verband von 8 Halifaxbombern, im Abstand von 24 km fliegend, einen Raum von rund 250 km Breite abdecken, in dem die Bomber – den Störmaschinen folgend, unbemerkt einfliegen konnten.

Duisburg war das Signal zur zweiten Luftschlacht über der Ruhr. Sie begann am 14. Oktober mit einem Tagesangriff, bei dem 1063 Bomber, von 300 Jägern begleitet, einflogen und diese Stadt schwer angriffen. Dabei wurden 15 Bomber abgeschossen. In der Nacht zum 15. 10. waren es 1005 Lancaster, Halifax und Mosquitos. Damit waren binnen 24 Stunden 2068 Bomber über Duisburg gewesen und hatten mit dem Abwurf von rund 9000 Tonnen Bomben und Brandbomben versucht, die Stadt zu vernichten.

Der Versuch durfte als gelungen bezeichnet werden, Duisburg war ein Ruinenfeld. Zum erstenmal hatte man auch die »Wohnblockknacker« und »Litfaßsäulen« eingesetzt, Riesenbomben von ungeheurer Sprengwirkung.

Auch die 8. USAAF flog am 14. 10. einen Großangriff, und zwar mit 1000 Bombern auf Köln. Zwangsläufig mußte sich die Jagdabwehr verzetteln.

Essen war in der Nacht zum 24. 10. von 955 Maschinen mit 4522 Tonnen Bomben belegt worden. 3937 Tonnen gingen in der Nacht zum 31. 10. auf Köln nieder, und in der Nacht zum 1. 11. war es ein drittes Mal

Köln, das mit 2383 Tonnen Bombenabwürfen schwer angegriffen wurde.

Der November war für die Alliierten nicht weniger erfolgreich. Die Leunawerke, Treibstoffwerke in Hamburg, der Dortmund-Emskanal bei Ladbergen, Karlsruhe, Ludwigshafen, Gelsenkirchen, die synthetischen Treibstoffwerke in Homberg-Meerbeck, Wanne-Eickel und Hamburg waren die Hauptziele.

Am 12. 11. 1944 versenkte eine Gruppe von mit Spezialbomben ausgerüsteten britischen Bombern im Tromsöfjord die »Tirpitz«. Es waren die Staffeln 9 und 617, die für solche Spezialaufgaben herangezogen wurden. Sie warfen 12.000-Pfund-Tallboy-Bomben ab.

Am 16. 11. wurde mit 9318 Tonnen die höchste Tonnenzahl an einem Tag abgeworfen bei 1189 Angriffen, u. a. gegen Düren, Jülich, Rheinsberg, Eschweiler. Dies war ein kombinierter Angriff der RAF und der USAAF gewesen.

Am 21. und 22. 11. gelang es der 5. Bomber Group, den Dortmund-Ems-Kanal und den Mittellandkanal schwer zu treffen und unbrauchbar zu machen.

Homberg-Meerbeck wurde am 20. und 21. 11. zweimal bei Tag von der RAF angegriffen. Nur 7 Bomber gingen dabei verloren. Am 26. 11. waren es die Eisenbahnanlagen bei Paderborn, Bielefeld, Hamm, Osnabrück, Hannover und Gütersloh, die von der 8. USAAF am Tag angegriffen wurden. Auch Dortmund, Duisburg, Essen und Neuss waren erneut das Ziel.

Bis zum 16. 12. waren Hagen, Oberhausen, Heilbronn, Soest, Gießen, Osnabrück und die Leunawerke sowie die Urft-Talsperre in der Eifel die Ziele. Der Angriff gegen die Urft-Talsperre wurde am 11. 12. wiederholt. Frankfurt, wieder die Leunawerke, Essen, Hannover und Ludwigshafen wurden neuen Angriffen ausgesetzt. Mit Beginn der Ardennenoffensive am 16. 12. 1944 waren die deutschen Tag- und Nachtjagdverbände beinahe ausschließlich in diesem Raum im Einsatz und fielen für die Heimatverteidigung aus. Dies gab der alliierten Luftwaffenführung die Chance, beinahe ungehindert in das Reichsgebiet einzufliegen und die Bombardierung der Städte fortzusetzen.

Ulm und München, Duisburg, Gotenhafen, die Treibstoffwerke Pölitz, Koblenz und Trier waren die Ziele der zweiten Dezemberhälfte, und am 24. 12. 1944 griffen die alliierten Luftflotten bei insgesamt 6000 Einsätzen Ziele im gesamten deutschen Frontgebiet an. Seit dem 16.

12. 1944 waren nach alliierten Unterlagen 1088 deutsche Jäger vernichtet worden. Dies war ein Aderlaß, der nicht mehr zu verkraften war.

Die Treibstoffwerke in Scholven-Buer wurden in der Nacht zum 30. 12. angegriffen. Ein Einsatz besonderer Art wurde am 3. 12. 1944 geflogen, als 44 Mosquitos der Staffel 627 das Gestapo-Hauptquartier in Oslo angriffen und das Gebäude schwer trafen.

Am 1. 1. 1945 wurde der Dortmund-Ems-Kanal erneut angegriffen und brach. In der folgenden Nacht wurde auch der Mittellandkanal wieder durch Angriffe der 5. Bomber Group schwer beschädigt. Die Rheinbrücken bei Koblenz, Neuwied und Remagen waren am 1. und 2. 1. 1945 Ziele der 8. USAAF, die mit 569 Bombern versuchte, die Brücken in den Fluß zu stürzen. Dadurch sollte der Rückzug der deutschen Truppen über den Rhein verhindert werden. Der Angriff wurde ein Mißerfolg.

Eisenbahnanlagen in Westdeutschland, bei Fulda, Paderborn, Aschaffenburg, Köln-Kalk, Hamm, Hanau und Rastatt wurden im Januar angegriffen. Hinzu kamen die Chemiewerke in Pölitz, die Leunawerke, die Treibstoffwerke von Brüx, die Zeitzwerke, Wanne-Eickel und die Treibstoffwerke von Moosbirnbaum bei Wien. Letztere wurden von 217 B-17- und B-24-Bombern der 15. USAAF getroffen.

Der Großangriff auf Berlin am 3. 2. durch 937 Bomber der 8. USAAF, die von 613 Jägern begleitet wurden, war einer der schwersten, die bis dahin auf die Reichshauptstadt angesetzt waren. Während General Spaatz, Oberbefehlshaber der Strategischen Luftstreitkräfte der USAAF in Europa, nach wie vor nach den USA berichtete, daß nur militärische Ziele angegriffen würden, beteiligte sich die 8. USAAF bereits seit geraumer Zeit am Bombardement deutscher Städte. Zwar hatte Spaatz am 25. 1. 1945, als man den Bombardierungsplan für Berlin besprach, Bedenken geäußert. Er hatte gesagt, daß er keinen reinen Vernichtungsangriff würde fliegen lassen. General Spaatz hatte darüber hinaus vom Oberbefehlshaber der US-Heeresluftstreitkräfte, General Arnold, eine schriftliche Bestätigung des Befehls, Berlin anzugreifen, verlangt. Doch dies alles kam zu spät, denn am 3. 2. 1945 ließ General Doolittle, der derzeitige Oberbefehlshaber der 8. USAAF, zum Tagesangriff gegen Berlin starten.

In Berlin heulten um 10.40 Uhr die Sirenen. Um 11.02 Uhr erschienen die ersten der 937 Fliegenden Festungen über der Stadt. Sie wurden von 613 Jägern der 1., 2. und 3. US-Jägerdivision begleitet. Das Zeitungsviertel der Stadt fiel in Trümmer. Das Berliner Schloß stand in Flammen. Im Bezirk Berlin-Mitte wurde jedes Haus vernichtet. Der Anhalter Bahnhof verwandelte sich in ein Flammenmeer. Die Berliner Altstadt wurde total zerstört, darunter auch das Haus von Wilhelm Raabe in der Sperlingsgasse. 50 Minuten dauerten die in mehreren Wellen durchgeführten Angriffe, bei denen 2270 Tonnen Bomben fielen.

Das JG 300, Major Hackl, warf sich diesem gewaltigen Strom an Gegnern mit einigen Dutzend FW 190 entgegen und schoß 36 Bomber ab. 9 Begleitjäger wurden außerdem abgeschossen.

Offiziell forderte dieser erste offensichtliche Terrorangriff, mit dem sich die 8. USAAF an dem Vernichtungswerk beteiligte, 22.000 Tote. Unter den Toten befand sich auch der berüchtigte Vorsitzende des Volksgerichtshofes, Roland Freisler.

Nach einigen kleineren Angriffen holte nun auch Luftmarschall Harris zum großen Schlag aus. Sein Ziel war Dresden.

In zwei Angriffen, in der Nacht vom 13. zum 14. 2. 1945, zerstörten 244 und 529 Lancaster-Bomber diese Stadt völlig. Am Mittag des 14. 2. wurde der Angriff von 311 B 17 der 8. USAAF fortgesetzt. Die Begleitjäger des Typs P 51 jagten im Tiefflug über die Straßenzeilen und insbesondere über die Elbwiesen und schossen mit ihren jeweils sechs 12,7-mm-Maschinengewehren auf die kopflos durcheinanderrennenden Menschen.

Die Kunststadt an der Elbe war in Trümmer gelegt. Dies war der »schwere Schlag«, den die Alliierten Stalin in Jalta versprochen hatten. Am 13. 2. um 22.10 Uhr begann der Angriff durch die 5. Bomber Group. Ein riesiger Flächenbrand entstand, nach welchem sich die zweite Welle genau richten konnte, die aus 529 Viermot-Bombern bestand.

Aus dem Hauptbahnhof wurden nach diesem zweiten Angriff Tausende Tote herausgeholt. Dresden brannte von einem Ende zum anderen.

Die Dresdner Frauenkirche, das neue Rathaus, der gesamte Zwinger und viele andere unersetzliche Kulturstätten gingen in Flammen auf. Die Zahl der Toten von Dresden ist nicht bekannt. Offizielle Stellen geben zwischen 80.000 und 90.000 an. Andere nennen bis zu 245.000 Tote, denn die Stadt war mit heimkehrenden Urlaubern, mit Verwundeten und Genesenden überbelegt. Hinzu kamen Tausende von Flüchtlingen aus den Ostgebieten, die nicht registriert waren und deren Tod man auch später nicht amtlich feststellen konnte.

Als das ganze Ausmaß dieser Bombardements bekannt wurde, als in aller Welt und vor allem auch in England selber Stimmen laut wurden, die nach dem Schuldigen riefen, versuchte Winston Churchill sich von dieser Vernichtungsschlacht gegen die Zivilbevölkerung zu distanzieren. Er schob nun alle Verantwortung von sich. Er schrieb in seinem Dresden-Memorandum an den Stabschef der RAF, Air Chief Marshal Portal:

»Mir scheint nun der Augenblick gekommen, in dem man die Frage überprüfen muß, ob deutsche Städte nur deshalb bombardiert werden sollen, um den Terror zu verstärken, auch wenn für die Angriffe andere Vorwände gegeben werden. Die Vernichtung von Dresden stellt ernsthafte Fragen über die Durchführung des alliierten Bombenkrieges. Ich halte eine stärkere Konzentration der Angriffe auf militärische Objekte, wie Öl und Verkehrsmittel, gleich hinter den Fronten für notwendiger, statt daß wir Terror und zügellose Zerstörung verbreiten, so eindrucksvoll dies auch immer sein mag.«

Doch in diesem Falle machte der Stabschef der RAF nicht mehr mit. Er zwang Churchill, dieses Memorandum zurückzuziehen.

In der Meldung der Regierung, am 14. 2. 1945 über BBC ausgestrahlt, wurde zugegeben, daß man einen »Bombenangriff auf Dresden geführt« habe, den man »den Russen in Jalta versprochen« hatte. Diese Meldung wurde – entgegen dem allgemein geübten Brauch – niemals wiederholt.

Wenn man geglaubt hatte, daß nach diesem Bombardement nunmehr der Schlußstrich unter die Terrorangriffe gezogen werden würde, so irrte man. Chemnitz war noch am 14. 2. das Angriffsziel von 294 B 17. Magdeburg am selben Tag das von 340 B 24 der 8. USAAF; und in der Nacht zum 15. 2. wurde Chemnitz vom Bomber Command der RAF angegriffen.

Am 15. 2. traf es noch einmal Dresden, Cottbus und Magdeburg. Alle drei Städte wurden von der 8. USAAF angegriffen.

Die Messerschmittwerke in Regensburg waren am 16. 2. Ziel von 263 B 24 der 15. USAAF. Hierbei wurden die Produktionsstätten der Me 262 nur leicht getroffen.

Am 21. und 22. 2. wurde Nürnberg mit 3800 Tonnen Bomben belegt. In der Nacht zum 21. 2. begann der erste der 36 Mosquito-Nachtangriffe der RAF auf Berlin. Der letzte fand in der Nacht zum 28. 3. 1945 statt.

Am 22. 2. flogen etwa 3500 alliierte Bomber aller Verbände etwa 9000 Einsätze gegen Verkehrsziele in Westdeutschland: Gelsenkirchen, Essen, Pforzheim und Hamburg, Verona, Graz und Klagenfurt wurden von der 15. USAAF angegriffen. Ulm und Aschaffenburg und noch einmal Berlin mit einem Großangriff von 1112 Bombern der 8. USAAF waren die letzten Februarziele. Die Alliierten hatten eine Maschinerie in Gang gesetzt, die anscheinend niemand mehr stoppen konnte. Die Flächenbombardierungen wurden fortgesetzt, Städte und Treibstoffwerke zerstört. Einen letzten Großangriff erlebte Essen am 11. 3. 1945. 1055 Bomber waren über der Stadt und warfen 4700 Tonnen Bomben ab, die binnen einer Stunde die Stadt in Trümmer legten. Einen Tag später wurde Dortmund von 1107 Flugzeugen angegriffen, die über 5000 Tonnen Bomben abwarfen. Auch hier entstanden schwere Schäden. Die erste 10-Tonnen-Bombe wurde am 14. 3. auf einen Eisenbahnviadukt bei Bielefeld geworfen. Diese Bombe, »Grand Slam« genannt, wurde von einer Lancaster I (Spezial), Nummer PD 112, der 617. Staffel abgeworfen. Leiter des Angriffes war Squadron Leader Calder. (Bis zur Kapitulation Deutschlands wurden 40 weitere Bomben dieses Gewichts auf das Reichsgebiet geworfen.)

Der spektakuläre Bombenangriff auf Oranienburg und das Oberkommando des Heeres sowie den Wehrmachtsführungsstab in Zossen, südlich von Berlin, ergab keine meßbaren Erfolge.

Den schwersten Angriff auf Berlin flog am 18. 3. 1945 die 8. USAAF mit 305 Fortress- und 916 Liberator-Bombern. Dies war die größte Bomberstreitmacht, die jemals auf eine einzige Stadt angesetzt war. Diese Bomberverbände wurden von 14 Jagdgruppen begleitet. 60 Minuten dauerte der Angriff. Der Schlesische Bahnhof, das Rathaus, die S- und U-Bahnstrecken lagen unter Trümmern begraben, als kurz nach 13.00 Uhr Entwarnung gegeben wurde.

Die Düsenjäger des JG 7 schossen mit der III. Gruppe unter Major Sinner 8 Bomber und 5 Mustang-Jäger ab. Die Berliner Flak brachte 16 weitere Bomber zum Absturz.

Wie hatte es General Spaatz, der Oberbefehlshaber der strategischen Luftstreitkräfte der USAAF in Europa, in seiner neuesten Direktive vom 12. 1. 1945 formuliert:

»Der wichtigste Auftrag der strategischen Luftstreitkräfte bleibt es, die

340

militärische, industrielle und wirtschaftliche Struktur in Deutschland progressiv zu zerstören.« (CC Band III, S. 721.) Dennoch griffen die amerikanischen Verbände bei Flügen über Deutschland Städte und Dörfer an, schossen amerikanische Jäger später selbst auf einzelne Radfahrer.

Am 19. Februar 1945 hatte General Arnold, der Oberbefehlshaber der US-Heeres-Luftstreitkräfte, von General Spaatz noch einen Bericht erhalten, in dem dieser erklärte:

»Die US-Luftstreitkräfte machen einen deutlichen Unterschied zwischen Terrorangriffen und Radarangriffen gegen Transportziele in Stadtgebieten. Die US-Luftstreitkräfte sind nicht von der historischen Politik der USA in Europa abgewichen.«

Hamburg am 20. 3., Osnabrück am 25. 3. und Hannover, danach noch einmal Hamburg, Bremen, Wilhelmshaven am 30. 3., das waren Ziele der alliierten Bomberverbände im März 1945.

Beim Rheinübergang am frühen Morgen des 24. 3. 1945 im Großraum Wesel setzten die Alliierten 1572 Transportflugzeuge und 1326 Lastensegler für die Luftlandetruppen ein. Zu ihrer Sicherung stiegen 889 Begleitjäger auf, während 2153 weitere Jagdflugzeuge aller Art die Absprungräume freihielten.

Das Ende des Krieges zeichnete sich ab, nicht aber das Ende der nun völlig sinnlos gewordenen Bombenangriffe. Kiel war am 3. 4. das Ziel, als 700 Maschinen der 8. USAAF 2200 Tonnen Bomben abwarfen. Die drei alliierten taktischen Luftflotten flogen am 4. 4. über der Westfront 3401 Einsätze und warfen 1016 Tonnen Bomben ab.

Die Treibstoffwerke in Lützendorf und die Hafenanlagen Hamburgs waren in der Nacht zum 9. 4. noch einmal das Ziel von Angriffen des Bomber Command. In der Nacht zum 10. 4. folgte die Bombardierung Kiels. Dabei wurde auch der schwere Kreuzer »Admiral Scheer« versenkt.

Die Eisenbahnanlage von Plauen, noch einmal der Kieler Hafen und ein letztesmal Potsdam waren weitere Ziele. In Potsdam wurden nach diesem Angriff mit 1751 Tonnen Bomben rund 5000 Tote gezählt.

Noch einmal wurden auch die verbliebenen deutschen Stützpunkte in der Girondemündung von der 8. USAAF in drei Angriffen zwischen dem 15. und 20. 4. 1945 mit 6803 Tonnen Bomben belegt. Viele Franzosen fanden dabei den Tod.

Pilsen in der Nacht des 17. 4. und ein letztesmal Dresden, das waren

Angriffe der 8. USAAF, die allein in Dresden noch einmal 3700 Tote hinterließen.

Bremen wurde vom Bomber Command in der Nacht zum 22. 4. angegriffen, und am 25. 4. beteiligten sich auch die sowjetischen Luftstreitkräfte mit 1486 Maschinen an der völligen Zerstörung der Reichshauptstadt, vor deren Toren sie standen. Am selben Tag fand der letzte Angriff auf Pilsen durch die 8. USAAF statt. Wangerooge wurde am 24. 4. ebenso angegriffen wie Hitlers Berghof bei Berchtesgaden. Beim Angriff von 318 Lancaster-Bombern auf den Berghof wurden noch einmal 1181 Tonnen Bomben geworfen. Dies war der letzte große Luftangriff des Zweiten Weltkrieges.

Der Luftkrieg war am Abend dieses Tages bis auf eine Reihe von Einzelgefechten beendet.

Das Fazit des Bombenkrieges

Mit der letzten Phase des Bombenkrieges vom 1. 1. 1945 bis zum 8. 5. 1945, in welcher über 180.000 Tonnen Bomben – ein Fünftel der Gesamt-Bombenabwürfe des gesamten Krieges – auf deutsche Städte geworfen wurden, ging ein Kampf zu Ende, der auf Kosten der Zivilbevölkerung geführt worden war, entgegen allen Kriegsregeln und Vereinbarungen und nicht nur von einer Seite, sondern von allen Beteiligten.

39 deutsche Großstädte waren allein im Jahre 1945 Ziele von Großangriffen gewesen. Der größte dieser Angriffe hatte der Stadt Dortmund gegolten, nicht weniger als 1107 Bomber waren gestartet und hatten über 5000 Tonnen Bomben auf die Stadt geworfen. Allein in der Reichshauptstadt waren im Verlaufe der Luftangriffe 49.600 gezählte und registrierte Luftkriegstote bei 310 Angriffen mit 40 schweren und 29 Großangriffen zu verzeichnen gewesen. 45.517 Tonnen Bomben hatten diese Verluste bewirkt.

In Deutschland starben durch anglo-amerikanische Luftstreitkräfte nach amtlichen Unterlagen 410.000 Menschen. Die Zahl der Vermißten geht in die Hunderttausende.

Vom 1. 2. 1945 bis zum 8. 5. 1945, zu einer Zeit also, wo das Ende des Krieges bereits feststand, starben noch 119.000 Deutsche im Bombenhagel der alliierten Luftflotten.

In den letzten 36 Stunden dieses Krieges fielen noch 14.000 Tonnen Bomben auf deutsches Gebiet.

Insgesamt gingen über Europa bis Kriegsende 955.044 Tonnen englische Spreng- und Brandbomben und über eine Million US-Spreng- und Brandbombentonnen nieder. Davon fielen über 50 Prozent auf Wohngebiete, und davon wiederum waren 20 Prozent Brandbomben und Phosphorkanister sowie – in der letzten Kriegsphase – auch Napalm.

12 Prozent aller Bomben fielen auf Fabriken und kriegswichtige Ziele, 24 Prozent ausschließlich auf Großstädte mit über 100.000 Einwohnern.

3,6 Millionen Häuser wurden in Deutschland durch den Bombenkrieg zerstört, 7,5 Millionen Menschen wurden obdachlos.

Auf Großbritannien wurden im Gesamtverlauf des Krieges 56.000 Tonnen Spreng- und Brandbomben geworfen; darunter litt in der

Hauptsache die Hauptstadt des Landes, London. Auch die zusätzlich abgeschossenen 19.000 Tonnen V-Waffensprengstoffe gingen überwiegend auf London nieder.

In England gab es 60.000 Luftkriegstote, davon allein in London 30.000.

In Frankreich wurden durch den anglo-amerikanischen Luftkrieg auf französische Städte insgesamt 59.000 Menschen getötet, also noch bedeutend mehr, als Churchill in seinen Planungen hatte ausrechnen lassen.

Nach Unterlagen, die Air Chief Marshal Tedder zur Verfügung standen, betrug die Gesamtmenge der abgeworfenen Bomben, die auf Deutschland und die besetzten Westgebiete fielen, 1,996.036 Tonnen, davon hatten die US-Army Air Forces an den 995 Tagen ihrer Teilnahme am Bombenkrieg bei insgesamt 1,034.053 Einsatzflügen 971.762 Tonnen abgeworfen.

Die Verluste der deutschen Luftwaffe

Nach den neuesten Unterlagen sind vom 1. 9. 1939 bis zum 31. 1. 1945 138.596 Luftwaffensoldaten gefallen, 156.132 weitere sind vermißt, ihr Schicksal ist teilweise bis zum heutigen Tag noch nicht bekannt.

Bei der Tagjagd fielen 8500 Soldaten, vermißt und zum Teil in Gefangenschaft geraten sind 2700 Soldaten.

Zerstörer und Nachtjäger verloren 2800 Soldaten durch den Tod; 900 weitere wurden vermißt, das entspricht einem Gesamtverlust von 3700 Soldaten.

Vom 1. 9. 1939 bis zum 8. 5. 1945 schoß die deutsche Jagdwaffe an allen Fronten etwa 70.000 feindliche Flugzeuge ab. Sie selbst verlor bei den Tagjagdverbänden 22.500 Jagdflugzeuge durch Feindeinwirkung und 21.500 ohne Feindeinwirkung.

Bei der Nachtjagd- und Zerstörerwaffe wurden durch Feindeinwirkung 4800 Flugzeuge schwer beschädigt oder vernichtet. Ohne Feindeinwirkung gingen 6200 Maschinen verloren. Dies entspricht einer Gesamtzahl von 11.000 Maschinen.

Die 8. USAAF gab kurz vor Kriegsende die Zahl ihrer in Europa gefallenen und vermißten Flieger mit 43.742 an.

England verlor im Krieg 79.281 Soldaten der Luftwaffe.

Die USA verloren 79.265 Soldaten ihrer Heeresluftstreitkräfte.

Die Gesamtzahlen der verlorengegangenen Flugzeuge der deutschen Luftwaffe schlüsseln sich wie folgt auf:

38.977 Jagdflugzeuge aller Art
  9.827   Nachtjagd- und Zerstörermaschinen
21.807   Kampfflugzeuge aller Art
  7.825   Schlachtflugzeuge
  5.926   Transportflugzeuge
  3.301   Nahaufklärer
  3.059   Fernaufklärer
  2.797   Verbindungs- und Kuriermaschinen und
    916   Seenotflugzeuge

Dies sind insgesamt: 94.435 Flugzeuge aller Art.

Was aber wurde durch diese Verluste auf beiden Seiten erreicht? Deutschland wurde zwar niedergeworfen, aber nicht durch den Einsatz der alliierten Luftgeschwader, sondern durch den Zermürbungskrieg, den es an vielen Fronten führen mußte. Der Luftkrieg selbst ließ zerstörte Städte zurück und Menschen, die erleben mußten, wie eine Barbarei durch die andere »ausgetrieben« wurde. So will denn die Darstellung dieses wahrhaft titanenhaften Kampfes nicht mehr – aber auch nicht weniger – beweisen, daß es sinnlos war, daß in ihm Hunderttausende Soldaten und unermeßliche Werte geopfert wurden, um – unschuldige Menschen umzubringen, die auf beiden Seiten nichts anderes wollten, als ihr Vaterland zu retten, das in Gefahr war.

Wenn es durch diese Darstellung gelingt, alle Menschen, und insbesondere die Verantwortlichen für solche Aktionen, davon zu überzeugen, daß durch die Terrorisierung oder Dezimierung der Zivilbevölkerung bzw. durch die Verwüstung der Städte des Gegners keine Entscheidung herbeigeführt werden kann, dann hat dieses Werk seine Zielsetzung erreicht.

Der Zweite Weltkrieg ist zu Ende. Nicht zu Ende aber sind seine Folgen. Der Bombenkrieg hat aufgehört, kein Ende aber nimmt das Bomben in anderen Ländern der Erde. Und nur wenige stehen dagegen auf, wie es jener englische Bischof tat, als er für deutsche Menschen sprach.

Anhang

Die deutsche Luftwaffe

a) Jagdflieger-Verbände

Jagdgeschwader 1 (Oesau)
Geschwaderstab: Jever
Erst im Jahre 1942 vollständig aufgestellt.

Jagdgeschwader 2 (Richthofen)
Geschwaderstab: Frankfurt a. M.
Im Januar 1940 Aufstellung beendet.

Jagdgeschwader 3 (Udet)
Geschwaderstab: St. Pol
Im März 1940 Aufstellung beendet.

Jagdgeschwader 4
Geschwaderstab: Mizil (Rumänien)
Dieses Geschwader wurde erst 1943 aufgestellt.

Jagdgeschwader 5
Geschwaderstab: Stavanger
Aufstellung des Geschwaders erfolgte im Frühjahr 1941.

Jagdgeschwader 6 (Horst Wessel)
Geschwaderstab: Reims
Im September 1944 aufgestellt.

Jagdgeschwader 7
Geschwaderstab: Lechfeld (Berlin)
Dieses Düsenjagdgeschwader wurde November 1944 aufgestellt.

Jagdgeschwader 10
Geschwaderstab: Wittmund
Aufstellung erfolgte im Mai 1943.

Jagdgeschwader 11
Geschwaderstab: Jever
Aufgestellt im Frühjahr 1943.

Jagdgeschwader 25
Geschwaderstab: Berlin-Staaken
Aufgestellt im August 1943.
Aufgelöst im Dezember 1943.

Jagdgeschwader 50
Geschwaderstab: Wiesbaden-Erbenheim
Im Sommer 1943 aufgestellt.
Im November 1943 aufgelöst.

Jagdgeschwader 26 (Schlageter)
Geschwaderstab: Odendorf
Aufgestellt vor Kriegsbeginn.

Jagdgeschwader 27
Geschwaderstab: Raum Niederrhein
Aufgestellt zu Beginn des Zweiten Weltkrieges.

Jagdverband 44
Geschwaderstab: Brandenburg-Briest
Aufgestellt im Januar 1945 als Düsenjagdverband.

Jagdgeschwader 51 (Mölders)
Geschwaderstab: Calais (ab 8. 1940)
Aufgestellt im Herbst 1939.

Jagdgeschwader 52
Geschwaderstab: Westgrenze
Vor Kriegsbeginn aufgestellt; die III. Gruppe wurde im Frühjahr 1940
aufgestellt.

Jagdgeschwader 53 (Pik-As-Geschwader)
Geschwaderstab: Saarbrücken
Mit Anfängen 1937 aufgestellt. Die III. Gruppe wurde jedoch erst
nach Ausbruch des Zweiten Weltkrieges aufgestellt.

Jagdgeschwader 54 (Grünherz-Geschwader)
Geschwaderstab: Jever
Aufstellungsbeginn Februar 1940; Juli 1940 Aufstellung beendet.

Jagdgeschwader 76
Geschwaderstab: Mitteldeutschland
Aus dem ZG 76 durch Umrüstung auf Jagdflugzeuge aufgestellt.
Der Verband erreichte nie Geschwaderstärke.

Jagdgeschwader 77 (Herz-As-Geschwader)
Geschwaderstab: Döberitz – Die Aufstellung des Geschwaders
erfolgte unmittelbar nach Kriegsausbruch.

Jagdgeschwader 200
Geschwaderstab: Aix-en-Provence
Am 6. 6. 1944 aufgestellt. Ende 1944 in Wiesbaden aufgelöst.

Jagdgeschwader 300 (Wilde Sau)
Geschwaderstab: Bonn-Hangelar
Aufgestellt am 26. 6. 1943.

Jagdgeschwader 301 (Wilde Sau)
Geschwaderstab: Neubiberg
Aufgestellt am 1. 10. 1943.

Jagdgeschwader 302 (Wilde Sau)
Geschwaderstab: Stade
Aufgestellt im November 1943. Ende Mai 1944 wurde dieses
Geschwader aufgelöst.

Jagdgeschwader 400
Geschwaderstab: Brandis bei Leipzig
Aufgestellt im Februar 1944.

b) Die Nachtjagdgeschwader

Nachtjagdgeschwader 1
Geschwaderstab: Arnheim und Deelen
Das Geschwader wurde am 26. 6. 1940 aufgestellt.

Nachtjagdgeschwader 2
Geschwaderstab: Gilze-Rijn
Aufgestellt am 1. 11. 1941.

Nachtjagdgeschwader 3
Geschwaderstab: Vechta
Aufgestellt im Herbst 1941.

Nachtjagdgeschwader 4
Geschwaderstab: Metz
Der Aufstellungsbefehl erging am 15. 1. 1941. Ende 1941 war das
Geschwader einsatzbereit.

Nachtjagdgeschwader 5
Geschwaderstab: Döberitz
Die Aufstellung erfolgte Ende September 1942. Erst im August 1943
war das Geschwader vollständig.

Nachtjagdgeschwader 6
Geschwaderstab: Schleißheim
Die Aufstellung des Geschwaders begann am 15. 9. 1943 und war am
10. 5. 1944 beendet.

Nachtjagdgeschwader 7
Geschwaderstab: Handorf bei Münster
Beginn der Aufstellung war Januar 1944. Das Geschwader kam nie
über Gruppenstärke hinaus.

Nachtjagdgruppe 10
Gruppenstab: Werneuchen
Aufstellungsdatum war der 1. 1. 1944.
April 1945 wurde diese Gruppe aufgelöst.

Nachtjagdgeschwader 11
Geschwaderstab: Werneuchen
Tag der Aufstellung ist der 25. 8. 1944.
Das Geschwader wurde nicht voll aufgebaut. Auch der Geschwader-
stab war nur ein Torso.

Nachtjagdgeschwader 100
Gruppenstab: Leipheim
Das Geschwader bestand nur aus selbständigen Gruppen.

Nachtjagdgeschwader 200
Es bestand kein Stab.
Die drei Staffeln des Teilgeschwaders wurden später von anderen
Nachtjagdverbänden aufgenommen.

c) Die Zerstörergeschwader

Zerstörergeschwader 1
Gruppenstab: Jüterbog-Damm
Aufstellungstag der I. Gruppe dieses Geschwaders war der
1. 4. 1935. Diese Gruppe war einer der ältesten fliegenden Verbände
der Luftwaffe.
Die beiden bestehenden Gruppen bildeten keinen Geschwaderverband.
Die zweite Aufstellung dieses Geschwaders erfolgte im Januar 1942.
Einsatz im Rußlandfeldzug.
Juli 1944 erfolgte in Salzwedel die Auflösung.

Zerstörergeschwader 2
Gruppenstab: Bernburg
Aufgestellt wurde die erste Gruppe dieses Geschwaders
am 1. 4. 1936.
Geschwaderstab: Darmstadt-Griesheim
Die zweite Aufstellung nach Auflösung des Geschwaders Ende September 1940 erfolgte im März 1942 in Landsberg und Wien-Aspern.
Nach Ende des Afrikafeldzuges Umbenennung in III./SKG 10.

Zerstörergeschwader 26 (Horst Wessel)
Geschwaderstab: Dortmund
Aufgestellt im Frühjahr 1936.
Aufgelöst Ende April 1942. Die zweite Aufstellung erfolgte im Sommer 1943. Geschwaderstab: Wunstorf
August 1944 erfolgte die Umbenennung in JG 6.

Zerstörergeschwader 76
Gruppenstab: Jüterbog-Damm
Aufstellungsdatum der I. Gruppe dieses Geschwaders war
der 1. 7. 1938.
Neuaufstellung des ZG 76 erfolgte im August 1943.
Geschwaderstab: Ansbach
Aufgelöst im April 1945.

Schnellkampfgeschwader 210
Geschwaderstab: Mittelabschnitt der Ostfront

Aufgestellt wurde dieses Geschwader am 24. 4. 1941.
Frühjahr 1942 erfolgte die Umbenennung in Zerstörergeschwader 1.

Schnellkampfgeschwader 10
Gruppenstab: Poix (Nordfrankreich)
Aufstellungstag dieses »Anti-Invasionsgeschwaders« war der
1. 2. 1943. Dezember 1943 aufgelöst.

d) Die Kampfgeschwader

(Kampf) Lehrgeschwader 1
Geschwaderstab: Greifswald
Im Jahre 1935 wurde dieses Geschwader aufgestellt und zählte
zu den ältesten Verbänden der Luftwaffe.
Es kämpfte während des Krieges an allen Fronten.

Kampfgeschwader 1 (Hindenburg)
Geschwaderstab: Greifswald
Als KG 152 wurde das Geschwader im Jahre 1936 aufgestellt.
Aufgelöst im August 1944.

Kampfgeschwader 2 (Holzhammer-Geschwader)
Geschwaderstab: Cottbus
Aufgestellt im November 1938.
Ab September 1944 wurde das Geschwader aufgelöst.

Kampfgeschwader 3 (Blitz-Geschwader)
Geschwaderstab: Merseburg Aufgestellt im Jahre 1938.
Am 18. 8. 1944 wurde das Geschwader aufgelöst.

Kampfgeschwader 4 (General Wever)
Geschwaderstab: Gotha
Die Aufstellung erfolgte ab Sommer 1938.
Letzte Einsätze: Versorgung des eingeschlossenen Berlin.

Kampfgeschwader 6
Geschwaderstab:?
Aufgestellt August 1942 als einer der letzten Kampffliegerverbände.
Letzte Einsätze mit Me 262 gegen sowjetische Panzer
am 8. 5. 1945.

Kampfgeschwader 26 (Löwengeschwader)
Geschwaderstab: Lüneburg
Aufgestellt im Jahre 1938 (als Torpedogeschwader der Luftwaffe) .
Letzter Einsatz: Rückführung von Verwundeten.
Kampfgeschwader 27 (Boelcke)

Geschwaderstab: Hannover-Langenhagen
Aufgestellt 1938/39 (IV. Gruppe in Frankreich aufgestellt).
Letzte Einsätze als Kampf-(Jagd-)Geschwader im Raume Linz.

Kampfgeschwader 30 (Adler-Geschwader)
Gruppenstab: Rechlin
Aufstellung des Geschwaders erfolgte im Frühjahr 1939 und war im Spätsommer 1940 beendet.
Sondereinsatz: »Mistel-Gespanne« für Angriffe gegen russische Kraftwerke im Ural. (Huckepackflüge Ju 88 mit Me 109.)

Kampfgeschwader 40
Geschwaderstab: Bordeaux
Aufgestellt am 1. 4. 1941.
Sondereinsatz mit FW 200 (Condor) auf Casablanca.

Kampfgeschwader 51 (Edelweiß-Geschwader)
Geschwaderstab: Landsberg
Im Jahre 1937 aus Einheiten des KG 153 aufgestellt.
Flugblatteinsätze vor dem Krieg und in der ersten Phase des Zweiten Weltkrieges.
Am 24. 4. 1945 offiziell aufgelöst.

Kampfgeschwader 53 (Legion Condor)
Geschwaderstab: Ansbach
Aufgestellt im Jahre 1939.
Am 5. 1. 1945 letzter Angriff auf London durch dieses Geschwader.
Ab 15. 3. 1945 aufgelöst. Erdkampf im Raume Berlin.

Kampfgeschwader 54 (Totenkopf-Geschwader)
Geschwaderstab: Fritzlar
Dieses Geschwader war ebenfalls eine Friedensaufstellung.
Es wurde Ende 1944 von Ju 88 auf Me 262 umgerüstet.
Auflösung des Geschwaders Ende April 1945 in Prag.

Kampfgeschwader 55 (Greif-Geschwader)
Geschwaderstab: Gütersloh
Die Aufstellung reicht bis in das Jahr 1936 zurück.

Ab November erhielt diese Aufstellung die Bezeichnung KG 55.
Am 19. 9. 1944 aus dem Einsatz herausgezogen. Umrüstung auf
Jagdeinsatz.

Kampfgeschwader 66
Geschwaderstab: Chartres
Aufgestellt am 30. 4. 1943.
Das Geschwader wurde dem Angriffsführer »England« direkt
unterstellt.

Kampfgeschwader 76
Geschwaderstab: Giebelstadt (als KG 155)
Als einer der ältesten Verbände wurde das Geschwader am
1. 4. 1935 aufgestellt.
Einsatz bis zum letzten Kriegstag.

Kampfgeschwader 77
Geschwaderstab: Prag
Die Aufstellung erfolgte im März 1939.
Am 10. 4. 1944 Beginn der Auflösung des Geschwaders und in
das KG 26 übergeführt.

Kampfgeschwader 100
Aufstellungsstab: Köthen/Halle.
Erster Aufstellungstag war der 1. 1. 1938.
Offizielle Aufstellung des Geschwaders erfolgte am 15. 12. 1941.
Die einzelnen Gruppen wurden im Sommer 1944 bis Ende
1944 aufgelöst.

Kampfgeschwader 200
Geschwaderstab: Nordabschnitt der Ostfront
Am 20. 2. 1944 erfolgte der Befehl zur Aufstellung des
Geschwaders.
Letzte Einsätze: Angriffe auf Oderbrücken.

e) Die Sturzkampfgeschwader

Sturzkampfgeschwader 1
Geschwaderstab: im Westen
Aufstellungstag dieses Geschwaders war der 18. 11. 1939.
Auflösung im Mai 1945 in Flensburg als Schlachtgeschwader 1.

Sturzkampfgeschwader 2 (Immelmann)
Geschwaderstab: Cottbus
Aus der »Fliegergruppe Schwerin« im Jahre 1934 als älteste Sturz-
kampfgruppe aufgestellt. Ab 3. 4. 1935 mit dem Traditionsnamen
»Immelmann« versehen.
Am 18. 10. 1943 in Schlachtgeschwader 2, »Immelmann«, umbe-
nannt.
Letzter Einsatz im Mai 1945 im Raume Dresden.

Sturzkampfgeschwader 3
Geschwaderstab: Dinard, Frankreich
Aufgestellt am 15. 7. 1940.
Umrüstung auf FW 190 und Umbenennung in Schlachtgeschwader 3
erfolgten im Sommer 1943.
Auflösung des Geschwaders im Mai 1945.

Sturzkampfgeschwader 77
Geschwaderstab: Kitzingen
Aufgestellt im Jahre 1936 mit der I. Gruppe, stand das
Geschwader als einziges Stukageschwader im Polenfeldzug im
Gesamt-Geschwaderverband zur Verfügung.
Ab 18. 10. 1943 erfolgte die Umbenennung in Schlachtgeschwader.
Im Mai 1945 erfolgte die Auflösung des Geschwaders.

I./Sturzkampfgeschwader 5
Gruppenstab: Bodö/Norwegen
Aufstellung der Gruppe erfolgte am 17. 6. 1943 in Bodö.
Bereits am 18. 10. 1943 Umbenennung in
I./Schlachtgeschwader 5.
Am 10. 1. 1945 erfolgte die neuerliche Umbenennung in
III./KG 200. Einsätze im Reichsgebiet bis Anfang Mai 1945.

f) Die Schlachtgeschwader

Schlachtgeschwader 1
Gruppenstab: Tutow
Aufstellung als »Fliegergruppe 10« am 1. 8. 1938.
Ab 13. 1. 1942 Bildung des Geschwaderstabes in Lippstadt.
Aufstellung der Gruppen I und II.
Am 18. 10. 1943 im Zuge der Neugliederung der Nahkampffliegerverbände aufgelöst.

Schlachtgeschwader 2
Gruppenstab:?
Aufstellung erfolgte am 28. 9. 1942 mit der I. Gruppe.
17. 12. 1942: Neuaufstellung des Geschwaders.
Geschwaderstab: Gleiwitz
Ab 18. 10. 1943 Umbenennung.

Schlachtgeschwader 4
Geschwaderstab: Chisonnaccia/Korsika
Am 18. 10. 1943 bei der Luftflotte 2 aufgestellt.
Auflösung des Geschwaders im Mai 1945 in Schlesien.

Schnellkampfgeschwader 10
Geschwaderstab: André, Frankreich
Aufstellung dieses Geschwaders erfolgte ab 1. 12. 1942.
Die IV. Gruppe wurde erst am 10. 4. 1943 aufgestellt.
Am 18. 10. 1943 umbenannt in Schlachtgeschwader 10.
Auflösung nach Kriegsschluß in Zeltweg.

Schnellkampfgeschwader 210
Geschwaderstab:?
Aufstellung erfolgte im März 1941.
Umbenennung des Geschwaders im Frühjahr 1942 in ZG 1.

Schlachtgeschwader 9
Geschwaderstab:?
Aufstellung ab 18. 10. 1943. Einsätze der einzelnen Staffel als Panzerjägerstaffel. Letzter Einsatzplatz war Zeltweg.

g) Die Nachtschlachtgruppen

Nachtschlachtgruppe 1
Gruppenstab: Szolzi
Aufstellung erfolgte im Oktober 1942.
Letzte Einsätze (nach Rußlandeinsatz) an der Westfront.
Auflösung am 9. 5. 1945 in Bad Aibling.

Nachtschlachtgruppe 2
Gruppenstab: Orscha
Aufstellung erfolgte im Oktober 1942.
Nach Einsatz im Osten Schlußkämpfe im Westen.
Besonderer Angriff: Gegen die Brücke von Remagen.
Am 8. 5. 1945 Kapitulation.

Nachtschlachtgruppe 3
Gruppenstab: Nordabschnitt der Ostfront
Aufstellung ab 18. 10. 1943.
Einsätze im Kurlandbrückenkopf.
Auflösung der Gruppe am 8. 5. 1945 in Flensburg.

Nachtschlachtgruppe 7
Gruppenstab: LwStab Kroatien
Aufstellung am 18. 10. 1943.
Einsätze im Südostraum. Auflösung am 8. 5. 1945.

Nachtschlachtgruppe 8
Gruppenstab:?
Eingesetzt seit dem 28. 2. 1944 beim Fliegerführer Nord.
Letzte Einsätze: An der Oderfront und im Raume Berlin bis Kriegs-
ende.

Nachtschlachtgruppe 9
Gruppenstab: Udine, Italien
Die Aufstellung erfolgte mit der l./NSG 9 im Dezember 1943. Auflösung der Gruppe Anfang Mai 1945 nach Unterzeichnung des Waffenstillstandes.

Nachtschlachtgruppe 11 (estnische)
Gruppenstab: Jöhvi
Aufgestellt am 18. 10. 1943.
Auflösung der Gruppe Oktober 1944 in Libau-Nord.

Nachtschlachtgruppe 12 (lettische)
Gruppenstab: Libau
Aufgestellt am 14. 3. 1944.
Auflösung der Gruppe am 17. 10. 1944.

Nachtschlachtgruppe 20
Gruppenstab: im Westen
Aufgestellt Anfang 1943 zunächst als Schnellkampfverband.
Ab 17. 11. 1944 Nachtschlachtgruppe 20.
Letzte Einsätze eingangs Mai 1945 im Raume Schleswig.

Nachtschlachtgruppe 30
Gruppenstab: keiner
Ende März 1945 aus Maschinen der NJG 2 und 3 umgewandelt, mit
dem Befehl, 42 Ju 88 einsatzbereit zu halten, falls Flugbenzin
beschafft werden kann.
Diese Gruppe kam nicht mehr zum Einsatz.

Das Royal Bomber Command

Aufstellungstag: 14. 7. 1936
Aufstellungsort: Hillingdon House, Uxbridge
Hauptquartier:
Riching Park, Langley Buckinghamshire bis März 1940.
High Wycombe, Buckinghamshire bis Ende.
Befehlshaber:
Air Chief Marshal Sir John Steel (bis 11. 9. 1937)
Air Chief Marshal Sir Edgar Ludlow-Hewitt (bis 2. 4. 1940)
Air Marshal Sir Charles Portal (bis 4. 10. 1940)
Air Marshal Sir Richard Peirse (bis 8. 1. 1942)
Air Vice Marshal J. E. A. Baldwin (bis 21. 2. 1942)
Air Chief Marshal Sir Arthur Harris (bis Ende)

1. Bomber Group: Aufstellungstag: 1. 5. 1936
Aufstellungsort: Abingdon
Flughäfen: Abingdon, Bircham Newton, Upper Heyford
Ausrüstung: Hawker Hind
Bestand 1938: 8 Flugfelder mit 17 Staffeln
Weitere Ausrüstung: Bristol Blenheim, Fairey Battle 28. 8. 1939:
Alarmierung der 1. Bomber Group. Auftrag: Verlegung nach Frank-
reich. Dort Bildung der Advanced Air Striking Force.
Unterstellt: Die 71., 72., 74. und 76. Bomber Wing.
Auflösung: 22. 12. 1939
Juni 1940: Rückkehr der AASF aus Frankreich und Neubildung der
1. Bomber Group.
Hauptquartier: Benson (bis Dezember 1939)
Hucknall, Nottinghamshire (bis Juli 1941)
Bawtry Hall in Bawtry (bis Ende).
Die Kommandeure:
Air Commodore O. T. Boyd (bis 6. 1. 1937)
Air Commodore S.W. Smith (bis 16. 2. 1937)
Air Vice Marshal P. H. L. Playfair (bis 2. 9. 1939)
Air Vice Marshal A. C. Wright (bis 26. 6. 1940)
Air Commodore J. J. Breen (bis 26. 11. 1940)
Air Vice Marshal R. D. Oxland (bis 23. 2. 1943)
Air Vice Marshal E. A. B. Rice (bis 11. 2. 1945)

Air Vice Marshal R. S. Blucke (bis Ende)
Die Flugfelder: Elsham, Snaith, Holme, Hemswell, Lindholme Bin-
brook, Swinderby, Newton, Syerston.
Die Maschinen: Vickers Wellington; später Halifax und Lancaster.
Insgesamt geflogen: 57.900 Angriffe
Gesamt-Bombenmenge: 238.356 Tonnen
Größte Bombenmenge: Juni 1944 – 15.062 Tonnen
Minenaufgaben: 8147 Minen
Verluste: 8577 Mann. Flugzeugverluste: ?

2. Bomber Group:
Aufstellungstag: 20. 3. 1936
Aufstellungsort: Abingdon
Hauptquartier: Abingdon bis Januar 1937
Andover bis Mai 1938
Wyton bis Oktober 1939
Castlewood House, Huntingdon bis Mai 1943
Bylaugh Hall, East Dereham, bis Januar 1944
Mongewell Park, Berkshire, bis November 1944
Brüssel bis Ende.
Kommandeure:
Air Commodore S. J. Goble, bis 1. 12. 1937
Air Commodore C. H. B. Blount, bis 15. 5. 1938
Air Vice Marshal C. T. Maclean, bis 16. 4. 1940
Air Vice Marshal J. M. Robb, bis 11. 2. 1941
Air Vice Marshal D. F. Stevenson, bis 16. 12. 1941
Air Vice Marshal A. Lees, bis 28. 12. 1942
Air Vice Marshal J. H. D'Albiac, bis 31. 5. 1943
Air Vice Marshal B. E. Embry, bis Ende.
Die Flugfelder: Abingdon, Abbotsinch, Upper Heyford,
Watton, West Raynham, Wattisham.
Die Maschinen: Bristol Blenheim, Boston, Ventuaras, Mitchell,
Fortress II (nur eine Staffel)
Einsätze: 57.000
Verluste: 2671 Mann

3. Bomber Group:
Aufstellungstag: 1. 5. 1936

Aufstellungsort: Abingdon
Hauptquartier:
Andover, bis Januar 1937
Mildenhall, Suffolk, bis März 1940
Exming, bis Ende.
Kommandeure:
Air Vice Marshal P. H. L. Playfair, bis 13. 2. 1938
Air Commodore A. A. B. Thomson, bis 28. 8. 1939
Air Vice Marshal J. E. A. Baldwin, bis 13. 2. 1944
Air Vice Marshal R. A. Cochrane, bis 26. 2. 1943
Air Vice Marshal R. Harrison, bis Ende.
Die Flugfelder: Andover, Abingdon, Watton u. a.
Die Maschinen: Vickers Wellington, Short Stirling,
Avro Lancaster

4. Bomber Group:
Aufstellungstag: 1. 4. 1937
Aufstellungsort: Mildenhall
Hauptquartier:
Mildenhall, Suffolk, bis Juni 1937
Linton-on-Ouse, bis April 1940
Hesslington Hall, bis Ende.
Kommandeure:
Air Commodore A. T. Harris, bis 24. 5. 1938
Air Commodore C. H. B. Blount, bis 2. 7. 1939
Air Vice Marshal A. Coningham, bis 25. 7. 1941
Air Vice Marshal C. R. Carr, bis 11. 2. 1945
Air Vice Marshal J. R. Whithley, bis Ende.

Die Flugfelder: Leconfield, Driffield, Dishforth, Finningley,
Linton-on-Ouse, Snaith, Burne, Holme, Breighton, Lissett,
Hull, Sutton.
Die Maschinen: Whitley Mk III, Short Stirling, Avro Lancaster
Insgesamt geflogen: 61.577 Einsätze
Gesamt-Bombenmenge: 200.000 Tonnen
Größte Bombenmenge: 8249 Tonnen im März 1944
Flugzeugverluste: 1441 Maschinen

5. Bomber Group:

Aufstellungstag: 1. 9. 1937
Aufstellungsort: Mildenhall
Hauptquartier:
Mildenhall, Suffolk bis Oktober 1937
St. Vincents, Grantham, bis November 1943
Morton Hall, Swinderby, bis Ende.
Kommandeure:
Air Commodore W. B. Callaway, bis 10. 9. 1939
Air Vice Marshal A. T. Harris, bis 21. 11. 1940
Air Vice Marshal N. R. Bottomley, bis 11. 5. 1941
Air Vice Marshal J. C. Slessor, bis 24. 4. 1942
Air Vice Marshal Coryton, bis 27. 2. 1943
Air Vice Marshal R. A. Cochrane, bis 15. 1. 1945
Die Flugfelder: Grantham, Waddington, Hemswell, Finningley,
Cottesmore, Woodhall, Spa, Bardney, Metheringham.
Die Maschinen: Hampden, Manchester, Avro Lancaster
Größte Bombenmenge: 5838 Tonnen im April 1943

6. Bomber Group (kanadischer Verband):

Aufstellungstag: 25. 10. 1942
Aufstellungsort: Allerton Park
Hauptquartier:
Allerton Park, Yorkshire, bis Ende
Kommandeure:
Air Vice Marshal G. E. Brookes, bis 28. 2. 1944
Air Vice Marshal C. M. McEwen, bis Ende
Die Flugfelder: Linton-on-Ouse, East Moor, Tholthorpe,
Leeming, Skipton-on-Swale, Middleton, St. George, Croft.
Die Maschinen: Vickers Wellington, Halifax II und III, IV und
VII, Lancaster I., II. und III sowie X (X – in Kanada gebaute
Lancaster)
Insgesamt geflogen: 40.822 Einsätze
Gesamt-Bombenmenge: 126.122 Tonnen
Größte Bombenmenge: 8112 Tonnen im Oktober 1944
Flugzeugverluste: 814 Maschinen

8. Pathfinder Group:

Aufstellungstag: 15. 8. 1942 (als Pathfinder Force)

8. 1. 1943 (als 8. Pathfinder Group)

Hauptquartier:

Wyton, bis Juni 1943

Castle Hill House, bis Ende

Kommandeure:

Air Vice Marshal D. C. T. Bennett, bis 20. 5. 1941

Air Vice Marshal J. R. Whitley, bis Ende

Die Flugfelder: Warboys, Wyton, Oakington, Graveley.

Die Maschinen: Mosquitos verschiedenster Versionen.

Die 8. USAAF:

Die Oberbefehlshaber:
General Carl A. Spaatz, bis 1943
Generalleutnant Ira C. Eaker, bis 1944
Generalleutnant James H. Dolittle, bis Ende
Die Daten:

13. und 14. 1. 1942:	Die Aufstellung der US-Luftstreitmacht für Europa wird auf der Arcadia-Konferenz befohlen.
Die Ziele:	Eröffnung der strategischen Luftoffensive gegen Deutschland.
27. 1. 1942:	General Carl A. Spaatz wird mit den Vorbereitungen dieser Luftflotte beauftragt.
28. 1. 1942:	Aufstellung der 8. USAAF in Savannah, Georgia
Befehlshaber:	Brigadegeneral Asa N. Duncan.
31. 1. 1942:	General Ira C. Eaker wird vom Oberbefehlshaber der US-Army Air Force, General Henry Arnold, zum Kommandeur der Bombereinheiten der Army Air Force in England ernannt.
20. 2. 1942:	Die ersten US-Luftwaffenoffiziere landen in England.
15. 4. 1942:	High Wycombe wird Hauptquartier der 8. Bomberflotte der USA.
1. 5. 1942:	General Carl A. Spaatz wird zum Oberbefehlshaber dieser 8. USAAF ernannt. General Eaker wird Befehlshaber aller in Großbritannien stationierten US-Luftwaffenverbände.
11. 5. 1942:	Die ersten Truppen der 8. USAAF betreten englischen Boden (39 Offiziere, 385 Mann).
10. 6. 1942:	An Bord der »Queen Elizabeth« folgt das Gros der 8. USAAF nach.
23. 6. 1942:	Die ersten B-17-E-Bomber verlassen die USA und fliegen über Grönland und Island nach England.
1. 7. 1942:	Die ersten viermotorigen B 17 E landen in Prestwick, Schottland. Im Laufe dieses Monats folgen 49 B 17, 52 Douglas C-17 und 80 P-38-Jäger nach.

4. 7. 1942:	Erster Einsatz von 12 Douglas A-20 der 15. Bomberstaffel auf Flugfelder in Holland, 2 Maschinen abgeschossen, eine beschädigt.
1. 7. 1942:	Führungsstab der 8. USAAF:
	General Spaatz, Oberbefehlshaber
	General Eaker, Befehlshaber der Bombereinheiten.
	General Hunter, Kommandeur der Jagdverbände.
	Neues Hauptquartier: Bushy Park, Teddington
27. 7. 1942:	Die 97. Bombergruppe wird komplett mit B 17 ausgerüstet.

Die Gliederung der 8. USAAF:

1. Bombardement Wing (B-17-Bomber),
   Colonel Newton Longfellow
   Hauptquartier: Bramton Grange
2. Bombardement Wing (B-24-Bomber),
   Colonel James P. Hodge
   Hauptquartier: Old Catton
3. Bombardement Wing (B-26-Bomber),
   Colonel Charles T. Phillips
   Hauptquartier: Elveden Hall
4. Bombardement Wing (B-27-Bomber),
   Colonel Newton Longfellow
   Hauptquartier: Bramton Grange.

Die 5 Einsatzphasen der 8. USAAF in Europa:

1. Phase: Von August 1942 bis Dezember 1942:
   Bewährungsflüge, erste Einsatzerprobungen.
2. Phase: Von Dezember 1942 bis Juli 1943:
   Einsätze gegen U-Boot-Stützpunkte in Deutschland
   und am Atlantik.
3. Phase: Von Juli 1943 bis Februar 1944:
   Fernkampfeinsätze gegen Städte und Industrieziele
   ohne besondere Schwerpunktsetzung.
4. Phase: Von Februar 1944 bis Juli 1944:
   Vernichtung der deutschen Luftwaffe, ihrer Basen,
   Flughäfen und der Flugzeugwerke.
5. Phase: Von Juli 1944 bis Mai 1945:
   Vernichtung der deutschen chemischen- und Kraftstoff-
   Industrie und Zerschlagung der Bahn- und
   Straßen-Nachschubwege.

Bombenwürfe der 8. USAAF über Europa
(ohne den Mittelmeerraum

Jahr:	Flüge:	Bomben-mengen:	eigene Verluste:	vernichtete Gegner:
1942	2.453	1.713 t	55	169
1943	63.929	55.655 t	1.262	3.865
1944	655.289	591.955 t	7.749	10.425
1945	312.381	322.435 t	2.622	5.960
Gesamt:	1.034.052	971.762 t	11.687	20.419*

(* – Die angegebenen Abschußzahlen stimmen nicht. Es handelt sich um eine Addition der gemeldeten Abschüsse.)

Die Haupteinsätze des 4. Kriegsjahres
(vom 1. 9. 1942 bis zum 31. 8. 1943)

Tag	Zahl, Verband	Zielpunkte	Menge	Tote	Maschinen-verluste
3. 9.	200 RAF	Karlsruhe	?	?	?
7. 9.	185 RAF	Duisburg	491 t	?	8
11. 9.	360 RAF	Düsseldorf	760 t	44	30
20. 9.	? RAF	München	?	34	?
23. 11.	222 RAF	Stuttgart	355 t	?	10
7. 12.	272 RAF	Mannheim	425 t	?	?
12./13. 1.	101 RAF	Essen	326 t	?	?
17. 1.	145 RAF	Berlin	367 t	?	1
18. 1.	111 RAF	Berlin	356 t	?	22
22. 1.	52 RAF	Essen	179 t	?	4
27. 1.	55 USAAF	Wilhelmshaven	109 t	?	?
31. 1.	92 RAF	Hamburg	315 t	?	5
3. 2.	137 RAF	Köln	460 t	?	5
4. 2.	126 RAF	Hamburg	344 t	?	16
12. 2.	137 RAF	Wilhelmshaven	421 t	?	3
15. 2.	207 RAF	Köln	513 t	?	9
19. 2.	181 RAF	Wilhelmshaven	596 t	?	4
20. 2.	302 RAF	Wilhelmshaven	783 t	?	11
26. 2.	278 RAF	Nürnberg	749 t	?	9
27. 2.	372 RAF	Köln	1.014 t	?	10
2. 3.	251 RAF	Berlin	610 t	711	17
4. 3.	344 RAF	Hamburg	913 t	?	10
6. 3.	369 RAF	Essen	1.211 t	397	14
9. 3.	292 RAF	Nürnberg	782 t	?	7
10. 3.	217 RAF	München	567 t	?	8
12. 3.	267 RAF	Stuttgart	802 t	112 t	11
27. 3.	387 RAF	Duisburg	945 t	?	6
28. 3.	329 RAF	Berlin	873 t	?	9
30. 3.	213 RAF	Berlin	578 t	?	21
4. 4.	317 RAF	Essen	983 t	?	21
5. 4.	62 USAAF	Antwerpen	?	2130	?
9. 4.	304 RAF	Duisburg	846 t	?	19
10. 4.	99 RAF	Duisburg	321 t	?	8
15. 4.	365 RAF	Stuttgart	801 t	619	23
16. 4.	215 RAF	Dortmund	278 t	?	15

Tag	Zahl, Verband	Zielpunkte	Menge	Tote	Maschinen-verluste
17. 4.	242 RAF	Pilsen	617 t	?	37
21. 4.	304 RAF	Stettin	782 t	53	22
27. 4.	499 RAF	Duisburg	1450 t	80	17
1. 5.	251 RAF	Essen	840 t	?	12
5. 5.	495 RAF	Dortmund	1436 t	?	31
13. 5.	517 RAF	Duisburg	1599 t	?	35
14. 5.	378 RAF	Bochum	1.055 t	?	24
14. 5.	108 USAAF	Kiel	250 t	?	?
17. 5.	18 RAF	Talsperren	?	1217	8
24. 5.	724 RAF	Dortmund	2042 t	?	38
26. 5.	686 RAF	Düsseldorf	1.959 t	?	27
28. 5.	493 RAF	Essen	1.442 t	?	21
30. 5.	644 RAF	Wuppertal	1.822 t	2.450	33
12. 6.	693 RAF	Düsseldorf	1.968 t	?	38
15. 6.	165 RAF	Oberhausen	573 t	?	17
17. 6.	179 RAF	Köln	656 t	?	15
22. 6.	661 RAF	Krefeld	1.956 t	?	42
23. 6.	499 RAF	Mülheim/Ruhr und Oberhausen	1.643 t	?	35
25. 6.	554 RAF	Elberfeld	1.663 t	?	34
26. 6.	424 RAF	Gelsenkirchen	1.291 t	?	30
29. 6.	540 RAF	Köln	1.614 t	?	25
4. 7.	589 RAF	Köln	1.808 t	?	30
9. 7.	255 RAF	Köln	1.614 t	?	?
10. 7.	373 RAF	Gelsenkirchen	1.304 t	?	10
14. 7.	161 RAF	Duisburg	342 t	?	5
22. 7.	250 RAF	Duisburg	577 t	?	13
25. 7.	740 RAF	Hamburg	2.300 t	?	12
25. 7.	122 USAAF	Hamburg	?	?	?
28. 7.	739 RAF	Hamburg	2.312 t	?	17
27. 7.	54 USAAF	Hamburg			
30. 7.	726 RAF	Hamburg	2.277 t	30.482	28
				gesamt	28
26. 7.	599 RAF	Essen	1.948 t	?	26
30. 7.	245 RAF	Saarbrücken	576 t	?	9
31. 7.	228 RAF	Remscheid	693 t	?	15
1. 8.	470 RAF	Düsseldorf	907 t	?	30
3. 8.	425 RAF	Hamburg	939 t	?	30
13. 8.	61 USAAF	Wiener Neustadt	?	181	?

Tag	Zahl, Verband	Zielpunkte	Menge	Tote	Maschinen-verluste
17. 8.	376 USAAF	Schweinfurt und Regensburg	?	?	60
18. 8.	597 RAF	Peenemünde	1.593 t	735	40
23. 8.	427 RAF	Leverkusen	1.690 t	?	5
24. 8.	625 RAF	Berlin	1.765 t	?	57
28. 8.	621 RAF	Nürnberg	1.671 t	?	33
31. 8.	616 RAF	Mönchengladbach	2.272 t	?	25

Die Haupteinsätze des 5. Kriegsjahres
(vom 1. 9. 1943 bis zum 31. 8. 1944)

Tag	Zahl, Verband	Zielpunkte	Menge	Tote	Maschinen-verluste
1. 9.	512 RAF	Berlin	1.359 t	?	47
4. 9.	295 RAF	Berlin	906 t	?	22
6. 9.	546 RAF	Mannheim und Ludwigshafen	1.463 t	?	34
7. 9.	365 RAF	München	1.020 t	?	16
11. 9.	360 RAF	Düsseldorf	760 t	?	30
23. 9.	659 RAF	Hannover	2.357 t	?	25
28. 9.	599 RAF	Hannover	2.196 t	?	38
30. 9.	312 RAF	Bochum	1.318 t	?	7
2. 10.	240 RAF	Hagen	1.103 t	?	2
3. 10.	273 RAF	München	958 t	?	7
4. 10.	501 RAF	Kassel	1.544 t	?	24
9. 10.	457 RAF	Hannover	1.667 t	?	27
9. 10.	378 USAAF	Gotenhafen, Danzig, Marienburg, Anklam	?	28	28
10. 10.	326 USAAF	Münster	?	?	30
14. 10.	291 USAAF	Schweinfurt	?	?	77
19. 10.	349 RAF	Hannover	1.697 t	?	17
21. 10.	285 RAF	Leipzig	1.085 t	?	15
23. 10.	486 RAF	Kassel	1.824 t	?	42
3. 11.	400 USAAF	Wilhelmshaven	?		?
4. 11.	527 RAF	Düsseldorf	2.234 t	?	18
18. 11. bis 3. 12.	2212 RAF	Berlin (5 Angriffe)	8.656 t	2.700	123
4. 12.	527 RAF	Leipzig	1.382 t	1.182	23

Tag	Zahl, Verband	Zielpunkte	Menge	Tote	Maschinen-verluste
13. 12.	1462 USAAF	Kiel, Bremen, Hamburg	?	281	?
15. 12.	190 USAAF	Innsbruck	?	281	?
17. 12.	450 RAF	Berlin	1.815 t	?	25
21. 12.	576 RAF	Frankfurt	2.070 t	?	40
24. 12.	338 RAF	Berlin	1.288 t	?	15
30. 12.	656 RAF	Berlin	2.315 t	?	20
2. 1. 44	386 RAF	Berlin	1.401 t	?	28
3. 1.	311 RAF	Berlin	1.116 t	?	27
6. 1.	348 RAF	Stettin	1.118 t	?	15
11. 1.	663 USAAF	Halberstadt, Braun-schweig, Magdeburg, Oschersleben	?	?	59
15. 1.	472 RAF	Braunschweig	2.005 t	?	38
21. 1.	697 RAF	Berlin	2.401 t	?	35
22. 1.	585 RAF	Magdeburg	2.024 t	?	55
28. 1.	481 RAF	Berlin	1.761 t	?	33
29. 1.	596 RAF	Berlin	1.954 t	?	46
29. 1.	806 USAAF	Frankfurt und Ludwigshafen	?	?	12
31. 1.	489 RAF	Berlin	1.961 t	?	33
16. 2.	806 RAF	Berlin	2.643 t	?	43
20. 2.	730 RAF	Leipzig	2.291 t	?	78
20. 2.	971 USAAF	Braunschweig, Leipzig, Tutow, Oschersleben	3.833 t	?	20
21. 2.	552 RAF	Stuttgart	1.990 t	?	9
20.-25. 2.	3800 USAAF	»Big Week«	?	?	254
23. 2.	200 USAAF	Steyr	?	?	?
25. 2.	662 RAF	Schweinfurt	2.152 t	?	33
26. 2.	528 RAF	Augsburg	1.728 t	?	21
2. 3.	503 RAF	Stuttgart	1.739 t	125	4
6. 3.	627 USAAF	Berlin	1.600 t	?	79
8. 3.	540 USAAF	Berlin	?	?	54
9. 3.	330 USAAF	Berlin	?	?	6
16. 3.	813 RAF	Stuttgart	2.609 t	?	36
19. 3.	769 RAF	Frankfurt	3.068 t	?	22
23. 3.	816 RAF	Frankfurt	3.116 t	?	33
25. 3.	726 RAF	Berlin	2.496 t	?	72

Tag	Zahl, Verband	Zielpunkte	Menge	Tote	Maschinen- verluste
27. 3.	677 RAF	Essen	2.834 t	?	9
31. 3.	710 RAF	Nürnberg	2.460 t	?	95
18. 4.	? USAAF	Oranienburg, Cuxhaven	4.000 t	?	40
8. 5.	500 USAAF	Berlin	?	?	?
8. 5.	300 USAAF	Braunschweig	?	?	?
12. 5.	600 USAAF	Mannheim	?	?	?
21. 5.	5000 USAAF und RAF	Transportsysteme in Deutschland			
20. 6.	300 USAAF 1000 USAAF	Hydrierwerke in Deutschland	?	?	55
21. 6.	2500 USAAF	Bahnanlagen im Raum Berlin	2.000 t	?	44
11. 7.	? USAAF	Raum München	?	?	?
25. 7.	614 RAF	Stuttgart			
26. 7.	600 RAF	Stuttgart	5.800 t	898	?
29. 7.	612 RAF	Stuttgart			
24. 8.	2000 USAAF	Hydrierwerke Flugzeugwerke	2.818 t	?	?
27. 8.	611 RAF	Kiel, Königsberg	2.381 t	?	?
30. 8.	496 RAF	Königsberg Stettin	1.833 t	?	?
30. 8.	186 USAAF	Bremen, Kiel	1.287 t	?	?

Die Haupteinsätze des 6. Kriegsjahres
(vom 1. 9. 1944 bis zum 8. Mai 1945)

Tag	Zahl, Verband	Zielpunkte	Menge	Tote	Maschinen- verluste
3. 9.	? RAF	Basen deutscher Nachtjäger	4.037 t	?	?
5. 9.	112 USAAF	Ludwigshafen	724 t	?	?
12. 9.	234 RAF	Darmstadt	869 t	12.000	?
13. 9.	209 RAF	Stuttgart	781 t	957	?
13. 9.	? RAF	Frankfurt	1.556 t	?	?
16. 9.	? RAF	Kiel	1.448 t	?	?
22. 9.	? USAAF	Kassel	1.517 t	?	?
25. 9.	? USAAF	Frankfurt	988 t	?	?

Tag	Zahl, Verband	Zielpunkte	Menge	Tote	Maschinen-verluste
27. 9.	? USAAF	Köln	1.113 t	?	?
3. 10.	? USAAF	Nürnberg	1.038 t	?	?
5. 10.	? USAAF	Köln	649 t	?	?
6. 10.	? USAAF	Berlin	810 t	?	?
7. 10.	3000 USAAF und RAF	Treibstoffwerke	2.435 t	?	?
14. 10.	1363 RAF	Duisburg	?	?	15
14. 10.	1000 USAAF	Köln	?	?	22
15. 10.	1005 RAF	Duisburg	?	?	6
16. 10.	638 RAF	Wilhelmshaven	2.198 t	?	?
16. 10.	112 USAAF	Salzburg	?	244	?
19. 10.	135 USAAF	Mannheim u. Mainz	2.025 t	?	?
20. 10.	583 RAF	Stuttgart	2.425 t	376	?
24. 10.	955 RAF	Essen	4.522 t	?	?
25. 10.	? RAF	Essen	3.719 t	?	?
28. 10.	597 RAF	Köln	2.699 t	?	?
29. 10.	? RAF	Walcheren	2.746 t	?	?
31. 10.	761 RAF	Köln	3.937 t	?	?
1. 11.	541 RAF	Köln	2.383 t	?	?
3. 11.	922 RAF	Düsseldorf	4.468 t	?	?
5. 11.	549 RAF	Bochum	2.323 t	?	?
9. 11.	277 RAF	Wanne-Eickel	1.315 t	?	?
12. 11.	228 RAF	Dortmund	1.122 t	?	?
12. 11.	245 RAF	Hamburg-Harburg	913 t	?	7
15. 11.	177 RAF	Dortmund	904 t	?	2
18. 11.	291 RAF	Münster	1.694 t	?	?
19. 11.	309 RAF	Wanne-Eickel	1.519 t	?	1
22. 11.	237 RAF	Aschaffenburg	1.360 t	?	?
25. 11.	? USAAF	Leuna-Meserburg	1.581 t	?	?
26. 11.	? USAAF	Eisenbahnanlagen			
	? USAAF	in Westfalen	1.993 t	?	?
29. 11.	? RAF	Essen	1.147 t		
29. 11.	? RAF	Dortmund	1.618 t	?	?
1. 12.	? RAF	Duisburg	2.270 t	?	?
3. 12.	? RAF	Hagen	1.802 t	?	?
5. 12.	? RAF	Karlsruhe	2.297 t	?	?
		und Heilbronn	1.241 t	7.147	?

| | | Maschinen- | | | |
Tag	Zahl, Verband	Zielpunkte	Menge	Tote	verluste
6. 12.	? RAF	Soest	1.857 t	?	?
7. 12.	262 RAF	Gießen	1.193 t	?	?
7. 12.	497 RAF	Leuna-Werke	1.847 t	?	4
11. 12.	? USAAF	Frankfurt	882 t	?	?
13. 12.	? RAF	Essen	2.354 t	?	?
16. 12.	303 RAF	Ludwigshafen	1.547 t	?	?
18. 12.	243 RAF	Ulm	1.292 t	?	?
18. 12.	291 RAF	Duisburg	1.767 t	?	?
19. 12.	? RAF	Gotenhafen	824 t	?	?
22. 12.	297 RAF	Pölitz	?	?	3
30. 12.	337 RAF	Scholven-Buer	?	?	4
2. 1. 45	569 USAAF	Rheinbrücken	?	?	?
3. 1.	? RAF	Nürnberg	2.067 t	?	?
6. 1.	561 RAF	Hannover	2.365 t	?	?
6. 1.	149 USAAF	Köln-Kalk	1.092 t	?	?
7. 1.	? RAF	Hanau	1.653 t	?	?
8. 1.	? RAF	München	2.175 t	?	?
15. 1.	509 RAF	Leuna-Werke	2.181 t	?	?
17. 1.	291 RAF	Magdeburg	1.060 t	?	?
17. 1.	? USAAF	Paderborn	1.031 t	?	?
31. 1.	624 USAAF	Moosbirnbaum	?	?	?
3. 2.	937 USAAF	Berlin	2.264 t	22.000	34
3. 2.	400 USAAF	Magdeburg	?	?	?
5. 2.	238 RAF	Bonn	?	?	?
5. 2.	589 USAAF	Regensburg	?	?	?
13. 2.	837 USAAF	Wien	?	?	?
13. 2.	773 RAF	Dresden	2.659 t		
14. 2.	311 USAAF	Dreden	771 t	60.000	?
14. 2.	294 USAAF	Chemnitz	718 t	?	?
14. 2.	340 USAAF	Magdeburg	811 t	?	?
15. 2.	671 RAF	Chemnitz	?	?	?
16. 2.	263 USAAF	Regensburg	559 t	?	?
20. 2.	439 USAAF	Nürnberg	2.000 t	?	?
22. 2.	373 RAF	Worms	?	?	?
22. 2.	349 RAF	Duisburg	?	?	?
24. 2.	369 RAF	Pforzheim	1.551 t	?	12
2. 3.	406 USAAF	Dresden	?	?	?
10. 3.	153 RAF	Scholven-Buer	755 t	?	?
11. 3.	1055 RAF	Essen	4.700 t	?	?

Tag	Zahl, Verband	Zielpunkte	Menge	Tote	Maschinen- verluste
12. 3.	1107 RAF	Dortmund	4.851 t	?	?
15. 3.	675 USAAF	Oranienburg	?	?	?
25. 3.	606 RAF	Osnabrück, Münster, Hannover	?	?	?
30. 3.	345 USAAF	Hamburg, Bremen Wilhelmshaven	2.849 t	?	?
10. 4.	? RAF	Kiel	2.634 t	?	?
11. 4.	? RAF	Plauen	1.139 t	?	?
14. 4.	298 RAF	Kiel	1.905 t	?	?
15. 4.	364 RAF	Potsdam	1.751 t	?	?
17. 4.	? RAF	Pilsen	890 t	?	?
25. 4.	? USAAF	Pilsen	638 t	?	?
25. 4.	415 RAF	Wangerooge	2.176 t	?	?
25. 4.	318 RAF	Berchtesgaden	1.181 t	?	?
3. 5.	81 RAF	Kiel	174 t	?	?

Deutsche Luftangriffe auf London
während der Luftschlacht um England

25. 8. 1940:	Einzelne Bomber, die Ziele in Rochester und Thameshaven angreifen sollten, warfen irrtümlich infolge Fehlnavigation Bomben auf das Stadtgebiet von London.
6. 9. 1940:	Die Luftflotte 2 griff mit starken Kampfverbänden Ziele in London, Dock- und Hafenanlagen, an.
7. 9. 1940:	»Vergeltungsangriff auf London« mit 300 Bombern. Dieser Angriff leitete die 65 Nächte hindurch stattfindenden Angriffe des »Großen Blitz« ein.
bis 30. 9.:	Insgesamt 4405 deutsche Kampf- und Zerstörermaschinen warfen in diesen 23 Tagen 5361 t Sprengbomben und 7499 Brandschüttkästen auf die britische Hauptstadt.
17. und 18. 9.:	In diesen zwei Nächten warfen 568 deutsche Kampfflugzeuge 684 t Sprengbomben und 1019 Brandschüttkästen über London ab.
26. 9. 1940:	Deutsche Kampfverbände warfen 256 t Bombe auf London.
1. bis 31. 10.:	Im Oktober griffen die deutschen Kampfverbände mit insgesamt 5173 Maschinen London an. Sie warfen 7160 t Sprengbomben und 4735 Brandschüttkästen ab.
16. 11. 1940:	358 deutsche Kampfflugzeuge griffen London mit 380 t Sprengbomben und 820 Brandschüttkästen an.
9. 12. 1940:	413 Kampf- und Zerstörermaschinen warfen 378 t Sprengbomben und 3188 Brandschüttkästen.
28. und 30. 12. 1940:	Bei zwei Angriffen warfen insgesamt 244 Kampfflugzeuge 238 t Sprengbomben und 941 Brandschüttkästen ab.
9. 1. 1941:	67 deutsche Bomber griffen London mit Spreng- und Brandbomben an.

12. 1. 1941:	278 deutsche Kampfflugzeuge warfen in zwei aufeinanderfolgenden Nächten 299 t Sprengbomben und 1421 Brandschüttkästen auf London.
9. 3. 1941:	125 Kampfflugzeuge griffen London an und warfen 130 t Sprengbomben und 693 Brandschüttkästen ab.
16. 3. 1941:	101 deutsche Flugzeuge griffen London mit 103 t Sprengbomben und 397 Brandschüttkästen an.
20. 3. 1941:	479 Kampfflugzeuge griffen London mit 467 t Sprengbomben und 122,3 t Brandbomben an.
20. 4. 1941:	712 Kampfflugzeuge (die größte Streitmacht, die jemals gegen London flog) griffen die britische Hauptstadt an und warfen 1026 t Spreng- und 153 t Brandbomben.
17. 4. 1941:	685 Kampfflugzeuge warfen auf London 890 t Spreng- und 151 t Brandbomben.
11. 5. 1941:	Bei ihrem letzten Großangriff auf London warfen 507 deutsche Flugzeuge 711 t Sprengbomben und 2393 Brandschüttkästen ab.
	Allein bei diesem Angriff gab es 1212 Tote und 1769 Schwerverletzte.
	Insgesamt forderten die Angriffe auf London über 30.000 Tote.
	(In jedem Brandschüttkasten waren jeweils 36 Brandbomben mit einem Gewicht von 1 kg enthalten.)

Verluste des Royal Bomber Command in den Operationen bei Tag und Nacht 1939–1945:

Bei Bombenangriffen:

Typen:	vernichtet:	beschädigt:
Battle	3	5
Blenheim	426	89
Boston	39	6
Ventura	38	4
Mitchell	7	1

Typen:	vernichtet:	beschädigt:
Mosquito	169	114
Wellington	1194	329
Whitley	255	159
Hampden	323	176
Fortress	2	1
Manchester	53	11
Stirling	487	119
Halifax	1734	379
Lancaster	3255	571

Bei Minenoperationen:

	vernichtet:	beschädigt:
Mosquito	2	-
Wellington	106	16
Hampden	73	30
Manchester	9	2
Stirling	84	26
Halifax	48	11
Lancaster	87	10

Bei anderen Operationen:

	vernichtet:	beschädigt:
Lysander	6	1
Beaufighter	1	-
Blenheim	17	2
Boston	1	-
Mosquito	82	28
Hudson	3	1
Wellington	32	30
Whitley	14	3
Fortress	11	5
Hampden	1	4
Liberator	2	1
Manchester	1	-
Stirling	35	18
Halifax	51	5
Lancaster	3	6

Totalverluste:

Abgeschossene und vermißte Maschinen:	8655
Beschädigte Maschinen:	2069

Bombenwürfe des Bomber Command während des Zweiten Weltkrieges:

Jahr:	eingesetzte Maschinen	Verluste	Bomben- menge	Minen- menge
1939	591	38	31 t	-
1940	22.473	475	13.033 t	762
1941	32.012	923	31.704 t	1.055
1942	35.338	1.450	45.561 t	9.574
1943	65.068	2.391	157.457 t	13.834
1944	166.844	2.770	525.518 t	17.500
1945	67.483	608	181.740 t	4.582
Gesamtzahlen:	389.809	8.655	955.044 t	47.307

Von diesen 955.044 Tonnen Bomben fielen auf
Deutschland   657.674 Tonnen

auf Frankreich und die
benachbarten Länder   284.500 Tonnen
der Rest fiel auf Norwegen, Dänemark, Italien und Seeziele.

Soldaten des Royal Bomber Command, die das Victoria Cross erhielten

Flying Officer Donald Edward Garland
(12. Squ.)   † am 11. 6. 40
Sergeant Thomas Gray (12. Squ.)   † am 11. 6. 40
Flight Lieutenant Roderick A. B. Learoyd
(49. Squ.)   am 20. 8. 40
Sergeant John Hannah (83. Squ.)   am 1. 10. 40
Wing Commander Hughie Idwal Edwards
(105. Squ.)   am 22. 7. 41
Sergeant James Allen Ward (75. Squ.)   am 5. 8. 41
Squ.-Leader John Dering Nettleton
(44. Squ.)   am 28. 4. 42

Flying Officer Leslie Thomas Manser
(50. Squ.) † am 23. 10. 42

Flight Sergeant Rawdon H. Middleton
(149. Squ.) † am 14. 1. 43

Wing Commander Hugh Gordon Malcolm
(18. Squ.) † am 27. 3. 43

Wing Commander Guy Penrose Gibson
(617. Squ.) † am 28. 5. 43

Flight Sergeant Arthur Louis Aaron
(218. Squ.) † am 5. 11. 43

Flight Lieutenant William Reid
(61. Squ.) am 14. 12. 43

Pilot Officer Cyril Joe Barton (578. Squ.) † am 27. 6. 44

Wing Commander Geoffrey Leonard Cheshire
(617. Squ.) am 8. 9. 44

Flight Sergeant George Thompson (9. Squ.) † am 20. 2. 45

Squadron Leader Robert Anthony
M. Palmer (?) † am 23. 3. 45

Captain Edwin Swales (582. Squ.) † am 24. 4. 45

Squ.-Leader Ian Willoughby Bazalgette
(635. Squ.) † am 17. 8. 45

Sergeant Norman Cyril Jackson (106. Squ.) am 26. 10. 45

Squ.-Leader Arthur Stewart King Scarf
(62. Squ.) † am 21. 6. 46

Pilot Officer Andrew Charles Mynarski
(4l9. Squ.) † am 11. 10. 46

(† – gefallen)

Folgende Maschinen des Royal Bomber Command flogen mehr als 120 Einsätze:

Halifax B III mit der Seriennummer LV 907 ab März 44

128 Einsätze.

Lancaster B I mit der Seriennummer R 5868 ab Juni 42

137 Einsätze.

Die höchstausgezeichneten deutschen Flieger

(Träger des Ritterkreuzes mit Eichenlaub und Schwertern
und die Träger des Ritterkreuzes mit Eichenlaub,
Schwertern und Brillanten)

Adolf Galland
Letzter Dienstgrad: Generalleutnant
1. Schwerter am 21. 6. 1941
2. Brillanten am 28. 1. 1942

Werner Mölders (gef.)
Letzter Dienstgrad: Oberst
2. Schwerter am 22. 6. 1941
1. Brillanten am 16. 7. 1941

Walter Oesau (gef.)
Letzter Dienstgrad: Oberst
3. Schwerter am 16. 7. 1941

Günther Lützow (gef.)
Letzter Dienstgrad: Oberst
4. Schwerter am 11. 10. 1941

Heinrich Bär (gef.)
Letzter Dienstgrad: Oberstleutnant
7. Schwerter am 16. 2. 1942

Hans Philipp (gef.)
Letzter Dienstgrad: Oberstleutnant
8. Schwerter am 12. 3. 1942

Herbert Ihlefeldt
Letzter Dienstgrad: Oberst
9. Schwerter am 24. 4. 1942

Max-Hellmuth Ostermann (gef.)
Letzter Dienstgrad: Oberstleutnant
10. Schwerter am 17. 5. 1942

Hermann Graf
Letzter Dienstgrad: Oberst
11. Schwerter am 18. 5. 1942
5. Brillanten am 16. 9. 1942

Hans-Joachim Marseille (gef.)
Letzter Dienstgrad: Hauptmann
12. Schwerter am 18. 6. 1942
4. Brillanten am 3. 9. 1942

Gordon M. Gollob
Letzter Dienstgrad: Oberst
13. Schwerter am 23. 6. 1942
3. Brillanten am 30. 8. 1942

Leopold Steinbatz (gef.)
Letzter Dienstgrad: Leutnant
14. Schwerter am 23. 6. 1942

Werner Baumbach
Letzter Dienstgrad: Oberstleutnant
16. Schwerter am 16. 8. 1942

Joachim Müncheberg (gef.)
Letzter Dienstgrad: Major
19. Schwerter am 9. 9. 1942

Joachim Helbig
Letzter Dienstgrad: Oberst
20. Schwerter am 26. 9. 1942

Wolf-Dietrich Wilcke (gef.)
Letzter Dienstgrad: Oberst
23. Schwerter am 23. 12. 1942

Alfred Druschel (verm.)
Letzter Dienstgrad: Oberst
24. Schwerter am 19. 2. 1943

Friedrich Peltz
Letzter Dienstgrad: Generalmajor
31. Schwerter am 23. 7. 1943

Helmut Lent (gef.)
Letzter Dienstgrad: Oberst
32. Schwerter am 2. 8. 1943
15. Brillanten am 31. 7. 1944

Günter Rall
Letzter Dienstgrad Major
34. Schwerter am 12. 9. 1943

Walter Nowotny (gef.)
Letzter Dienstgrad: Major
37. Schwerter am 22. 9. 1943
8. Brillanten am 19. 10. 1943

Hans-Ulrich Rudel
Letzter Dienstgrad: Oberst
42. Schwerter am 25. 11. 1943
10. Brillanten am 29. 3. 1944
1. Goldenes Eichenlaub am 1. 1. 1945 (nur einmal verliehen)

Hajo Herrmann
Letzter Dienstgrad: Oberst
43. Schwerter am 23. 1. 1944

Heinrich, Prinz zu Sayn-Wittgenstein (gef.)
Letzter Dienstgrad: Major
44. Schwerter am 23. 1. 1944

Egon Mayer (gef.)
Letzter Dienstgrad: Oberstleutnant
51. Schwerter am 2. 3. 1944

Gerhard Barkhorn
Letzter Dienstgrad: Major
52. Schwerter am 2. 3. 1944

Werner Streib
Letzter Dienstgrad: Oberst
54. Schwerter am 11. 3. 1944

Dr. Ernst Kupfer (gest.)
Letzter Dienstgrad: Oberst
62. Schwerter am 11. 4. 1944

Josef Priller (gest.)
Letzter Dienstgrad: Oberst
73. Schwerter am 2. 7. 1944

Friedrich Lang
Letzter Dienstgrad: Major
74. Schwerter am 2. 7. 1944

Erich Hartmann
Letzter Dienstgrad: Hauptmann
75. Schwerter am 2. 7. 1944
18. Brillanten am 25. 8. 1944

Anton Hackl
Letzter Dienstgrad: Major
78. Schwerter am 12. 7. 1944

Johannes Steinhoff
Letzter Dienstgrad: Oberst
82. Schwerter am 28. 7. 1944

Heinz Wolfgang Schnaufer (gest.)
Letzter Dienstgrad: Major
84. Schwerter am 3. 8. 1944
21. Brillanten am 16. 10. 1944

Kurt Bühlingen
Letzter Dienstgrad: Oberstleutnant
88. Schwerter am 14. 8. 1944

Robert Ritter von Greim (Freitod)
Letzter Dienstgrad: Generalfeldmarschall
92. Schwerter am 27. 8. 1944

Theo Nordmann (gef.)
Letzter Dienstgrad: Major
98. Schwerter am 17. 9. 1944

Josef Wurmheller (gef.)
Letzter Dienstgrad: Major
108. Schwerter am 24. 10. 1944

Hermann Hogeback
Letzter Dienstgrad: Oberstleutnant
125. Schwerter am 26. 1. 1945

Ernst-Wilhelm Reinert
Letzter Dienstgrad: Oberleutnant
130. Schwerter am 1. 2. 1945

Werner Schroer
Letzter Dienstgrad: Major
144. Schwerter am 16. 4. 1945

Wilhelm Batz
Letzter Dienstgrad: Major
145. Schwerter am 21. 4. 1945

Literatur und Quellenangaben

Alman, Karl: Sprung in die Hölle, Rastatt 1964
ders.: Ritterkreuzträger des Afrika-Korps, Rastatt 1968
Arnold, H. H.: Global Mission, New York 1951
Bartz, Karl: Als der Himmel brannte, Hannover 1955
Baumbach, Werner: »Zu spät?«, Buenos Aires und München 1948
Bennett, D. C. T.: Pathfinder, London 1958
Bley, Dr. Kurt: Geheimnis Radar, Hamburg 1949
Brereton Lewis, H.: The Brereton Diaries, New York 1946
Bundesminister für Vertriebene, Flüchtlinge und Kriegsgeschädigte:
Dokumente deutscher Kriegsschäden, Bonn 1958-1962
Caidin, M.: Black Thursday, New York 1960
Chronik der Stiftung Luftwaffenehrenmal: Aufklärungsflieger, Fall-
schirmjäger, Flakartillerie Bd. 1 und 2, Luftnachrichtentruppe, Luft-
waffenfeld-Divisionen, Seenotdienst der Luftwaffe, die Transportflie-
ger, die Nahkampfflieger-Verbände, die Kampfflieger, die
Nachtjagdverbände, die Jagdflieger, alle Celle 1971
Constable, Trevor J., u. Toliver, Raymond F.: Das waren die deutschen
Jagdfliegerasse, 1939-1945, Stuttgart 1975, 5. Aufl.
Churchill, Winston: Memoiren, Der Zweite Weltkrieg, Bern 1954
ders.: Reden, Briefe, Telegramme (aus Zeitschriften und Tageszeitun-
gen)
Craven-Cate: The Army Air Forces in World War II, Office of US
Air Force History, Chicago 1951-1954
Dahl, Walther: Rammjäger, Heusenstamm 1967, 3. Aufl.
De Seversky, Alexander: Victory through Air Power, London 1947
Douhet, Giulio: Luftherrschaft, Berlin 1935
Feuchter, Georg: Der Luftkrieg, Bonn 1954
ders.: Der Luftkrieg. Vom Fesselballon zum Raumfahrzeug,
Frankfurt a. Main 1962
Frankland, Noble und Webster, Sir Charles: The Strategic Air Offen-
sive against Germany, 4 Bände, London 1961
Fuller, J. F. C.: Der Zweite Weltkrieg 1939-1945, Wien-Stuttgart 1950

Galland, Adolf: Die Ersten und die Letzten, Darmstadt 1953

Girbig, Werner: Im Anflug auf die Reichshauptstadt, Stuttgart 1970

ders.: Start im Morgengrauen, Stuttgart 1975, 3. Aufl.

ders.: 1000 Tage über Deutschland, München 1964

Green, W.: Famous Fighters of the Second World War, London 1957

ders.: Famous Bombers of the Second World War, I.ondon 1959

Grenfell, Russell: Bedingungsloser Haß?, Tübingen 1954

Grey, C. G.: The Luftwaffe, London 1942

Hagen, Hans Peter: Husaren des Himmels, Rastatt 1964

Harris, Sir Arthur: Bomber Offensive, London 1947

Hadeball, Heinz-Martin: Nachtjagd, München 1968

Hillgruber, Andreas und Hümmelchen, Gerhard: Chronik des Zweiten Weltkrieges, Frankfurt 1966

Hinz, Joachim: Kriegsvölkerrecht, Köln-Berlin 1957

ders.: Die deutschen Seeflieger 1939-1945, München 1976

Holliday, Joe: Mosquito, das hölzerne Wunderflugzeug, Stuttgart 1973

Ingersoll, R.: Top secret, New York 1946

IKRK: Commission préparatoire de Desarmement, Genf 1932

dass.: Die Haager Landkriegsordnung, Genf 1925

dass.: La Protection des populations civiles contre les bombardements, Genf 1930 und 1938

Irving, David: Und Deutschlands Städte sterben nicht, Zürich 1963

Jacobsen, Hans-Adolf: Der Zweite Weltkrieg 1939-1945 in Chronik und Dokumenten, Darmstadt 1961

ders.: Dünkirchen, Neckargemünd 1948

Kens, Karlheinz und Nowarra, Heinz J.: Die deutschen Flugzeuge 1939-1945, München 1964

Kesselring, Albert: Soldat bis zum letzten Tag, Bonn 1953

McKee, Alexander: Entscheidung über England, Esslingen 1960

Klöss, Erhard, Hrsg.: Der Luftkrieg über Deutschland, München

Kühn, Volkmar: Deutsche Fallschirmjäger im Zweiten Weltkrieg 1939-1945, Stuttgart 1974

ders.: Torpedoboote und Zerstörer im Einsatz 1939 -1945, Stuttgart 1974

Kurowski, Franz: Zu Lande, zu Wasser, in der Luft, Bochum-Langendreer 1969

ders.: Der Kampf um Kreta, Herford 1965

ders.: Deutsche Offiziere in Staat, Wirtschaft und Wissenschaft,

Herford 1967

ders.: Ich kam durch, Rastatt 197

ders.: Von den Ardennen zum Ruhrkessel, Herford 1965

Laternser, H.: Der Zweite Weltkrieg und das Recht in: Bilanz des Zweiten Weltkrieges, Oldenburg-Hamburg 1953

Liddel, Hart B. H.: Jetzt dürfen sie reden, Hamburg 1948

Lusar, Rudolf: Die deutschen Waffen und Geheimwaffen des Zweiten Weltkrieges, München 1956

Mac Millan, N.: The Royal Air Force in the World War II, Bd.1-4, London 1942 bis 1950

Mac Millan, Norman: The Chosen Instrument, London 1938

Mansfield, Harold: VISION – The Story of Boeing, New York 1966

Marshal, L. S. A.: Men against Fire, Frauenfeld 1951

McKee, Alexander: Entscheidung über England, Esslingen 1960

Nowarra, Heinz J.: Die deutschen Flugzeuge 1939-1945, München 1964

Obermaier, Ernst: Die Ritterkreuzträger der Luftwaffe, Bd. I, Jagdflieger, Mainz 1966

Ploetz: Geschichte des Zweiten Weltkrieges, Bielefeld 1951

Price, Alfred: Luftschlacht über Deutschland, Stuttgart 1974

Priller, J.: Geschichte eines Jagdgeschwaders, Neckargemünd 1962

Revie, Alastair: …war ein verlorener Haufen – Die Geschichte des Bomber Command, Stuttgart 1974

Richards, Denis: Royal Air Force 1939-1945 Vol. I-IV, London o. J.

Rodenberger, Axel: Der Tod von Dresden, Dortmund 1953

Rumpf, Hans: Der hochrote Hahn, Darmstadt 1952

ders.: Das war der Bombenkrieg, Oldenburg-Hamburg 1961

Schultheß: Europäischer Geschichtskalender 1940, München 1942

Sethe, Paul: Die Befehle an Luftmarschall Harris, ZS. Frankfurt, 5. 4. 1954

Spaight, J. M.: Bombing vindicated, London 1944

ders.: Air Power and War Rights, London, New York, Toronto 1947

Spetzler, Eberhard: Luftkrieg und Menschlichkeit, Göttingen, Berlin, Frankfurt 1956

Tedder, Lord: Air Power in War, London 1946

Tippelskirch, Kurt von: Geschichte des Zweiten Weltkrieges, Bonn 1951 *US State Department:* Die offiziellen Jalta-Dokumente, Wien-München-Stuttgart-Zürich, 1955

Veale, F. J. P.: Der Barbarei entgegen, Hamburg 1954

Verdroß, A.: Völkerrecht, Wien 1950, 2. Aufl.

Verrier, Anthony: Bomberoffensive gegen Deutschland, 1939 bis 1945, Frankfurt a. Main 1970

Weber, Theo: Die Luftschlacht um England, Frauenfeld 1956

Wilhelm, R. J.: Les Conventions de Genève et la Guerre aérienne, Genf 1952

Wykeham, Peter: Fighter Command, a Study of Air Defence 1914-1960, London 1960

Dank

Der besondere Dank des Autors gilt folgenden Firmen, Instituten, Verbänden und Persönlichkeiten, ohne deren Mithilfe das Werk in der bestehenden Form nicht hätte entstehen können:
Bibliothek der Waffenschule 50 der Bundesluftwaffe
Boeing International Corporation
Dornier GmbH
Gemeinschaft der Jagdflieger (und Jägerblatt)
Hawker Siddeley Aviation
Imperial War Museum
Musee de l'Air
North American Aviation
Ordensgemeinschaft der Ritterkreuzträger
Stiftung Luftwaffenehrenmal Fürstenfeldbruck
Messerschmitt-Bölkow-Blohm
Zentralbibliothek der Bundeswehr

Den Herren:
Werner Baake (gest.), Horst Diener, Stefan Fröhlich, James R. Gould, Adolf Galland, Martin Harlinghausen (gest.), Wilhelm Herget (gest.), Hugo Hollmann, Hugh W. Howell, Gordon Gollob, Berthold K. Jochim, Anton Kaczmarek, Werner Keller, Hans-Joachim Kroschinski, Kurt-Georg Karbe, Timothy Knight, Josef Kammhuber, Rolf Ole Lehmann, Viktor Möller, Johann Naumann, Frau Elisabeth Schönwerth, Frank Soreby, Karl-Lothar Schulz (gest.), Martin Steglich, Kurt Student, Karl-Eduard Wilke, Herb W. Willies, Kurt Zechler.

Den Städten: Dortmund, Hamm, Hannover, Köln, Mannheim, Münster-, Nürnberg, Karlsruhe.

Abkürzungsverzeichnis

A 88	=	Aufklärungsgruppe 88
a. a. O.	=	an anderem Ort
a. D.	=	außer Dienst
AK	=	Armeekorps
AOK	=	Armeeoberkommando
AVNOJ	=	Antifaschistischer Rat der Nationalen Befreiung Jugoslawiens
BAASF	=	British Advanced Air Striking Force
BatKdr.	=	Bataillonskommandeur
Bf	=	Bayerische Flugzeugwerke
DFS	=	Lastensegler
Do	=	Dornier
EAC	=	Europäische Beratende Kommission
FHQ	=	Führerhauptquartier
FJR	=	Fallschirmjäger-Regiment
Fl.-K.	=	Fliegerkorps
FRR	=	Funkspruch Chefsache
Fw.	=	Feldwebel
FW	=	Focke-Wulf
GenLt.	=	Generalleutnant
GenMaj.	=	Generalmajor
GenOberst	=	Generaloberst
GFM	=	Generalfeldmarschall
He	=	Heinkel
HGr.	=	Heeresgruppe
HQ	=	Hauptquartier
Hs	=	Henschel
ID	=	Infanteriedivision
i. G.	=	im Generalstab
IKRK	=	Internationales Komitee vom Roten Kreuz
JG	=	Jagdgeschwader
Ju	=	Junkers
JUMO	=	Junkers-Motoren
JV	=	Jagdverband
K 88	=	Kampfgruppe 88
KFlGr.	=	Küstenfliegergruppe
KG	=	Kampfgeschwader
KG (J)	=	Kampfgeschwader (Jagd)

KLG	=	Kampf-Lehrgeschwader
KTB	=	Kriegstagebuch
Lf.	=	Leuchtfeuer
LG	=	Lehrgeschwader
LKO	=	Landkriegsordnung
Lt.	=	Leutnant
Me	=	Messerschnitt
Mk	=	Mark
MK	=	Maschinenkanone
NJ	=	Nachtjagd
NJD	=	Nachtjagddivision
NJG	=	Nachtjagdgeschwader
OB	=	Oberbefehlshaber
ObdL	=	Oberbefehlshaber der Luftwaffe
Oblt.	=	Oberleutnant
Ofw.	=	Oberfeldwebel
OKL	=	Oberkommando der Luftwaffe
OKW	=	Oberkommando der Wehrmacht
PQ	=	Geleitzug England-Rußland
QP	=	Geleitzug Rußland-England
Radar	=	Radio Detection and Ranging (Funkmeßtechnik)
RAF	=	Royal Air Force
RLM	=	Reichsluftfahrtministerium
SAO	=	The Strategic Air Offensive against Germany
SKG	=	Schnellkampfgeschwader
SN 2	=	Bordsuch-Radargerät
StG	=	Sturzkampfgeschwader
Stuka	=	Sturzkampfflugzeug
UdSSR	=	Union der Sozialistischen Sowjet-Republiken
Uffz.	=	Unteroffizier
UNRRA	=	United Nations Relief an Rehabilitation Administration
USA	=	United States of America
USAAF	=	United States Army Air Force
V1	=	Vergeltungswaffe 1 (Flachbahn-Flügelbombe)
V2	=	Vergeltungswaffe 2 (Rakete)
z. b. V.	=	zur besonderen Verwendung
ZG	=	Zerstörergeschwader
(Z)LG	=	Zerstörer-Lehrgeschwader

Register

393

394

396

399